中国近代幼儿教师教育实验研究

● 寇文亮 著

ZHONGGUO JINDAI YOUER JIAOSHI JIAOYU

SHIYAN YANJIU

WUHAN UNIVERSITY PRESS

武汉大学出版社

图书在版编目(CIP)数据

中国近代幼儿教师教育实验研究/寇文亮著.—武汉:武汉大学出版社,2024.12

ISBN 978-7-307-23753-7

Ⅰ.中… Ⅱ.寇… Ⅲ.幼教人员—师资培养—研究—中国—近代 Ⅳ.G615

中国国家版本馆 CIP 数据核字(2023)第 078703 号

责任编辑:郭 静　　　责任校对:汪欣怡　　　版式设计:马 佳

出版发行: **武汉大学出版社** （430072 武昌 珞珈山）
　　　　　（电子邮箱:cbs22@whu.edu.cn 网址:www.wdp.com.cn）
印刷:武汉邮科印务有限公司
开本:720×1000 1/16 印张:25.5 字数:379 千字 插页:1
版次:2024 年 12 月第 1 版 2024 年 12 月第 1 次印刷
ISBN 978-7-307-23753-7 定价:99.00 元

序　言

《中国近代幼儿教师教育实验研究》这部专著是寇文亮博士在其学位论文的基础上修改和整理而成的。作者从教育实验视角对中国近代幼儿教师教育进行梳理并独立成书，选题立意新颖，结构严谨流畅，方法设计合理，思路条理清晰，具有突出的严密性和明显的创新性，属于这一研究领域的开山力作。

新时代中国学前教育发展取得了举世瞩目的成就，最大程度地满足了全社会学前教育需求，创造性地解决了老百姓的"烦心事"和急难愁盼。2020年，全国学前三年的毛入园率已达到了85.2%，普惠性幼儿园覆盖率达到了84.7%，到2025年，全国学前三年毛入园率将要达到90%以上，普及普惠水平还要进一步提高。新时代中国学前教育快速发展，得益于以习近平同志为核心的党中央的殷殷关怀和顶层设计，得益于党中央密集制定学前教育政策法规的有力推动，得益于学前教育界全体同仁的勠力同心、踔厉奋发，也得益于幼儿教师培养规模的扩大和专业化发展。

学前教育优质普惠发展，是教育现代化的重要体现。而幼儿教师队伍建设是学前教育深化改革与规范发展的关键性影响因素，是学前教育质量全面提高的根基所在。只有实现了幼儿教师队伍专业化，才能真正补齐学前教育在整个教育体系中的短板地位，走出小学化困境，真正实现学前教育的独特价值。这就是这一研究领域确立的重要现实意义。

前事不忘，后事之师。翻开中国近代幼儿教师教育历史，一个个璀璨闪亮的名字呈现在我们眼前。陶行知、陈鹤琴、张雪门、张宗麟……他们从乡建运动、改造社会、再造公民等视角，凝练问题、找准因素、提出假设、分类制定实验方案、全力推动实施，并不断反思、寻找规律。经过艰难而富有成效的实验探索，初步确立了幼儿教师教育的学制、体制、课程、教学等培养体系，给幼儿教师教育留下了宝贵的经验，为解决当今幼儿教师教育领域所存在的问题提供了重要的可借鉴的路径与方法。借鉴这些仁人志士的经验，特别是以实证的方式来透视学前教育师资培养思路和脉络规律，助力新时代中国幼儿教师教育的科学化现代化水平提升，进而补齐教育现代化短板，其学术理论和现实指导价值不言而喻。

这部著作以马克思主义历史发生学方法为理论指导，以耗散结构理论作为论文的设计支持，以实验教育学作为论文分析的学科依据，对中国近代幼儿教师教育实验进行了系统梳理与阐释。作者在绪论部分阐述了研究缘起和意义，界定了相关概念，综述了国内外研究及相关史料，介绍归纳了研究理论及方法、研究思路及结构设计、研究的创新点和局限。

第一章和第二章是对中国近代幼儿教师教育实验促发因素的梳理。首先，作者深入挖掘了中国近代幼儿教师教育实验产生的宏观背景、条件、动力体系和问题呈现原因。以史实为依据，系统梳理和分析了中国近代幼儿教育和幼儿教师教育发展的困境：由于严重依赖甚至移植照搬日本和欧美教育模式，导致了专家团体对日式和教会幼儿教师教育机构的评判，对幼儿教师教育转型的理性思考和实验诉求。作者在其专著中详细论证了幼儿教师教育实验的理性形成过程及其诱因：五四新文化运动中的民主科学理念之倡导；平民教育、乡村教育、实用主义教育等思潮流入与传播；国外幼儿教师教育理论和制度的引入；幼儿教师教育中国化、平民化及科学化之追求。作者指出，正是这些促发因素，激荡了幼儿教师教育独立举办的热情，促进了幼儿教师教育改革方向的确立，形成了中国化本土化的生活教育、教学做合一、活教育、儿童中心论、行为主义幼儿教育和幼儿教师教育理论，为幼儿教师教育独立化发展提供了理论基础。其次，作者认为，中国近代各个领域的教育实验为幼儿教师教育实验方法的生成提供了借鉴与助力，从而形成了中国近代幼儿教师教育实验的以下基本特征和范式：以社会改造和平民教育及乡村建设为主的价值取向得以确立；以课程教学内容实验为重点；以科学性实证性和严密性追求为目标；以调查法和统计法为实验方法的辅助；以合适的实验区域和学校为实验对象来提升实验效果。"1922 年新学制"的颁布，幼儿教师教育在学制系统中获得了独立的合法地位，但是其办学体制、招生起点、修业年限、课程教学等内容并未配套公布，这就强化了幼儿教师教育实验的迫切性，也给专家学者们留下了较大的实验探索空间，一场旨在摆脱传统女学影响和外国幼儿教师教育影响，探索中国化、科学化、平民化独立的现代幼儿教师教育之路的教育实验就此展开。

第三章、第四章、第五章和第六章是民国时期幼儿教师教育实验的主体内容。作者依据史实、典型性及重要程度，筛选了偏综合的幼儿教师教育体制和学制实验，以及偏单项的幼儿教师教育课程、教学组织形式以及教学方法实验，并进行了研究与阐释。体制和学制实验包括"中心幼稚园"体制实验、平民幼儿教师教育体制实验、高级中等教育层次的幼儿教师教育机构的学制实验。作者分析了民国时期幼儿教师教育体制和学制实验的问题发现、梳理及确立的过程；分析了中国化、平民化幼儿教师教育体制和学制建构的实验过程及其理论成果；分析了平民化幼儿教师教育实验对中国化科学化的乡村幼儿教师培养体系建设以及乡村建设实验的创新性的推动作用；深描了民国时期幼儿教师教育的双轨之路体制的实验过程。课程实验筛选了"生活教育"课程实验、"行为课程"组织实验、"活教育"课程实验，作者分析了民国时期幼儿教师教育课程实验的起因和确立过程，梳理了民国时期生活教育、行为主义和活教育理论指导下的幼儿教师教育课程实验的目标确立、内容选择、分类和结构化、组织实施过程；分析了民国时期幼儿教师教育课程实验对于幼儿教师教育典型课程理论建构、课程体系建立与完善的促进过程，以及对于幼儿教师教育事业发展的重要影响。教学组织形式实验选取了"艺友制"教学组织形式实验和"半道尔顿制"教学组织形式实验。作者分析了民国时期幼儿教师教育教学组织形式实验问题发现的出发点、坐标和聚焦过程；梳理了教学组织形式实验的理论依据；分别梳理归纳了各个教学组织形式实验的目标、内容和实施过程，分析了其对中国化、平民化、科学化及规范化的幼儿教师教育教学质量提升的促进作用，以及对幼儿教师教育理论独立性建构所起到的关键性促进作用。由于教学方法实验与教学组织形式实验在民国时期区分困难，且内容较少，实验特征不明显，所以作者将其作为这本专著的余论，以张雪门实习教学方法实验为例，分析和梳理了幼儿教师教育教学方法的缘起、表现形式以及实习教学实验问题的确立过程；梳理了张雪门幼儿教师教育实习教学方法实验的理论依据、实验目标、实验内容、实验结果与影响。

第七章重点阐释了中国近代幼儿教师教育实验的评价以及时代启示。作者深入总结了中国近代幼儿教师教育实验对推动中国现代幼儿教师教育理论体系构建、推动幼儿教师教育规模扩大与质量提高、推动幼儿教师教育中国化规范化制度化建立、推动幼儿教师教育课程教学体系科学化专业化提升所起到的促进作用。调查分析了当前乡村幼儿园园长教师队伍专业化、保教过程科学化建设的缺陷和提升需求，阐释了目前幼儿教师教育对幼儿教育发展的回应的不足之处；分析了民国时期幼儿教师教育实验对新时代幼儿教师队伍专业化建设、幼儿教师教育升格中的内核独特性坚守和幼儿教师教育实验精神方法技术的弘扬借鉴的启示作用。

寇文亮同学在攻读博士学位期间，学思结合、勤勉努力，在完成课业学习并取得优异成绩的同时，参与全国教育科学规划课题研究、河北省"十三五"规划课题研究以及河北省创新资助课题研究，在 C 刊、C 扩、核心期刊以及普刊上发表学术论文 40 余篇，主持了"贫困农村幼儿园保教过程科学化水平提升实验"，相关成果获得了河北省第八届基础教育教学成果奖一等奖，表现出旺盛的探究潜力与不懈的创新精神。这篇博士学位论文更是她三年探索专业学术的心血结晶，反复修改，几易其稿。论文送外审后，评审结果是三个优秀、两个良好，获得了业内专家学者的一致好评。但是，诚如常言所称："美玉焉得无瑕。"这部著作也有很多不足之处。例如，作者尝试通过动态的实验框架去理清当时幼儿教师教育专家的研究脉络，清晰地复原当时的实验场景，然而由于教育实验学术发展较晚，记录的完整性、系统性差，很多资料都要从不同的史料里去梳理钩沉，因此在对应性上难免疏漏。也正是这些探索过程的种种困难，才成就了作者孜孜以求的研究精神和丰硕的研究成果。作为寇文亮博士的导师，我深深赞许其严谨的治学态度和勇于开拓的创新精神，非常愿意将这部力作介绍给学前教育和幼儿教师教育领域的广大读者。祝愿寇文亮博士在教学和科研道路上不断提升，有更多更好的研究成果问世。

吴洪成

2023 年 2 月 20 日

于河北保定河北大学

目　　录

绪　论

一、研究缘起

人生百年，立于幼学。近年来，学前教育事业备受党和国家的重视，"作为推动教育事业科学发展的重要任务，作为建设社会主义和谐社会的重大民生工程，纳入政府工作重要议事日程"。① 2011年以来，我国实施了三期学前教育振兴计划，促进了学前教育规模大幅度增长，有效缓解了"入园难"问题。然而，办人民满意的学前教育，不仅要建造一大批合格的幼儿园，更要培养一支情谊深厚、专业技能精湛的合格的幼儿教师队伍。

教育实验担当着教育思想创新和实践创新的重要角色。实验提出的思想和方法，对于国家教育发展的方向和水平起着难以估量的作用。中国近代幼儿教育家陈鹤琴、张雪门、陶行知、张宗麟、孙铭勋、戴自俺等进行的一系列幼儿教师教育实验，不仅在幼儿教师教育科学化、规范化发展上起到了基础性、促进性、保障性甚至决定性作用，而且通过实验培养了一批切实符合时代需求的新型幼儿教师教育人才，为现代幼儿教育争取到了话语权、学术权和学科权。中国幼儿教师教育学科由此诞生，研究的方向、内容、方法等基本框架由此确立，学术队伍和学术团体由此产生和壮大。幼儿教师教育研究的独立带来了幼儿教育专业化建设，同时也促进了幼儿教育事业的独立。从这一角度上讲，包括幼儿教师教育实验在内的学

---

① 教育部法制办公室编. 学前教育政策法规规章汇编[M]. 北京：首都师范大学出版社，2014：75.

1

前教育实验对于学前教育改革与发展的重要性之估计，无论如何都不会过分。而深入系统地梳理中国近代幼儿教师教育实验产生与发展的历史脉络，既是当今幼儿教育研究的需要，也是幼儿教育改革与发展的必然要求。

（一）研究背景：中国近代教育实验开展为本研究提供了丰富素材

实验思想、方法和技术是伴随着西学的流入而逐步渗透到中国的。先是在自然科学领域应用，后来渗透到社会科学领域，包括政策制度领域，以至于实验思想成为无处不在的重要指导思想，实验方法成为带有价值判断的基本方法和手段。实验是科学的方法，也是几近成为科学的判定标准。胡适所谓的"大胆假设，小心求证"[①]，就是对实验思想和方法的简单表述。随着五四新文化运动的开展，科学理念被中国社会广泛接受，而实验作为科学技术发展创新的基本手段和路径也就成为各项事业发展的基本动力和方法源泉。在短短的二三十年间，各种教育思潮、教育运动和教育实验层出不穷，如平民教育思潮、职业教育思潮、科学主义思潮、实用主义思潮等。这些思想与制度进入中国后，先后经历了移植照搬和中国化建构过程，经历了改革中国教育状况使之趋于科学化民主化的过程。在这些思想和理念的指导下，中国近代仁人志士展开了大量的教育实验探索，引起教育领域广泛的模仿、学习、改造和创新。其中影响和规模最大的是晏阳初的平民教育实验、陶行知的"生活教育"实验、梁漱溟的乡农教育实验、黄炎培的职业教育实验等。

清末民初到五四新文化运动，是中国社会急剧变革的历史时期，教育思想和教育改革也异常活跃。这一时期各种外国教育思潮倾门而入，先是东学日本，后是以欧美为师，西方教育思想和制度大量传入中国。这其中包括学前教育的思想和制度的植入，如对日本、欧美学前教育制度的介

---

① 白吉庵，刘燕云编. 胡适教育论著选[M]. 北京：人民教育出版社，1994：403.

绍,对福禄贝尔、蒙台梭利、杜威学前教育思想的介绍和传播。西方教会在中国举办了一些学前教育机构,一些社会贤达也从日本学来了源自西方的学前教育模式,这样的移植或者照搬被学前教育先哲们发现、批评和借鉴,促使了这些教育家用包括幼儿教师教育实验在内的学前教育实验手段来规划、探索中国化、科学化、平民化的幼儿教师教育发展路径和方法。当然,更多的社会底层对儿童实施科学化的学前教育存在着一种排斥或者盲从的态度,解决这种矛盾需要形成一种学前教育普及、发展的理性共识。幼儿教师教育实验和学前教育实验作为最为显著的力量支撑了这一过程实现。尤其是在杜威实用主义思想及其讲学活动的影响下,中国幼教界一改一味模仿抄袭,迷失自我,身患"外国病、花钱病、富贵病"①三大顽症之状况,开展了包括幼儿教师教育体制机制、学制、课程以及教学等要素或领域在内的相当规模的教育实验。以陶行知晓庄师范学校的"生活教育"课程实验、陈嘉庚集美幼师的学制实验、张雪门北平幼稚师范学校"行为课程"组织实验、"半道尔顿制"实验、陈鹤琴江西国立实验幼师"活教育"课程实验以及"五指活动"课程实验等实验为核心,奠定了中国幼儿教师教育现代转型的基础和中国化科学化幼儿教师教育改革与发展的基础。通过研究这些实验的背景、内容、过程及影响,能够更加清晰地揭示中国近代幼儿教师教育发展的曲折道路和其中的规律,也能够更加清晰地揭示中国幼儿教师教育从试验到实验的历史发展过程。

(二)现实体认:探寻幼儿教师教育发展中存在问题的解决方案

2018年11月《中共中央国务院关于学前教育深化改革规范发展的若干意见》颁布,提出"到2020年,要建成广覆盖、保基本、有质量的学前教育公共服务体系,全国学前三年毛入园率达到85%"②。然而,学前教育

---

① 方明主编. 陶行知全集(第1卷)[M]. 成都:四川教育出版社,2005:71.
② 中共中央 国务院关于学前教育深化改革规范发展的若干意见[EB/OL]. http://www.gov.cn/xinwen/2018-11/15/content_5340778.htm.

仍是整个教育体系的短板，是教育现代化建设当中的薄弱环节，发展不充分不平衡问题依然存在，尤其是在农村和偏远山区。同城市相比，农村幼儿园的规格和质量明显偏低。具体表现在基础设施薄弱、师资配备水平偏低、保教过程科学化水平欠缺、小学化倾向严重等方面。城市(区)学前教育发展好于农村，但是同样面临着较其他学段发展起步晚、投资和师资建设薄弱等问题，而城乡学前教育发展最关键的影响因素是教师。提升教师队伍的数量和质量，是提高学前教育质量的关键。于是，在增加幼儿教师教育投资的同时，还要加强幼儿教师专业化建设。如何建设，最重要的和首先要做的就是加强幼儿教师教育研究，找到幼儿教师教育质量提高的最佳药方。而幼儿教师教育研究依然是目前教师教育研究的短板，表现在：研究成果数量少，质量不高，很多研究停留在表面化的、一般性的经验梳理和国外先进学前教育理论的介绍上；具有针对性强的、面向现实问题的研究数量很少，尤其是实验研究更显薄弱。

中国近代幼儿教师教育发展面临着比今天更为严重的问题，那时候的仁人志士先贤先哲对幼儿教师教育发展的路径与方法进行了深入思考，面向现实提出了多样的发展方案，他们除了观察、调查以外，还特别重视实验研究。正是这些实验研究找到了中国幼儿教师教育规范化、科学化发展的现实路径。因此，在当前学前教育发展的关键路口，在现实需求和历史发展的重要交汇点上，选择中国近代幼儿教师教育实验研究，总结和梳理先贤先哲们的历史智慧和理性，关照当今幼儿教师教育发展深层次问题和现实性问题的解决，走出幼儿教师教育发展的困境，是幼儿教师教育研究的重要内容和方向，应当对其有明确的体认。

(三)研究基础："设计-实验"模型为本研究提供了实践支撑

作为幼儿教师教育的一线教师，我对幼儿教师教育以及幼儿园保教过程的实施路径有一定的实践和体会。自2014年开始，我对"幼儿教师专业发展"相关课题进行研究，并对农村幼儿教师专业化发展问题进行了调查和实验研究。2018年我主持申请了河北省教育科学规划办立项课题"贫困农村幼儿园保教过程科学化的路径与方法"（立项编号为：1802014）以及 2018 年全国教育科学规划办单位资助课题"贫困地区幼儿园保教过程科学化的路径与方法"（立项编号 FHB180622），并均已顺利结题。在研究过程中，我和课题组从搜集资料、现状调查到实验设计与实施，分两个阶段，重点抓了两个环节。

1. 两个阶段。第一，调查阶段。课题组选取了河北省 10 个县进行调查，调查这些县的幼儿园办园水平、师资状况、保教过程，并写出了调查报告，梳理了贫困农村幼儿园保教过程科学化的影响因素；第二，实验设计阶段。把发现的问题变成了实验因子，并设计了实验方案。

2. 两个环节。一是课题组采取自上而下、自下而上相结合的方法进行实验设计。自上而下是指课题组根据保教过程质量提升的影响因素，提出实验因子，供实验县和实验园进行选择；自下而上是指实验县和实验园根据当地实际和幼儿园发展情况，自己提出问题。经过双方协商，确定实验因子和实验方案并签订实验合同。

二是构建和推广保教活动改进的"设计—实验"工作模型。这是课题组实施贫困农村保教过程质量提升的核心模式。基于该模型，课题组采取了以下策略：实验教师根据自己和所教儿童实际进行自主设计各类教育活动，课题组通过建群进行个别指导、交流讨论和现场指导，引导实验教师把研究内化，在实验园园长监督管理下，使之每天都处于实验和发展状态，并进而形成崭新的工作常态。经过实验，实验老师找到了适合自己的保教内容和方法。

课题组的实验研究取得丰硕成果。近三年来，课题组共设计主题活动 120 个，游戏活动 1000"多个，教研活动 400 余次，实验县每年的研讨活动 6 次。10 所课题组直接指导的实验园的园长、教师专业化发展水平和动力明显提高；课题组完成了大量文字成果：调研报告论文 20 余篇；省厅文件 2 个；省政府文件 1 个；课题研究获得了河北省第八届基础教育教学成果奖一等奖。

尽管课题组的实验对象是在职幼儿教师，但是同样对教师教育实验有了深刻的体认。通过几年的调查、观察和实验，一方面更加坚定了实验促进幼儿教师发展并进而提高幼儿教育质量的认识；另一方面提升了深入系统地梳理中国近代幼儿教师教育实验的兴趣。因此，课题组将本研究定题为"中国近代幼儿教师教育实验研究"。

二、研究意义

中国近代是中国教育近现代转型的关键期，是现代幼儿教育和幼儿教师教育的肇始。实现中国化的现代幼儿教育和幼儿教师教育是当时教育界普遍关注而又难以回答的问题。日本经验、教会经验、欧美经验能否照搬和移植，都应当经过实际思考和实践检验，而明确回答这个问题的唯一途径就是实验。实验意在为教育实践以及教育理论提供实行、验证或预测的蓝本。① 中国近代幼儿教师教育实验担当着幼儿教育思想创新和实践创新的角色。实验提出的思想和方法，对于塑造中国近代幼儿教师教育发展的方向和水平之重要性极为突出，具有难以估量的不可替代的意义。

（一）理论意义

幼儿教师教育肇始于清末民初，走过了漫长而艰难的路。在这个过程中，幼儿教师教育所历经的一系列的探索和改革实验，为我们积累了丰富的经验，对于当代幼儿教师教育发展具有重要的借鉴和启迪作用。梳理中国近代幼儿教师教育实验图景和内在规律，无疑丰富了中国近代教师教育和教育实验研究视域和内容。本研究选定了幼儿教师教育与教育实验的交叉领域为研究对象，加上中国近代这一时间限定，对于多个领域的研究视域有所拓展和补益。一方面，将教师教育向下延伸到幼儿教师教育，找出幼儿教师教育与教师教育的共性和个性关系；另一方面，将教育实验向幼儿教师教育拓展，找出幼儿教师教育实验的发展过程、学科特点和实践影响。

---

① 盖青著. 美国 20 世纪教育实验研究［M］. 广州：广东教育出版社，2010：5.

　　从民国教育部、政要到幼儿教育专家及教育工作者们对幼儿教师教育实验提出了骐骥，在广泛借鉴西方幼儿教育理论与实践的基础上，幼儿教师教育领域的志士仁人亲自实验，试图探索出中国本土化的幼儿教师培养路径和方法。这一行动契合了五四新文化运动的基本理念，并与晏阳初、陶行知、梁漱溟、黄炎培各自独立领导的不同领域的教育实验相互借鉴、启发与激荡，优化了幼儿教师教育诸多影响要素和教育过程的种种规律，又通过展示、宣传、讲学等各种形式影响了后续幼儿教师教育乃至幼儿教育的发展。

　　中国近代幼儿教师教育实验是诸多幼儿教育实验中最为突出、开展较早、最为关键的部分。本研究选择幼儿教师教育实验作为研究对象，丰富了幼儿教师教育乃至幼儿教育研究领域的类型和视角。目前专门对中国近代幼儿教师教育实验研究的成果很少，而对于中国近代幼儿教师教育实验的状况和趋势进行系统描述的就更少，成果均散见于其他综合类的教育实验研究之中，无论是史学界还是教育学界对这方面的研究均缺乏关注。因此，本研究试图展现中国近代幼儿教师教育实验的清晰脉络，从而丰富幼儿教师教育领域的研究成果。

（二）实践意义

　　中国近代幼儿教师教育在学制体制、课程教学等方面的实验，对于普及学前教育理念与建构中国化幼儿教师培养体系，都起到了独特的、关键的、根本性的作用。如"中心幼稚园"体制实验是乡村幼儿教师教育体制的创新，为中国化、平民化的幼儿教师教育确立了方向。再如"生活教育"课程实验、"行为课程"组织实验以及"活教育"课程实验，完成了幼儿教师教育课程理论的创新，形成了民国政府制定幼儿教师教育课程方案的重要参考。复如"艺友制"教学组织实验、"半道尔顿制"教学组织实验以及实习教学实验探寻了中国化的幼儿教师教学规律，建构了提升幼儿教师教育质量和效率的教学组织方式方法。

　　2010年《国家中长期教育改革和发展纲要》的颁布，学前教育问题得到广泛的关注，随后国家实施的学前教育三期行动计划，使得学前教育普及率大幅提高。2012 年《幼儿园教师专业标准(试行)》颁布后，明确了幼儿教师专业发展的基本准则。2018 年《中共中央 国务院关于学前教育深化改革规范发展的若干意见》颁布，进一步明确学前教育要在普及的基础上提高质量。可见，学前教育提高质量和内涵发展是新时代事业目标转型的重要标志，而这一转型的重要支撑就是幼儿教师教育规模的扩大与质量的提高。所以，从实验的视角对中国近代幼儿教师教育进行梳理，对于找寻新时代我国幼儿教师教育规模扩大与质量提升的实现路径与方法，进而支持学前教育事业的转型发展，补齐教育现代化短板，具有重要的现实意义和参考价值。

三、相关概念的界定

"真正的思想和科学的洞见，只有通过概念所做的劳动才能获得"。[1] 没有概念的科学研究是无从谈起的，在对一项课题展开深入研究之前，对于该课题所关涉的核心概念的界定格外重要和必要。本研究所关涉的核心概念主要有以下几个。

(一)实验、试验和教育实验

1. 实验和试验

实验是 17 世纪以来，发轫于自然科学，由物理、化学、生物等学科首先使用，后来向着社会科学渗透与发展，并由此建立了科学思维和相应学科的基础，到了 20 世纪初，达到顶峰，成为人们对科学信仰的基石、阐发基础、载体和话语工具。实验一方面是指要对已经认定的科学定理、经验结果、假说、理论进行精确和抽象的验证；另一方面是要在改变条件的情况下寻找新的变化规律。[2] 科学实验要求条件明确，严格控制变量，探索因果关系，找见事物的模型和变量之间的关系。伴随着实验过程，这两个

---

①　黑格尔. 精神现象学(上卷)[M]. 北京：商务印书馆，1962：48.

②　余文森. 教育实验与试验辨析[J]. 教育研究与实验，1989(4)：63-65.

方面的内涵中，都有着通过实验让学习者掌握一定的科学知识、方法和规律的目的。

试验是指对未知事物的探索，而这里的"未知"也许只是试验者自己不知道。因此，属于普通的话语体系，具有盲目性，并不是科学体系中的固定概念。试验在目的、假设、过程控制、环境创设和结果准确表达等方面较之实验要弱，对于抽象性、确定性以及体系性、学科性方面的要求也较之实验弱得多。①

据上述分析可知，实验和试验两者最显著的区别在于"假设"和"控制"。甚至可以认为，实验＝假设＋试验＋控制，也即胡适所说的"大胆假设，小心求证"八个字。正是由于假设的明确和"控制"的介入，使实验在研究的目的和意义、前提条件、研究进程、研究成果等多方面明显不同于试验。开展实验研究，必须预先提出理论上的科学假设，之后所有的研究活动都要围绕这一假设展开，是对这一假设的肯定的或否定的探求和验证。因此，整个研究过程是"封闭性"和"控制性"的，它要求实验者（包括教师）要有较强的实验意识，并具备有关实验的基本知识和基本技能。

实验与试验在实际的研究过程中，往往是相互结合、彼此渗透的，两者难以绝对分开，② 尤其是在教育学和其他社会科学领域。比如，可以在试验探索中，对一些具体的客观性较强的课题采用严格的实验方法进行精确研究，以期取得客观可靠的普遍性的结论。而在严谨的科学实验过程中，也需要借助实验者和教师的主观经验进行不断的尝试和调整，以保证实验顺利进行。而我国目前所开展的各式各样教育教学实验，由于对教育的个性和教育性的强调，很多都表现为试验与实验的结合，对于实验控制并未严格要求。

实验同其他教育科学研究方法相比，其共同的本质特征是一定理论指导下有目的的实践，它们使教育教学实践成为了一种自觉的、直接的研究

---

① 余文森. 教育实验与试验辨析［J］. 教育研究与实验，1989（4）：63-65.
② 余文森. 教育实验与试验辨析［J］. 教育研究与实验，1989（4）：64-65.

活动。而实验方法则更加具有综合性、实证性和科学性。它往往聚集了调查法、比较法、案例法以及数理统计方法。所以，对于教育教学理论修正、补充、充实、完善也更加具有信度和效度。

2. 教育实验

教育实验是教育科学研究方法之一，是教育者根据一定的计划或设想，干预和调控教育影响，或创设新的教育条件，观察而产生的教育效果，从中找出带规律性的问题和最佳教育方案。① 学者对教育实验有多种解释，王汉澜(1992)强调"利用测量和统计的方法以权衡其实验所得的结果，从而得出准确可靠的结论。"②教育实验是"通过变革对象而进行的教育科学研究实践"，"它实质上是一种经过完善的教育过程，它使学生处于最有利的活动和发展的条件之下。"认为教育实验是一种特殊的教育活动，强调教育实验对教育实践活动的完善、优化作用，追求教育实验的人性化、人文化，并试图通过实验直接获得某种结果。③ 教育实验有以下几个特征：第一，教育实验以科学的假设为前提，科学的假设就是在一定的经验事实的基础上，以已有的科学认识成果为依据，运用创造性思维，对某些尚未被认识的事物作出假定性的推测，通过实验的检验以确定其是否真实。第二，教育实验是一种积极主动的有控的研究方法。教育实验是在人为控制的一些条件下，主动地促使事物的某些现象、性质的出现，积极地寻求事物、现象发生的原因。它是有计划、有控制的观察，是主动地揭示事物因果关系的一种研究方法。第三，教育实验的周期一般比较长，往往需要几年，才能看到真正的效果。较为复杂的教育实验，往往需要几轮的反复实验，才能获得可靠的结论。④ 教育实验的本质功能在于鉴别理论、创造理论，追求研究方法和操作规程的科学化、规范化，尽可能地逼近自然科学实验的标准。

① 李友芝. 中外师范教育辞典[M]. 北京：中国广播电视出版社，1994：81.
② 王汉澜. 教育实验学[M]. 开封：河南大学出版社，1992：7.
③ 杨章宏. 教育实验研究. [M]. 杭州：浙江教育出版社，1998：9.
④ 王汉澜. 教育实验学[M]. 开封：河南大学出版社，1992：7-10.

从历史的角度来看，作为科学研究范畴的教育实验产生于 1890 年代兴起的实验教育学派，他们将心理实验和测量的实验室实验扩展到在班级学校进行的自然实验。实验教育学思想自清末民初流入中国，在五四新文化运动感召下，在 1922 年新学制颁布背景下，各类教育实验大行其道，涉及学制、教育体制、心理测量、课程、教学等各个方面。而中国近代幼儿教师教育实验就是这一时代背景的产物，她基本上属于自然实验，或者如陶行知所言，是将学校当作一个大"实验室"进行的教育实验。

从教育史的角度看，先有试验，后有实验；试验是基础，实验则是教育研究方法走向相对成熟的标志。教育实验的兴起，促进了教育学科从哲学中独立，而民初西方教育思想和制度开始流入，教育实验又成为其中国化的途径与方法。所以，不仅仅是受用词习惯的影响，最初陶行知等学者使用"试验主义之教育"或"试验教育"①，是有其深层次学科理论背景原因的。至 1921 年之后，中国近代的专家学者才开始更多地采用"教育实验"。而这个时期的实验教育学则已经作为一般教育学的重要组成部分，不再刻意强调自己的独立性，或者说有机融入并支撑了一般教育学。

教育实验发端于 20 世纪初，并不纯粹是从那时日趋成熟的自然科学实验中照搬过来的，它同时是以 20 世纪以前不断发展的教育试验为其背景的。可以说，没有裴斯泰洛齐（Pestalozzi，1746—1827 年）的"孤儿院"，赫尔巴特（Herbart，1776—1841 年）的"教授研究班"，欧文（Owen，1771—1858 年）的"幼儿学校"等，就不可能有杜威的"实验学校"。

国内外都很重视教育实验研究，有些国家的教育实验规模很大，时间很长，建立了众多的实验学校，并采取先进的教育手段和方法，取得了有效的成果，为教育改革提供了可靠的依据。中国的教育实验有学制、课程、教学方面的，也有整体改革方面的，也建立了许多实验学校。② 中国近代的教育实验，学制方面有中小学学制实验；课程方面有陶行知的晓庄

---

① 方明. 陶行知全集（第 1 卷）[M]. 成都：四川教育出版社，2005：5.
② 李友芝. 中外师范教育辞典[M]. 北京：中国广播电视出版社，1994：82.

师范学校"生活教育"课程实验；教学方面有俞子夷、沈百英的设计教学法实验，舒新城、廖世承的道尔顿制实验；整体改革方面有黄炎培为代表的中华职教社乡村改革实验，晏阳初为代表的定县平民教育实验等。进行教育实验，需要在人力、物力和时间上作好充分的准备，制定出周密的计划，从事教育实验工作的人员要具有持之以恒和百折不挠的精神。

（二）师范教育和教师教育

1. 师范教育和教师教育

师范教育最早开始于 1684 年法国拉萨尔于兰斯创办的教师训练机构，之后此种形式遂为西方其他国家仿效。直到 1845 年法国建立巴黎高等师范学校。① 梁启超在《京师大学堂章程》中提出设"师范斋"的设想，疾呼："欲革旧习，兴智学，必以立师范学堂为第一义。"②1904 年清政府颁布的《奏定学堂章程》，正式规定了师范教育系统。其中，《学务纲要》称："师范学堂，意在使全国中小学堂各有师资，此为各项学堂之本源，兴学入手之第一义。"③师范学堂分为初级师范学堂(中等教育性质)及优级师范学堂(高等教育性质)两种。1908 年京师大学堂师范馆成立，学部大臣张之洞发布训辞："师范教育，是为一切教育发源处，而京师优级师范，为全国教育之标准。故京师师范，若众星之拱北斗。"④从此，中国的师范教育系统开始在学制上有了自己独立的地位。1912 年，民国政府颁布《师范教育令》，将初级师范学堂改称师范学校。中国近代独立的幼儿师范专科学校有厦门集美幼稚师范学校和江西省立幼稚师范学校两所，是专门培养幼儿教师教育师资的师范学校。在我国，以《中国大百科全书(教育卷)》为代表的各种教育工具书，大多把师范教育界定为"培养师资的专业教育"、"培养和提高

---

① 顾明远. 教育大辞典(第 2 卷)[M]. 上海：上海教育出版社，1998：3.
② 陈学恂. 中国近代教育文选[M]. 北京：人民教育出版社，1983：142.
③ 舒新城. 中国近代教育史料(上册)[M]. 北京：人民教育出版社，1961：199.
④ 郎丰君. 木铎金声世纪交响——写在北京师范大学百年华诞之际[J]. 时代潮，2002(18)：16-17.

基础教育师资的专门教育，包括职前培养、初任考核试用和在职培训。"

教师教育是在终身教育思想指导下，按照教师专业发展的不同阶段，对教师实施职前培养、入职培训和在职研修等连续的、可发展的、一体化的教育过程，是职前培养和在职进修的统一，是正规教育和非正规教育的结合，是多层次、全方位立体式的教师终身"大"教育。① 它打破了师范教育封闭性、理论性和终结性的特征，② 体现了教师培养的整体性、专业性、开放性和终身性。

2. 师范教育和教师教育的关系

师范教育和教师教育是教育的组成部分，两者都是培养教师的教育，两者既有区别又有联系。师范教育更加强调入职前的教师培养过程。教师教育则是对教师培养和培训的统称，在终身教育理念的指导下，教师的发展按照阶段分为职前教育和在职教育；按照内容分为人文科学教育、学科教育、专业教育以及教学实践；按照层次分为专科、本科和研究生教育。

西方 20 世纪 30 年代后，师范教育概念逐渐被教师教育所取代，教师教育逐渐成为世界通用的概念。③ 师范是中国传统文化的重要精华，没有师范教育，也就没有基础教育的今天，抹杀了师范教育的成就，也就抹杀了中国教育成就。④ 但是，无论从情感上，还是逻辑结构上，似乎教师教育是当前对培养教师的教育更加规范、合理的表述。从历史发展来看，从概念演变、本质特征、目标追求、管理体制、专业设置等方面，准确认识两者的关系，对加快实现由师范教育向教师教育的变革，对促进教师教育的科学发展有重要意义。⑤ 基于此，本研究除了史料和引文需要以外，采

① 周洪宇. 教师教育论[M]. 北京：北京师范大学出版社，2010：5.
② 钟启泉，王艳玲. 从"师范教育"走向"教师教育"[J]. 全球教育展望，2012（6）：22-23.
③ 周洪宇. 教师教育论[M]. 北京：北京师范大学出版社，2010：3.
④ 钟启泉，王艳玲. 从"师范教育"走向"教师教育"[J]. 全球教育展望，2012（6）：22.
⑤ 郝文武. 师范教育向教师教育转变的必然性和科学性[J]. 教育研究，2014（4）：129.

用了"教师教育"这一通用概念。

(三)幼儿教师教育

关于学龄前阶段教师的称谓不尽统一，通常有以下几种说法：幼儿教师、幼儿园教师、学前教育教师等，为了准确地表达这一职业定向，并与中小学教师相对应，从学界趋势上更加倾向于幼儿园教师这一称谓。但是幼儿教师、学前教育教师仍在延用，约定俗成地代表着与幼儿园教师同样的概念内涵。

本研究所论及的中国近代幼儿教师教育重要集中在 1912 年至 1949 年，中国自己创办的幼儿教师教育机构对于幼儿教师的培养，其中不包括老解放区的幼儿教师教育。鉴于本研究以中国近代幼儿教师教育实验为研究对象，而这个历史阶段中对学前教育机构的称谓以及学前教育教师培养机构的称谓并不统一，多以幼儿教育作为这一领域研究的总体概念，与中小学教育相对应，加之表达语序简洁的考虑，本研究对学前教育领域的教师采用了"幼儿教师教育"这样的概念和指称。

19 世纪 80 年代，西方教会就在中国的福州、宁波等地开办了一些幼儿教育机构，随之出现了数所幼儿教师培养机构，以适应幼儿教育发展的需要。这在客观上促进了中国幼儿教育的发展。1902 年和 1904 年清廷分别颁布《壬寅学制》和《癸卯学制》，在湖北、湖南、上海、天津及北京等地的蒙养院中聘请日本保姆举办保姆讲习机构，但是这些幼师教育机构或者是照搬日本的幼师培养模式，或者是作为对华侵略的手段，并没有融入中国的师范培养体系，也没有执行中国有关的幼儿教师教育制度。

(四)幼儿教育实验

幼儿教育实验是教育实验在幼儿教育领域的表现，是根据幼儿教育实际情况和幼儿教育发展来进行的旨在探索幼儿教育规律，验证幼儿教育理论的教育实验。由于我国幼儿教育兴起较其他学段和类型教育为晚，加之家庭幼儿教育传统根深蒂固，以及幼儿教育理论匮乏，幼儿教育人才稀缺，致使幼儿教育的举办更加需要教育实验支撑和探索。因此，在中国近代幼儿教育的发展史上，几乎无一例外地在各个要素和各个过程环节中，都设计和进行过实验，而且中国在面对近代西方幼儿教育思想和制度的流入时，也作为应对措施在幼儿教育领域的主要方面进行了教育实验。一方面，这些实验要解决制度、理论、课程、教学的本土化问题；另一方面，要探索中国化幼儿教育的发展路径、样态、模式问题。例如，1923 年陈鹤琴创办了南京鼓楼幼稚园，并进行了一系列的实验，包括幼稚园课程、幼稚园教材及教法实验等，这些实验为后期培养幼稚园教师提供了可参考的依据。

由于中国教育实验开展较西方晚，中国近现代转型时间很短，中国幼儿教育实验的开展往往与幼儿教育试验在时间上和内容上分不清楚，幼儿教育试验往往作为幼儿教育实验的背景以及问题提出的基础，所以本研究在研究过程中，并没有把幼儿教育试验排除在研究对象之外，而是统筹整合考虑。另外，广义的幼儿教育实验也包括了经验型和实证型这样一个过渡过程，从这一点上讲，将幼儿教育试验纳入研究内容中也就具有了合理性。

鉴于此，本研究将"幼儿教育实验"界定为：为了推动幼儿教育的规范化和科学化，促进幼儿教育获得高质量、普惠性、现代化发展，从而验证幼儿教育的理论假设，揭示幼儿教育改革发展的因果关系，总结和推广具有代表性的幼儿教育理论和经验，而进行的具有首创性的教育实验。实验过程中，要控制无关变量，操纵自变量，观测因变量，在一定的时间内，将收集到的实验结果和效果资料进行比较分析，反复验证，寻找规律。

（五）中国近代幼儿教师教育实验

享有"幼儿教育之父"美称的陈鹤琴在 1940 年主持中国第一个公立幼稚师范——江西省立实验幼稚师范学校前夕，就对师范教育实验问题，做过详细的、旗帜鲜明的论述。他主张："师范教育一定要实验……不但师范课程要实验，教材教法也要实验，以至师范学制种种都要通过实验和研究，才能产生一部恰当而完整的师范学校新课程。"①幼儿教师教育实验是教师教育实验的一个分支。中国近代在幼儿教师教育领域展开的实验是历史上具有首创性的教育实验活动，覆盖了体制、学制、课程、教学等各个主要因素和教育过程。因此，本研究将中国近代幼儿教师教育实验的概念界定为：为了探索幼儿教师教育规律，判断其可行性、代表性及可推广性，固化经验，纠正认识误区，培养一批适合中国国情的幼儿教师，推动幼儿教师教育发展，并进而推动中国化科学化幼儿教育事业发展，而在幼儿教师教育领域进行的教育实验，包括体制、学制、课程、教学等要素和教育过程实验。

四、国内外研究综述

近 20 年来，学者们分别展开了对陈鹤琴、陶行知、张雪门、张宗麟、晏阳初、梁漱溟、雷沛鸿等教育家思想实践的个案研究。其研究重点较多地集中在义务教育、平民教育、成人教育及职业技术教育等诸多领域，鲜有涉及近代幼儿教师教育实验运动，遑论对其发展历程及经验教训进行理论总结。目前多数研究是对中国近代学前教育的某一个具体实验的研究和阐发，如中国近代学前教育平民化实验。

与此类似，教育实验研究中对学前教育实验下位学科的幼儿教师教育实验重视不够。目前资料显示，对于从实验角度来看中国近代幼儿教师教育实验发展，尚没有人涉猎。不过就研究资料而言，其丰富性虽无法与其他教育领域相比，但学术界的专家学者们已经从不同角度为本项研究作了奠基工作。其具体内容总结如下。

（一）中国近代教师教育和幼儿教师教育的相关研究

1. 中国近代教师教育的相关研究

关于中国近代教师教育的研究，直接或间接为研究幼儿教师教育实验

---

① 陈秀云，陈一飞. 陈鹤琴全集(第五卷)[M]. 南京：江苏教育出版社，1991：28.

提供了较为详细的内容。中国近代幼儿教师教育在培养目标、体制的确立、师范课程的设置、学生管理方面都有比较详细的阐述。其中王向文在《民国时期湖南师范教育研究》(2009)中分七章研究了民国时期湖南的师范教育发展并揭示了湖南师范教育的个性特征。王聪颖在论文《20世纪二三十年代师范教育中国化研究》(2012)中论述了师范教育中国化的发展历程及师范教育中国化的实践。张艳艳在《从近代学制看我国师范教育体制的确立与发展》(2008)中以中国近代三个学制为切入点，就独立设置的师范教育体制的确立和取消及其社会适应性问题做了深入的研究与探讨。段春敏在《我国近代女子师范教育之研究》中(2010)着重分析了教会女子学校的发展概况及对现今的师范教育提供了许多有价值的参考和借鉴。巢小妹在《国民政府时期女子师范教育研究》(2010)中分四部分对各时期政府的办学政策、女子中等师范教育和高等师范教育的状况进行了论述并对国民政府时期的女子师范教育进行了历史反思。

　　除了相关的博硕论文之外，还有一些期刊文章也有涉及教师教育的，如《中国现代师范教育发展演变的思考》(王建平，《理论界》，2007年第7期)一文，主要通过介绍国民党统治区及解放区师范教育发展的情况，分析总结中国现代师范教育发展特点，并着重分析了陶行知发起并实践的"乡村教育运动"，以此提出其对我国目前小学教师和幼儿教师培养的启示。《近现代中国中等师范教育的演变发展》(陆道坤、殷壮球，《现代教育论丛》，2007年第8期)研究了中等师范教育从产生到中华人民共和国成立期间的发展状况，其中涉及了女子师范教育和幼儿教育。

　　2. 中国近代幼儿教师教育的相关研究

　　中国"近代幼儿教师教育"的相关研究，主要从历史角度梳理幼儿教师教育的发展历程，并从培养目标、课程设置、成绩考核等方面进行探析。如专题和通史著作类，有中国学前教育研究会编著的《百年中国幼教(1903—2003)》①，

---

① 中国学前教育研究会编. 百年中国幼教 1903—2003[M]. 北京：教育科学出版社，2003.

该书将幼儿师范教育分为萌芽、起步、形成和发展四个阶段。重点梳理了幼儿教师由节妇和乳媪——聘请日本保姆在传习所培养——在师范教育制度中有一席之地——教会开办专门化的幼儿师资培训机构这一幼儿教师教育发展过程。粟高燕的著作《中国百年幼儿师范教育发展史研究（1904—2004）》①，把幼儿师范教育的发展分为形成、独立探索与改革提升阶段。在形成阶段分析中，主要对幼儿师范教育制度从确立到发展做了梳理，对幼儿师范教育的实践状况做了统计，包括国人自办幼儿师范教育的情况，如湖北幼稚园保姆讲习所、严氏保姆传习所、江苏第一女子师范学校幼稚师范科等，总结了幼儿师范教育办学多元化、不规范、规模小、外聘日本教习等以及教会创办的特点，梳理了这些机构所开设的课程结构以及对中国幼儿师范教育的影响；在独立探索阶段分析中，主要论述了陶行知、陈鹤琴、张雪门以及张宗麟的幼儿师范教育理论以及幼儿师范教育的实践探索并总结出中国近代幼儿师范教育的特点：独立化、科学化、民族化和民办化。除此之外，一些著作中对幼儿教师教育有零星记载，如喻本伐所著《中国幼儿教育发展史》②、易慧清所著《中国近代学前教育史》③、唐淑、钟昭华所著《中国学前教育史》④三本幼儿教育史对幼儿师范教育的发展均有论述。资料汇编类，如中国学前教育史编写组的《中国学前教育史资料选》（全一册）⑤对中国近代幼儿师范教育的介绍主要是从教育家的思想以及幼儿教育法规和实施幼儿教育的典型案例三方面入手论述的。

除此之外，一些期刊论文当中也有专门关于幼儿师范教育的论述，如陈竞芳的硕士论文《论中国近代幼儿教师教育的历史演变》（2009）从培养目标、课程设置、成绩考核、任用标准等微观角度进行探析。文中指出给经

① 粟高燕. 中国百年幼儿师范教育发展史研究 1904—2004[M]. 天津：天津古籍出版社，2014.
② 喻本伐. 中国幼儿教育发展史[M]. 武汉：华中师范大学出版社，2012.
③ 易慧清. 中国近现代学前教育史[M]. 长春：东北师范大学出版社，1994.
④ 唐淑，钟昭华. 中国学前教育史[M]. 北京：人民教育出版社，1995.
⑤ 中国学前教育史编写组. 中国学前教育史资料选（全一册）[Z]. 北京：人民教育出版社，1989.

过培训合格的保姆颁发保姆凭单，并实行严格的审核制度。王军辉《中国幼儿师范教育的诞生及其发展脉络研究》(2014)分析了中国幼儿师范教育的诞生，经历了从诞生之初的依附于蒙养院、依附于传统女学、依附于洋教习到不断走向中国化、科学化和规范化的曲折而又艰难的发展历程。黄研《中国近代学前教育师资培养与管理研究》(2013)对近代培养与管理学前教育师资队伍方面的相关规定进行了整理和分析，梳理了近代学前教育师资培养与管理的发展脉络。侯素雯《我国幼儿园教师专业化研究——从历史的角度》(2007)对我国近代幼儿园教师的职业资格标准、师德规范进行了详细的介绍。在民国幼稚园时期，对幼稚园教师的培养、聘用检定已经向规范化、制度化的方向发展，且提出了较为科学的幼儿教师职业道德要求，只是中国近代对幼稚教师的职业道德要求多局限于道德理想层面，缺少操作层面的规定。

总的来说，这些研究只是粗线条地展现了我国幼儿教师教育的历史演进，对这一历史时期幼儿教师教育进程分析的力度和深度欠缺。

(二)中国近代教育家对于幼儿教师教育实验的相关研究

中国近代，在幼儿教育界涌现出了一批以陈鹤琴、张雪门、张宗麟为代表的幼儿教育家，他们不仅研究学前教育理论，而且还将理论付诸实践。这些教育家全集或文集类的著作或是按年度、或是按专题，但是都没把实验作为专题来解读，里面涉及的实验内容，散落在全集的不同的文章里，需要筛选出来，重新勾勒、刻画和诠释。但是这些全集却是本研究主要的参考文献。其中较重要的有：

陈鹤琴著的《陈鹤琴全集》①分编六卷，包括儿童心理、幼儿教育、家庭教育、小学教育、师范教育、活教育理论、智力测验和文字改革等多个类别，他一生都在积极探索适合中国国情、符合儿童身心发展的中国化、科学化、大众化的儿童教育道路，其中第二卷和第五卷重点介绍了鼓楼幼

---

① 　陈秀云，陈一飞. 陈鹤琴全集[M]. 南京：江苏教育出版社，2008.

稚园的实验以及江西活教育师资培养实验的详细情况，对于梳理中国近代幼师教育的动态实验过程起了关键的作用。戴自俺主编的《张雪门幼儿教育文集》①编辑了张雪门先生一生的重要成果，主要包括幼稚园的研究、幼稚园研究集、幼稚园课程编制、幼稚园教材研究等部分，其中对行为课程的实验过程以及北平幼稚师范的师资培养实验的过程都有详细的阐述。陶行知著的《陶行知全集》②包括论著类、诗歌类、书信类、外文著作的中译稿、编著的教材、科普读物等多个类别。该书不仅有利于了解和研究陶行知及其教育思想，而且也是研究中国近代教育实验不可或缺的资料文集。其中，燕子矶幼稚园的实验、晓庄师范学校的幼师培养实验对研究中国近代幼儿教师培养实验和乡村幼稚园实验具有理论指导意义。张沪编的《张宗麟幼儿教育论集》③基本上包括了张宗麟先生对幼稚园课程的编制实验过程所做的阐述以及课程实验报告，是对幼稚园课程实验的一个成果总结。俞子夷著的《一个小学十年努力记》④详细记载了1919年幼稚园创办并改为杜威院后的情况，包括目的、组织、课程大要、设备要则以及设计教学的实例，对研究中国近代学前教育设计、教学法实验有重要的价值。

这一时期的报刊杂志包含了大量关于学前教育的专题文章与评论，有的直接或间接与学前教育实验有关。其大部分集中在《幼稚教育的研究》《新教育评论》《幼稚教育月刊》《幼稚教育》《儿童教育》《活教育》等。如1919年陶行知的《试验教育的实施》发表于《时报·教育周刊·世界教育新思潮》(4月14日第8号)，其详细阐述了包括试验的心理学、试验的学校、试验的统计法、试验的教学法在内的四种建设试验的教育的主张；1928年陶行知的《晓庄试验乡村师范的第一年》发表于《乡教丛讯》(第2卷第5期)其对晓庄一年来围绕中心校展开的试验所取得的成就做了详细的阐述；再

①　戴自俺主编. 张雪门幼儿教育文集(上、下卷)[M]. 北京：北京少年儿童出版社，1994.

②　陶行知. 陶行知全集[M]. 成都：四川教育出版社，1991.

③　张沪. 张宗麟幼儿教育论集[M]. 长沙：湖南教育出版社，1985.

④　俞子夷. 一个小学十年努力记[M]. 上海：中华书局，1928.

如 1926 年陈鹤琴作《一年来南京鼓楼幼稚园试验概况》发表于《新教育评论》(第三十四期)，其对幼稚园的课程、教材、教学法、设备设施、儿童的习惯以及今后的计划做了详细的介绍；1931 年陈鹤琴作《四年来之中国幼稚教育》详细地阐述了鼓楼幼稚园发展情况，包括课程拟定、教法、师资的培养、教材的选用等。

另外，海外学者的访华讲学活动也推动了相关研究的发展。如杜威曾来华讲学，周游华夏，如东南大学附属小学因杜威到此讲学而命名为"杜威院"，专供幼稚园、一二年级学生用，实验杜威教育的各种主张。这些内容在俞子夷的《一个小学十年努力记》中有详细的记载。杜威的学说对于"吾国之教育界及思想界，影响殊深"。这些讲学所渗透的近代海外学前教育的宗旨与思想、理论，客观上推动了相关研究的发展。

(三)中国近代幼儿教师教育实验研究的内容与视角

作为中国近代最早提倡教师教育实验的先行者，陶行知、张雪门、陈鹤琴等对幼儿教师教育实验做了实验探索。他们的幼儿教师教育实验具有丰富的内涵，并且影响深远。因而，针对他们的幼儿教师教育实验展开的研究成果也相对比较丰硕。主要集中在以下几个方面：

第一，学前教育的平民化实验是大家普遍关注的问题。刘莹在其硕士论文《民国时期我国学前教育平民化试验探索研究》中对中国近代推动我国学前教育平民化的一些举措进行梳理，总结有益的经验启示，以期对解决当前"入园难""入园贵"问题和如何办普惠性幼儿园提供可行性建议。对中国近代学前教育平民化脉络的整理主要集中在陶行知、陈鹤琴、张雪门、张宗麟四位当时很有代表性的幼儿教育家的幼儿教育平民化实践上。通过对当时组织试验的人物、团体、试验创办的主要机构、招收的对象、课程与教学以及试验中生成的理论进行材料收集，呈现了当时学前教育平民化的真实状态。方玉芬在《民国乡村幼稚教育试验的历史发展及启示》(《江汉论坛》2015 年第 5 期)中，论述了 20 世纪二三十年代，中国近代著名幼儿教育家陶行知、陈鹤琴、张雪门、张宗麟、孙铭勋及戴自俺等人先后发起、参与的乡村幼稚教育试验运动。他们以"生活教育"理论为指导，以建设经济的、适合国情的、适合乡村生活的幼稚园为目标，在南京、上海、北平等地建立了一批乡村幼稚园实验区，不仅为中国近代学前教育史书写了辉煌的篇章，也为当前农村学前教育发展提供了有益的启示。

　　第二，中国近代幼儿教育机构所进行的幼儿教师教育实验也是大家普遍关注的问题。余子侠在《北平幼稚师范教育实验的历史回顾与评价》(《河北师范大学学报》(教育科学版)2000 年第 4 期)中论述了在近代中国幼儿教育及幼儿师范教育发展史上，北平幼稚师范学校的创立发展及教育实验具体表现在办园方向、教学内容、教学方法上的探索，不仅培养了一批符合时代需要的新型幼教人才，而且探索出了一条适合中国国情的幼儿教师改革之路；钟昭华在《陈鹤琴教育思想与江西实验幼师——中国学前教育史研究之二》(《南京师大学报》(社会科学版)1981 年第 7 期)中介绍了陈鹤琴创办南京鼓楼幼稚园的史料，从实验的角度分析了江西实验幼师的培养模式。

　　出版的著作如下。杨汉麟主编的《外国教育实验史》①梳理了近现代教育实验的分期：经验探索型的教育实验(17 世纪中叶到 19 世纪下半期)、实证—经验探索型的教育实验(19 世纪末到 20 世纪上半期)、实证—科学型的教育实验(20 世纪 50 年代至今)三个时期，总结了每个时期的实验特征，该书的体例是将三个时期分成了上篇、中篇和下篇三部分，按时间顺序并以分类的形式展开阐述的，为本文提供了体例的借鉴。盖青在《美国20 世纪教育实验研究》②一书中梳理了 20 世纪美国教育实验的主要脉络，从纵向的历史轨迹——三个阶段和横向的历史空间——主要实验流派两个方面来阐述。其中纵向的历史轨迹又分为学科演进——从心理实验到教育实验、横向演进——从一般教育活动到学校实验、实验的拓展——从不自觉到自觉并达致成熟及多样性。三个阶段呈现了教育实验从实验范式的尝试到逐渐成熟再到成为国家教育战略大背景下的新发展这样的轨迹和脉

---

①　杨汉麟. 外国教育实验史[M]. 北京：人民教育出版社，2005.
②　盖青. 美国 20 世纪教育实验研究[M]. 广州：广东教育出版社，2010.

络。该书的体例是以横向的历史空间——主要的实验流派的形式详细展开阐述的，包括美国 20 世纪所进行的教育实验。其中包含进步主义教育实验、行为主义教育实验、认知主义教育实验、人本主义教育实验及建构主义实验五大类，这种排列方法为本文提供了体例的借鉴。熊明安、周洪宇主编的《中国近现代教育实验史》①论述了近代中国的教育实验经历了不规范到规范的过程，选取了近现代典型的实验进行分析并总结出了实验成果、经验及教训，其中对于幼师教育和学前教育有关的实验占了多个章节，包括南京鼓楼幼稚园幼儿教育实验、北平幼稚师范教育实验、南京晓庄师范生活教育实验、江西幼师及上海幼师生活教育实验以及教育家如陈鹤琴、张雪门、陶行知的教育实验思想，能够帮助我们解读学前教育实验和幼儿教师教育实验，理解当时实验主体的思想变化以及所做的实验的意义。

第三，中国近代教育家的实验思想。陶行知主张教育实验具有"缜密的计划""科学的方法"，具有开辟创造精神和"百折不回之气概"，并大力倡导创立各种实验学校。陶行知的教育实验思想，对于幼师教育实验研究具有重要的现实指导意义，这也是大家普遍关注的问题。周谷平在《我国近代教育实验运动的回顾与反思》一文中论述了自然科学研究中已普遍采用了实验的方法，尤其是实验法进入了心理学研究领域，为教育实验奠定了坚实的基础。曲铁华，袁媛在《近代中国乡村教育实验理论标本价值探析》一文中论述了近代乡村教育实验围绕"什么是农村教育""如何对待农村教育与农村文化的关系"以及"农村教育由谁负责"三个问题所做的理论贡献，对深化关于近代中国乡村教育实验的认识和丰富中国农村教育理论具有重要的作用。叶哲铭在《我国近代科学教育思潮与教育实验运动》一文中论述了在对科学教育思潮的实证主义历史渊源进行探寻的基础上，对科学教育思潮与教育实验运动的关系作一个宏观把握，并对上述历史现象作出

---

① 熊明安，周洪宇. 中国近现代教育实验史［M］. 济南：山东教育出版社，2001.

评价和反思，为当今我国的教育实验工作提供一些历史借鉴。刘尧在《近代中国的四大教育实验对我们的启示》一文中论述了近代中国教育界爱国知识分子大多积极地投身于教育改革，在不同范围、不同领域、不同层次、不同规模上进行了教育改革实验(实践)。这些期刊论文从"教育实验"的角度解读了中国近代教育实验的发展情况，为本研究提供了资料的支撑。

第四，实验方法普遍被重视和采用。实验方法普遍被关注，为本研究提供了丰富的理论支撑。相关的著作有王策三主编的《教学实验论》①重点阐述了对教学实验模式的科学化探索、教学实验的理论与方法等，为本研究提供了理论支持；王汉澜主编的《教育实验学》②从教育实验的由来、方法、设计、统计分析、评价以及撰写等方面做了详细的阐述；杨章宏著的《教育实验研究》③从中小学教育实验的问题出发，对教育实验的性质、特点和方法论做符合科学发展趋势的改造，为本研究提供理论指导；《中小学教育改革与实验》系列丛书，包括雷实、曾天山著的《教育实验与教育思潮》④、张武升、柳夕浪著的《教育实验的本质与规范》⑤等，对改革开放之后我国中小学教育改革与实验从理论探讨到实况、实例，从学制、课程到教材，从设计、实施到学校管理，从实验方法、技术到评价推广，做了详细的阐述，也为本研究提供了丰富的理论支持。这些书籍侧重于静态的呈现，没有注意到实验本身的目的假设、实验内容及实验结论的动态变化。

除此之外，博士论文有河北大学张媛媛的《中国近代实验小学发展史研究》(2017)，该论文探析中国近代实验小学的产生、发展、变革历程，并列举了各时期典型的实验小学，生动再现其教育实验活动。硕士论文有上海师范大学房巍的《俞子夷教育实验活动研究》(2012)，文中介绍了俞子

---

① 王策三. 教学实验论[M]. 北京：人民教育出版社，1998.
② 王汉澜. 教育实验学[M]. 郑州：河南大学出版社，1992.
③ 杨章宏. 教育实验研究[M]. 杭州：浙江教育出版社，1998.
④ 雷实，翟天山. 教育实验与教育思潮[M]. 成都：四川教育出版社，1998.
⑤ 张武升，柳夕浪. 教育实验的本质与规范[M]. 成都：四川教育出版社，1997.

夷的普及教育思想，以及结合中国国情开展的一系列教育实验，如从学习移植的单级教学法实验、设计教学法实验、从大单元教育实验的推广到单项小问题教育实验等；河北大学宋云青《山东邹平乡村教育实验》（2013），该论文从教育水平、经济建设、行政体制、村民生活方面，详细阐述了邹平乡村教育实验的作用和影响；东北师范大学袁媛在《近代中国乡村教育实验研究》（2007）一文中阐述昆山徐公桥、河北定县和山东邹平这三个具有典型意义的乡村教育实验区的实施情况，以及剖析近代中国乡村教育实验的特点。

　　纵观国内已有的对中国近代幼师教育实验研究的相关成果，鲜有能够从幼师教育实验这样一个视角，来看幼师教育理念、制度和方法的发展与进化，即便有，也只是评述这些实验的结果，静态地研究中国近代幼师教育实验与幼师教育以及学前教育理论和制度的关系，而非从实验过程出发，研究实验主体、实验过程和和实验结论、作用等。因此，不可否认的是，研究的倾向性问题依然十分突出。首先，研究的深度不够。已有的研究基本上集中在对幼师教育实验内容或是形式上的描述，缺乏对中国近代幼师教育实验过程的研究，也缺乏对中国近代幼师教育实验深入的思考。其次，研究的广度不够。研究者往往主要集中在对某一位学前教育家实验思想及其启示上，没有从整体上把握中国近代幼师教育实验的脉络和规律。第三，研究的系统性不够。相关的研究多从某一项或一种具体的实验出发，缺乏对中国近代幼师教育实验之间的相互关系等系统性的探讨。第四，理论基础薄弱，跨学科的研究视域有待提高。本书试图借鉴以往研究的经验和思路，并对中国近代幼师教育实验进行系统梳理和研究，寻找中国近代幼师教育规律，以及规律找寻的过程，以求进一步丰富中国近代学前教育史的研究内容。

五、研究理论及方法

（一）研究理论

　　本书以辩证唯物主义、历史唯物主义及唯物辩证法为指导，努力挖掘中国近代幼儿教师教育实验的历史发生、发展及变化过程，将其"从某种初始状态中分离出来"①，寻找这一过程的历史规律。

1. 以马克思主义历史发生学方法为理论指导

历史学家张荫麟认为，历史学研究的一个重要标准就是"现状渊源"②。历史学兴趣之一是要了解现状，由此追溯其由来，探究历史现象究竟是怎样发生、怎样演化的。这就可以看作对"历史发生学"的理解和运用。按照这个标准，史事和现状之间发生学的关系愈深则愈重要，所以历史学家往往强调"详近而略远"③。这一方法始终把现实作为科学研究的出发点和归宿，对现实及其发生前提和发生过程进行研究，具有科学性、革命性和实践性特征，可称之为"行动理论或图式"。古人言："物有本末，事有终始，知所先后，则近道矣。"④历史发生学追求事物发生发展的内生性规律探索，是我国历史研究领域最为普遍的科学的研究方法。马克思把人的一切和整个世界历史，都看成一个生成过程，即"自然界对人来说的生成过程"⑤，这是马克思历史发生学的价值论基础。恩格斯认为："社会发展史却有一点是和自然发展史根本不相同的"⑥。"在社会历史领域内进行活动的，是具有意识的、经过思虑或凭激情行动的、追求某种目的的人；任何事情的发生都不是没有自觉的意图，没有预期的目的的"⑦，而这许多"按不同方向活动的愿望及其对外部世界的各种各样作用的合力，就

① 马云鹏. 教育科学研究方法导论［M］. 长春：东北师范大学出版社，2002：255.

② 张荫麟. 中国史纲［M］. 北京：商务印书馆，2017：6

③ 北京日报理论部. 书林新话［M］. 北京：北京日报出版社，2016：27-28.

④ 杜占明. 中国古训辞典［M］. 北京：北京燕山出版社，1992：73.

⑤ 马克思，恩格斯. 马克思恩格斯全集（第42卷）［M］. 中共中央马克思恩格斯列宁斯大林著作编译局，译. 北京：人民出版社，1979：131.

⑥ 中共中央编译局. 马克思恩格斯列宁哲学论述摘编：党员干部读本［M］. 北京：中央编译出版社，2019：228.

⑦ 中共中央马克思恩格斯列宁斯大林著作编译局. 马克思恩格斯文集（第4卷）北京：人民出版社，2009：302.

是历史"①。这就为历史发生学提供了唯物论和辩证法的有力指导。

中国近代幼儿教师教育实验正是一群"具有意识的、经过思虑或凭激情行动的、追求某种目的的"人，如陶行知、陈鹤琴、张雪门、陈嘉庚、张宗麟等，凭着自觉和理想，去分析当时的幼儿教师教育发展状况和形成原因，去探索幼儿教师教育的发展规律，去实验各具特点的幼儿教师教育方式方法模型。他们的实验探索是科学的、民主的，通过实验所建立起的中国的、科学的、平民的现代幼儿教师教育体系，是符合历史规律的，具有历史典型性和代表性的，具有鲜明历史意义和借鉴价值的。

2. 以耗散结构理论作为论文设计支持

耗散结构理论（dissipative structure）是研究耗散结构的性质及其形成、稳定和演变规律的科学，是由比利时物理学家普利高津（Ilya Prigogine，1917—2003 年）在 1969 年首先提出的。耗散结构是指当体系处于非平衡状态时，通过体系与外界进行能量和物质交换而形成和维持的一种稳定化的宏观体系结构，即"非平衡态下宏观体系的自组织现象"②。这个"无序变有序的过程"，与典型的平衡结构不同，在远离平衡的非平衡区出现了耗散结构。③ 新的有序结构从混沌无序走来，是由一个高熵值系统转变为低熵值系统的过程。

在没有外力作用下，自然界中的物质或者系统的转化，都要遵从从高势能、低熵值向着低势能、高熵值转变。④ 而要实现这一过程的逆转，就要有外力作用，即流入负熵，以促进系统的内在能力增加或者熵值降低。外力是什么？可以表现为物质、信息、能量和其他人为因素。用于与主体

---

①　中共中央编译局. 马克思恩格斯列宁哲学论述摘编：党员干部读本［M］. 北京：中央编译出版社，2019：229.

②　湛垦华. 普利高津与耗散结构理论［M］. 西安：陕西科学技术出版社，1982：233.

③　湛垦华，沈小峰等. 普利高津与耗散结构理论［M］. 西安：陕西科学技术出版社，1998：8.

④　湛垦华. 普利高津与耗散结构理论［M］. 西安：陕西科学技术出版社，1982：273.

系统交换的外力需要多少？要达到一个阈值。而要使得主体系统达到新的有序，保持主体系统总熵 S 减小乃至为负，即 dS<0，就要诉诸开放，诉诸对于这个远离平衡态的主体系统进行物质、信息、能量和其他人为因素输入，只有外界输入的负熵 deS 足够强（deS<0），才能够克服系统内部的自然熵增 diS（即系统内在耗散），维持主体系统向着相对有序状态涨落，而整个主体系统则进入了一个耗散结构状态。这样，主体系统内能或者组织形式发生有序的质的变化，系统重新组织，新的样态、物质形式出现了。显然，对于物体或者系统来讲，这一变化的发生具有了新的意义，人类就是要在这一变化中，获取想要的物质或者系统之新结构、新物质、新平衡、新结果、新样态。也显然，人为促成这一变化是其必要条件。通过涨落达到有序是有条件的："一是在远离平衡态的非线性区的涨落；二是扩展到整个系统的涨落即巨涨落。"①这样的涨落才能对系统全局的演化具有决定性作用。

这一理论可以给我们以下启示：一个远离平衡态的非线性的开放系统的内部发生变化时，有三个主要层面的问题需要研究，一是外力系统，主体系统通过不断地与外力系统进行物质和能量的交换，而得到内部变化条件的累积，当其变化成为新序系统时，动力体系则达到阈值；二是这个远离平衡态的非线性的开放系统内部的变化，需要内部某个参量达到一个阈值，而一旦达到这个阈值，就会出现系统的涨落现象，发生突变，即非平衡相变，内部体系结构、能量形式等则发生了质的变化，即自组织现象出现了，由原来的混沌无序状态转变为一种在时间上、空间上或功能上的有序状态，形成新的稳定的宏观有序结构；三是这个新的有序状态需要不断与外界交换物质或能量才能维持，否则就会重新陷入混乱，熵值增大。所以，外力体系不断维护至关重要，主体系统的新的有序稳定需要能量和人力等方面的维持，称之为"耗散结构"。

---

① 谭长贵. 动态平衡态势论研究 一种自组织系统有序演化新范式[M]. 成都：电子科技大学出版社，2004：21.

　　中国近代幼儿教师教育是由长期的依附体系构成的，是和低水平发展的幼儿教育发展需求相互动的。这样的一个培养系统凸显着保守性、落后性、不适应性等特征。显然，幼儿教师教育体系属于一个远离平衡态的复杂系统。五四新文化运动促使这一培养系统处于开放状态，出现了"耗散结构"的形成条件——远离平衡态的、非线性的开放性系统。民主和科学理念、幼儿教师教育人才规模和质量的增多，以及多方面条件的累积，外力系统的阈值达到，促成了幼儿教师教育领域内部进行改革、重组、建立新秩序的条件成熟。这种自组织状态的发生，系统涨落现象的出现，有赖于幼儿教师教育实验的指导和引领，甚至可以将幼儿教师教育实验的开展称为新的有序系统的内驱性参数之阈值。由于幼儿教师教育实验的开展和维续，幼儿教师教育系统中小的涨落才会达到"巨涨落"。同时幼儿教师教育实验也是集外力系统的信息、能量、物质、人才为一身的动力输入的主要载体。所要建立的幼儿教师教育体系新的有序状态是什么样子，即新的自组织幼儿教师教育结构和体系怎么表现，就要依靠幼儿教师教育体系中各个要素实验来回答，不断实验探索和固化实验成果，提供了维持幼儿教师教育系统处于新序状态的持续不断的动力，形成了一个典型的"耗散结构"。幼儿教师教育实验就是这个具有耗散结构性质的幼儿教师教育体系发生涨落的最重要和最关键的条件和参数，正是由于这个参数的维持，幼儿教师教育系统才不断获得能量积累，引起了突变性的"巨涨落"。

　　因此，本书一方面重点关注幼儿教师教育实验发生所应具备的条件，厘清五四新文化运动、幼儿教育和幼儿教师教育发展状况，以及各领域教育实验这些外在条件所构成的外力系统对幼儿教师教育系统改革所形成的推动作用和呼唤作用，正是这些"负熵"的输入，打破了外国化、贵族化的幼儿教师教育模态。因而在第一章和第二章对幼儿教师教育实验的促发因素进行研究和梳理。而另一方面，本书从第三章到第六章则阐述幼儿教师教育系统由原来的混沌无序状态转变为一种在时间上、空间上或功能上的新的有序状态时，实验在其中所产生的关键性推动作用。包括这个新系统的各个构成要素所形成的新样态、新模式、新的子结构。

　　由于作为中国近代幼儿教师教育体系发生突变条件的幼儿教师教育实验，在要素结构上平行发生，并未形成时间脉络，而且本书的重点是将幼儿教师教育实验作为中国近代幼儿教师教育这个"耗散结构"体系形成的决定性条件来研究的。这些实验发生的时间阶段集中，也具有同时性，所以未对也不能对这些实验进行分期，只对每个个体实验进行了发生过程的分析。

　　第七章则是对幼儿教师教育实验这个系统涨落主要参数"阈值"的特征和作用进行概括总结，梳理其对今天幼儿教师教育改革与发展的启示作用。

　　3. 以实验教育学作为论文分析学科依据

　　在古代，哲学包括的范围很宽，科学含在其中，教育学也不例外。蔡元培在 1919 年 1 月发表于《北京大学月刊》第 1 卷第 1 号《哲学与科学》一文中指出，从 16 世纪开始，学术界以培根为代表"极力提倡归纳法……而凡事以实地之观察为基础"，实验科学由此开始独立。"科学偏重于归纳法……哲学偏重演绎法"。随着显微镜、望远镜、温度计、湿度计、压力计等实验设备出现，哲学与科学渐次分野。① 到 18 世纪，康德在其《纯粹理性批判》中，将知识分为两类："先天者，出于固有，后天者，本于经验；前者为感想，而后者为分析法；前者构成玄学（即哲学），而后者构成科学。""自科学发展以后，哲学之范围，以渐缩减是也。"②蔡元培论述了自 16 世纪以后自然科学、心理学、社会学、美学、伦理学、人类学、教育学等均逐渐从哲学体系中分离出来。而使其分离出来的方法就是实验法和归纳法。

　　实验教育学的产生与冯特在 19 世纪末所倡导和推进的实验心理学密切相关。将实验用于教育学从而创立实验教育学的代表人物是梅伊曼（Ernst

---

　　①　中国蔡元培研究会. 蔡元培全集（第三卷）[M]. 杭州：浙江教育出版社，1998：525-527.

　　②　蔡元培. 中国伦理学史[M]. 长春：吉林出版集团股份有限公司，2017：133-136.

Meumann，1862—1915 年）、拉伊（Wilhelm August Lay，1862—1926 年）、比纳（Alfred Binet，1857—1911 年）、西蒙（Herbert Alexander Simon，1916—2001 年）、桑代克（（Edward Lee Thorndike，1874—1949 年）等。梅伊曼和拉伊是德国实验教育学的创始人。杜威的"儿童中心论""教育即经验的不断改造"的教育目的论为实验教育学在中国落地提供了扎实的基础。瞿葆奎和沈剑平指出，1900 年之前，教育实验就已经存在，而"实验教育学"首先是由梅伊曼于 1900 年提出的，其目的是"探讨学校教育的科学研究问题"①。梅伊曼最早阐述了教育实验所关注的两个方面：一是实验室实验，实验重点是教育过程，其主体是"学术性实验者"；二是自然实验，"在班级中发现他们的问题，并在那里进行他们的实验"，其主体是"专业研究者"和教师。② 而梅伊曼主张，实验室实验是教育实验的主要内涵，拉伊则赞同自然实验。实验教育学的主张者都反对赫尔巴特的"主智主义"。但是拉伊等将儿童看作"纯生物体"，把教育看作"生物化的人体活动的科学的见解"，是"站不住脚的"③。但是他又将儿童看作社会化的产物，其核心论点是活动、做和行动。他将实验教育学看作旧教育学的有机发展，坚信实验教育学具有"新的科学教育学"之性质，是具有合理性的。拉伊的"实验教育学"相关著作于 20 世纪初被翻译并介绍到中国，并在清末民初接连再版，说明其对中国近代教育实验研究影响之巨大。

实验教育学的兴起和应用是 19 世纪末 20 世纪初欧洲新教育和美国进步教育的重要组成部分，是试图将教育学变成一门独立的社会科学进行研究的利器。本书所以将实验教育学作为理论指导，是因为实验教育学正是在清末民初被介绍到中国，而且教育界包括幼儿教师教育领域受到其影

---

① 拉伊. 实验教育学［M］. 沈剑平，瞿葆奎，译. 北京：人民教育出版社，2007：17.

② 拉伊. 实验教育学［M］. 沈剑平，瞿葆奎，译. 北京：人民教育出版社，2007：17.

③ 拉伊. 实验教育学［M］. 沈剑平，瞿葆奎，译. 北京：人民教育出版社，2007：17.

响，并且在心理学等领域以此为指导，进行了一系列实验，中国近代幼儿教师教育实验必然受到其影响。

本书从以下几个方面对实验教育学进行了借鉴。一是幼儿教师教育实验研究理念的确立。拉伊等人认为"旧教育学依靠知觉、内省观察和观察别人进行研究"，具有不完善性。而实验教育学则"通过全面的观察、统计和实验，来补充和完善旧的研究方法……是一种完整的教育学"。"教育学要成为一门科学，它就必须把每一种教育现象都看作各种原因的结果。"① 只有开发实验教育学的研究方法，才能促进教育学独立和成为一门科学。实验教育学不是教育学的一个分支，而是未来的共同的教育学（一般教育学）。② 教育学实验如果能证明某种特定的教育学方法比任何别的方法都好或都坏，那么这项教育学实验就是成功的。二是借鉴了实验教育学理论下教育学实验设计的"三个阶段"框架："（1）提出假设；（2）设计并实施实验；（3）在实践中进行验证。"拉伊指出，区别于旧教育学推演得到的原理、理论、目的和方法，实验教育学只是将其看作初步的假定与假设，只有通过系统的观察、统计和实验检验，才能确定其是或非。③ "提出假设、发现事实、构建体系这三者之间相互作用，彼此不可分割"④。三是借鉴了实验教育学对于重点实验内容方面的设定。拉伊指出，要进行"有机的课程"实验，而有机课程是"教育学反应"的那种"活动或做（行动）"⑤。有机课程是协调的、联系的、主动的、建构的。在教学方法选择过程中，要注意施教对象的"驱力、兴趣和注意"，要注意儿童"游戏"教学的应用，要理解儿童

---

① 拉伊.实验教育学［M］.沈剑平，翟葆奎，译.北京：人民教育出版社，2007：8-11.

② 拉伊.实验教育学［M］.沈剑平，翟葆奎，译.北京：人民教育出版社，2007：15、18.

③ 拉伊.实验教育学［M］.沈剑平，翟葆奎，译.北京：人民教育出版社，2007：12-14.

④ 拉伊.实验教育学［M］.沈剑平，翟葆奎，译.北京：人民教育出版社，2007：23.

⑤ 拉伊.实验教育学［M］.沈剑平，翟葆奎，译.北京：人民教育出版社，2007：56-59.

的心理发展与对问题的"理解类型""表达特点、智力结构、思维习惯和情感类型……"①基于这些假设，进行观察、调查和实验设计，优化教学过程，发掘出最有效的教学方法和最佳教育程序。

本书借鉴实验教育学的理论及教育实验学的研究框架，以此来分析中国近代幼儿教师教育实验。中国近代幼儿教师教育在民国中后期发生转型，而这一转型不再以推理性、演绎性的传统教育学作指导，况且在当时的中国所谓的"旧教育学"也并没有形成体系，大致依附于传统的道德伦理学之中。所以，新的幼儿教师教育模式如何形成，以实验教育学作为指导是较为现实的路径，或者说以幼儿教师教育实验来寻找新的教育范式，是当时专家学者们的理性选择。本书第三章至第六章借鉴了实验教育学所列举的教育实验的重点，集中梳理了中国近代幼儿教师教育的培养体制、课程模式和教学方法实验的发生发展过程。在每个章节中，也基本上按照实验教育学的"三个阶段"框架，在尊重史实的基础上，揭示了中国近代幼儿教师教育实验的问题发现——实验的目的——实验的内容——实验的结果与影响。通过这一研究思路，刻画出中国近代幼儿教师教育领域的先贤先哲试图通过实验来找寻中国化、科学化、现代化、平民化的幼儿教师教育路径与方法之决心和探索过程，刻画出他们对于实验与幼儿教师教育之间关系的思考，以及对于幼儿教育事业发展的思考。

应当指出，当今的教育实验学，已经弥补了实验教育学的不足。王汉澜主编的《教育实验学》详细阐述了教育实验学作为教育学研究的一个分支出现，不再与"旧教育学"相对立，其在设计实施、研究方法、技术手段、理论支撑、精确程度等方面都较 20 世纪初的实验教育学更加严密和科学。② 中国近代的幼儿教师教育实验，虽然是教育实验的有机组成，功能上也发挥着探究幼儿教师教育新发展路径与方法的作用，但是如果用当今的教育实验学来刻画这些实验，就会犯了历史虚无主义的错误。中国近代

---

①　拉伊. 实验教育学 [M]. 沈剑平，翟葆奎，译. 北京：人民教育出版社，2007：67-143.

②　王汉澜. 教育实验学 [M]. 开封：河南大学出版社，1992：154-182.

教育实验作为研究方法与传统教育学的演绎为主的方法相比较，无疑具有划时代意义，是跨越式革命性进步。应该是沿着中国近代专家学者开展幼儿教师教育实验的理论和实践脉络，去梳理他们的研究思路与方法的科学性、民主性优势，为今天的教育实验学提供丰富的历史资源和佐证。严格说，正是因为他们在幼儿教师教育领域的实验，才有了今天幼儿教师教育实验的理论模型，至少他们的实验探索影响了今天的幼儿教师教育实验的理论与方法图景。

（二）研究方法

在上述研究思路设计和理论指导基础上，本书还综合运用了以下教育研究方法。

1. 历史研究法。史料的搜集和整理以及对其进行分析、论证、寻找规律是本书的基本方法。书中将搜集的重点史料锁定在中国近代幼儿教师教育实验资料上，分析这些史料的含义和这些幼儿教师教育实验所承载的功能、任务以及所引起的幼儿教师教育的变化进化等。同时，分析这些幼儿教师教育实验产生的背景，分析其社会动因和文化成因。最终总结出幼儿教师教育实验与幼儿教师教育现实的关系、与幼儿教师教育政策环境的关系、与幼儿教师教育实验主体的关系、与幼儿教师教育发展变化的关系。进而以幼儿教师教育实验视角对当今幼儿教师培养以及对当今学前教育的改革与发展提供可行性的政策建议和推进策略。

2. 文献研究法。文献资料研究是本书的重点。根据以往研究存在的对于幼师教育实验资料搜集不全、方向出偏等问题，本书在搜集资料方面进行了进一步思路拓展，首先，针对幼师教育实验从相关研究著作、史料汇编、实验主体著作全集中搜集资料，深挖幼师教育实验的成因、假设、理论依据、实验过程、实验控制总结和实验效果和影响等资料；其次，拓展资料搜集的来源，搜集近期公开的古旧期刊文献以及各类史志鉴中的相关资料，搜集幼师教育实验对当时的幼师教育乃至学前教育的影响；再次，就现有学前教育史专著、论文、史料汇编、法规汇编等查找有关幼师教育实验方面的资料，进行钩沉比对；最后，对各个实验幼儿师范学校的校史进行搜集甄别筛选，找出幼师教育实验的发展线索，加以梳理总结。

3. 教育实验研究法的应用。教育实验有着自己的研究方法和规律，在研究过程中要遵循这一内在性要求。教育实验由实验主体、实验对象、实验假设、实验目的目标、实验内容、实验控制技术手段、实验方法、实验过程、实验总结、结果呈现以及影响讨论等步骤，以及过程、主体、要素等方面的内容组成。

本书内容选取和结构搭建要汲取和应用这些教育实验基本思想和流程要求，从而真实呈现幼儿教师教育实验史的研究特点和内容。另外，教育实验研究又具有综合性，既要明确实验的背景和实验假设形成的过程与实验开展的动力；又要重点关注实验过程中实验因子的发展变化，控制变量，找出变化规律。研究过程中，要综合运用调查法、比较法、案例法、数理统计法等教育研究方法。

张雪门的"行为课程"组织实验，源于杜威实用主义以及陶行知"做中学"的理论，以儿童行动为中心组织课程，培养幼师生从这一视角上组织幼稚园课程的能力，实现幼师生课程组织理念和内容的转变。实验过程中，张雪门除了研究"行为课程"这一实验因子的变化影响和内容建构以外，还搜集和调查了大量的教学案例，通过实验规划、表格填写、讨论会等进行实证挖掘与控制，综合运用了观察调查、案例比较、统计处理等研究方法。再如，陈鹤琴的"活教育"课程实验，就是在吸收借鉴杜威实用主义思想和欧洲幼儿教师教育办学经验的基础上开展的。"活教育"课程实验将培养活的幼儿教师作为培养目标，通过生活课程、活动课程和学科课程三大板块实施，确定了"工作单元制"和"五指活动"课程作为实验假设和实验内容，并在办学和教学过程中，持续不断地贯彻落实这些实验内容，克服困难，积累实证，达到了探索幼儿教师教育"活教育"课程创生和实施规律的目的。

六、研究思路及结构设计

本书设置的时间阶段是 1912 年至 1949 年，也即民国期间，其中重点是新文化运动到新中国成立。之所以截取这段时间，是因为研究内容所要求的。我国现代科学意义上的教育实验始于 20 世纪初，尤其是 20 世纪二三十年代。中国近代著名幼儿教育家陶行知、陈鹤琴、张雪门、张宗麟、孙铭勋及戴自俺等人先后发起并参与了这个时期的中国近代幼稚教育实验运动。他们热情建议实验研究，亲自进行实验研究，推广教育实验成果，以实验的精神为中国教育去旧立新，以缜密严谨的态度从事教育实验理论和技术研究。他们以平民教育、实用教育、生活教育、活教育等教育理论为依托，以建设科学的、现代的、民主的、经济的、适合中国国情的幼稚师范和幼稚园为目标，在南京、上海、北平、江西等地建立了一批实验性师范学校、实验性幼稚园和实验性平民幼稚教育实验区，不仅为中国近代学前教育史书写了辉煌的篇章，也为当前学前教育和幼师教育发展提供了有益的启示。

（一）研究思路

本书区别于个体幼稚师范学校的校史或者幼稚园的园史，试图以幼儿教师教育的要素来对学前教育实验进行分类。根据各项实验的历史发展和内容重点，提炼出主要的实验因子，挖掘其本质性关系，增强其规范性和可借鉴性，将其他因素作为辅助性内容纳入其中，阐明它们之间的关系，全面真实反映实验风貌，寻找规律性认识。搜集资料方面，一是对当时组织实验的人物、团体、实验的主要主持机构的主体性史料，包括理论依据和理论发展、个体实验设计和认识、成长过程、主体间交流信函等；二是对幼儿教师教育机构之招生制度、课程与教学以及实验中生成的理论和经验；三是对幼儿教师教育实验有影响和促进的教育理念、教育模式、教育政策、教育方式方法、教学设计、教育体制等多方面变化与改进状况。将多方面多层次的史料进行梳理、比对、深探、挖掘、分类，重新排列，力争呈现实验因子发展变化的真实状态，复原其他变量的控制过程，探寻本质性实验规律。之所以重视主体性史料的搜集，是因为实验研究是典型的主体性研究创造活动，是一个探索发现过程，实验主体的理性认识水平直接关乎实验内容和方向。挖掘这些史料，可以从中厘清其心路历程和对实验的控制，从而对实验的动态过程进行深描，并与实验主体进行对话。

历史不仅仅是逻辑的演化，还是主动追求的结果，当主动性符合了客观规律，历史就会积极地、正向地演进。同理，当主动性超越了或者违背了历史发展的规律，就会出现弯路和曲折，中国近代幼儿教师教育实验更是这样。在选择幼儿教师教育实验过程中，实验主体除了从国家民族社会向上向善出发对现实需要的体认之外，也还有个人的关注重点甚至喜好，这是人的主观能动性在幼儿教师教育实验中的突出表现。而今天我们要找寻幼儿教师教育实验的发展规律，就要面对这样的选择，对于写入幼儿教师教育实验历史的内容进行选择，提出入选标准，处理好主动性和现实需要的关系，既追求幼儿教师教育实验的"真"，又考虑梳理这一过程的"用"。于是，本书对于中国近代幼儿教师教育实验的入选坚持以下标准：一是对于幼儿教师教育中国化、科学化、规范化及现代化发展起到关键性积极作用的实验；二是首创性的"真实验"；三是尽量对幼儿教师教育影响因素进行覆盖；四是所选实验对于今天幼儿教师教育改革与发展具有重要的启示和现实意义。

(二)结构设计

前文已述，本书的基本内容分四个部分。幼儿教师教育实验是一个典型的"耗散结构"中的关键性影响因子，发展的阶段性不明显，持续时间较短，经验引进、尝试试验、科学性实验交织在一起，几乎同时存在，而且每个分立的实验都有自己的实验阶段和过程，甚至包括实验主体的思想理念形成都是一个个连续的过程。因此，笔者没有采取历史分期作为论文主结构线索，而是采取以专题分类为主线，以各个实验的内在时间逻辑为辅线的基本框架结构。

第一部分为绪论。包括对其研究缘起、核心概念界定、研究目的和意义、文献综述、研究思路、理论依据、研究方法以及创新点进行阐述。

第二部分含第一章和第二章，是对中国近代幼儿教师教育实验促发因素的梳理，分析了经济社会文化教育发展，尤其是民主科学理念对于教育实验的合理性与合法性的促进作用；分析了清末民初幼儿教育和幼儿教师教育转型发展对于幼儿教师教育实验的呼唤与促进；分析了中国近代幼儿教师教育实验主体对于外国幼儿教师教育理论与实践的吸收和批判以促进实验理性形成的过程；分析了中国近代综合性和单项性教育实验对于幼儿教师教育实验的激荡促进过程，以及在目标内容和方法技术等方面的引领示范作用。

　　第三部分含第三章、第四章、第五章和第六章，是中国近代幼儿教师教育实验的主体内容。本书根据史实、典型性及其重要程度，筛选了偏综合的幼儿教师教育体制和学制实验，以及偏单项的幼儿教师教育课程、教学组织形式以及教学方法实验，并进行了研究与阐释。体制和学制实验包括"中心幼稚园"体制实验、平民幼儿教师教育体制实验、高级中等教育层次的幼儿教师教育机构的学制实验，分析了中国近代幼儿教师教育体制和学制实验问题的发现、梳理及确立过程；分析了中国化、平民化幼儿教师教育体制和学制建构的实验过程及其理论成果；分析了平民化幼儿教师教育实验对中国化、科学化的乡村幼儿教师培养体系建设以及乡村建设实验的创新性推动作用；深描了中国近代幼儿教师教育的双轨之路体制实验过程。课程实验筛选了"生活教育"课程实验、"行为课程"组织实验、"活教育"课程实验，分析了中国近代幼儿教师教育课程实验的起因和确立过程，梳理了中国近代生活教育、行为主义和活教育理论指导下的幼儿教师教育课程实验的目标确立、内容选择、分类和结构化、组织实施过程；分析了中国近代幼儿教师教育课程实验对于幼儿教师教育典型课程理论建构、课程体系建立与完善的促进过程，以及对于幼儿教师教育事业发展的重要影响。教学组织形式实验筛选了"艺友制"教学组织形式实验、"半道尔顿制"教学组织形式实验。分析了中国近代幼儿教师教育教学组织形式实验问题发现的出发点、坐标和聚焦过程；梳理了教学组织形式实验的理论依据；分别梳理归纳了各个教学组织形式实验的目标、内容、实施过程，分析了其对中国化、平民化、科学化及规范化的幼儿教师教育教学质量提升的促进作用，以及对幼儿教师教育理论独立性建构所起到的关键性促进作用。由于教学方法实验与教学组织形式实验在中国近代区分困难，且内容较少，实验特征不明显，所以作为了本研究的余论，以张雪门实习教学方法实验为例，分析和梳理了幼儿教师教育教学方法的缘起、表现形式以及实习教学实验问题的确立过程；梳理了张雪门幼儿教师教育实习教学方法实验的理论依据、实验目标、实验内容、实验结果与影响。

第四部分主要是第七章，阐释了中国近代幼儿教师教育实验的评价以及时代启示，总结了中国近代幼儿教师教育实验对推动中国现代幼儿教师教育理论体系构建、推动幼儿教师教育规模扩大与质量提高、推动幼儿教师教育中国化、规范化制度建立、推动幼儿教师教育课程教学体系科学化、专业化提升所起到的促进作用。调查分析了当前乡村幼儿园园长教师队伍专业化、保教过程科学化建设缺陷和提升需求，阐释了目前幼儿教师教育对幼儿教育发展的回应的不足之处；分析了中国近代幼儿教师教育实验对新时代幼儿教师队伍专业化建设、幼儿教师教育升格中的内核独特性坚守和幼儿教师教育实验精神方法技术弘扬借鉴的启示作用。

七、课题研究的创新点及局限

（一）创新点

本书主要是以中国近代幼儿教师教育实验为视角，探讨中国近代幼儿教师教育的产生和发展路径与方法，透视中国近代幼儿教师教育理论和实践的成就及不足，兼论中国近代幼儿教师教育制度的理性形成。创新点主要体现在以下三个方面。

1. 研究视角创新。本研究弥补幼儿教师教育实验史领域的不足。不同于教育本身和一般的教育教学活动，教育实验既是特殊的教育实践，又是教育理论和制度形成的必要手段和促进手段。从已有研究成果来看，中国近代著名的教育实验有多个，分布在不同区域和各个学段。文献计量显示，对其涉猎并不丰富，而以幼儿教师教育实验作为对象的论著就更少。

一方面系统梳理幼儿教师教育实验的发展历史，找寻幼儿教师教育实验自身的发展，进而从教育实验角度研究幼儿教师教育的历程；另一方面，加强幼儿教师教育试验与实验在幼儿教师教育的区别与整合研究，在以幼儿教师教育实验为主要聚焦对象的同时，没有放弃对幼儿教师教育试验的统筹考虑，也就是说，从实验角度重新看待和解释幼儿教师教育思想、制度创生的演变过程，尽量使得研究具有完整性，以及呈现对幼儿教师教育和学前教育发展影响的接续性。

2. 研究内容创新。本书除了幼儿教师教育发展的客观事实的挖掘之外，还注意陶行知、陈鹤琴、张雪门等教育家对幼儿教师教育发展的主观性思考，这是由于教育实验的主动性所致。此外，还注意幼儿教师教育实验过程性资料的搜集和排列。教育实验的一个基本特征就是过程的长期性和结果的长效性。在实验过程当中，后期的新发现、新探索有赖于前一个周期的实验结果，又接续着新的发现和探索。这就需要对实验因子进行中长期的观察、实验和测量。揭示这一过程不仅是要寻找幼儿教师教育的使然性、必然性、客观性、普适性规律，而且是对幼儿教师教育实验方法、实验手段乃至实验精神追求的一种规律性探索。同时，又充分注意结构安排的静态和动态相结合。本研究不仅仅针对这一时期学前教育实验进行静态的研究，而且更多地关注幼儿教师教育实验的动态发展脉络及其对学前教育发展的影响；关注幼儿教师教育产生与发展过程中前期的外国移植对后来的创新实验在问题提出、路径铺垫和结论上的影响；关注专家学者、社会团体、政府要员、办园实践、管理机构、媒体推动等对实验的影响。这样的设计就能将静态的幼儿教师教育发展与动态的幼儿教师教育实验中的要素变化、个人活动穿插起来，构成一个动静结合的叙述结构，尽量使得幼儿教师教育实验过程得以复原，真实地呈现。

另外，中国近代幼儿教师教育实验促发因素的揭示也是笔者的努力方向。究其原因如下：一是实验作为新文化运动之后的一种基本价值认同，受到社会各界重视，媒体、研究机构、学术组织连篇累牍介绍实验理论和西方实验思想，这一背景自然影响到幼儿教师教育实验的开展；二是以平民教育实验、乡村建设实验、职业教育实验和其他学段的教育实验为代表的实验理论、技术对幼儿教师教育实验产生了一定的示范作用；三是一些幼儿教师教育实验的主体也同时主持和参与了上述这些上位学科领域的实验。这样，一方面研究幼儿教师教育实验开展的背景；另一方面也在一定程度上透视出幼儿教师教育实验的诱发因素，以及相互激荡的过程。对于学前教育领域的幼儿园教育实验，则根据其发生过程，作为与幼儿教师教育实验相互影响的因素，加以描述和呈现，深入厘清两者的互动关系。再有，本书对于幼儿教师教育发展的主要影响因素进行了整合研究，对于中国近代多个幼儿教师教育家以及教育实验、社会实验领域的多个专家的实验理论和其所进行的实验进行了整合。一方面，深化了对幼儿教师教育实验发展主要影响因素的认识，有利于完善中国近代幼儿教师教育发展动力系统的建构；另一方面，从不同教育家、不同侧面对这些主要因素的思考与实验中，总结和概括这些因素对幼儿教师教育发展的影响，提升了对中国近代幼儿教师教育发展历史追因的全面性，从而较好地把握了人们对幼儿教师教育发展、改革的主观性思考与客观演进规律之间的关系，也较好地诠释了中国近代幼儿教师教育发展路径选择的规律。

3. 研究方法创新。本书借鉴了教育实验研究方法。实验研究法，是一种积极主动有效控制的方法。① 按照教育实验的内容和步骤要求搭建每一个实验发生发展的过程，形成一个在实验角度上较为严谨的逻辑结构。教育实验的对象是人，人是具有主观能动性的主体。所以，研究过程中，特别注意了实验主体的活动，对其主动性、创造性和不断演进性进行了挖掘与深描。作为西学的幼儿教师教育理论和实践模型通过介绍、翻译、传播引入中国，刺激和推动了中国近代幼儿教师教育发展，但是这一引进过程并不是简单化的"刺激——生成"模型。对于这一刺激的反应，幼儿教师教育生态系统中的不同层面、不同社会群体是不同的，复原幼儿教师教育家对这些刺激的反应过程，能够对学前教育领域的这次西学东渐进行更加全

---

①　王汉澜. 教育实验学[M]. 郑州：河南大学出版社，1992：8.

面客观的描述，而幼儿教师教育实验正是对这一反应过程的主动性的表现，这就是本研究要试图探索的"刺激——实验（演化）——反应——生成"这一中国近代幼儿教师教育良好生态生成的过程性规律。

（二）局限性

中国近代幼儿教育专家学者在幼儿教师培养设计过程中往往对各个要素是混在一起进行的，大部分史料也不是按要素来编纂的。对它们进行分类梳理，提炼出其主要的实验因子，会遇到一些困难。如实验目的依据、假设、实施和结论都要细心地去甄别史料。要根据实验重点，把主要的实验因子从综合性史料中提炼出来，使之更加突出，将其他因素作为辅助性内容纳入其中，阐明它们之间的关系，也即复原实验控制过程，全面真实反映实验风貌，寻找内在规律。因此，找到独立的实验因子并筛选出其实验过程和影响是本文的难点及局限之一。

除此之外，要复原实验的动态过程，也是其中的局限之一。一方面，要对实验因子在不同时期的表现进行对比，找到实验因子的变化情况；另一方面，则要对实验主体的理论总结、日记、书信等进行深度解读，从中厘清其心路历程和对实验的控制，从而对实验的动态过程进行深描，并与实验主体进行对话。大部分史料如学前教育史、教育史料汇编对于幼儿教师教育实验的编辑都是静态的、结论性的，而且叙述量很小。

基于这些困境，笔者将对相关史料施以"绣花功夫"，斟酌筛选，梳理提炼，厘清中国近代幼儿教师教育实验的发展轨迹，挖掘其规律；同时抓住当前幼儿教师教育发展存在的问题，以期达到研究目的；通过中国新时代幼儿教师教育发展之理性选择，实现幼儿教师教育的理论自觉、制度自觉、道路自觉，并进而丰富中国近代幼儿教师教育乃至学前教育史之研究。

第一章　中国近代幼儿教师教育实验的促发因素

　　教育实验是西学东渐的产物，是在晚晴洋务运动以后向西方学习的过程中，逐步接受、传播与进行的。教育实验最终作为中国化教育学的基础之一，成为中国化现代教育发展的重要推动力。中国近代向外国学习借鉴的历程，大致经历了三个阶段。

　　第一个阶段是鸦片战争开始，西方列强依凭坚船利炮强行打开中国国门，中国沦为半封建半殖民地。林则徐、魏源等仁人志士睁眼看世界，大清王朝泱泱大国观念遭到挑战，富国强兵、救亡图存成为国民尤其是社会上层的共识。但是，自强的道路举步维艰，要自强就要向西方学习，学习什么？学到什么程度？就成了争论的焦点。这就是洋务教育在学习西方过程中出现被动、夹生局面的原因。洋务教育主要侧重培养实用的"制器"之才，"师夷之长技以制夷""中体西用"是当时对于学习范围、学习内容、学习方式的规范政策的真实写照。学习"长技"被限制在"西用"范围内，即技术是当时学习西方的内容指向，而"制夷"是其目的指向。一方面显示出清廷自恃天朝大国的傲慢，另一方面说明对外学习的局限。但尽管如此，近代新教育的主体受西方输入教育制度及思想导向，学前教育是其中的组成部分，以此而论仍有开风气之先的作用。

　　第二个阶段是维新运动至清末新政时期，取向为学习外国的制度，以学习日本制度最为典型，其中包括法律制度、经济制度和教育制度等。康有为在《请开学校折》中，指出"远法德国，近采日本，以定学制"①的构

---

① 汤志钧，陈祖恩，汤仁泽. 中国近代教育史资料汇编·戊戌时期教育 [M]. 上海：上海教育出版社，1993：51-52.

想，梁启超继承其师康有为的思想，以"开民智为第一义"①，主张学习日本。1904 年颁布的《奏定学堂章程》处处可见日本学制的影子，无论是学校编制的类型，还是学习年限，几乎完全相同。例如幼稚园，根据中国的传统，把它改称为蒙养院。② 这个时期中国的幼儿教育和幼儿教师教育实验开始表现，突出特点是移植日本。这种换汤不换药的"急就章"③自然谈不到独立的研究。这种学前教育虽是被动地产生的，但却是中国教育史上的第一次，为幼儿教育发展奠定了法律、制度的基础。

第三个阶段是中国近代对于西方思想文化由"排斥转为倾服"，对外国的文明，都想"模仿搬运过来"④。欧美思想、文化和制度开始流入，尤其是五四新文化运动，以美国文化为核心的学习最为典型。这个时期幼儿教育和幼儿教师教育实验一方面仍然具有经验引进性质，重新估价了教会幼儿教育和幼儿教师教育的经验和传教本质，认识了其"外国病、花钱病、贵族病"⑤的根源；另一方面则表现了本土化、中国化及平民化的改造努力。而这些改造的前提和条件是实验，通过实验找到其路径与方法。由此可见，在五四新文化运动之民主科学理念影响下，幼儿教师教育实验呈现从"经验移植型向经验—实证型"⑥的转变。

五四新文化运动给幼儿教师教育实验提供了存在和实施的合理性；幼儿教育和幼儿教师教育的基本现实给幼儿教师教育实验提供了可行性；国外先进幼儿教师教育思想制度及方式方法的介绍和流入以及中国化改造为幼儿教师教育实验提供了指导和遵从；多领域教育实验更为幼儿教师教育实验提供了可行性参照。幼儿教师教育实验正是在这样的背景下和促发中走过移植、中外融合和独立发展的过程。幼儿教师教育实验有效促进了幼

① 夏晓虹. 梁启超文选[M]. 北京：中国广播电视出版社，1992：26.
② 易慧清. 中国近现代学前教育史[M]. 长春：东北师范大学出版社，1994：21.
③ 吕达，刘立德. 舒新城教育论著选[M]. 北京：人民教育出版社，2004：196.
④ 吕达，刘立德. 舒新城教育论著选[M]. 北京：人民教育出版社，2004：195.
⑤ 方明. 陶行知全集(第 1 卷)[M]. 成都：四川教育出版社，2005：71.
⑥ 杨汉麟. 外国教育实验史[M]. 北京：人民教育出版社，2005：10.

儿教师培养的规律探索，进而促进了幼儿教育的现代转型。

第一节　五四新文化运动中的教育实验

　　辛亥革命并没有彻底完成反帝反封建任务，尤其是在袁世凯篡夺革命胜利果实的倒行逆施下，帝制复辟造成专制，封建复古主义教育死灰复燃。众多仁人志士开始觉醒，从思想文化领域入手来挽救民族危机。从袁世凯死后的 1917 年开始，新文化运动在全国兴起，到 1919 年五四运动，开启了文化教育领域的深刻革命。新思想、新文化、新教育造就新公民，人们在其实现路径与方法上进行了广泛的探索，教育实验就是寻找教育救国救民之路的主动性行动。

一、五四新文化运动为教育实验提供了合理依据

　　自汉武帝刘彻采纳河北衡水名儒董仲舒的三大文教政策一直到鸦片战争爆发，"独尊儒术"作为中国两千多年的封建儒家文化核心薪火相传、源远流长。以朱熹《四书章句集注》为代表的宋明理学对孔孟之道的重新解释，也仍然没有脱离这一大传统。这就是清末一直强调的所谓不变"中体"的核心内容。"四书""五经"是这一传统文化的典型模板，作为政治意识形态的集中体现，又为科举制度所不断强化。

　　1840 年 6 月爆发的鸦片战争迫使清廷开放海禁，西学开始流入，中西文化碰撞，仁人志士在不断思考和找寻中国问题的解决方案。1894 年，中日甲午战争中北洋水师的失败加深了中国社会半殖民地化的程度，变革图强、抗争与追赶是这个时期知识分子乃至全社会在危机中觉醒的心态及探寻出路的主旋律。虽然于 1912 年 1 月资产阶级政体更迭了封建政体，但是文化的保守性加之外国势力的侵略，致使中国半封建半殖民地社会性质未见消退，仍然十分明显，学术和知识界的儒家传统和名教信仰难以撼动。无论是"师夷之长技以治夷""中体西用"的洋务派主张，还是康有为提出的"君主立宪"的戊戌变法和清末新政，以及袁世凯复辟政权，都在企图以中

国的近代化代替现代化。

1914—1918 年第一次世界大战期间，西方列强忙于争夺地盘和利益，客观上给中国提供了一个短暂的发展时空，民族资本和民族资产阶级在经济上走向了独立，出现了"黄金时期"的成效。与此同时，民族资产阶级也在政治、思想和文化上开始寻求解放，冲破落后僵化的封建名教桎梏，掀起了彰显资产阶级文化诉求的新文化运动。从 1915 年起，陈独秀在上海创办了《新青年》，胡适、李大钊等以《新青年》为阵地，倡导"民主"与"科学"，掀起了声势浩大的新文化运动，向西方学习，反帝反封建，批判封建名教，以新文化塑造新人。不仅为中国政治改革打下牢固基础，而且直接促成了"新教育改革"运动的发生。由于民主科学在当时的中国历史条件下还属于新鲜事物，新文化的领导权自然就落在了以留学生为主体的新兴知识分子身上。五四运动所进行的文化革命，正如毛泽东在《新民主主义论》中所指出的，"自中国有历史以来，还没有过这样伟大而彻底的文化革命"①，然而科学理念在与传统的碰撞中，在科学模式推行的实践中，并非一帆风顺，需要找到落地的途径方法，需要实验和行动研究。尤其是在社会科学领域比自然科学更难倡导科学。教育在其中表现得最为突出，如何学习西方，如何冲破传统，如何缔造新人新公民，解决这些问题的出路，除了学习模仿，就是实验实践探索，而且后者为更符合现实的做法。

1916 年 11 月蔡元培从欧洲留学回国，次年接任北京大学校长，在北大推行"校长负责制、男女同校、学分制、教授会制、学术分治等改革"②，"推行学术自由，主张大学学生以研究学术为天职，主张扩充平民教育"③。蔡元培认为，学有二道：曰沉思，曰实验。科学因"实验之法既备"而兴，实验是科学的开始，教育学、美学等也有希望成立科学，"凡往

---

①　毛泽东. 毛泽东选集(第 1 卷)[M]. 北京：人民出版社，1967：661.

②　中国蔡元培研究会. 蔡元培全集(第四卷)[M]. 杭州：浙江教育出版社，1998：833-834.

③　中国蔡元培研究会. 蔡元培全集(第四卷)[M]. 杭州：浙江教育出版社，1998：617.

昔哲学之领域，自玄学以外，将一切为科学所占领"①。蔡元培对于实验研究之重要性、实验之于科学之重要性的体认由此可见一斑。实验是先导先行的知识分子主动探索问题的更加准确科学、更具说服力的方法。五四新文化运动对于包括教育实验在内的实验探索提供了良好的社会文化环境。同时，实验实证研究也成为新文化运动中倡导西方教育真精神的重要组成部分。

胡适作为新文化运动的代表人物，把实验几乎当作信仰来遵从，认为实验主义是 19 世纪"科学发达"的结果。胡适在介绍杜威实验思想的时候指出，实验主义"注意真正的事实，探求实验的效果"，实验主义把"所有的意思都看作假设，再去实验他的效果"，"意思等到实验对了之后方成信仰。然而信仰并不是一定不易的，须得试验试验才好"。可见，胡适是将实验作为最为重要的方法，甚至成为了信仰的前提。他提出"教育事业当养成实事求是的人才"②，鼓励人们养成主动探索的精神，养成创造能力，做真理的主人。他对杜威实用主义哲学最大目的的概括是让人类养成"创造的智慧"，理解杜威的思想是一种推理：用已知的事物做根据，由此推测出别种事物或真理。经验不是老账本，是我对付物、物对付我的"法子"。他还借用实验主义创始人皮耳士的话："凡试验不出什么效果来的东西，必定不能影响人生的行为"，由此"鼓励创新，打破传统僵化，解决实际问题"③，来说明实验的重要性，说明实用的重要性。

近代教育家舒新城认为，"变动是人生的本体，创造是人类的本能，同属人类的中国人一定能够在实验中取长补短，创造一种含有普通真理、适合国情的新方法"。④ 人民教育家陶行知则更加简明地阐述了教育实验的

---

① 　中国蔡元培研究会. 蔡元培全集(第四卷)[M]. 杭州：浙江教育出版社，1998：17.

② 　白吉庵，刘燕云. 胡适教育论著选[M]. 北京：人民教育出版社，1994：90.

③ 　白吉庵，刘燕云. 胡适教育论著选[M]. 北京：人民教育出版社，1994：284-296.

④ 　舒新城. 什么是道尔顿制[J]. 教育杂志，1922(11).

功能作用："试验之精神，近世一切发明所由来也，彼善试验者立假设，择方法，举凡欲格之物，尽纳之于轨范之中：远者近之，微者大之，繁者简之，杂者纯之，合者析之，分者通之，多方以试之，屡试以验之，更较其异同，审其消长，观其动静，察其变化，然后因果可明而理可穷也……故欲求常新之道，必先有去旧之方。试验者，去旧之方也……盖善试验者役物而不为物所役……故能探其奥蕴，常保其新焉。"①陶行知将教育的革新寄希望于实验，教育实验能够养成实验者"自得之能力"，自得才能发明，发明才能实现"教育自新"。教育实验是革除依赖天工、沿袭陈法、率任己意、仪型他国、偶尔尝试之旧习，新国新民之大计。

现代新儒家梁漱溟在其《邹平工作概谈》的最后得出结论：改造地方，改造社会，非本着"实验和研究"的态度来制定一切计划，舍此没有别的办法。② 他所倡导的乡村建设运动，是一种广泛意义上的乡村教育运动。1931 年 6 月梁漱溟创立山东乡村建设研究院，设立乡建研究部、乡村服务人员训练部和乡村建设实验区，被西方社会称之为新教育运动在中国的表现。③

蔡元培、胡适、晏阳初、陶行知、黄炎培及陈鹤琴等一批具有深厚西学背景的教育家深受培根(Francis Bacon，1561—1626 年)、笛卡儿(René Descartes，1596—1650 年)以及后来杜威等人的影响，深知实验对于新思想产生以及发明创造的重要作用；深知实验源于自然科学，渐次影响社会科学、人文科学的发展过程；深知实验对于欧美社会进步，甚至引起科技革命性变化的促进作用。正如蔡元培指出的："凡自然现象，自昔为哲学所包含着，皆已建立为科学矣。而精神现象之学，如心理学者，仅已用实验之法，组织为科学，发起于韦贝尔(E. H. Weber，1795—1878 年)、费希纳(Fechner，1801—1887 年)，而成立于冯德(Wundt，1832—1920 年)而演出者则有费希纳之归纳法美学，及梅伊曼(Meumann，1862—1915 年)

①　方明. 陶行知全集(第 1 卷)[M]. 成都：四川教育出版社，2005：5-6.
②　马秋帆. 梁漱溟教育论著选[M]. 北京：人民教育出版社，1994：216.
③　马秋帆. 梁漱溟教育论著选[M]. 北京：人民教育出版社，1994：3.

之实验教育学，亦将离哲学而独立……"①他们认识到，裴斯泰洛齐、赫尔巴特、福禄贝尔、杜威、桑戴克等人的教育规律创造皆源于实验，从实验中总结和积累而来，虽然教育学运用实验方法较之自然科学为晚，但是，实验是科学的基本支撑，"科学之价值即在实验"②，教育科学也离不开实验。"近二百年来教育界进步皆由试验而来"③。教育实验开展得好坏直接关系到教育事业的盛衰。陶行知对教育实验的意义、方法、内容等方面做过详细的论述。他介绍了柏林大学保尔生（Paulsen，1846—1908 年）的观点：18 世纪之初，哈里大学（Halle University）与郭听斯堡大学（Gettysburg University）相继而兴，皆以选择试验精神为务。陶行知指出美国自詹姆斯（James）创设心理试验科开始，学术研究趋向开始变化，紧随其后各所著名大学，都设置了教育科，显示了实验精神和实验效果，以至于实验导致美国小学办学和普及成为全球之冠，为英德学者所共识。陶行知还从中国传统先贤荀子、王阳明的思想体系中挖掘实验思想和精神，甚至得出了"人禽之分，在试验之有无；文野之别，在试验之深浅。"这样的结论。④陶行知针砭民国教育现实，认为教育实验开展欠缺，导致凭空构想，一知半解，朝令夕罢，武断从事，进步很慢，与西方国家的距离不断拉大。他认识到非试验的教育方法，不足以达救国之目的也。而实验并不是一件容易的事，需要"内省其才，外度其势"⑤，需要百折不回，再接再厉，方可功成。

在实验方法与技术上，陶行知指出观察和实验是探觅新知识之法："试验者，自设景况，产生结果，以为学理之佐证也。"⑥实验需要统筹各

---

① 中国蔡元培研究会. 蔡元培全集（第三卷）[M]. 杭州：浙江教育出版社，1998：526.

② 中国蔡元培研究会. 蔡元培全集（第三卷）[M]. 杭州：浙江教育出版社，1998：613.

③ 方明. 陶行知全集（第 1 卷）[M]. 成都：四川教育出版社，2005：208.

④ 方明. 陶行知全集（第 1 卷）[M]. 成都：四川教育出版社，2005：208.

⑤ 方明. 陶行知全集（第 1 卷）[M]. 成都：四川教育出版社，2005：210.

⑥ 方明. 陶行知全集（第 1 卷）[M]. 成都：四川教育出版社，2005：229.

种情况，"使之纯一不杂"；需要控制主要因素，寻找"主因"及其变化的影响；实验主体要有实验的态度，追求实验的严密性，"决不可模糊影响，混合而言"①，不可"闲谈""盲从""有成见"和"武断"，"忘己忘人，俱为要道；忘己则大公无我，真理是徇；忘人则独抒己见，不畏诽谤。"②

在教育实验的范围和重点，也即以实验支撑新教育建设的重点方向上，陶行知进一步指出，建立试验的教育，主要有四种办法。③ 一是注重心理学实验，为施教提供基础；二是设立实验学校，改变没有学校实验教育原理的状况，尤其是师范附属学校和研究教育的机构都要注重教育实验，地方也要根据情况，选择几所学校作为实验中心，而且实验要有专业人员和实验计划，以保证实验的科学性、真实性；三是要注意对统计法的应用，按照实验目的，收集、分类、表列数据，寻找其中"真相"，进行判断，"统计法是辅助试验的一种利器"；四是要注重教学法实验，要抓住"学生独立思想的能力"培养，摒弃赫尔巴特"过于偏重形式"倾向，借鉴杜威主义：让学生处于"疑难的地位"——让学生判断"所遇见的究竟是什么疑难"——鼓励学生"想出种种可以解决这疑难的方法"——让学生"推测各种解决方法的效果"——让学生找到"最有成效的方法"并实用——让学生"审查试用的效果"，判断评价对于疑难的解决——引导学生印证所选择的方案"是否屡试屡验"。应用这样"一套手续"，再加些应有的设备，"必能养成学生一种试验的精神"。陶行知指出的这四种内容，前三个方面重点解决了教育工作者施教过程科学化方向，阐明了教育改造所应有的"手续"、精神、方法和运行机理。第四个方面"是改造国民应有的手续"，试图通过这样一种突出实验精神的教育方法设计，使得未来的普通国民受到"一种精神方法"的熏染，获得"随时、随地、随事去做发明的工夫"，培养"会试验的国民"④。

---

① 方明. 陶行知全集(第 1 卷) [M]. 成都：四川教育出版社，2005：229.
② 方明. 陶行知全集(第 1 卷) [M]. 成都：四川教育出版社，2005：229.
③ 方明. 陶行知全集(第 1 卷) [M]. 成都：四川教育出版社，2005：262-264.
④ 方明. 陶行知全集(第 1 卷) [M]. 成都：四川教育出版社，2005：262-264.

二、以科学和民主为核心的西方现代教育传播诱发教育实验

中国的现代化是在列强环伺、外敌侵略、清廷腐败、长期锁国造成的经济社会发展缓慢、科技落后的被动形势下，由仁人志士和广大民众的主动图强以及国外先进技术设备、思想、制度引进流入传播的共同影响下促成的。当然，国外先进思想和技术的引进也体现了中国的需求和觉醒者对于中国未来发展需求的思考与研判，近现代教育的改造过程也不例外。外国教育思想、制度随着被动和主动的开放国禁而得以介绍、流入和传播，走过了僵化移植——本土化改造——现代化教育理论形成的过程。而在这一过程中，试验和实验起到了积极的不可替代作用，实验思想和方法技术手段等也在这一过程中得到升华和逐渐成熟。因此，实验不仅仅是作为国家富强的研究手段，而且立足于本土化创造，作为民族价值追求的方法，得到推崇，"俨然成为此时期人们的共识"①。

五四新文化运动是中国教育对外学习的分界岭，之前主要是东学日本，从清末新政开始中国几乎照搬和移植了日本教育制度，虽然日本教育制度也有西方的影子，但是其毕竟进行了面向国情和统治者需要的改造。清末照搬日本教育制度，实质目的还是维护其封建统治，维护其皇权地位，企图以封建改良代替现代化民主革命。辛亥革命粉碎了清廷的企图，却被袁世凯政府窃取了革命果实，历经数年，民主、科学等理念难以得到传播，但是毕竟资产阶级政体代替了封建政体，以蔡元培、胡适、陶行知、郭秉文、陈鹤琴等为代表的一批具有深厚西学背景的教育家群体主持和引导了教育部教育工作和著名大学办学活动，西方教育思想和制度开始在民初流入和传播。五四新文化运动之后，以科学民主为标志的西方先进教育思想快速流入中国。这些先进思想的主要构成源于19世纪末20世纪初勃兴于欧洲的"新教育运动"和美国"进步教育运动"的主体内容。欧洲新教育代表人物蒙台梭利、罗素、怀特海和美国实用主义进步教育代表杜威

---

① 高瑞泉. 中国现代精神传统[M]. 上海：东方出版中心，1999：130.

等，成为典型的先进教育家代表，而当时对中国产生影响最大的是蒙台梭利和杜威的教育思想，杜威的影响更加全面而深刻。欧美先进教育思想的流入，为中国教育改造提供了新的借鉴与参照，教育实验正是在这一过程中应运而生并大行其道的。

实用主义、平民教育、普及教育与教育平等、乡村教育、职业教育、欧洲新教育等西方教育思潮及其制度，在五四新文化运动期间和之后相继传入中国，对中国教育改造产生了重大和深远的影响。其中产生于19世纪美国的实用主义教育思想之作用最为显性，杜威是其中的典型代表。他于1919年5月1日至1921年7月11日在华讲学，其接洽事宜由北京大学、江苏省教育会、南京高师三个机构各举代表一人担任。南京、上海方面将筹备四千元，作为接待费用，这在当时是一个不小的数目（当时大学顶尖教授的年薪最高300元）。① 陶行知和蒋梦麟给胡适的信中提及这一点，充分说明南京政府对此事的重视，以及杜威的影响之巨大。杜威先后到直隶、奉天、山东、山西、江苏、江西、湖北、湖南、浙江、福建、广东等十一省进行讲演，历时两年多。胡适担任向导和翻译，陶行知担任接待员。《新教育》杂志1—3卷的各期刊登了各地讲演的相关内容，还整理出版了系列演讲专辑，在学界引起共鸣，反响强烈。杜威的中国高足胡适、陶行知、蒋梦麟等人更是对其推崇备至。梁启超曾说："自杜威到中国演讲后，唯用主义或实验主义在我们教育界成为一种时髦学说，不能不说是很好的现象。"② 陈独秀在很长一段时间里认为实验主义可以与唯物史观并存，表示"相信尊重"实验哲学。③ 当年毛泽东于《湘江评论》的发刊宣言中曾说，当前"中国就成功和将要成功方面的改革"，"见于思想方面，为实验主义"，把实验主义看为思想领域的指导性学说。④ 梁漱溟曾感慨："这

---

① 方明. 陶行知全集(第8卷)[M]. 成都：四川教育出版社，2005：181.
② 梁启超. 颜李学派与现代教育思潮[J]. 东方杂志，1924，21(2).
③ 五团体公饯杜威席上之言论[N]. 晨报，1922-07-01.
④ 吕达，刘立德，邹海燕. 杜威教育文集(第3卷)[M]. 北京：人民教育出版社，2008：9.

两年杜威、罗素先生到中国来……是我们学术思想界的大幸……"认为他们的思想对于中国"从来的痼疾"是"对症"的。①

杜威被誉为美国 20 世纪首屈一指的民主哲学家。② 吴俊升先生曾说："中国教育所受到外国学者影响之广泛与深远，以杜威为第一人。杜威所给与国外教育影响之巨大，也以中国为第一国。"③杜威实用主义教育思想的核心概念是"经验"和"民主"，经验的获得、积累、成长与改造成为"真正的教育"之标识，由此导致了教育民主与科学追求，导致了"儿童中心主义"。他把这个重心的转移叫做"哥白尼式的革命"④。他直承法国卢梭的自然主义，认为教育动力来自内发而不是外铄，生长是人类与生俱来的能力。他批判了传统教育以书本知识、教师为主、课堂为主的"三中心"论。"教育即生活""学校即社会""做中学"是其对教育实质的三大假设，强调把现实生活中的内容组织到教学过程中去，重视个人和个别经验的价值，尊重人的自由、平等和尊严。不同群体拥有的共同利益多少是社会民主化程度的判定标准，教育民主性是民主生活方式类化的基础和动力。杜威的民主主义、生活教育、社会教育、儿童观、教育目的观、课程观等为五四运动后的教育实验提供了坚实的理论依据。民主、经验乃至科学化追求成为批判传统教育的旗帜，教育改造与改革的风向标、判定标准与手段。因此，教育实验有了一套科学的理论、方法体系。与此同时，杜威学说的落地与本土化也成为最为重要的教育实验内容。

推进五四新文化运动的主体是一批留学回国的留学生，根据《欧美同学会丛刊》统计，到 20 世纪 20 年代初欧美同学归国者，渐逾千人。⑤ 仅就

---

① 梁漱溟. 东西文化及其哲学[M]. 北京：商务印书馆出版，1999：209.

② ［美］列奥·施特劳斯，约瑟夫·克罗波西. 政治哲学史（下）[M]. 李天然，等译. 石家庄：河北人民出版社，1993：979.

③ 杜威. 民主主义与教育[M]. 北京：人民教育出版社，1996：36.

④ 易慧清. 中国近现代学前教育史[M]. 长春：东北师范大学出版社，1994：46.

⑤ 中国蔡元培研究会. 蔡元培全集（第四卷）[M]. 杭州：浙江教育出版社，1998：69.

北大来看，就有留日的陈独秀、李大钊、鲁迅、钱玄同等，留学欧美的胡适、刘半农、夏元瑮、李四光、丁文江、翁文灏等，毛泽东的老师杨昌济则留学英、日、德三国，1918 年的北大教授平均年龄只有 30 多岁，其中多半是西学功底深厚的留学生。五四新文化运动前后鲁迅在《新青年》先后发表了《狂人日记》《药》《孔乙己》《阿 Q 正传》等不朽之作，北大蔚然成为新文化中心。

"西方观念和价值标准在 19 世纪末在中国的士大夫中间得到了广泛传播。"①以留学生为主体的中国新兴知识分子秉持反封建初衷，编辑出版新书新刊新报，组织建立了一批先进的社团，推动了新文化运动和西方文化的传播。具有十年留学经历的杨昌济、方维夏和黎锦熙等于 1914 年初创办宏文图书社，编译外国著述，社刊《公言》明确宣示了其介绍东西方新思潮以挽救民族危亡之宗旨。很多报刊出版专辑，陈独秀、李大钊主办的《新青年》，北京大学主办的《新潮》《国民》杂志，毛泽东创办的《湘江评论》，周恩来主编的天津学生联合会报《觉悟》，无政府主义者出版的《进化》，吴密主办的《学衡》，张东荪主办的《解放和改造》《时事新报》……据统计，当时出版的白话文报刊达 400 种。他们宣传介绍马克思、易卜生、杜威、柏格森、爱因斯坦、达尔文等西方各个领域的宏篇著作，讨论社会改造问题，唤醒民众，构成了外国新思潮纷沓而来的新文化图景。马克思主义、民主主义、新康德主义、新实证主义、社会无政府主义、无政府主义、社会主义……纷纷登上中国思想文化舞台，并在中国传播开来。思想开放和西方科学民主思想的引入、传播与倡导，造就了五四新文化运动的科学民主精神之扎根，让封建腐朽文化出现了断层，新文化得以迅猛推进。反封建启民智，与旧社会决断，撕掉其"假面"，要求人权和人格平等，普及教育，唤醒民众，中西文化达到前所未有相互交汇的局面。

在五四新文化运动思想界狂飙突击背景下，改造社会成为必然，而社

---

① ［美］费正清等. 剑桥中国晚清史（下卷）［M］. 北京：中国社会科学出版社，1985：325.

会改造的有效或者必要途径就是改造教育。通过教育来改造人，改变民众的思想意识和文明习惯，反映时代需求。于是，各种西方近现代教育理论、学说纷纷被介绍进来，形成了学习西方教育理论的高潮。作为18世纪资产阶级人文主义代表的法国教育家卢梭所著《爱弥儿》，提出自然教育，要按照儿童的成长顺序去教育儿童，对于封建的读经式的教育进行了鞭挞，认为那是迫害儿童的"桎梏"。爱尔维修、狄德罗、裴斯泰洛齐、赫尔巴特、福禄贝尔、欧文等人的教育思想也相继传入中国。尤其是19世纪末20世纪初欧洲各国兴起的教育改革运动，主张废除传统课程，制定了所谓的"新教育原则"，创办了各类实验性质的"新学校"，并与美国的"进步教育运动"合流共生，形成了巨大的国际影响，欧美现代教育代表人物蒙台梭利、怀特海、罗素、杜威等思想相继传入中国，教育改革成为新文化运动的一个重要组成部分。他们对传统教育提出批判，树立儿童第一理念，以儿童为中心，尊重儿童个性、兴趣和主动性，主张儿童自我管理，重视儿童直接体验和由此形成的经验，认为"教育即生活"而非生活准备，"社会即学校"即社会实际生活直接作为教育内容。

尽管实验主义教育学的影响经过一段时间开始降温，但它对我国教育理论界的影响却是长久的。一方面，辛亥革命后，教育理论界如同其他各界一样，更加渴望民主与自由，因而对宣传民主与自由的实验主义教育学情有独钟；另一方面，师从杜威的学者多声名显赫，助长了实验主义教育学在我国流行三十春秋。① 西方各类教育思潮的传入，同时又刺激了中国现代教育的先哲们对于适应中国国情教育的思考。传统必须抛弃，但是解决了"破"的问题，"立"什么呢？西方教育思想、制度，哪些是合理的？哪些是可以借鉴的？哪些是适合国情的？实验的目的和动力系统由此形成。教育实验和教育试验自然被提了出来。各类教育研究、教育实验团体建

---

① 曹孚：《杜威批判引论》，载《人民教育》第1卷第6期（1950年10月）、第2卷第1期（1950年11月）。人民教育出版社于1951年3月，以"人民教育丛书之五"的单行本出版。又载瞿葆奎、马骥雄、雷尧珠：《曹孚教育论稿》，华东师范大学出版社1989年版，第23-63页。

立，如生活教育、职业教育、平民教育、乡村教育等都建立了自己的研究会，借鉴西方的教育实验技术和方法、边宣传自己的教育思想、边实验推广实验经验。幼儿教育家陈鹤琴对于杜威、弥勒所主张的实验主义哲学采取了认同的态度，认为"注重实验"的思潮影响到了各种教育，"确实比较适用"，幼稚教育"当然也应该依着实验精神去研究"①。

三、教育实验开展是传统教育向现代教育转型的重要标识

洋务运动之后，清廷奉行"中体西用"，教育上也不例外。所谓"中体"就是指封建的传统名教不能变，其实质是维护皇权统治。甲午海战中中国的失败，倒逼了清廷制度性变迁，八股取士被革废，然而清末推行的学堂章程在道德教育和培养目标上并未突破封建礼教窠臼。这种状况一直延续到1911年10月10日以武昌起义为标志的辛亥革命的爆发，推翻清廷政府，但是袁世凯依然做着皇帝梦，推行倒行逆施的复古复辟，强调法孔孟、读经史，压制资产阶级教育思想和教育诉求，不利学校培养人的全面健康发展。五四新文化运动以后，随着资产阶级领导下的旧民主主义革命让位于中国共产党领导下的新民主主义革命，民族资本主义初步发展，中国社会改革的动力体系形成，改革的目标就是科学和民主，而改革社会必先改革教育也成为上层主流社会及教育家等先进人士的共识。学习外国和教育实验成为传统教育向现代教育转型的重要标识。

（一）教育实验促进了现代教育目标与理念的实施

现代教育具有普及性、民主性、平等性、公立性、普惠性、制度化、信息化、国际化等精神内涵，包括教育理念、教师、课程、管理、设备等方面的现代转型。晏阳初、梁漱溟、陶行知、黄炎培、俞子夷、陈鹤琴、张雪门等教育家所进行的教育实验无不在实验目标上突出了现代教育的内

---

① 陈秀云，陈一飞. 陈鹤琴全集（第二卷）［M］. 南京：江苏教育出版社，1991：20.

涵，传统教育给予了扬弃。例如晏阳初观察到 20 世纪 20 年代的四万万人民中大多数是不识字的"瞎民"，脑矿未开，民智闭塞，于是给其所从事的平民教育实验的宗旨定位为推动"目不识丁的男女同胞，设法上流起来"①。唯有如此，国民才能够监督政府，才不会受到政客、官僚、野心家的"摧残蹂躏"。他把平民教育看作民惟邦本、本固邦宁的事业，认为平民教育，特别是青年平民教育，会极大增加中国民众势力，会极大改观中国的内政外交，称雄于世界，而启发民智"是今日实际爱国根本工作"②。从国家社会层面来讲，一是要营造气氛，使得民众了解自己"有读书的权利与可能"；二是达到平民教育的普及。③ 平民教育可以看作公民教育的独立组成部分，也是公民教育的实现渠道。1928 年 4 月晏阳初在《平民教育概论》中再次强调了平民教育的目的是要做"有知识、有生产力、有公共心的整个人"④，除此之外，还要养成社会健全的分子，发展社会事业，增强国际地位。培养公民，实施公民教育是这些教育实验共同的特点和追求。晏阳初开展平民教育实验、陶行知进行生活教育实验、梁漱溟组织乡村建设实验、黄炎培探索职业教育实验，无一不是从普及教育角度进行。晏阳初认为，人格是平等的，教育机会不平等是人格不平等的原因。晏阳初将平民定义为超过学龄期限（12 岁）不识字的或者识字而缺乏常识的"一般男女"，而平民教育就是对于这个人群所实施的教育。晏阳初借用中华职业改进社（1924 年）统计，文盲率占 80%，全国有 3 亿人。其中的六千万属于学龄儿童，国家有义务教育学制规定。但是对于其余的 2 亿多人却处于无人问津的状态，占到全国人口的一半。⑤ 如何让这些人受到基本的教育，就是晏阳初最初面临的问题和假设。显然，教育实验对于教育改革的推动

---

① 马秋帆，熊明安. 晏阳初教育论著选［M］. 北京：人民教育出版社，1993：37.
② 马秋帆，熊明安. 晏阳初教育论著选［M］. 北京：人民教育出版社，1993：37-40.
③ 马秋帆，熊明安. 晏阳初教育论著选［M］. 北京：人民教育出版社，1993：26.
④ 陈青之. 中国教育史（下）［M］. 长春：吉林人民出版社，2013：750.
⑤ 马秋帆，熊明安. 晏阳初教育论著选［M］. 北京：人民教育出版社，1993：34-35.

方向是赋予人人所共有的读书权利，是根据民众需要进行教育，是"教人做人"，做有智力、生产力和公共心的"整个的人"①。这就在教育目的上向着教育平权、教育符合人的发展需要，教育顺应社会需求上，向前推进了一步，也即向着现代教育推进了一步。晏阳初将公民教育的视野拓展到"教育全体"，是养成健全的公民之教育，主张把公民教育的目的落实到平民教育之中。② 他们是国家的主人，"共和国家实以人民为主"③，发展是国家发展的基础。他们同样是公民，同样有接受公民教育的权利，要让他们识字、用字、有基本常识，享受基本教育，让他们成为具备主动精神和能力的公民。而且，基本常识掌握后，还要对他们进行平民继续教育，使之掌握程度较高的公民常识。五四新文化运动之后的教育实验都有着推动中国教育向着现代教育转向的意味，而他们所抛弃和所批判的恰恰是传统教育的僵化、呆板以及压抑个性、只为统治阶级少数人服务、只为培养士大夫服务的封建教育。晏阳初甚至认为，早期新文化运动是少数学者的笔墨运动，与多数平民无关。工人农民过着牛马一样的生活，对自己的生活麻木不仁，"没有改进的方法"，只有提高民智，才能改善民众地位，成为"有智识有头脑"的国民。④ 平教运动的使命在于"作新民"，这是晏阳初的思考，更是他在平民教育实验过程中对于中国现代教育目的的探索结论。

(二)教育实验促进了现代教育管理体制和新学制的建立与实施

五四运动推进了 1922 年"新学制"的制定与实施，促进了中国教育由师从日本转向师从欧美、再到师从美国并最终走向现代化和中国化的转向。生利主义和实用主义是新学制的突出特点和基本宗旨，因此从新学制

① 马秋帆，熊明安. 晏阳初教育论著选[M]. 北京：人民教育出版社，1993：32.
② 马秋帆，熊明安. 晏阳初教育论著选[M]. 北京：人民教育出版社，1993：19.
③ 晏阳初. 平民教育与乡村建设运动[M]. 上海：商务印书馆，2014：24.
④ 马秋帆，熊明安. 晏阳初教育论著选[M]. 北京：人民教育出版社，1993：33-34.

的制定过程到实施过程中，俞子夷、舒新城等人都进行了多种新学制实验，较好地解决了在学制方面"仪型他国"的问题，促进了中国化本土化的创生。例如，俞子夷指出"为便利计，为容易成功计"，先定小学各学年的标准，"不但小学校各级升调时有个依据，就是幼稚园和小学的衔接，小学校和初级中学的衔接，也有了依据。"①制定各学年各学科标准程度，是试行新学制最重要的先决问题。舒新城主张对于中学教育，要为"升学预备与职业教育双方兼顾"②；主张打破学年制，而改为学科制，学生的程度以各科为标准，这样，可以避免学年制带来的弊端，学生不至于因为"一、二科不合格而牵涉各科"③。除此之外，舒新城对中学学制的修业年限、文理分科、选修科等方面提出了自己的主张。舒新城在谈到新学制师范课程时指出从前的师范学校的教育课程，实际对于学生是没有用处的，比如所开设的心理学、教育学科等对学生毕业后，"完全不能应用"，所遇到的实际问题，已有的教育学识"完全不能帮我解决"④。因此，舒新城主张应特别注意学生毕业后实际应用的科目，如改心理学为"儿童心理、学习心理及群众心理"⑤，再如教育学少讲理论，多抽出时间研究师范生所急于应用的学科，促进了现代教育管理体制和新学制的建立。

（三）教育实验促进了现代教育课程的探索

现代教育课程要突出公民性和实用性，即满足公民个人需要以及社会发展需要。胡适、陶行知所推崇的和中国化嫁接的杜威实验主义和实用主义思想，其实质就是要使得教育走向平民化，以平民的生活需要为课程，实施"生活即教育""社会即学校"。课程不再是"哲学家"所追求脱离生活的玄学，而是走向生活面向活生生实际的经验，实际效果是课程评价的唯

① 董远骞. 俞子夷教育论著选[M]. 北京：人民教育出版社，1991：14.
② 吕达，刘立德. 舒新城教育论著选[M]. 北京：人民教育出版社，2004：33.
③ 吕达，刘立德. 舒新城教育论著选[M]. 北京：人民教育出版社，2004：35.
④ 吕达，刘立德. 舒新城教育论著选[M]. 北京：人民教育出版社，2004：395.
⑤ 吕达，刘立德. 舒新城教育论著选[M]. 北京：人民教育出版社，2004：395.

一指标。这样，教育才能实现平等，才能普及，才有实际价值。陶行知在《中国教育改造》这本书的序言中的第一句话就是："这本书代表我在中国教育里摸黑路所见着的几线光明。"①晏阳初在领导平民教育运动过程中，针对中国广大农村存在的"愚穷弱私"社会现状，提出了文学教育、生计教育、卫生教育、公民教育四个方面的内容与之对应，以改变我国农村落后状况。他认为，平民教育的第一步就是识字，即文字教育，以获得民智，识字才能获得知识。平民教育的第二步是生计教育，以提高民生。平民教育不是培养书呆子和寄生虫，而是要形成生产技能，能够自立，进行生计教育，改变中国，改变世界。平民教育的第三步是进行公民教育，以养成民德。鄙视自私自利、干坏事、做叛徒、无公德的行为。公民教育就是养成"热诚奉公"的公民，使之认识和运用常用字，并接受国民应有的基本教育。② 公民教育要解决何谓中国的最低限度的公民教育、如何实施、如何在平民中落实公民教育。无论是平民公民教育的内容，还是公民教育在平民教育过程中的实现，都要有实证数据，不能简单喊喊口号，也不能对学校教育进行套用，要用证据说话，要区别于西方，要符合国情，就要进行实验，依仗实验，"减少失败的危险"，寻求长效机制，不能把平民的公民教育看作"一星期的运动"，要进行"彻底的研究和实地的实验"③，高效率解决这些问题。教育实验对于实用性课程的贡献也是最为突出的。教育实验打破了传统课程过于强调道德教育的倾向，以生活生存实际为目标进行探索，拓展了课程的现代化内涵，改变了课程结构，适应了社会发展和学生需要。

（四）教育实验促进了现代教育教学过程的改革

深受美国实用主义教育家杜威所提出的"儿童中心论""教育即儿童经

① 方明. 陶行知全集（第 1 卷）[M]. 成都：四川教育出版社，2005：3.

② 马秋帆，熊明安. 晏阳初教育论著选[M]. 北京：人民教育出版社，1993：33-34.

③ 马秋帆，熊明安. 晏阳初教育论著选[M]. 北京：人民教育出版社，1993：23-24.

验的不断改造"的影响，五四新文化运动以后的教育实验在教学过程中，普遍尊重学生身心发展规律，尊重学生发展的整体性和直接经验的作用。真正让儿童的经验成为其面对生活和实际社会的推理和创造，由此实现了儿童与成人在教育过程中的真正平权。例如，张雪门认为："幼儿园的儿童和一般成人更有一种不同的地方，就是他的生活是整个的。他看环境中的事事物物，都是他生命中的一部分；只要他看了一种东西，就会将这种东西看作他自己的。而且其思想和动作的变换，非凡的迅速，常不觉有过度的裂痕。"①儿童生长的首要条件正是"未成熟的状态"②，儿童的发展正是其依赖性和可塑性相互作用的结果，儿童从经验中学习和改变并发展各种倾向。教学过程正是以此为起点，要依据其自身特点，考虑其在不同时期的发展需要和对环境适应的能力。③注意儿童经验的独特性及其价值，儿童的经验、生活、社会与成人不同，儿童期"生理发达的速率，智能进步的速度，实比任何时期快速。人格者，习惯的综合，也全在这一时期形成"④。教学过程要强调交互性，儿童体验到并对自身起到改造作用的才是真正的经验，所以这一时期的教育实验普遍强调了儿童的主动参与，都需要有直接经验作为基础。而这直接经验，正是来源于人类与环境的交互作用。为了获得经验，行动是首要的，这一点无论在杜威的"做中学"思想还是张雪门的"行为课程"理念中都体现得淋漓尽致。经验的过程在行为中，总是体现出一种交互作用。这一时期的教育实验在教学过程改造的探索中，打破了传统教育的灌输、机械记背、僵化记忆等方面的桎梏，强调学生生活、实践、个性化的直接经验和学生发展需求，实施做中学，做中

---

① 戴自俺. 张雪门幼儿教育文集(上卷)[M]. 北京：少年儿童出版社，1994：130.

② [美]杜威. 民主主义与教育[M]. 王承绪，译. 北京：人民教育出版社，2001：49.

③ 戴自俺. 张雪门幼儿教育文集(上卷)[M]. 北京：少年儿童出版社，1994：180.

④ 戴自俺. 张雪门幼儿教育文集(上卷)[M]. 北京：少年儿童出版社，1994：390.

教，做中求进步，学生主体参与学习之中，丰富自身经验和体验，而新经验是作为原有经验的改造与转化，即经验是连续的。"行为的活动好像一长串的合金链子，不论时间和空间都分不开。"①"经验是对一定方向活动的结果"，"各种学习，都要有倾向和行为作基础……固有的倾向，引出动作；现在的动作，改变倾向；倾向改变，动作也随之改变。如此循环不息，经验便不断地改造。每经一循环，在生长历程上就进展了一步。"②"单纯活动，并不构成经验。这样的活动只是分散的、有离心作用的、消耗性的活动。"③杜威实用主义的教育思想以及做中学的教育方法，有着其深厚的教育实验基础，他在芝加哥实验学校(又称杜威学校)，进行了八年教育实验，探索应用并检验了自己所谓的进步主义思想。这些实用主义的教学方法深刻地影响了中国近代教育发展与改革，并通过其学生胡适、陶行知、陈鹤琴以及间接影响到的晏阳初、张雪门、张宗麟等嫁接到中国的教育实验中，完成了具有现代特点的中国化教学过程的探索与教学改造。形成了"做中学""教师以做为教""学生以做为学"④"半道尔顿制""设计教学法"等具有民主性、真实性、活动性的中国化的先进教育方法。当然，对于教育过程方法中国化进程产生影响的不仅仅是杜威，蒙台梭利的儿童本位和"自动""自由"的教育原则，蒙台梭利曾说，每一所蒙台梭利学校都是一个科学实验室，教师准备了实验的条件，允许各种现象的发生。福禄贝尔的"发展性原则"和"教育适应自然的原则"，克伯屈的"设计教学法"等，都对当时的教育方法实验方向和内容产生了直接影响，并由此示范和引领了中国近代教育过程向着现代教学的转变。

教育实验作为教育近现代化转型的推动力量，一方面，由于教育作为社会事业在五四运动之后向着科学民主转向，而教育实验支撑了这一转

①　张雪门. 中国幼稚园课程研究[M]. 台北：童年书店出版社，1978：22.

②　戴自俺. 张雪门幼儿教育文集(上卷)[M]. 北京：少年儿童出版社，1994：373.

③　[美]杜威. 民主主义与教育[M]. 王承绪，译. 北京：人民教育出版社，2001：153.

④　呼中汉. 革命教育家谢台臣[M]. 石家庄：河北教育出版社，2003：32.

向，也同时成为教育民主与科学的一个重要组成部分，成为知识界批判旧教育的有力依据；另一方面，教育实验在教育走向现代的中国化本土化改造方面又做了更多更深的探索，成为以实用主义教育理论为主体的国外教育思想传入中国的重要渠道，成为教育走向科学民主的必要路径和手段。同时，教育实验也在教育科学中国化过程中起到了关键性作用，开辟了蔡元培所论"马曼之实验教育学，亦将离哲学而独立"①的中国式道路。因此，教育实验的重要性成为教育界共识。幼儿教师教育实验也正是在幼儿教师教育领域起到了上述作用，而且在中国化现代幼儿教师教育几乎"一无所有"的状况下，其对中国化专业化科学化幼儿教师教育事业的推动和现代幼儿教师教育制度的建立之促进以及相关教育理论的形成的重要性是不言而喻的。

第二节　清末民初幼儿教师教育转型的实验背景

近代官公立幼儿教师教育可以追溯到 1902 年和 1904 年的近代学制——《壬寅学制》和《癸卯学制》的颁布，其时称谓为"保姆"②（这一词汇一直保留到今天从事家政或家事服务工作者的职业用词）。清末"保姆"从培养体制机制上，依附于蒙养院；从培养目的上，落实癸卯学制有关蒙养院的规定；从教育内容上，一方面是传统的道德教育，一方面是少数具有专业水平和日籍教师的蒙养院讲授日本保育课程。蒙养院的招生来源也大致分成两类：一类是普遍依附于育婴、敬节"两堂"的蒙养院，其保姆大多由节妇乳媪充任；③ 另一类为数不多相对规范的蒙养院所举办的保姆讲习所等机构，其则规定了招生的年龄、学历、婚姻等条件。总体上看，培养规模小，水平低，而且对于蒙养院依附性强。1907 年 3 月 8 日，清廷批准

① 中国蔡元培研究会. 蔡元培全集（第三卷）[M]. 杭州：浙江教育出版社，1998：526.

② 喻本伐. 中国幼儿教育史[M]. 郑州：大象出版社，2000：177.

③ 喻本伐. 中国幼儿教育史[M]. 郑州：大象出版社，2000：178.

颁行学部拟定的《奏定女子师范学堂章程》为女子教育的始基，其中规定培养目标为："教授女师范生，须副女子小学堂教科、蒙养院保姆科之旨趣，使适合将来充当教习、保姆之用。"①这标志着独立举办幼儿教师教育机构的合法性得以进一步承认。

在我国初创蒙养院时，缺乏幼稚园的历史积淀，懂保姆业务的人又很少，在当时的背景之下聘用日本女教习培养中国保姆、聘用日本保姆担任保教任务，借鉴日本经验也不失为一种不得已的捷径。1903年湖北巡抚端方创办的武昌蒙养院、是年北京京师第一蒙养院以及1905年5月调任湖南巡抚的端方创办的湖南官立蒙养院等都是聘请日本保姆来主持的。

幼儿教育发展呼唤幼儿教师成为独立职业，幼儿教师随着幼儿教育的转型而转型，又反过来影响着幼儿教育的发展规模及方向。幼儿教师对幼儿教育的适应和引导过程，可以看成社会对于幼儿教育和幼儿教师培养的理性认知过程，是一个不断向国外先进教育思想借鉴与吸收的过程，是一个幼儿教师教育的不断改进与实践的行动过程，是幼儿教师教育的前辈先贤对于幼儿教师教育的实验推广过程。

一、清末民初幼儿教育发展状况及特点

中国独立的幼儿教育始于近代，之前被认为"蒙养所急者仍赖家庭教育"，似有"本末倒置之嫌"②，尽管有些宫廷教育的影子，有些慈善教育也具备幼儿教育的性质。19世纪70年代近代洋务运动以后机器化生产的兴起打破了中国几千年来传统的自给自足的封建生产关系，传统男耕女织的家庭结构被迫改变。家庭妇女走出庭室，步入社会，开始工作。一系列经济结构的改变预示着一种新式的幼儿教育机构的出现，以此代替家庭教育中妇女承担儿童的抚育的重任。虽然中华民族拥有几千年光辉灿烂的文化与教育传统，在教育儿童问题上也积累了许多宝贵的经验，但是关于近

---

① 中国学前教育史编写组. 中国学前教育史资料选（全一册）[M]. 北京：人民教育出版社，1989：99.

② 喻本伐. 中国幼儿教育史[M]. 郑州：大象出版社，2000：178.

代幼儿教育制度的理念却并非来源于我国古代悠久的儿童教育历史，它实际是 20 世纪初传入中国的一种"舶来品"。

（一）幼儿教育发展缓慢且不稳定

1902 年，张百熙主持制定《钦定学堂章程》标志着中国近代新教育制度的初创，见证了新旧学制的过渡。虽然其执行效力很差，但是就在这一年全国已有教会设立的幼稚园 6 所，幼稚生也有 194 人。① 这是中国幼稚教育史中最关键的，因为国人不重视传教士，迷信着模仿日本，所以国人几乎很少知晓教会幼儿教育机构。据袁希涛在《五十年来中国之初等教育》中的统计：到了 1907 年，全国蒙养院幼儿数已经有 4 893 人，占初等小学生人数的 5.32%；但是 1908 年其人数却降为 2 664 人，占初等小学生 1.72%。② 由此可以看出，蒙养院在开办之初并不顺利，有时规模还会下降。

民国初期，幼稚园不但为政府所轻视，而且当时教育界名流也认为其无足轻重，民初学制甚至都没有列入幼儿教育，只是在 1911 年民国教育部令第十四号《师范教育令》的第十条第二项规定："女子师范学校于附属小学外应设蒙养园……女子高等师范学校于附属小学外应设附属女子中学校和蒙养园"。直到 1916 年 1 月 8 日颁布的《国民学校令施行细则》第十一条中才规定："国民学校得附设蒙养园。"③据 1916 年民国教育统计，幼稚园包括在小学里共有 128 525 所，学生 4 140 066 人。④ 这一时期关于幼儿教育规模的统计很少，充分说明还没有把幼儿教育机构当作一个独立的教育学段加以重视。1918 年江苏教育会幼稚教育研究会报告关于上海幼稚园

---

① 李楚材. 帝国主义侵华教育史资料——教会教育［M］. 北京：教育科学出版社，1987：13.

② 袁希涛. 五十年来中国之初等教育［M］. 申报馆，1923 年版，第 258 页。

③ 戴自俺. 张雪门幼儿教育文集（上卷）［M］. 北京：少年儿童出版社，1994：454.

④ 易慧清. 中国近现代学前教育史［M］. 长春：东北师范大学出版社，1994：41.

的统计中，1918 年上海新建的幼稚园有 12 所，其中教会幼稚园 6 所，幼儿数约 389 人，教师约 42 人，充分说明各地蒙养园数量依然很少。① 1934 年出版的《第一次中国教育年鉴》上找不到关于幼稚园的统计数字。1929 年教育部才开始统计全国幼稚园状况，并有了详细的记载。并且，全国各地幼儿园数量的分布呈现出不平衡状态。现代学前教育家张宗麟在 1926 年对江浙皖三省幼稚园发展状况做过统计，可窥见一斑：

表 1-1　张宗麟调查江浙皖三省幼稚园统计表②

省名、所得诸点	寄出信数	收到信数	有幼稚园县数	幼稚园总数	幼稚生总数	幼稚教师总数	备注
浙江	74	34	16	27	904	55	
江苏	60	26	13	33	1 186	59	有废信一
安徽	60	26	5	9	203	14	其中有一县在筹备中其中有幼稚园两所在筹备中

　　虽然上表出自张宗麟私人调查，但是依然可以大略地看出，到 20 世纪 20 年代的中国幼稚教育机构的数量极其有限，这点是毋庸置疑的。1927 年春季，南京城幼稚园数量只有 5 所，到了 1927 年秋，增加至 19 所，上海、北平和天津亦有同样的增加，但幼稚园数量依然很少。③ 对于中国这样一个泱泱大国，区区百余所或者几百所蒙养院或者幼稚园只能是杯水车薪，难以构成影响，不能满足社会的需求。

---

　　① 唐淑. 中国学前教育史（第三版）[M]. 北京：人民教育出版社，2015：119-120.

　　② 张沪. 张宗麟幼儿教育论集[C]. 长沙：湖南教育出版社，1985：9.

　　③ 易慧清. 中国近现代学前教育史[M]. 长春：东北师范大学出版社，1994：155.

（二）办园过程移植照搬现象普遍

中国的幼稚园虽已开办多年，"大抵是抄袭外国人的"①，但是几乎所有的幼稚园都是宗法西洋成法，"不是直抄福禄贝尔，就是直抄蒙台梭利"，对于国外传来的东西都是能模仿尽量模仿，不肯加以变化，也不管儿童是否能够接纳，是否"适合儿童的脾胃，苦心地削足适履求合于古法"②。而外人的幼稚园已时有改进，但是我们还是墨守成规，不知改良，以致"陈旧腐败不堪闻问了"③。陈鹤琴在 1924 年就在《新教育》上发表了《现今幼稚教育之弊病》一文，对中国当时的幼稚园所存在的封闭僵化、只重团体、蔑视儿童需求、目的指向不明等等流弊加以分析。④ 中国幼稚教育的病根来自何处，是有其历史原因的。

1. 清末蒙养院移植照搬日本幼儿教育

中日甲午海战，中国惨败于日本这个东方蕞尔小国，也宣告了洋务运动的失败。于是，清廷放下泱泱大国的架子，采取变法，实施新政，向外国学习强国之策。由于地缘、距离、语言、经费等原因，日本成了学习的首选之地。制度制定上，"师从东洋"是清末"新政"制度改革的主体，唯有这样才能保障皇权稳固，国体不变，教育也不例外。清末《蒙养院章程》的保育要旨、条目、设备、管理等方面基本上是借鉴日本 1900 年出版的《幼稚园保育及设备规程》。⑤ 1903 年，武昌模范小学界办了一个蒙养院，湖北武昌蒙养院是我国开办最早的公立幼稚园，开创了中国人自己办幼儿教育机构的先河。是年，北京京师第一蒙养院也成立，这两所蒙养院都是聘请日本保姆来主持的。1904 年清政府颁布的《奏定学堂章程》（亦称《癸卯学制》）中列入的蒙养院，相当于西方和日本的幼稚园，由此中国的幼儿教

---

① 陈秀云，陈一飞. 陈鹤琴全集（第二卷）[M]. 南京：江苏教育出版社，2008：1.
② 陈秀云，陈一飞. 陈鹤琴全集（第二卷）[M]. 南京：江苏教育出版社，2008：5.
③ 陈秀云，陈一飞. 陈鹤琴全集（第二卷）[M]. 南京：江苏教育出版社，2008：1.
④ 陈秀云，陈一飞. 陈鹤琴全集（第二卷）[M]. 南京：江苏教育出版社，2008：1-3.
⑤ 徐宝良. 中外学前教育史[M]. 北京：教育科学出版社，2012：43.

育制度得以初立。中国近代社会化的幼儿教育迎来了发展契机，一批官办蒙养院相继建立。《奏定学堂章程》规定：无论是官公立蒙养院，还是私立蒙养院，在创办过程中都遵从癸卯学制。对于蒙养院学制的规定，间接移植了日本学制：一方面，招收 3~7 岁儿童入园，蒙学堂亦不计入正式学程之中；① 另一方面，蒙养院教育与家庭教育相结合，互为补充。即设计蒙养院的相对独立性教育，又诠释这个阶段不可完全脱离家庭教育，不可以减轻或者剥离家庭的教育责任。

《癸卯学制》制定了各级各类学校教育的办学规范，其中包括《蒙养院章程及家庭教育法章程》，内容上基本照搬了日本 1899 年制定的《幼儿园保育及设备规程》。正如这一章程所言："按各国皆有幼稚园，其义即此章之蒙养院。蒙养院酌采外国幼稚园法式，制定蒙养院章程……"于是，比附于日本幼稚园的蒙养院在中国取得了合法化地位。在制度执行上，清廷采取地方负责、政府鼓励策略，蒙养院具有明显的福利性质，保育教导三岁至七岁儿童，以辅助家庭教育，"蒙养家教合一"，附设于各省府厅州县及大市镇原有的育婴堂与敬节堂为其主要办园依托，分官立、公立、私立三种，设院董一人，管理事务，以"老成端谨而又和平耐烦者充之"，"以乳媪和保姆任保育教导之事"，教导游戏、歌谣、谈话、手技四项。从各地的执行情况来看，在政府层面大多依靠了"两堂"等公共设施，清政府在"章程"中规定："凡各省府厅州县以及极大市镇，现在均有育婴堂及敬节堂(即恤嫠堂)，兹即于育婴敬节二堂内附设蒙养院"，并"于堂内划出一院为蒙养院，令其讲习为乳媪及保姆者保育教导幼儿之事"②。教材也是政府采购的"四书""五经"等方面的小册子发给蒙养院，教师聘用的是村落中的乳媪节妇等，而且一旦批准，政府给予少量资助。

1903 年中国自办的第一个官办性质的幼稚园——湖北武昌蒙养院建立，明显仿日是这所蒙养院的最大特点。该蒙养院聘请的三位保姆均来自

---

① 余子侠. 民族危机下的教育应对[M]. 武汉：华中师范大学出版社，2001：45.

② 中国学前教育史编写组. 中国学前教育史资料选(全一册)[M]. 北京：人民教育出版社，1989：93.

日本，其保教章程和过程也完全抄袭日本，这种仿日态势一直延续到民初。尽管 1913 年颁布的《壬子癸丑学制》中把清末的幼儿教育机构由"蒙养院"更名为"蒙养园"，为数不多的私立幼儿教育机构情况依然效仿日本。严修是重视并创办私立幼儿教育的重要代表，在他兴办幼儿教育的最初阶段，几乎全面照搬日本的经验，甚至于从日本邀聘教师来任教。

2. 教会幼稚园照搬了欧美幼儿教育模式

欧美教会为了传教，最早在中国举办的幼教机构更像是慈善收容所，包括育婴堂、孤儿院、慈幼院等。19 世纪 80 年代，外国教会开始在中国沿海地区办起幼儿教育机构——"小孩察物学堂"。美国传教士林乐知认为，察物学堂就是幼稚园的别称。由此可知，教会幼稚园早于中国的蒙养院出现，是传教士在《癸卯学制》颁行之前举办，在慈善福利基础上建立的，这是我国幼儿教育机构之始。1902 年"小孩察物学堂"已有 6 所，幼稚园保姆大半来自当地年轻妇女，由牧师太太加以指导。[1] 1905 年林乐知发表的《论中国亟需设立幼稚园》一文中指出了幼稚园对传教的重要作用，他要求："吾党传道士，苟知劝道华人之法，惟幼稚园收效为最大。吾知其必置他事于缓图，而以是为先务。"[2]并极力推荐加强幼稚园的办理。据 1922 年《中国基督教教育事业》附录第 378 页记载，基督教会所办的学校共 7 382 所，其中幼稚园 139 所。晏阳初 1914 年在江苏教育会主办的《教育研究》上发表的一篇《考察皖、赣、浙教育状况之报告》中，提到教会所设学校，佳者颇多。如南昌之葆灵女学校，校长及教务主任，均明白教育原理，校长是美国人，教务主任是华人，皆毕业于美国师范。葆灵女学附设之幼稚园，幼稚生 24 人，保姆两人，"两保姆身体活泼，言语灵敏，实所仅见。有一生厌倦，必亲与之游玩，故二十四生，无一非精神飞舞者"。葆灵幼稚园尚有缺憾，"不脱外国气息"，如"唱数目歌，不用中文，而用

---

① 李楚材. 帝国主义侵华教育史资料——教会教育 [M]. 北京：教育科学出版社，1987：13.

② 李楚材. 帝国主义侵华教育史资料——教会教育 [M]. 北京：教育科学出版社，1987：214-215.

西语；记号不写中文，而用西文字母，歌词亦均用西文"。这种现象不能责怪教会，而是"我国人不能自办幼稚园之过也"①。这表明在幼稚教育发端时期，传教士所办的幼稚园是社会化幼儿教育的主体力量，起到了现代化示范的效应。但是，这并不是说从一开始这种示范性就被凸显，一方面这些教会幼稚园集中在部分大的沿海港口城市；另一方面这些幼稚园以传教为第一目的，所以并没有引起国人大面积的注意。五四新文化运动开始，中国从学习日本转向学习欧美。日式蒙养院因为意识形态和政治原因，加之经济社会变迁、日本保姆撤离等，逐步减少，而民初学制又未将蒙养院作为一级教育机构加以规定。因此，直到1916年幼儿教育成为独立章则在《修正国民学校令》中再次以法律形式规定，新文化运动以后重视幼儿教育呼声渐高，这些教会幼稚园才从边缘走向中心。无论是褒奖还是批评，教会幼稚园几乎成为中国现代幼儿教育认识和制度化上升之后典型的参照对象。当然，其示范性也就此开始彰显。张雪门在1926年发表的《参观30校幼稚园后的感想》里记载了从1911年起自身亲历参观的幼稚园，包括北京、天津、苏州、上海、宁波等地共30所幼稚园中，教会办的幼稚园占到了12所，将近一半的幼稚园是教会办的。② 以此为背景，我国现代幼儿教育也从过去的主要学习日本转向主要学习欧美，并在探索和实践中总结了自己的经验，奠定了幼儿教育中国化科学化的良好基础。实际上形成了对于欧美幼儿教育的移植。陈鹤琴和张宗麟在1926年《新教育评论》上著文《一年来南京鼓楼幼稚园试验概况》中指出："福、蒙诸氏的方法，在当时当地有他们的特殊地位和相当大的价值"，但是对于中国的幼稚园来说，"似乎不便来抄用"③。1927年，陈鹤琴又在《幼稚教育》上著文，指出没有自己的主张，不是抄日本，就是抄美国，抄来抄去，"弄不出什么好

---

① 马秋帆，熊明安. 晏阳初教育论著选[M]. 北京：人民教育出版社，1993：44.
② 戴自俺. 张雪门幼儿教育文集（上卷）[M]. 北京：少年儿童出版社，1994：52-53.
③ 陈秀云，陈一飞. 陈鹤琴全集（第二卷）[M]. 南京：江苏教育出版社，2008：4-5.

的教育来"。他批评道：当时中国"所有的幼稚园，差不多都是美国式的"。美国故事、图画、歌曲、玩具、教材充斥于幼稚园的角角落落，"就连教法，也逃不出美国化的范围"。据此，他提出了自己的幼稚教育 15 条主张。① 其核心就是要举办适合中国国情的、适合儿童发展的、以自然、社会为中心课程的、促进儿童健康和养成良好习惯的、采用户外和游戏教学为主的幼稚园。

(三)幼稚园贵族化，劳苦大众的孩子被拒之门外

清末民初的幼儿教育大多建在大都市里，数量很少、收费昂贵、入学难，只有有钱有势的孩子才有录取的资格。1904 年，张之洞曾迫于急需乳媪的压力，建立敬节堂挑选 100 名节妇，"延聘日本女教习讲习女子师范家庭教育，以备将来绅富之家延充女师之选"②。上海有私人幼稚园每人每月学费 10 元至 20 元，一学期只就学费一项就要 100 元，便宜的幼稚园也要收到每月大洋 8 元。③ 由此可见，平民百姓的孩子无缘接受幼儿教育，连中产家的儿女也休想插入。幼稚园的贵族化，完全失去了福禄贝尔、蒙台梭利等幼儿教育创始者举办幼稚园的初衷。中国新教育下的幼稚园要摒弃那种"从大商店里买几多耀目的外国货来放在玻璃橱里"，"博得一般参观人几声赞誉"④，自制省钱的、与当地社会情形相近的、中国的、合乎儿童心理的和教育原理的玩具教具，举办最普遍设立的幼稚园，突出平民的省钱的最经济的中国化幼稚园，是当时幼儿教育家们的共识。⑤ 与此相应，

---

①　陈秀云，陈一飞. 陈鹤琴全集(第二卷)[M]. 南京：江苏教育出版社，2008：75-84.

②　李桂林等. 中国近代教育史资料汇编(普通教育)[M]. 上海：上海教育出版社，2007：6-7.

③　张沪. 张宗麟幼儿教育论集[C]. 长沙：湖南教育出版社，1985：794.

④　陈秀云，陈一飞. 陈鹤琴全集(第二卷)[M]. 南京：江苏教育出版社，2008：201.

⑤　陈秀云，陈一飞. 陈鹤琴全集(第二卷)[M]. 南京：江苏教育出版社，2008：9-11.

幼稚园课程教学方面外国气息浓厚，宗教化和日本式严重。当时幼稚园的设备、布置、教法等，处处洋溢着外国气息，模仿欧美和日本模式。张宗麟在1926年《调查江浙幼稚教育后的感想》中提到幼稚园的儿童画只知道抄袭不知道变化，倘若仔细观察之，"多非中国儿童之貌相，颇似日本儿童相"。在讲到国庆纪念的活动时，教师虽先说国旗，然而三言两语带过去，对于基督教却反复解释，如此教法"尽忠于基督教"①。

五四新文化运动的爆发，为中国幼儿教育转型创造了条件，也提供了坚实的合理性与合法性依据。科学民主理念的普及，促使了幼儿教育理念的更新，平等民主地对待儿童，解放妇女，以及科学育儿、科学施教等新理念得到逐步的认同，特别是在社会上层和知识阶层。因此，新型幼儿教育成为中国教育的一个亮点，成为中国新教育改革的重要组成部分。那么，旧式幼儿教育与新式幼儿教育的区别何在？这一转型的根本在哪里？1930年，陈鹤琴为《儿童教育》所撰写的卷头语中给予了明确回答，新式幼儿教育和旧式幼儿教育的根本区别在于：要摆正儿童与社会的位置，前者以儿童为中心而兼顾社会，后者以社会为中心而忽视儿童。旧式幼儿教育要记诵那些成人都难以理解的传统课程，正像是西方儿童要死读那些希腊文、拉丁文一样，教师要完成文化"递传的专责"，而忽视儿童的发展需要。② 可见，在20世纪20年代，尽管颁布了新学制，承认了幼儿教育的学制地位，但是要真正做到尊重儿童需要，以儿童为中心，还需要探索和努力。陈鹤琴打算用《儿童教育》作为阵地，来普及新式幼儿教育理念，推动新式幼儿教育的实施。当然，也含有对幼儿教师队伍的培养与科学化专业化水平的期待。

二、清末民初幼儿教师教育转型的实验诉求

"幼稚园为蒙学堂之本，保育科又为幼稚园之本。"③然而，幼儿教育

①　张沪. 张宗麟幼儿教育论集[C]. 长沙：湖南教育出版社，1985：429.
②　陈秀云、陈一飞. 陈鹤琴全集(第四卷)[M]. 南京：江苏教育出版社，2008：42.
③　朱有瓛. 中国近代学制史料(第二辑下册)[M]. 上海：华东师范大学出版社，1989：756.

在中国较之其他学段起步最晚，中国一切事业向来是从上而下，无论政治或教育都是如此。在教育方面，是"先办大学，次办中等学校，对于小学教育、幼稚教育可以说不曾注意到。"①幼儿教育不被重视，直接导致了幼儿教师作为一个专业被接受的时间也是所有学段中最晚的。如果再没有研究幼稚教育的人出来进行，目前的幼稚园，一定变成"许多人赚钱吃饭的地方"②，等到痼习已深，再图改革，将事倍功半。

（一）清末民初的幼儿教师教育

幼儿教师教育机构最初并非独立建制，而是依附在其他机构之中。清末民初，幼儿教育师资队伍十分薄弱，《癸卯学制》中明确提出幼儿教育只是辅助家庭教育，并没有解决幼儿教师的来源问题。因此，幼儿教师的角色内涵及其培养也只是在家庭和社会化之间摇摆。举办蒙养院又必须解决幼儿教师配备，这是摆在政府和社会面前的一个难题。在中国长期的封建社会中，女子是被排除在学校教育之外的，清末"新学制"的师范教育也只是针对男生设立的。幼儿教师教育机构正是在这种情况下蹒跚起步、缓慢发展的，依托蒙养院培养保姆和依托女学创办保姆培养机构，体现了幼儿教师机构培养的强依附性，这也成为制约幼儿教师培养的最重要因素。

怎样解决这一问题，清政府和学前教育界的仁人志士提出了以下方案：一是由乳媪、节妇经过培训充任。《奏定蒙养院章程及家庭教育法章程》规定"师资养成——择育婴堂乳媪和敬节堂节妇之识字者"，"令其讲习保姆者保育、教导幼儿之事"③。二是依托蒙养院和女学附设保姆教育机构，培养"合格"保姆。如1907年3月8日，清廷批准颁行学部拟定的《奏定女子师范学堂章程》规定其培养目标，"养成女子小学堂教习，但也附带

---

① 实验活教育的江西省立实验幼稚师范(民国三十年十一月卷)第4页。
② 戴自俺. 张雪门幼儿教育文集(上卷)[M]. 北京：少年儿童出版社，1994：389.
③ 喻本伐. 中国幼儿教育史[M]. 郑州：大象出版社，2000：177.

培养蒙养院保姆"①。三是外聘日本保姆。第三个办法与我国当时的保姆培养实践无关，所以以下重点介绍前两条保姆教育的实验探索。

1. 基于乳媪、节妇群体的保姆培养探索

中国的幼儿教育是在穷困的基础上蹒跚起步的。一方面是由于清末朝廷财政拮据，幼儿教育投资乏力；另一方面，幼儿教育社会化当时是一个从无到有的过程，园舍、设施、师资诸要素全部要从零开始，社会认识又极其低下。在发展幼儿教育的诸要素配置上均采取了换汤不换药的"急就章"②，师资当然也不例外。清廷想出来的第一个方案就是"就地取材"，以乳媪、节妇加以训练，并充任保姆。这一点与近代国外以幼儿师范学校培养幼儿教师、保育员不同，这与中国幼儿教育乃至整个教育的近代化进程时间短、底子差紧密相关，且具必然性。《癸卯学制》并没有解决中国教育上男女平等问题，在学制体系中排斥女性的做法根深蒂固。于是，将蒙养院或幼稚园附设在育婴堂和敬节堂内，利用两堂的乳媪、节妇以及谋生之贫妇，经过培训和考核，合格者发给凭单，权充蒙养院的师资。这是当时学制规定的保姆教育权宜之计。在教育内容上，并没有从幼儿教育的本质需要出发，而是以中国妇道妇职律令为原则，从《孝经》《四书》《女诫》《女训》及《教女遗规》等传统道德书籍中做些摘录，编辑到一起，加上一些不悖"中体"的外国幼儿教育和家庭教育内容。在考核使用上，对入院学习的乳媪节妇设置了一些奖惩措施，规定"在敬节堂、育婴堂学习幼儿保育法合格者，由地方分别给予奖赏，并发给保姆教习凭单。获凭单者，可听其自营生业。讲习无成效者，不发给凭单"③。

2. 依托蒙养院附设的保姆教育机构

清末在举办官公立蒙养院的同时，对其乳媪和节妇、贫妇进行培训，以"老成识字"为标准，并给予少量补贴，使其充任保姆。一方面为所在蒙

---

① 喻本伐. 中国幼儿教育史[M]. 郑州：大象出版社，2000：179.

② 吕达，刘立德. 舒新城教育论著选[M]. 北京：人民教育出版社，2004：196.

③ 中国学前教育史编写组. 中国学前教育史资料选（全一册）[M]. 北京：人民教育出版社，1989：94.

养院培养保姆；另一方面也为区域内其他蒙养院提供保姆培养。当时各省府均有育婴堂及敬节堂，在两堂内划出一院培养保姆或乳媪，是一些先发省份较为普遍的做法。例如，1906 年江苏学务处《详请通饬各属育婴堂、敬节堂附设蒙养院文》中指出："凡本地拟充乳媪、保姆谋生之贫妇，愿入堂随众讲习者听。两堂开办一年以后，考察乳媪、节妇讲习认真、保育教导合法者，由官给奖，并发给保姆教习凭单。"除此之外，有的地方还出资保送一些妇女进入专门学校进行保姆培训。1906 年江苏学务处所颁布的附设蒙养院一文中还指出："查北洋办女学，通行各州县，选识字之妇女年四十岁内外者送津学习，月给津贴，学成回乡教授。"①

湖北幼稚园在保姆教育方面进行了开拓。湖北幼稚园附设了"保育科"，1904 年 2 月开办，负责保姆的速成培养，全称叫做"女子速成保育科"，实际属性为保姆培训机构。由此可知，中国第一所官办的规模性幼儿教师教育机构是附属于蒙养院的。湖北幼稚园保育科由官方负责，招生对象为 15~35 岁女生，其招生规模达到了六七十人。保育科延聘日本保姆任教习，学习一些幼儿保育知识和浅显的幼儿师范课程，这是我国幼儿师范的萌芽。但是，这一幼教师资培养实验并没有存续多长时间，可以说是昙花一现。原因很简单，当时文明未开，封建礼教根深蒂固，女子教育社会化乃是冒天下之大不韪，世俗社会完全不是从专业角度，而是从封建纲常礼教角度指责批评。时任两湖总督的张之洞迫于世俗社会和封建名教的双重压力，于当年 8 月取缔了仅仅开设了半年的湖北幼稚园附属保育科，理由是其不符合《奏定蒙养园章程及家庭教育法章程》。这一撤裁指令，也就昭示了中国第一个规模性幼儿教师教育实验的终结。

1902 年，吴馨在上海创办了务本女塾，这是中国创办的第一所独立的幼儿教师培养机构。1904 年，务本女塾负责人吴馨（怀疚）指派吴朱哲女士前往日本保姆养成所学习。吴朱哲不负众望，于 1907 年学成回国并于上海

---

① 陈元晖. 中国近代教育史资料汇编——普通教育［M］. 上海：上海教育出版社，2007：23-25.

公立幼稚舍创设了保姆传习所。同湖北蒙养院保育科一样，该保姆传习所同样附属于上海公立幼稚园。尽管如此，务本女塾从称谓上还是向女子师范靠近了一步。而事实上就在这一年，清廷首开女禁，兴办女学，颁布了《奏定女子小学堂章程》和《女子师范学堂章程》，其规定："女子师范学堂以养成女子小学堂教习，并讲习保育幼儿方法，期于裨补家计，有益家庭教育为宗旨。"这样，务本女塾开办有了政策依据，以合法形式展现在世人面前。吴朱哲作为归国留学生，对于幼儿教师课程设置更加具有专业性，尽管课程内容基本上照搬了日本。在她的组织下，上海公立幼稚舍附设保姆传习所当年招生学生 36 人，年终毕业生 21 人。① 吴朱哲主持，为学员开设了保育法、儿童心理学、教育学、修身学、谈话、乐歌、图画、手工、文法、习字法、理化、博物等课程。与此同时，北京京师第一蒙养院也举办了保姆传习班。

3. 依托女学创办保姆培养机构

梁启超是近代女学的倡导者和实践者，他把兴办女学与强国善种联系起来，他倡议道："夫男女平权，美国斯盛……兴国智民，靡不始此。三代女学之盛，宁必逊于美日哉?"②女子教育逐渐昌盛，此时保姆培养机构依附于女子师范或者中学，尤其是在 1907 年颁布的《奏定女子师范学堂章程》中规定女子师范学堂毕业生毕业之日起，三年内有"充当女子小学堂教习或蒙养院保姆之义务"③，之后，官办女学设保姆班是一大进步。虽然也聘请了一两个日本教习，培养模式几乎为小学师资的翻版。这一规定影响到了各省，各省陆续开办了一些类似的保姆培训班，新文化运动之后日本式的保姆养成所逐渐停办。④ 严氏女塾保姆讲习所在这方面就是一个典型

---

① 中国学前教育史编写组. 中国学前教育史资料选（全一册）[M]. 北京：人民教育出版社，1989：114.

② 梁启超. 梁启超全集（第一卷）[M]. 北京：北京出版社，1999：104.

③ 璩鑫圭等. 中国近代教育史资料汇编（学制演变）[G]. 上海：上海教育出版社，2007：584-591.

④ 中国学前教育史编写组. 中国学前教育史资料选（全一册）[G]. 北京：人民教育出版社，1989：103.

的例子。1905 年，严修利用自家宅院，在原有严氏女塾（1902 年）基础上开办了保姆传习所，随后举办的严氏蒙养院是保姆传习所的实习机构。这是中国自办的第一所私立幼儿教师培训机构。保姆传习所招女生要求具备初步文化知识，并根据学生的不同文化程度，分成两个教学组。保姆传习所的教师是日本籍保姆大野铃子，她通过学生也是严修的长子严智魑做翻译，在这里任教三年，共培养了 20 多名蒙养院保姆。① 并定有全体学员执行的学规和考试考核制度，为考试考核合格者颁发文凭，并举行毕业典礼。

大野铃子教授的课程大致分为保育类、幼儿教育类、艺术类等，并亲自指导学员实习，具体课程包括保育法、音乐、弹琴、体操、游戏、手工艺等。另外英文、算术、生理、化学、国文等课程，则由南开学堂的张伯苓等任教，师资力量可谓雄厚。大野玲子还制定了上午上课、下午实习的基本教学制度。毕业生专业素质过硬，文化素养扎实。分两个组教学，一方面是为了照顾入学水平的差异，例如大野教弹琴的时候首先教五线谱，然后根据学员接受水平的不同程度，单独教风琴或钢琴；另一方面也暗含了不同的培养方向，暗示了保教教师的分野。例如，钢琴教学，全体学员到结业时，都可以弹进行曲，而有的学员能弹很深的乐曲，这在后来的香山慈幼院张雪门所办的两个层级的幼儿教师培养体制那里突出反映出来。1908年大野玲子回国，保姆讲习所停办。之后又办了一个师范班，文化课教师仍由张伯苓及南开学堂教师担任，依然坚持了学员半天上文化课，半天在蒙养院实习的基本教学制度。这个班开设时间不长，招生人数只有 7~8 人。

除此之外，我国各省推行第一个幼教法规《奏定蒙养院政策及家庭养育法章程》的典型例子还有 1906 年福州乌石山创办的女子师范传习所，招收 60 名学生，聘请日本人河濑梅子为教习。② 并于次年开办了闽山蒙养院作为传习所学生的实习场所，不久后并入全闽师范学堂。各省陆续开办的

---

①　中国学前教育史编写组. 中国学前教育史资料选（全一册）[G]. 北京：人民教育出版社，1989：112.

②　唐淑，寇崇玲. 1889—1949 中国学前儿童教育大事记[J]. 学前教育研究，2003(2).

保姆讲习班较之前的节妇、乳媪充当保姆的做法的确是一大进步。直到
1926 年张雪门《参观三十校幼稚园后的感想》调查发现养成师资的地方，
"只有教会是唯一的路径"①，日本教师参酌办的保姆科已经没有。由此可
见，我国幼儿教育已由过去的学习日本转向主要学习欧美。

（二）幼儿教师培养具有强移植性

清末民初幼儿教师培养不仅规模小，而且具有强移植性。一是移植日
本幼儿教师培养模式。当时中国合格的幼儿师资几乎没有，所以照搬日本
成为必然，包括教材、设备、保教方式等，只不过所学内容上以《三字经》
《百家姓》等作为德育材料，使之变成游戏、唱歌、谈话罢了。② 保姆传习
所的教学内容，除了蒙学经典，其他内容和保教方式方法等都是日式的翻
版。③ 1902 年，罗振玉考察日本教育遂写《扶桑两月记》，对日本师范教育
大为赞赏，称日本高等师范本科"有保姆练习科，以研究保姆为宗旨"④。
例如，1903 年，京师蒙养院之院长为日本保姆师范毕业生，随后上海务本
女塾、爱国女学、湖南蒙养院、无锡竞志女学、天津严氏家塾、北平甘石
桥第一蒙养园以及广州、无锡等地的蒙养院等所设保姆传习所或者保姆
班，均聘请日本保姆为教习。⑤ 二是教会对于幼儿教师培养模式的影响。
1916 年幼儿教育成为独立章则并在《修正国民学校令》中再次以法律形式规
定，教会办园以及所培养的幼儿教师逐渐成为参照对象。自此，幼儿教师
培养方式由日本转向欧美，刮起了一股西洋风。"公家曾经也办过几处，
可惜都因经费缺乏，相继停顿。"⑥"幼稚园以请西人老师为荣，一切教材、

---

① 戴自俺. 张雪门幼儿教育文集(上卷)[M]. 北京：少年儿童出版社，1994：55.
② 戴自俺. 张雪门幼儿教育文集(上卷)[M]. 北京：少年儿童出版社，1994：454.
③ 戴自俺. 张雪门幼儿教育文集(上卷)[M]. 北京：北京少年儿童出版社，
1994：111-112.
④ 璩鑫圭等. 中国近代教育史资料汇编(学制演变)[G]. 上海：上海教育出版
社，2007：127.
⑤ 戴自俺. 张雪门幼儿教育文集(上卷)[M]. 北京：少年儿童出版社，1994：454.
⑥ 陈秀云、陈一飞. 陈鹤琴全集(第二卷)[M]. 南京：江苏教育出版社，2008：235.

教法，莫不搬用西方。"①这时的幼儿教师来自西方教会幼教机构为多，或者为其再传弟子，造成欧美式师资培训方式方法占了上风。教会在北平的燕京、苏州的景海、杭州的弘道、长沙的雅礼等都设有幼儿教师培养机构，很多教会女子学堂，也都兼有培养幼稚园师资的任务。②从保姆培训班到幼儿教师教育机构，基督教所主持的几所幼儿教师教育机构反倒成为当时幼儿教师培养的主体来源。这些幼儿教师教育机构的突出特点就是宗教性，宗教课程所占课程比例达到三分之一。③以福建为例，19世纪末20世纪初，就有英国圣公会、英国长老会、英国伦敦会等分别在福建创办了萃英女子学校、养正女校暨蒙学堂和漳州进德女斋。但是这些教会女学培养出来的首先是教徒，为宗教服务。正像美国教会明目张胆地声称通过教会教育"将中国的发展掌握在我们手里"④。这说明民国初期的幼儿教师教育已经从师从日本转向师从欧美。

无论是移植日本还是移植欧美的师资培养模式，都不能解决中国对幼儿教师的需求。"幼稚园之急宜遍设……惟最多窒碍者，则保姆缺乏也。"⑤清末民初仅有的几所保姆训练场所被放置在蒙养院内，处于附属位置，招生规模30~40人就算是规模较大的幼儿教师教育机构了。例如，1907年吴竹哲女士由日本保姆养成所学习年半回国，设保姆传习所于上海公立幼稚舍，从学者三十六人。江浙两省的女子师范，大多办过保姆班，每班的毕业人数大概也有三四十人，而且这些机构招生人数并不固定，很多都没有坚持下来。西方教会办学方面，江南诸省只有苏州的景海、杭州

① 何晓夏，史静寰. 教会学校与中国教育近代化[M]. 广州：广东教育出版社，1996：94.
② 何晓夏，史静寰. 教会学校与中国教育近代化[M]. 广州：广东教育出版社，1996：93.
③ 易慧清. 中国近现代学前教育史[M]. 长春：东北师范大学出版社，1994：284-285.
④ 汪刘生，黄新宪. 中外教育史大事对照年表[M]. 长春：吉林教育出版社，1990：267-268.
⑤ 李桂林等. 中国近代教育史资料汇编（普通教育）[G]. 上海：上海教育出版社，2007：30.

的弘道,湖南只有一所湖湘幼稚师范,他们办学较早,培养质量较高,但是每次毕业生都在个位数,实在供不应求。① 加之当时风气未开,幼儿教育理念普及和接受程度很低,"中体"限制下的大规模幼儿教师培养几乎不可能,这些"引起了师资的恐慌"②。合格师资数量与幼儿教育需求之间不成比例,物色一名合格的幼儿教师,甚至比聘请大学教授还难。如何创办中国的、科学的、民主的幼儿教师教育体系,陶行知、陈鹤琴、张雪门等幼儿教育领域的专家由此开始了培养中国的幼儿教师的实验探索。

(三)清末民初幼儿教师教育制度的缺失

中国数千年以农立国,所以旧时教育上的一切组织,也趋向农村化,从前的书院、私塾制、科举制便是很明显的例子。但是随着工商业的发展,中国固有的社会经济动摇,农耕条件下的旧学制遭到抛弃,近代学制诞生。中国近代第一个学制系统《癸卯学制》专门为幼儿教育制定了《奏定蒙养院章程及家庭教育法章程》,其明确指出"蒙养通乎圣功,实为国民教育之第一基址"。这是我国近代幼儿教育的第一个法规,标志着我国幼儿教育开始进入一个新的发展阶段,从古代的家庭式幼儿教育逐渐步入近代的学校式幼儿教育。《章程》中第一部分指出外国女师范学堂,例置保姆讲习科以教成之;中国因无女师范生,故于"育婴敬节两堂内附设蒙养院"③,实为"补益贫民生计之一大端"④。由此可见,这为当时中国在两堂内培养幼儿教师提供了合法性依据。但是,如何培养却没有明确,正如张雪门在《幼稚教育新论》一文中写到:"训练教师的材料是什么呢?官编的《孝经》《四书》《烈女传》《女戒》《女训》《教女遗规》以及《保育要旨条

---

① 张沪. 张宗麟幼儿教育论集[C]. 长沙:湖南教育出版社,1985:754.

② 戴自俺. 张雪门幼儿教育文集(上卷)[M]. 北京:少年儿童出版社,1994:454.

③ 中国学前教育史编写组. 中国学前教育史资料选(全一册)[G]. 北京:人民教育出版社,1989:94.

④ 璩鑫圭等. 中国近代教育史资料汇编(学制演变)[G]. 上海:上海教育出版社,2007:398-399.

目》。"①可见其教育制度和方式方法的缺乏科学性之不足。

1907 年,《奏定女子师范学堂章程》中立学总义章明确指出女子师范学堂以养成女子小学堂教习,并讲习育儿幼儿方法,"期于裨补家计,有益家庭教育为宗旨"②。在所学科目方面,除了修身、国文、历史、地理等学科外,还有家事、裁缝、手艺等科目;在教学程度方面,先教以原理次教育家庭教育法、蒙养院保育法、小学堂教授法、实习等以此推之;在招生方面,以女子高小四年级、十五岁以上者或高小二年级毕业,补习一年预科为合格;在实习方面,女子师范学堂附设女子小学堂及蒙养院;在管理方面,设有小学堂堂长、蒙养院院长以及教习管理各项事务。③ 这一章程较《癸卯学制》更为翔实明确,但是显然没能完成对于小学和蒙养院之教师与保姆教育的分野,又未厘清与家庭教育的关系。小学教育、家庭教育课程稀释了幼儿教育课程,无形中降低了幼儿教师教育的专业性、独立性,课程开设难以支撑幼儿教师独立培养之要求。招生、管理、毕业使用等也没有提出对于幼儿教师的明确要求。

1912 年颁行的《壬子癸丑学制》规定:"女子师范学校于附设小学外应设蒙养园,女子高等师范学校于附属小学外应附设女子中学校,并设蒙养园。"④教育部颁布的《师范学校规程》中明确规定:"蒙养园保姆讲习科,为欲任保姆者设之。讲习科之规程,由省行政长官定之。"⑤1916 年修正的《师范教育令》中再次规定:"专教女子之师范学校称女子师范学校,以造就小学校教员及蒙养园保姆为目的。"⑥是年,教育部颁布的《国民学校令

① 戴自俺. 张雪门幼儿教育文集(上卷)[M]. 北京:少年儿童出版社,1994:453.

② 中国学前教育史编写组. 中国学前教育史资料选(全一册)[G]. 北京:人民教育出版社,1989:98.

③ 张沪. 张宗麟幼儿教育论集[C]. 长沙:湖南教育出版社,1985:99.

④ 舒新城. 中国近代教育史资料(中册)之教育部公布学校系统[G]. 北京:人民教育出版社,1985:702.

⑤ 中国学前教育史编写组. 中国学前教育史资料选(全一册)[G]. 北京:人民教育出版社,1989:244.

⑥ 舒新城. 中国近代教育史资料(中册)之教育部公布学校系统[G]. 北京:人民教育出版社,1985:701.

施行细则》中规定幼儿教育师资由中等幼儿师范教育机构来培养。① 幼儿教师教育被正式引入师范学校的培养目标。清末所特有的由乳媪、节妇充任保姆的做法得到了彻底的否定，并且进一步强化了教育机构培养幼儿教师的理念。由此可见，幼儿教师教育走出了制度化的第一步，但是独立的幼儿教师教育机构仍然没有建立。

直到 1929 年全国教育会议议决各省筹备幼稚师范以后，各省才开始筹办幼稚师范，并且幼稚师范分为初级和高级两种。② 初级的合于初中程度，在校时期为三年，入学时以高级小学毕业为标准。高级的合于高中程度，入学时以初中毕业为标准，在校时期为两年。1933 年教育部颁布的《师范学校规程》(1935 年 7 月修正)才明确规定师范学校得附设特别师范科及幼稚师范科……并规定幼稚师范科修业年限三年或二年及其相应的课程、招生条件、实习和场所、服务年限等。③ 但遗憾的是，直到 1940 年，我国第一所独立的幼稚师范——江西省立实验幼稚师范才得以建立。④ 在此期间，张雪门 1930 年在北平幼稚师范院所主持的灵活的学制实验以及同时期福建厦门集美幼稚师范所开展的"预科+本科"的学制实验都为中国近代幼儿教育制度的确立提供了可供借鉴的实验素材。民国中后期幼儿教师教育制度才相对健全。例如幼儿教师检定办法同国民学校教员一道，至 1946 年才予以颁布。⑤ 一方面正式颁布的独立的完整的幼儿教师教育制度并没有制定；另一方面对于幼儿教师资格检定、使用、在职培训等制度或没有或与小学相混。

(四)清末民初幼儿教师培养规格和专业水平良莠不齐

清末民初幼儿师资不仅数量规模短缺，而且培养质量不高，培养的规

① 田景正. 学前教育史[M]. 长沙：湖南大学出版社，2015：120.
② 张沪. 张宗麟幼儿教育论集[C]. 长沙：湖南教育出版社，1985：249.
③ 中国学前教育史编写组. 中国学前教育史资料选(全一册)[G]. 北京：人民教育出版社，1989：244-248.
④ 《实验活教育的江西省立实验幼稚师范》(民国三十年十一月卷)第 1 页。
⑤ 中国学前教育史编写组. 中国学前教育史资料选(全一册)[G]. 北京：人民教育出版社，1989：249-250.

格和专业水平良莠不齐是其最为突出的特点。

1. 招生毕业没有统一规定

清末，女禁未开，设女学"流弊甚多"，蒙养院保姆基本上没有合格生源。1904年《奏定蒙养院章程及家庭教育法章程》中规定："贫家妇人，愿为乳媪及抱儿之保姆之女佣资以糊口者甚多，此事学成不过一年，领有凭单，展转传授，雇值必可加丰，实为补益贫民生计之一大端。"①官办蒙养院只能以乳媪、贫妇、节妇等加以培训来充任保姆。因其招生对象、培养内容的封建性、学制模糊等，造成其培养的保姆文化水平和专业能力很低，其知识结构、能力基础与正规的幼儿教师要求相去甚远。武昌蒙养院、湖南蒙养院保姆、天津严氏幼稚园保姆等保姆教育机构虽然招生不再限于乳媪节妇，但是生源学历没做要求，再加上风气未开、日本教习离席而短命，其办学影响有限。

民初，北京女高师附设保姆班，投考生以师范或中学毕业生为合格。南京一女师则收旧制高小毕业生。从前各女师附设保姆班之学生，竟有小学肄业生。教会所办杭州弘道、苏州景海等女师女中招收初中毕业生，但是招生量很小。② 另外，各类幼儿教师教育机构均未建立严格的毕业鉴定制度，只是模糊地进行优劣分类，所以毕业质量控制难以鉴定和保证。

2. 课程开设和教学过程的科学性难以保障

清末《奏定蒙养院章程及家庭教育法章程》规定"将《孝经》《四书》《列女传》《女诫》《女训》及《教女遗规》等书，择其最切要而极明显者"以及外国家庭教育中"平正简易"且与"中国妇道妇职不相悖"③的内容分别编成小册子散发给各家。而教学上则令其"自看自解，不识字者可以请教其丈夫或其他人帮忙解说"。张雪门曾评论说："蒙养院里教师应教授的科目有游戏、歌谣、谈话和手技。而保姆本身听受的教材却如彼，请问叫她们怎样

---

①　中国学前教育史编写组. 中国学前教育史资料选(全一册)[G]. 北京：人民教育出版社，1989：95.

②　张沪. 张宗麟幼儿教育论集[C]. 长沙：湖南教育出版社，1985：755.

③　舒新城. 中国近代教育史资料(中)[G]. 北京：人民教育出版社，1961：387.

去实施?"①这充分说明清末民初在保姆教育课程开设和教学过程上的科学性难以保障。

3. 课程教学的模仿与照搬

几乎所有的幼儿教师教育机构或模仿日本或由西方教会移植欧美的课程教学模式。前者生吞活剥,机械照搬;后者的教育目的更主要的是在传教。其课程教学具有科学化的性质,但是也有一个本土化缺失的问题。在整体质量上打了折扣。张宗麟曾经针对教会所办的典型的幼儿教师教育机构的课程开设中宗教、英语等占分过高,而音乐教法、故事、幼稚园与国民歌曲、启智用具教法等学科所占学分很低的现象提出尖锐质疑:"这样的课程如何能培养完美的幼稚教师?"②而幼儿教师教育所需要的实习实践,一方面设备设施不完备,另一方面这些课程的结构化不足,难以保证教学质量。

第三节　中国近代幼儿教师教育实验的理性准备

对于幼儿教师教育状况的不满意,对于国外幼儿教师教育理性的学习借鉴,对于普及科学规范的幼儿教育路径与方法的思考,对于自办幼儿教师教育机构的教育实践的总结,等等,共同构成了中国近代幼儿教师教育实验的理性准备,也就构成了幼教先贤们进行幼儿教师教育实验的动力、共识和行动方向。如何创办中国的、科学的、民主的幼儿教师教育体系,如何优化幼儿教师教育内容、方法等课题密集的、迫切的问题浮出水面。陶行知、张雪门、陈鹤琴、张宗麟等幼教领域的专家学者,由此开始了他们的幼儿教师教育实验之旅,幼儿教师教育体制、学制、课程、教学、实习等方面的实验相继展开。

---

① 戴自俺. 张雪门幼儿教育文集(上卷)[M]. 北京:少年儿童出版社,1994:453

② 张沪. 张宗麟幼儿教育论集[C]. 长沙:湖南教育出版社,1985:756.

一、日式和教会幼儿教师教育机构的客观评价

客观评价清末聘请日籍保姆或依托各种机构培养保姆，对于民国中后期幼儿教师教育实验的理性增值不可忽视。其中，教会办的幼儿教育机构办园水平较当时官立和私立要高。从某种程度上讲，教会幼师毕业生在我国学前教育兴办初期分布较广，对当时学前教育客观上起到了示范作用。

（一）日本幼儿教师教育机构的历史作用

甲午海战中国失利于日本，仁人志士不仅仅检讨中国的政治经济军事，也检讨了中国制度。但是，封建士大夫的检讨难以突破其封建局限，也在一定程度上向封建朝廷妥协，新政改良是有限的。总体上看是企图以妥协退让代替现代化，这就是当时中国拜日本为师的根本性原因。幼儿教育由保姆培养，作为教育制度的一部分，在清末民初没有脱离以日为师的窠臼，这与当时的政治经济社会环境紧密结合，也与当时教育改革者推崇日本教育有关。1901年，中国开始派遣留学生出国接受幼儿教育的专业训练，首先去的国家便是日本。1902年，日本教习一度成为中国保姆教育的主要力量，聘任日籍教习和从日本留学回国人员作为中国保姆培养的首届教师具有必然性。1903年建立的湖北武昌蒙养院延请了户野美知惠等三位日本保姆为园长，1905年湖南官立蒙养院聘请日本春山雪子、佐滕操子两位女士为保姆，以及1905年严修开办严氏女塾并开办保姆讲习所，由大野铃子负责。这说明了日本教习对于中国保姆培养的重要性，同时也说明了第一批中国保姆的培养方向和后期的仿日影响。也正因为如此，一些幼儿教师教育机构由于日本保姆的离任而停办，这也说明中国初期幼儿教师教育对于日本的依赖。

1. 日式保姆培养模式提供了保教经验和师资培养参考模型

日本保姆的培养模式为民国中后期幼儿教师培养提供了理性准备。近代保姆教育以乳媪、节妇为主要载体，她们的文化水平和专业能力很低，其知识结构、能力基础与正规的幼儿教师要求相去甚远，社会地位卑微，

封建色彩浓厚，未受过正式的学历教育。尽管如此，正是她们承担了我国近代也是最初的幼儿教师培养职责，毕竟她们是中国学前教育的启动者，是清末仅有的百余所蒙养院举办不可或缺的因素和主体。她们用有限的学前教育知识、技能、方法和专业情感支撑了中国学前教育社会化的肇始，其对于幼儿的保教效果"已远胜于寻常之女佣"，为后续社会化学前教育提供了保教经验和师资培养参考模型。[①] 师从日本的《癸卯学制》，以及幼儿教育的发展，也一定程度上推动了 1907 年《奏定女子师范章程》的颁布。自此女学堂、女子师范学堂的附属蒙养院或者蒙养园才逐步增多了起来，保姆培养规模的扩大有效促进了学前教育的发展，扩大了其社会影响和认可程度。

2. 幼儿教师培养机构雏形肇始

清末"新政"改革引起各个领域体制的新变动，但是女子教育与封建纲常发生冲突时，理性还是输给了传统惯性。尽管梁启超于 1896 年发表的《变法通议·论师范》认为新式学堂的举办要靠"设立师范学校"[②]。同年，盛宣怀在上海创办近代中国第一所官办正规师范学堂——南洋公学师范院。但是，师范学堂设立也仅仅是男人的专利，所以女子师范这个幼儿教师教育的母机，发动得还是晚了些，而且启动和发展并不顺利。湖北幼稚园附设"保育科"，以及务本女塾的办学体制转换恰恰反映了中国封建社会末期的新旧思想的转换过程。封建礼教的影响和清廷的腐败僵化，女禁是突出的表现。如果说学前教育社会化表明了封建制度的腐朽落后，那么，女禁不开则反映了封建体质的顽固不化。开办女学和师范是在《癸卯学制》颁布后的三年才完成的，这一时间周期说明开女禁较学前教育更加难以突破。因此，幼儿教师教育机构附属在蒙养院也就不难理解了。相比于女学，蒙养院更加具有合法化含量，幼儿教师培训场所附属于此便是自然而然。湖北幼稚园附设"保育科"的短命以及保姆培养机构数量极少也从反面

---

① 中国学前教育史编写组. 中国学前教育史资料选（全一册）[G]. 北京：人民教育出版社，1989：94.

② 吴洪成. 晚清教师史研究[M]. 保定：河北大学出版社，2012：204.

印证了这一点。这种现象到 1908 年以后才逐渐转化，女学堂、女子师范学堂的附属蒙养院或者蒙养园才逐步增多了起来。应该看到，无论隶属关系如何，举办保姆培养机构的体制怎样，保姆培养方案的日本依赖严重，保姆培养规模的扩大有效促进了学前教育的发展，扩大了其社会影响和认可程度。

3. 私立保姆教育机构的产生标志着学前教育觉醒

严氏保姆讲习所培养出了我国北方最早的保姆，她们当中除一部分毕业后主持自己的家务未参加工作外，其他都成为了区域内的幼儿教育骨干。这些保姆分别在严氏蒙养院、天津河北蒙养院、京师第一蒙养院、私立朝阳蒙养院以及严氏女学、官立第二小学等新式教育机构任教，成为日式学前教育观念、教育方法的再传手和中介。此举促进了津京两地学前教育和幼儿教师教育发展，在一定程度上也对整个北方乃至整个中国近代幼教事业的发展起到了积极的推动作用。另外，严氏保姆讲习所的办学体制打破了保姆教育机构附属于蒙养院的魔咒，聘用更高层次的其他教育机构人员任教，教学上分组进行，教学制度相对严密等也都对于后世的幼儿教师教育发展起到了重要的探索和启示作用。最终，这所保姆讲习所由于日籍教师的离任而最终停办，这也恰恰说明了当时学前教育和保姆教育事业发展的艰难，以及对于日本的依赖。

(二)教会幼儿教师教育机构的积极价值

鸦片战争之后，西方幼稚园教育作为基督教的传教手段在中国开始出现，基督教会为此做了很多探索和努力，以服务社会世俗的策略，来博得中国人的欢迎与信任。西式的幼稚园和幼儿教师教育机构早于我国自办的蒙养院和保姆训练场所。但是其最初无论是从影响范围上，还是从影响深度上都很有限，原因是这些幼儿教师教育机构大多集中在通商口岸城市，数量和办学规模都很小，而且作用对象囿于上层社会和教会内部。

民国初期，教会幼稚学校的影响开始扩大，这一方面是由于政治上师从东洋的影响式微，封建制度解体，社会从近代向着现代转型，而师从西洋的呼声渐渐升高，西学传入降低了门槛，西式教育渐兴。另一方面学前教育在学制中逐渐占据一席地位，为学前教育发展提供了立法动力。而1927年开始的收回教育权运动，在限制西方教会办学的同时，也让教会办学中国化有了依据，某种意义上扩大了教会办学的世俗影响。在这样的背景下，西方教会作为办学主体，在幼儿教师培养机构办学体制、学制管理、课程开设、教育教学等方面进行了不同于中国传统的贤妻良母教育以及后来日式保姆教育的探索，从而形成了教会幼儿教师教育在中国幼儿教师教育初期的一家独大的局面。

1. 教会对幼儿教师教育机构的探索

西方教会的第一个幼儿教师班发轫于1889年的苏州，由美国卫理公会金振声女士在其创办英华女中兼办。之后，又有多所教会幼儿教师教育机构创办。1892年美国监理公会在上海开办幼稚师资训练班，1898年英国长老会在厦门创办幼稚师资班（1912年改名为怀德幼稚师范学校），这是中国近代第一所独立设置的幼稚师范学校。特别是在《癸卯学制》颁布之后，教会幼儿教师教育机构开办更加多了起来。如1904年美国长老会在岭南大学设立高等幼稚师范专科部，1905年美国公理会等在北京协和女子大学也设立了高等幼稚师范专科部、福州协和幼稚师范学校、杭州弘道女学校设立幼稚师范科、景海女师设幼稚师范科、燕京大学教育学系附设幼稚师范专修科等。据统计，1937年7月卢沟桥事变进入全面抗战之前，西方教会在中国设立的幼儿教师教育机构共有10余所。

教会创办中等教育层次的幼儿教师教育机构都是由独立的幼儿教师教育班或者增设于女子中学、女子师范幼师科逐渐独立发展而来，成为幼稚师范学校，时间节点都是在民国以后。1914年，《中华基督教会年鉴》记载："中国一国之内，至少应有幼稚园师范养成学校，专门养育幼稚园人才。""中学以上，应设各项职业学校，师范与幼稚园师范，尤为急务。"[1]

---

① 李楚材.帝国主义侵华教育史资料——教会教育［G］.北京：教育科学出版社，1987：238.

高等教育机构部增设了幼儿教师专科部，为幼稚园和幼师学校培养高层次师资。如燕京大学的家政一科，有家庭管理、家庭卫生、幼稚园等科目，且有实际之中国式家庭一所，专供该科学生实验之用。[①] 再如金陵大学设有幼稚园师范班，在模范小学内设初高两级小学及幼稚园。[②] 除此之外，沪江大学、华西大学等都设立了幼儿教师专科部或者专修科。

一些教会女子中学虽然并没有设立幼儿教师班，但是其毕业生也有一部分从事幼教事业的。如《徐汇女中八十周纪念》记载："1897 年，圣母院分为两部，就是大圣母院和小圣母院，前者专为栽培有志修道进献堂会或做教员的学生，后者为培植年幼的儿童。"[③]教会资助一些在教会中学毕业并在教会幼稚园工作过几年的青年教徒到国外研究幼稚教育，再加以一两年神学的研究，回国后按照签订的服务期限服务于教会幼稚教育事业。

2. 教会幼儿教师教育机构的评价

教会创办的幼儿教师教育机构改变了其附属于幼稚园的局面，且办园水平较当时的官立以及私立蒙养院要高。独立的幼稚师范学校最初由教会举办，体现了有系统、体系化、严管理、有保障之特点。如怀德幼师学校建有"极严"的校规，学生在校必须着校服，到幼稚园实习的师生要梳头，寄宿学生离校必须履行相关请假手续，不得结婚。正因为这样，中国五四运动以后，学前教育由移植日本向师从欧美转型，而支持这一转型的主力教师正是这些教会幼儿教师教育机构的毕业生。从某种意义上讲，在 20 世纪前 20 年，教会幼儿教师及其毕业生成为当时中国幼教界的典型和主导力量。[④] 其服务对象不仅限于教会幼稚园，而且也为官公立蒙养院(幼稚园)

---

① 李楚材. 帝国主义侵华教育史资料——教会教育［G］. 北京：教育科学出版社，1987：141.

② 李楚材. 帝国主义侵华教育史资料——教会教育［G］. 北京：教育科学出版社，1987：141、168.

③ 李楚材. 帝国主义侵华教育史资料——教会教育［G］. 北京：教育科学出版社，1987：249.

④ 唐淑. 中国学前教育史(第三版)［M］. 北京：人民教育出版社，2015：103-106.

提供了相对专业的师资。

教会幼儿教师教育机构的毕业生在中国学前教育兴办初期分布广、占比大。例如，景海幼稚师范学校毕业生深受社会欢迎，不仅仅分布于江浙，内蒙古、新疆、宁夏及南洋群岛的幼稚园，其他教育岗位甚至都有她们的身影。还有一些该校毕业生被教会资助到美国深造，回国后都坚持在学前教育领域为国服务。福建厦门怀德幼稚师范校友分布遍及厦门和福建当地，甚至被菲律宾、马来西亚、印尼、新加坡等东南亚各国和美国的幼稚园聘用。所以说教会幼儿教师教育主导了清末民初中国的幼儿教师教育是有一定依据的。这些机构不仅仅培养自己的幼师生，也为其他幼教机构的教师提供一定程度的培训服务，客观上对当时的学前教育起到了示范和引领作用。

二、国外幼儿教师教育理论的引入

在清末日本是国人留学的主要目标国家，而自民国之后，留学欧美成为新的潮流。教育学科留学生把美国作为首选地，胡适、晏阳初、陶行知、陈鹤琴、汪懋祖等人都曾留学美国，而且胡适、陶行知、陈鹤琴、汪懋祖集中于哥伦比亚大学，杜威是这所学校对中国影响最大的教授。这批留学生回国后，带回了欧美现代教育视域下的幼儿教育和幼儿教师教育的新理念新方法，介绍、出版、翻译、研究了大量有关幼儿教育和幼儿教师教育的著作，并进行了办园和培训幼儿教师的实践，有的开展了深入研究与实验，总结了自己的研究成果。例如，陶行知曾参与整理了《儿童学概论》，陈鹤琴翻译了《研究儿童的历史》，这些都极大地影响了科学的、中国的、民主的幼儿教师教育进程。为了更有效地宣传和推行蒙氏教学法，1914—1915年江苏省教育会还专门设立了"蒙台梭利教育法研究会"，陈鹤琴等还发起组织了幼儿教育研究会。

国外有关幼儿教师教育著作的翻译出版以及报纸、杂志登载的大量文章，对幼儿教师教育实验理性的形成起到了重要的宣传促进作用。上海商务印书馆、中华书局、儿童书局、世界书局出版了很多幼儿教育和幼儿教师教育的译著。《教育杂志》《中华教育界》《教育学期刊》《新教育评论》《教育与职业》《新教育》以及很多地方教育报刊、妇女儿童类的报刊等介绍的内容具有很强的针对性，都把登载的这方面文章作为一个热点和亮点，涉及幼儿教师教育的很多，如蒙台梭利的儿童教育法、儿童的教育等。

民国政府和民间还组织了多次境外教育考察，有的考察重点涉及了幼儿教育。典型的是 1914 年《教育杂志》六卷一期，介绍了署名"无我"的参观访问记，题为"德国柏林裴斯泰洛齐福禄贝尔馆"。他盛赞"裴斯泰洛齐福禄贝尔馆"规模之可观，方法之进步。他除介绍该馆成立的历史之外，也详细描述了该馆的设备、保姆之养成、幼稚园之管理、幼稚园活动、教学之内容与方法、设备设施以及实习实践等。[1] 最后指出："德意志这所裴斯泰洛齐福禄贝尔馆之幼稚园及保姆养成所，实为世界最进步者，我国办理幼稚园者所宜取法也。"[2]同一时期，与上文相呼应，《中华教育界》也连载了德国幼稚园参观记，1919 年，《新教育》杂志系统地介绍了《福禄贝尔传》，使福氏的幼儿教育思想得以进一步传播。

1934 年至 1935 年一年之间，陈鹤琴考察了欧洲 11 个国家。回国后他利用各种方式进行了欧洲幼儿教育理念和做法的介绍宣传，涉及幼儿教育、幼儿教师教育的方方面面。他在对比利时德克乐利学校进行介绍时，特别强调了他们对于"从生活，为生活"理念的落实。"将儿童放在适当的环境里去发展他们的生活。"陈鹤琴总结了德克乐利实施儿童生活教育的三个步骤：直接观察——间接观察——自己发表，介绍了这所学校以儿童为中心的单元制的课程结构：营养食物、抵御寒暑、自卫御敌、工作，介绍了他们的分组教学、主动自动学习探索。称赞他们是实施"新教育"的典范，他们培养了儿童的学习兴趣、自治能力、互助精神。[3] 另外，幼儿教

---

① 易慧清. 中国近现代学前教育史［M］. 长春：东北师范大学出版社，1994：41-45.

② 《教育杂志》第 6 卷，第 1 号，第 9 页。

③ 陈秀云，陈一飞. 陈鹤琴全集(第四卷)［M］. 南京：江苏教育出版社，2008：148-151.

师教育也是这次参观的重要部分。陈鹤琴在对苏联幼儿教育进行介绍时，就对其幼儿园托儿所幼教工作人员配置情况进行了描述：通常，每所幼儿教育机构都要配有"一个受过特殊训练的主任，一个或两个医药护士，还有一两个教师，几个保姆"，另外，还有"事务员、会计、出纳、厨工、工友"等。① 这些参观报告或者与陈鹤琴所领导的幼儿教师教育实验相互激荡，或者对其起到了借鉴作用。

五四新文化运动以后，外国专家学者，尤其是美国学者教授杜威、克伯屈、孟禄等到中国讲学访问，同样扩展了中国人的教育视野，传播了其教育理论，其中也包含了幼儿教师教育理论。杜威在中国长达两年多的讲学，传播其实用主义教育思想，其"儿童中心主义""民主主义""教育即生活""学校即社会"以及"教育即经验的不断改造"等，对当时的教育界产生了很大的吸引力并引起大家的强烈共鸣。他批判赫尔巴特主义，认为其压制了儿童的主动性和生命力。《新教育》杂志1~3卷的各期中，全面介绍了杜威的实用主义哲学和教育理论，随后其讲学录得到广泛转引和出版。幼儿教育是受杜威教育思想影响最大的领域之一，幼儿教师教育包含其中。杜威对于儿童经验的强调，颠覆了传统的成人预设的教育目的观，冲击了罔顾儿童主体性和个性的传统教育，而代之以儿童"做中学"的经验改造目的观，儿童成为教育中心，儿童按照自己的兴趣、动机、意志、情感而设计创造行动，完成经验积累和改造。这其中深刻蕴含了实验教育学思想，而这些思想在五四运动之后的二三十年里又被其学生胡适、陶行知、陈鹤琴等人或衍生解释改造，或付诸教育实验，成为教育实验的依据，也成为了教育实验的内容，幼儿教师教育实验就是其中重要的组成部分。例如，陈鹤琴1926年就在为安徽省教育厅举办的暑期学校幼稚教育课程讲座过程中，较为系统地介绍了福禄贝尔和蒙台梭利的幼儿教育和幼儿教师教育思想，他赞同福氏的"试验精

① 陈秀云，陈一飞. 陈鹤琴全集(第二卷)[M]. 南京：江苏教育出版社，2008：429-433.

神"，赞同福氏"幼稚园是园不是校"的观点，以及福氏的游戏化教学，基本赞同福氏的幼稚教师"必须由女子担任，男子是靠不住的"等，质疑福氏将儿童看作像万物一样"发生于上帝""宗教色彩太重"，玩具外形太小，与儿童实际生活不符等。他对蒙台梭利幼儿教育学说也做了一分为二的评价与介绍，并将她与杜威进行了比较。批评了蒙氏教具之固定有限和预备学说等，赞同她与杜威相同的组织试验学校、注重儿童自由活动教育、尽量用实际生活活动等幼儿教育研究方法。① 这些论断，都为后期的教师教育实验打下了良好的科学的理论基础。

三、初步展开中国化幼儿教师教育实验的理性思考

幼儿教师教育理念的提升在中国是一个相对曲折的过程。最初《癸卯学制》规定的蒙养院学制中由乳媪、节妇和贫妇担任，直到民国《国民学校令施行细则》颁布，幼儿教师才有了明确的界定：蒙养园教养者为"保姆"。这一称谓显然取法日本，由日文转译过来，其中不乏歧视意味，但却显示了幼儿教育教师与其他学段教师的身份区别和工作特征。民国学制规定了保姆的两个条件：一是女性，二是需要有"国民学校正教员或助教员之资格，或经检定合格者充之"②。孔子在《论语》中称："名不正，则言不顺。"有了明确称谓，才有了明确的身份内涵，进而才有了培养标准。而在1916年《国民学校令施行细则》颁行之前，无论是蒙养院，还是蒙养园，抑或幼稚园教师，都没有明确的执业标准和身份内涵。幼师培养一方面移植日本培养过程和办法，照搬日本幼师培养标准；另一方面降低要求直接由乳媪节妇等女性简单培训后充任。也就是说，这个时期的幼儿教师教育机构由举办者根据自己的理解进行培养。

无论是清末师从日本的幼儿教师教育，以及以乳媪和节妇为主的保姆

---

① 陈秀云，陈一飞. 陈鹤琴全集(第二卷) [M]. 南京：江苏教育出版社，2008：48-63.

② 李桂林，戚名琇，钱曼倩. 中国近代教育史资料汇编·普通教育 [G]. 上海：上海教育出版社，2007：225.

培训，还是民国初期凸显的教会所办的幼儿教师教育机构，其对于幼儿教师或者保姆培养的科学性较中国传统的以贤妻良母教育为核心的育儿教育而言，科学性、专业性明显提高，向着社会化前进了一大步，使得儿童保教走出了囿于家庭的传统窠臼。正如有学者所言，教育的中国化是数年来的时兴口号，而且是"国内一种很普遍的思想"①，幼儿师范教育也深受该思想的浸润。但存在的问题也是显而易见的，如学制体系不健全、培养方案不规范、法治体制支持乏力、培养模式照搬照抄、教育内容上封建性和宗教性突出、课程体系科学性不够、教学方式僵化呆板、实习教学示范不受重视、教育评价缺失以及培养质量低下且难以保证等。总之，中国的幼儿教师教育正是从这样的艰难曲折中蹒跚起步的，相对于长期的家庭式的良母教育——女红、家政、育儿，短短二三十年的幼儿教师教育，还是一个新生事物，有一个逐渐被认识、接受、评判和改进的过程。一批幼儿教育领域、教师教育领域和教育管理领域的先贤首先觉悟到这一问题。他们一方面对于二三十年的幼儿教师教育进行反思和批判，另一方面建立自己的幼儿教师教育理论和实践性培养体系，而在这一自立自强过程中，他们则进行了大量宏观和微观的实验，以实证性的工具推进了中国化专业性、科学性的幼儿教师教育体系建设。

　　"五四运动之后，我国幼稚园由模仿日本式转而模仿欧美式，主持人便是昔日教会学校培植出来的。"②从客观上讲，教会幼儿教育机构及其幼稚园，在科学化、现代化及专业化等方面对于中国的幼儿教师教育和幼儿教育起到了一定的示范作用。五四之后当时基督教所主持的几所保姆班，如杭州的弘道、苏州的景海、北京的燕京、长沙的雅礼、福州的协和等校的毕业生保教过程中有几分"福氏、蒙氏以及美国新方法"的样子，却能"处处给参观者以愉快"③。但是，教会幼儿教师教育的缺点也被先贤先哲们所指摘和诟病。陈鹤琴一贯主张中国的"幼儿教育师资，必须由我们中

①　陈序经. 教育的中国化和现代化[J]. 独立评论，1932(42).
②　张沪. 张宗麟幼儿教育论集[C]. 长沙：湖南教育出版社，1985：393.
③　张沪. 张宗麟幼儿教育论集[C]. 长沙：湖南教育出版社，1985：393.

国人自己来培养"，这同陶行知先生的"建设中国的、平民的和省钱的幼稚园"的宗旨是一致的。① 陶行知明确意识到这种培养模式与推广平民幼儿教育的要求相去甚远，他要实现省钱的、平民的及中国的幼儿教育，于是1927年创办了晓庄师范学校，并实验乡村幼儿教师培养体制，即"中心校体制"实验。晏阳初也创办了平民教育下的平民幼儿教师培养体系。张宗麟评价当时幼稚师范毕业生，只愿意在大都市里工作，享受丰厚物质报酬，教一些达官贵人家的少爷千金，照顾和服务有钱人家的孩子，不愿意教中国劳苦大众家的孩子。② 张雪门也认识到了这一点，他说："我们诚欲替中华民族在教育上打出一条出路，也只有从这一点去努力了。"③他说的这一点便是实验中国式的幼儿师范教育是当务之急。

对于教会所办幼儿教师教育机构的批判，也不仅仅限于其宗教化、外国化和贵族化上，还包括对其培养效果的批评。张宗麟在考察江浙十几所幼稚园之后指出，自知改进保教活动的教师很少，一些教师简直以"从前我们所学如是"④做回答问题的总诀。他批判了一些教会幼稚园教师用软禁威胁手段，不问儿童兴趣，不问儿童能否了解，总是教几种规定的课程，唱赞美诗，唱英文歌，严肃静坐，把儿童圈在室内。他指出这种现象不仅仅在江浙具有普遍性，"内地诸省的幼稚教育或者也同有此病，或者不如江浙"⑤。所以，无论从人数、课程，或实地施教的现状面论，中国急需有富于国家精神的幼稚园教师，所以急需设立完美的、富于研究试验精神的幼稚师范。

在评述批判西方教会所办幼儿教师教育机构的同时，这批教育家对于建立中国化专业化的幼儿教师教育机构进行了深入思考，并进行了尝试和

———————————

　　① 北京市教育科学研究所. 怀念老教育家陈鹤琴[M]. 成都：四川教育出版社，1986：51.

　　② 张沪. 张宗麟幼儿教育论集[C]. 长沙：湖南教育出版社，1985：793.

　　③ 戴自俺. 张雪门幼儿教育文集(上卷)[M]. 北京：少年儿童出版社，1994：466.

　　④ 张沪. 张宗麟幼儿教育论集[C]. 长沙：湖南教育出版社，1985：756.

　　⑤ 张沪. 张宗麟幼儿教育论集[C]. 长沙：湖南教育出版社，1985：755.

实践，实验是他们所用的基本方法。张雪门指出了办好幼稚教育和良好师资的关系，认为抛弃师范教育来研究和提高幼儿教育，无异于"清溪流者不清水源"①，决不是彻底的办法。陈鹤琴1926年在对南京鼓楼幼稚园进行一年实验的总结后，提出了自己举办幼稚师范的构想：我国幼稚教育落入外人之手，原因在于师资缺乏，中国人自己办的幼稚师范与外国人举办的不成比例。因此要举办我们中国自己的幼稚师范，一方面，解决教会幼师教育规模太小问题；另一方面，解决教育主权问题，师范教育不应该"请人代办"②。张宗麟在《幼稚师范问题》一文中指出，依据福禄贝尔对于教育最重要的功能的论述——发展人类各期的生活，适应人类各期的需要，且适合于各人各期的需要，分析了幼稚生和学龄儿童在体力智力上的相异之处，强调用科学实验来取代福氏的神秘主义，是近二十年来幼儿教育的发展趋势。实证则更能说明幼稚生的力量。由此，他推理得出幼儿教师教育具有不同于小学的独立特性，尤其是在教学技能上。幼稚园教育不是小学的雏形，"断乎不可直抄小学教学法的"③。他还论述了幼儿教师教育在养护上以及家园联络共育上的独特性。他最后指出了创办中国化专业化幼儿教师教育的办学目标构想并强调了对这一构想进行实验的重要性：一是解除从前的神秘色彩；二是适合我国的国民性；三是养成有随时改进、试验研究的精神。④

对幼儿教师教育重要性和必要性认识的提高，激发了专家学者举办幼儿教师教育实践的积极性。一些中国人自办的幼师教育机构纷纷出现，如香山慈幼院、南京高师、北平孔德、江苏民主第二女师、江苏省立一女师、厦门集美师范等都开办了幼儿教师教育专科。仅以江苏而论，就有南京女中、大厦大学、晓庄学校先后增设幼稚师范。但是幼教师资和小教师

　　① 戴自俺. 张雪门幼儿教育文集(下卷)[M]. 北京：少年儿童出版社，1994：978.
　　② 陈秀云，陈一飞. 陈鹤琴全集(第二卷)[M]. 南京：江苏教育出版社，2008：10-11.
　　③ 张沪. 张宗麟幼儿教育论集[C]. 长沙：湖南教育出版社，1985：757.
　　④ 张沪. 张宗麟幼儿教育论集[C]. 长沙：湖南教育出版社，1985：757-758.

资格培养界限不清，毕业使用随意和向小学阶段倾斜的现象依然普遍存在。① 直到 1930 年全国教育会议将幼稚园与小学并立，初等教育包括幼稚园与小学两段，幼儿教师教育的独立性才得以合法化。② 幼儿教师教育实践所取得的正反两方面的经验又反过来增加了幼儿教师教育实验的理性，推动幼儿教师教育实验的纵深发展，为最终找寻中国化、专业化的幼儿教师教育开辟了路径与方法。

---

①　中国幼儿教育史编写组. 中国幼儿教育史资料选(全一册)〔G〕. 北京：人民教育出版社，1989：222.

②　中国幼儿教育史编写组. 中国幼儿教育史资料选(全一册)〔G〕. 北京：人民教育出版社，1989：222.

第二章 中国近代多领域教育实验与幼儿教师教育实验互促共生

教育实验成为中国现代教育的开端，同时也为现代教育做了路径与方法的全面探索。中国近代尤其是民国中后期知识界甚至政界主动思考，设计改革中国旧教育或者说传统教育，走出其封闭保守的封建窠臼，建立适应资产阶级民主社会的教育制度和教育理念，教育实验就是探索这一过程的有效手段。中国近代教育实验的广泛性、深入性以及有效度是前所未有的。这些教育实验几乎涉及教育的各个领域。从宏观到微观、从单科单向到综合全面、从幼儿教育到高等教育、从职业教育到师范教育都反映了实验主体对中国现代教育的强烈的探究欲和改革旧教育的迫切希冀。幼儿教师教育实验是这些教育实验的典型代表和重要组成部分，在与其他教育实验的共生互动中，幼儿教师教育实验显示出自身的独特性，但同时也深受其他领域教育实验的影响和激荡，这是幼儿教师教育实验的诱因，也是其成长进程中的重要促发因素。

关于多个层次多个领域教育实验的分类，有多种标准，1934 年民国教育年鉴编纂委员会编的《第一次中国教育年鉴》，把教育实验分为行政方面的实验和教育方面的实验两大类。① 《中华教育界》复刊第一卷第一期《十年来中国实验教育的回顾与展望》把教学方面的实验划分为各种教学的实验和各科教学的实验。② 从幼儿教师教育实验研究出发，根据相关教育实

---

① 教育部教育年鉴编纂委员会. 第一次中国教育年鉴[M]. 北京：开明书店，1934：186-187.

② 王秀南. 十年来中国实验教育的回顾与展望[J]. 中华教育界，第一卷第一期.

验的实际发生情况，以及对研究的周延要求，以下将中国近代教育实验划分为综合性教育实验和单项教育实验两个大类，尤其是第二大类又分为若干子类，如各个层级、类型、学段的学制实验、课程实验、教学法实验等，重点设定在基础教育领域，以便突出幼儿教师教育实验与其他教育实验的互促共生关系。

由于中国近代幼儿教师教育实验兴起较晚，规模较小，所以多领域教育实验对其引领性和激发性更加突出，尤其是综合性教育实验。而相对于综合性教育实验，单项教育实验在与幼儿教师教育实验的互荡共生上，表现较弱，加之篇幅所限，所以这里只将与幼儿教师教育实验关系密切的单项教育实验予以综述，并将相关内容尽量融入幼儿教师教育实验的各个章节中，不再以专门的章节呈现。

纵观中国近代的单项教育实验几乎实现了对基础教育要素的全面覆盖。究其原因，一方面，相比清末，中国近代的教育在很多方面都具有开拓性，具有质的不同；另一方面，五四新文化运动为教育实验提供了合法性依据，也提供了更大更宽的探索空间。中国近代单项教育实验基本上包括以下几类：一是 1922 年"新学制"的一系列落地与改革实验。由此为创建符合我国国情的学制体系提供了理性支撑，提升了新学制背景下的教育效率和质量。各级各类学校所进行的旨在落实实用性、民主性及科学性学制精神的探索实验，同样激荡着幼儿教师教育学制实验的发生。而幼儿教师教育学制在《壬戌学制》中的不完善表达，使得幼儿教师教育实验的迫切性更加强烈，这一点后文还要详细说明。二是一系列中小学课程编制实验。由此实用性、科学性课程得以创生，而被誉为"中国的福禄贝尔"的陈鹤琴在南京鼓楼幼稚园进行的课程编制实验也表现得深入扎实，有效提升了教育效率与质量。幼儿教师教育实验中的课程教学实验或者受这些实验的刺激和激励而开展，或者成为了这一领域教育实验的组成部分。三是丰富多彩的教学法和教学组织形式实验。中国近代教学法和教学组织形式两者之间的区分并不明显，甚至经常混用。此类实验中除了民初移植性的赫尔巴特"五段教学法"实验以外，影响较大的还有俞子夷和沈百英的"设计教学法"、舒新城和廖世承的"道尔顿制"教学组织形式实验以及"德可乐利教学法"实验、"分团教学"组织实验等。四是学生心理实验,尤其是智力测验和教育测验实验效果显著。这些实验对于幼儿教育科学化影响很大,为幼儿教师教育实验提供了科学化依据。

由此可见,中国近代的单项教育实验,涉及了从学制、课程、教学、评价、心理各个领域,规模之大、影响之深前所未有,为中国化、科学化的现代教育提供了理性依据和实践模型,为中国近代教育改革提供了现实可行的路径与方法,引导了各项改革走向深入,取得了积极成效。这些实验的内容与方法对幼儿教师教育实验起了积极的促进作用。当然,幼儿教师教育的各个要素实验的开展,也与这些实验产生了同频共振,相互启发,相互促进。

幼儿教师教育实验虽然也具有一定的综合性,相对于平民教育实验、生活教育实验、乡村建设实验、职业教育实验等典型的综合性实验,基本上属于单项教育实验,而在其中又可以分成体制、学制、课程、教学等各项要素实验。以下所指幼儿教师教育实验就是这些要素实验的集合。

第一节　中国近代综合性教育实验的探索导向

综合性教育实验偏重于宏观,内容涉及某个级别或者某个类别的各个方面,实验因子往往是综合性的多因素叠加,实验过程更加具有行动性,更加具有定性与定量相结合的特点,更加与社会建设相结合。中国近代典型的综合性教育实验包括晏阳初的平民教育实验、陶行知的乡村教育实验、梁漱溟的乡村建设实验和黄炎培的职业教育实验,等等。以下从这些实验对幼儿教师教育实验的示范引领角度,将其予以归纳,以求呈现幼儿教师教育实验的发展成因和实施坐标。

一、以平民教育促进社会改造的价值指向

梁漱溟认为,乡村教育要接近乡村社会,谓之教育改造。他盛赞晓庄

师范学校、昆山中华职业教育社、定县平民教育促进会等实验，都在"舍其往者之艺徒教育或识字运动"①，进而为乡村改进运动焉。在组织乡村教育时，一上来就要提振士气，要来发愿——改造社会，创造新文化，创造理想的社会，建立新组织。晏阳初指出，为民族复兴、国家建设、乡村改造，有志之士进行了多种探索，从理论转向了实际。② 如江宁、兰溪的实验县政，江苏无锡的教育学院，邹平、菏泽的乡村建设，广西全省的农民自卫，以及其他各省的建设事业，都在努力实现救亡复兴，虽然观点方法不同，但是宏愿一样。

五四新文化运动把民主与科学理念带入中国社会和民众生活中，但是这些先进的理念与中国传统的社会形态难以衔接。几千年的封建统治、封闭落后的经济以及文化教育水平低下的民众与先进文化冲突不断，价值追求和认知水平落差极大。如何改变这种状况？只是依凭知识分子为主体的新文化运动显然不够，要发动民众，改革社会结构和治理结构才能最终奏效，这是当时一批志士仁人的共识。他们把探索的重点放在了改善乡村社会结构和教育普及上，而在这两者当中，教育普及又是重点，或者是重要因素。一是前者实现也同样需要人才培养，二是后者是前者实现的必要条件。只有提高普通民众的受教育水平，才能提升乡村治理水平，改善乡村治理结构。专家学者们亲自设计实施了一系列的教育实验，虽然探索问题的路径和方法有所差别，但是根本方向一致，内容上或相似或互为补充。正如梁漱溟认同自己的乡村建设实验属于广义的平民教育运动一样。若是将教育目的泛化，看作"藉人与人的交通传递作用，而谋个人或社会的向上进步"③的话，乡村建设就是民众教育。庄泽宣认为邹平乡村建设实验是我国的新教育运动，是一种教育改造。美国教育家霍金和罗格在考察中国教育时也把乡村建设看作教育改革。乡村建设实验视角虽从政治和社会出发，但是又确实借助了乡学村学这些形式，所以就连邹平实验貌似未冠以

---

① 梁漱溟. 梁漱溟全集(第五卷)[M]. 济南：山东人民出版社，2005：917.

② 马秋帆，熊明安. 晏阳初教育论著选[M]. 北京：人民教育出版社，1993：70.

③ 梁漱溟. 梁漱溟全集(第五卷)[M]. 济南：山东人民出版社，2005：625.

教育之名，梁漱溟也不得不承认自己"确乎是"一种教育工作。① 他认为社会教育运动与乡村建设运动两类实验所关注的主题相似，都以"乡村建设复兴民族"为中心问题，"社会教育运动与乡村建设运动，殆已合为一流"②。这里对于这些典型的宏观的综合的教育实验予以概略分析，以透视其对于幼儿教师教育实验的影响。

晏阳初平民教育实验的初衷形成于留学美国耶鲁大学时期，回国以后，面对积贫积弱的中华民族，他首先认识到要让这些平民、也是贫民接受教育，让他们成为自己的主人，增强文明意识、民族意识和国家意识，增强其国家建设的参与能力和对政府的监督能力。他自然地将自己在欧洲教育劳工的方式方法嫁接到国内平民教育之中，开创了中国的平民教育实验，旨在推动"目不识丁的男女同胞，设法上流起来"③。晏阳初平民教育实验虽然走过了从城市到农村的过程，但是其目的具有一致性，就是通过普及平民教育，提升普通民众教育"一般男女"水平——"作新民"，进而改善民众生活和社会建设水平。1923 年 8 月 26 日，晏阳初在北京组织成立中华平民教育促进会总会，亲任总干事，而在此前后，指导和组织了许多省和城市成立平民教育促进分会，形成了震动全国的平民教育运动。尤其是 1926 年之后以定县实验区建设的平民教育实验更加突出了这一点，有效解决了"新文化运动是少数学者的笔墨运动，与多数平民风马牛不相及"④的问题。晏阳初将公民教育的视野拓展到"教育全体"，使得工人农民成为"有知识有头脑"健全的国民。1926 年之后平教会以定县平民教育实验区为主的平民教育实验，其目的更加突出了其以县为单位进行乡村建设，通过平民教育提升县域社会建设水平。

陶行知在其乡村教育实验过程中，同样是设想通过乡村平民生活教

---

① 马秋帆. 梁漱溟教育论著选[M]. 北京：人民教育出版社，1994：301.

② 马秋帆. 梁漱溟教育论著选[M]. 北京：人民教育出版社，1994：301.

③ 李桂林. 中国现代教育史教学参考资料[G]. 北京：人民教育出版社，1987：187.

④ 晏阳初. 平民教育与乡村建设运动[M]. 北京：商务印书馆，2017：50.

育，改造乡村生活面貌。他于 1923 年辞去东南大学教务长职务，专任中华教育改进社主任干事，并协助晏阳初筹建中华平民教育促进会。是年 6 月 20 日，与朱其慧等发起组织成立南京平教会，8 月 26 日，在北京成立中华平民教育促进会，陶行知被推选为总会执行董事，并兼书记。陶行知对于杜威实用主义思想进行了中国化改造，提出了以"生活即教育""社会即学校""教学做合一"理论为内核的"生活教育"理论，并在乡村教育推行中进行了实验验证。他以普及教育为中心，努力倡导平民受教育机会的均等，让平民尤其是乡村平民"得到他们所需要的教育"①。他在普及教育实践中逐渐放弃了依靠"工业之进展""应济教育普及率逐渐增高之需要"的奢望，破除传统学校窠臼，走出"在极困难的农业经济的基础上"②普及教育之路。

黄炎培创立的中华职业教育社于 1919 年成立了农业教育研究会，他们针对农村教育资源匮乏现状，于 1925 年以后在中国最早提出并开展了乡村教育改革实验并以"大职业教育主义"作为其理论基础。他们先进行农村生产、生活调查，将普及教育、职业教育与农村教育、农业教育相结合，探索教育和经济、实业、政治、社会相联系的职业教育新路径。③ 黄炎培通过试办乡村职业教育实验区，采取"富教合一"策略，"养成人人有就职业之知能"④，达到普及学童教育、年长失学者补习知能、区域性乡村改进之目的。

综上所述，这些综合性教育实验虽然实验内容各异，但是其目的却极为相似，就是普及教育、改造农村、综合施策，以教育改造来促进强国富民。这一实验目的定位对于同时期的幼儿教师教育启发很大，为幼儿教师教育实验以中国化、平民化为根本性目的的打下了坚实基础。

---

① 方明. 陶行知全集(第 3 卷)[M]. 长沙：湖南教育出版社，1984：95.
② 方明. 陶行知全集(第 3 卷)[M]. 长沙：湖南教育出版社，1984：95.
③ 中华教育职业社. 黄炎培教育文选[M]. 上海：上海教育出版社，1985：155-156.
④ 中华教育职业社. 黄炎培教育文选[M]. 上海：上海教育出版社，1985：152.

二、探索平民教育和乡村建设的内容

综合性教育实验的内容指向具有立体性。一方面表现在实验内容从宏观到微观，有体制机制、教育制度、师资队伍、资金筹集、社会支持等方面内容；另一方面从具体的教育内容上要将生计、文字文学、职业技术、卫生健康等内容悉数传播给民众，并达到培养"新新民"之目的。

（一）梁漱溟倡导的乡村建设运动

梁漱溟倡导的乡村建设运动，是一种广泛意义上的乡村教育运动，他通过对 20 世纪 30 年代的中国社会的观察，认为之前的数十年发展都在进行"乡村破坏"，而乡村建设就是要走出这一桎梏，使乡村在社会发展中摆脱日益"枯落凋敝"的颓态，"挽回民族生命的危机"。

梁漱溟把乡村建设归纳为三个主要方面：经济、政治、教育或文化。并将这三个方面整合为乡村生活。无论是从哪个方面入手，都可以"达于其他两面"。在经济改造方面，他组织探索以技术和经济的改进来促兴农业。进而产生出合作性商业和自治性工业，避免了近代工业所酿危害。[①]在政治改造方面，梁漱溟反对移植不符合中国乡村实际的"欧化的地方自治"，主张中国的自治要走以人为本的合作之路；政治的重心在农村，在人人，是"平铺安放"的，不能像欧洲用钱驱使人，由城市"操纵国权"。而乡村政治建设是经济和政治合一的，"不离为二"。为达到这样的自治效果，梁漱溟将重点锁定在培养"谦虚平实""和睦乡党"懂得诱导教育的自治公职者上。在教育改造方面，梁漱溟认为要以民众教育为先，小学教育犹在其次。他引用丹麦的经验——发动知识分子研究农业，进而教育农民。在合作发展的重要性上，梁漱溟认为"乡间礼俗的兴革"对于乡村建设制约作用"甚大"，乡村建设讲求的合作、自治，这些与传统社会的疏离散漫有着本质区别。

梁漱溟把乡村建设的重点放在经济力量和政治力量的培植上，但是他也深知，无论是经济的富还是政治的权，表现出来是人的知能、物资和组织三个方面，而且这三个方面都要作用于当地，激励当地人自发行动才能实现。在这样的假设下，由梁漱溟发起组织山东乡村建设研究院，得到山东省政务会议批准，直属山东省政府辖制。该院一方面研究乡村建设问题，一方面指导乡村建设实施。而在指导乡村建设实施上又包括了两方面功能：一是乡村服务人员训练，二是实施乡村建设的实验区。通过乡村建设研究院这一抓手和合法手段，以及邹平实验区建设实践，从研究育人入手，服务于乡村建设实验，而再由实验区建设，总结推广经验，复制到其他地区，从而改变整个中国乡村建设面貌，实现其发端于乡村的经济政治文化的现代文明制度，找到适合中国发展的不同于西方以工业化城市化为标志的现代文明，避开西方现代化进程中的种种弊端。这就是梁漱溟为乡村建设实验设定的实验内容。

（二）晏阳初倡导的平民教育运动

晏阳初领导的平教会在平民教育实验内容上做了全方位、全领域的探索。在推进城市平民教育阶段，他从平民教育的基本功能上进行了实验的实施。总结出平民教育的第一步是识字，识字才能获得知识。平民教育的第二步是生计教育，以提高民生。平民教育不是培养书呆子和寄生虫，而是要培养具有生产技能，能够自立的人，进行生计教育，从而改变中国，改变世界。平民教育第三步是进行公民教育，以养成民德，养成"热诚奉公"的公民为目的。① 平民教育可以看作公民教育的独立组成部分，也是公民教育的实现渠道。

在推进定县平民教育实验区建设阶段，晏阳初与平教会有效地扩展了城市平民教育内涵，并将其嫁接到乡村建设中来，为县域乡村建设提供了

---

① 马秋帆，熊明安. 晏阳初教育论著选［M］. 北京：人民教育出版社，1993：33-34.

典型经验和实验蓝本。晏阳初在《定县社会概况调查》序言中指出：定县实验的目标，是要在农民生活里去探索问题。对应当时农村存在的"愚穷弱私"这四个问题，晏阳初和平教会将实验内容调整为文艺教育、生计教育、卫生教育和公民教育，比城市平民教育多了一项内容，即卫生教育。以农民所需要的教育来促进农村建设，以乡村平民教育为抓手来实现乡村建设。于是，晏阳初领导平教会将城市平民教育内容面向农村进行了改造和细化，并从民国 1930 年开始在定县进行了全域性、全面性、全体性的教育实验。文艺教育以治愚，主要是指文字和艺术教育，这是乡村建设的基础和保障。包括文字研究、编制教材、开办学校、教学设计、教具使用以及乡村教育制度等。晏阳初作为实验的组织和设计者，帮助实验区设立实验学校、表演学校。取得经验后，提供给地方当局以便推广。

　　除了四种教育，晏阳初和平教会还采取了适合农村的三种教育方式：学校式（青年人）、社会式（成人老人）、家庭式（旧式妇女）。① 而农村平民教育的重点人群是青年文盲，这是中国的基本问题。实施三种训练：教育训练、经济训练、军事训练。这样，四大教育、三种方式、一个重点、三种训练，就成为定县平民教育实验的重点内容，由此实现公民有知识、有组织、有团结，彻底改变国力羸弱的状况。对于三种方式，晏阳初和平教会进行了以下带有平民教育体制创新性质的实验：一是农村初级平校的研究与实验。内容包括：《农民千字课》编辑修订以及《初级平校指南》的完成；研究实验初级平校的内部办学体制；列项进行办学过程中出现微观问题的研究。二是扫除文盲研究与实验。包括对表演平民学校运行的三次改进和对这一类型学校的举办、扫盲教育视导、县政府接管等扫除文盲制度性设计和实施；导生传习制的运用。三是学校式初级平校后教育研究与实验。包括初级平校后"初级男女平校、高级男女平校、平民职业学校"这一平民教育学制体系研究，平民育才学校、青年补习学校设置，还包括高级平校课程内容研究与实验，高级平校培养目标和教材教法修订，生计巡回

---

　　① 马秋帆，熊明安. 晏阳初教育论著选[M]. 北京：人民教育出版社，1993：54.

训练班，高级平校中男女合校实验，高级女平校实验，初级平校后的天才职业教育实验。四是乡村小学教学法研究与实验。包括举办实验小学，组织教学和习作教学实验，导生传习制实验，设立"传习处"等。① 五是妇女和幼儿教育研究和实验。包括设立妇女平民学校、育才学校和青年补习学校、实验初级女平校、实验女校青年部、青年妇女教育研究委员会，举办主妇会和闺女会实验，进行乡村幼稚教育实验，开办保姆训练班。六是平教和乡村小学师资培养研究与实验。包括短期培训、举办平民教育学院师范科、平民教育专科学校、改进一般乡村师范教育办法等内容。七是社会式教育实验与研究。包括成立社会教育部及其下属组织机构。八是教育心理学依据的寻找。

（三）陶行知倡导的乡村"生活教育"实验

陶行知 1926 年开始进行乡村"生活教育"实验，在提升乡村平民教育和乡村建设效率公平等方面进行了不懈的努力和探索。可以从以下几个方面加以概括。一是以乡村学校为中心改造乡村生活。"我们已经下定决心再筹募一百万元基金，征集一百万位同志，提倡一百万所学校，改造一百万个乡村"②。二是扩大乡村教师规模。陶行知根据当时中国大部分师范学校设在城市、毕业生不愿意回乡的现实，肯定和推广江苏省的做法，鼓励师范学校设立乡村分校，并以乡村中心学校为中心，联系乡村社会实际，独立主持设置了晓庄实验乡村师范学校，培养合格的乡村教师。陶行知在其培养目标中规定乡村教师要具备"农夫的身手，科学的头脑；改进社会的精神"。以加快实施乡村教育，让更多的乡村教师做改造生活的灵魂，改造乡村生活。③ 三是倡导培养活的教师，进而培养活的学生、活的国

---

① 马秋帆，熊明安. 晏阳初教育论著选［M］. 北京：人民教育出版社，1993：146.

② 方明. 陶行知全集（第 8 卷）［M］. 长沙：湖南教育出版社，1984：653-654.

③ 方明. 陶行知全集（第 2 卷）［M］. 长沙：湖南教育出版社，1984：234、267.

民。① 四是进行具有导生制性质的"小先生制"实验,有效扩大了平民教育规模。陈鹤琴非常赞同该方法,认为该实验是"启发儿童自觉性、创造性",是"群众教育群众"②普及教育的好方法。五是进行平民读书处、流动图书馆实验,拟定其大纲,并就其运行组织管理等进行研究。六是创办晓庄实验乡村师范学校及山海工学团。晓庄师范学校是陶行知"生活教育"理论的实验基地,实验以乡村生产和生活为中心的中心学校教学组织形式。而中心学校又是试验乡村师范的中心和"主脑",实施教学做合一。1932年9月,陶行知在上海市与宝山县交界处筹办了"山海工学团"——山海实验乡村学校,进行了与晓庄师范学校类似的生活教育实验。

走向乡村,建设乡村;面向生活,改善生活;培养公民,民族振兴……这是1920年代至1930年代的专家学者们设计综合性实验的主要的、共同的宗旨和内容。而这些内容实施的基础在于普及和振兴乡村教育,这其中就包括幼儿教育。而幼儿教育无论是普及还是走向乡村,都需要有幼儿教师教育的支持。幼儿教师教育实验就是要解决幼儿教师教育的规模问题、质量问题、结构问题等。显然,上述综合性教育实验在实验内容上为幼儿教师教育实验起到了示范和激荡作用,甚至可以说,一些幼儿教师教育实验就是其中的重要组成部分。

三、综合实验课程教学凸显实用与科学特征

中国近代综合实验的主体都将实验看作一种方法设计和创造性活动,是用科学性的方式,打破传统教育的桎梏,寻找改造乡村生活的新教育体系,从而实现乡村改造与建设之目的。因此,上述几项典型综合实验之课程教学方面都突出表现了实用和科学的倾向。实用代表着生活和国家民族需要,而科学则代表着经验和实验,需要不断改进和经验总结以及实验探索,取其最佳方案,并加以推广和继续进行。

---

① 方明. 陶行知全集(第1卷)[M]. 长沙:湖南教育出版社,1984:344-345.
② 北京市教育科学研究所. 怀念老教育家陈鹤琴[M]. 成都:四川教育出版社,1986:290.

晏阳初主张兼顾农村生活和国家需要的改造，"教育不能离开生活"，要秉持着"教育即生活"原则，要对青年实施改造民族生活的教育实验，必须从农民生活中，站在农民立场上来研究和解决问题，挖掘蕴藏在农村青年中的富源。鼓励青年到实际生活中去历练，主动改造身心，主动改造自己的生活，不能只依赖书本，从而培养其新生命、新人格、新团结、新生活，促进其科学化、合作化、纪律化、现代化成长，开脑矿，育新人。①晏阳初与实验组还将社会教育和学校教育结合，组织家庭会，研究家庭实际问题和改良家庭生活，实现家庭事务社会化。在此基础上，又分成家主、主妇、少年、闺女、幼童等各个集会。

梁漱溟的乡村建设实验内容和实施主要由两个部分组成：乡村建设研究院和人才培养实验、乡村建设实验区建设。显然，前者要为后者服务，或者说重心在于后者。在课程设计上，梁漱溟规定了三个方面的训练课程目标，即具备为乡村建设的服务精神、具备一定的建立在各种实际问题基础上的知识结构和技能结构。而完成此三项目标，梁漱溟设计了五大课程领域：党义研究、乡村建设服务精神培养、村民自卫常识及其技能训练、乡村经济研究、乡村政治研究。课程设置突出了乡村建设的实际需要和实用性课程内容。在教学组织管理上，规定一年课程不放假，依照乡村生活和劳作秩序和节律，从早起洗漱、晨练、洒扫到晚间作业、日记、晚寝，吃住同步，周日多为野外操练、巡回讲演、乡村调查。学生实行自治，教师要对学生进行不间断地观察监督和甄别，优胜劣汰。

陶行知在"生活教育"理论指导下创办的晓庄实验乡村师范学校以"社会即学校、生活即教育"为信条，其教育内容的实用性和科学化追求不言而喻。社会需要的、生活当中所有的都是教育内容。只有适应生活的变化，才是教育的真谛，教育是大众的、平民的、平等的。教师是多源的，陶行知的小先生制、工学团、做中学等都具有面向实际、朝向生活的活的教育性质，打破书本和教条的束缚，体现教育民主、平等的现代教育

---

① 马秋帆，熊明安. 晏阳初教育论著选[M]. 北京：人民教育出版社，1993：57.

特征。

中国近代综合教育实验在课程教学上表现出明显的实用性、生活化及科学化的特征，这一特征不仅仅指导和影响了幼儿教师教育课程的教学实验，而且也受到了作为综合教育实验重要组成部分的幼儿教师教育课程教学实验的支持。综合性教育实验都具有行动研究性质，研究本身也是一个建设过程，其实验过程具有开放性特征，实验内容上涉及政治、经济、文化、社会、家庭、学校、教育体制和管理等多项内容，其效果是在各项主要实验因子基础上，综合施策的结果。首先，为了提升实验的成效，充分调动政府的力量，实施政治改良，有利于实验效果的推广和可持续发展；其次，造就行动组织者，建立实验实施、控制机构和系统，培养一批能够开展实验的组织者和主力军，才能够保证实验的实施；再次，依靠社会力量，实现教育、社会和文化的融合；再次，相互交流与借鉴，进行实验因子的调整总结，提升了实验因子的科学性；最后，以晏阳初、陶行知、黄炎培等教育家为代表的实验主体，他们放弃城市的安宁富足的生活，不计私利只身到乡村，去搞平民教育和乡村建设实验，具备平民教育和乡村建设的情怀。

中国近代综合实验的诸多保障和促进策略，同样在幼儿教师教育实验中有所表现，陶行知、张雪门、陈鹤琴等实验主体同样在争取政府和社会支持、相互交流与合作、培养实验人才、倡导实验精神等方面，进行了不懈努力，增强了实验效果。

第二节 中国近代幼儿教师教育实验方法的生成

五四新文化运动之后，教育实验的总体特征表现为自然主义与科学主义相互交割与结合，尤其是科学实验模式的形成使得教育实验开始走上实证的道路。变经验式为科学化的实验方法的转折点是五四新文化运动。从留美教育学者回国后开始，深受美国杜威实用主义思想影响，科学的实验方法被迅速应用到教育研究的各个方面。无论是综合性教育实验，还是单项教育实验，在实验理论、技术、方法上表现出了突出的实证性特点。这些特性与清末民初移植型和纯经验型教育实验相比，已经有了质的飞跃，其科学性、民主性及现代性特征明显。教育实验也从实验室走向学校和班级，自然教育实验兴起，促进了学校教育效率和办学质量，促进了实验教育学的发展以及教育学的科学化。幼儿教师教育实验正是在这种背景下产生和发展的。实验主体以班级、学校甚至区域为实验对象，以自然实验为主，实验和改进各个影响要素，探索幼儿教师教育规律，促进幼儿教师教育中国化、平民化及科学化的现代转型。以下梳理中国近代多领域教育实验对科学化的幼儿教师教育实验理性增长的促进作用，重点是幼儿教师教育实验之方法、技术及理论形成的促发、借鉴和示范作用。

一、实验主体要对教育实验内容有较为清晰的体认

教育实验是一种实验行为，而不仅仅是一种行动，是一个从经验探索到实证研究并加以推广的过程。无论是综合实验还是单项实验主体都深深认识到了这一点。例如，晏阳初认为，乡村建设实验不是农村救济，不是一时的急迫事情，也不是办模范村，因为模范村只限于当地，具有特殊性。乡村建设实验是根本性、长期性及永久性的事业。乡村建设实验要寻找普遍性规律，其意义更加远大。乡村建设的使命在于"民族再造"①。再如，梁漱溟认为乡村建设研究院的办学过程，是一个不断实验、不断改进、不断推行的过程，是在实验基础上的一种乡村改造行动，是根据乡村需要不断调整的"教—学—研—用"过程。用他自己的话说："事属创举，须一面试做，一面规划。"②对于难以预测的事情，一期一期调整，不断实验与开拓。又如，陈鹤琴认为要创立适合国情的师范学校新课程，以及适合中国国情的师范教材和教法，不能一味地跟着欧美走，师范教育一定要

---

① 马秋帆，熊明安. 晏阳初教育论著选[M]. 北京：人民教育出版社 1993：59-60.
② 梁漱溟. 梁漱溟全集(第五卷)[M]. 济南：山东人民出版社，2005：236-237.

实验。陈鹤琴指出，欧美新教育的学制、课程、方法等，之所以适合本国国情，是因为"欧美各国对于实验和研究的工作素来很注重"，欧美的许多学校都是"专门在做实验学制、课程、教法"①工作的。只有通过实验和研究，才能产生恰当而完整的师范学校新课程，以及适合中国国情的师范教材和教法。

　　教育实验的重要性和必要性在中国近代的仁人志士中成为共识，他们对于实验内容和目的都有着清晰的认识和研判。俞子夷对于教育实验有着深刻的理解，他说："理论绝不能代替经验，然而理论却可以做经验的指导，最好把学习的理论和自己的经验化成一起。"②陶行知在谈到中学教育实验之必要的时候，强调了自己对于教育实验的体认。"不但学理指示经验，经验亦要改造学理。"③他提出中学生面向实际进行改良的方向——应付社会环境所必需之人格；制裁天然环境所必需之知识技能；生利所必需之知识技能；消闲所必需之知识技能。并提出："随便要改良什么教育，都离不了实验，若想改良中学教育，亦非从实验着手不可。"要依据学生的心理、人格、环境、生利消闲的知识技能，去实验解决，"一天不得到，就一天继续实验"。他提醒人们，教育实验有其特殊性，"以不妨害学生学业为最要"。实验之前要有研究人才、管理组织和缜密计划。陶行知还主张搞实验中学要适应中国国情，小费用求得大成效，并希望有条件的学校"都可酌量实验"。④ 各处高等师范或大学教育科之附属中学或小学要担当教育实验责任：发现、印证、实习、推广学理。⑤ ……然而中国素来各中

　　① 　陈秀云，陈一飞. 陈鹤琴全集(第五卷)[M]. 南京：江苏教育出版社，1991：28-29.

　　② 　董远骞. 俞子夷教育论著选[M]. 北京：人民教育出版社，1991：50.

　　③ 　方明. 陶行知全集(第1卷)[M]. 成都：四川教育出版社，1991：323.

　　④ 　方明. 陶行知全集(第1卷)[M]. 成都：四川教育出版社，1991：325-326.

　　⑤ 　本篇系陶行知任东南大学教育科主任时，针对中等教育之弊端而写。在南京高师与东大附中成立四周年纪念会上，他作了内容相同的长篇演讲，记录人记下了这样的话："我们当时会众听了，对于我国中等教育，发生无穷系念，且觉凡为这个学校的一分子，都负责任不小！"原载1921年12月《中等教育》第1期(南京高师、东大附属中学编)。

学或只做实习学理或兼推广学理两项，而发现学理和印证学理"差不多从未着手……如果各处附设的学校，都能注意实验，我国教育界断不致如今及以前之毫无贡献"①。

由此可见，实验主体对实验都有较为深刻的体认。幼儿教师教育实验的主体，如陶行知、张雪门、陈鹤琴、张宗麟等对这一点都相当明确，他们对幼儿教师教育实验的目的和内容认识明确，解决问题的方案清晰，对于实验的功能作用有着深刻的认知和研究，在实验内容和目的上与其他领域的教育实验具有相通性，均锁定在五四新文化运动所提出和追求的目标上，锁定在中国近代新教育的规律探索和实施上。

二、实验主体要追求实验过程的科学性、实证性和严密性

纵观五四新文化运动之后典型的教育实验，可以将其概括为"经验——实证型"实验，即他们都大致经历了"观察发现问题—思考找寻假设—实验实施调整—经验效果总结—介绍推广经验"这样一个过程，体现了较为完整的教育实验过程。一是抓住关键问题，反复改进和实验。二是综合实验以县或者以一个区域为单位进行实验，在区域内打造样本，推广成果；而单项实验则以学校为单位，边实验边推广。三是调查与研究相伴其中。在调查的基础上，分析思考，找原因，定方案，解决真问题，制定可行性方案。四是对于实验内容的概括相对明确翔实。例如，晏阳初对于平民课本的打造以及平民教育识字课程所用课时的探索都做了详细调研，用实证数据说话，并一步步组织实施。他于1923年3月开始在长沙实验区进行平民教育实验，探索出一个"周期为4个月96课时，1 200名学员中有967名通过考试"②的平民教育实验结果之后，又组织了书信、算法、卫生、诗歌、常识、地理、历史、工艺、法制、道德等读本编写，并创办《平民周刊》，创办平民读书室、图书馆等公共设施，供平民

---

① 方明. 陶行知全集(第1卷)[M]. 成都：四川教育出版社，1991：327.

② 马秋帆，熊明安. 晏阳初教育论著选[M]. 北京：人民教育出版社，1993：10-11.

教育后教育使用。① 再如，陶行知在 1923 年北京大学教育研究会上进行了《教育与科学方法》的演讲，明确提出，科学的方法是有步骤的，第一步是觉得有困难，第二步是晓得困难的所在，第三步是用什么方法来解决困难，第四步就是选择这些方法去解决困难，第五步是必须实验一番，看这些方法到底对不对。② 经过这五步，才可以解决问题，这五步方法是科学的方法，无论化学、物理或生物都可以用这个方法去解决困难。

中国近代幼儿教师教育实验同样把科学性追求放在首位，追求实证性和严密性，实验主体借鉴外国而不迷信外国，面向中国国情寻找幼儿教师教育的真问题，坚持不懈，一个学期连着一个学期，一个学年接着一个学年，反复实验，克服困难，积累实证，才最终寻找到中国化、科学化及现代化幼儿教师教育的现实之路。

三、实验主体要注重调查法和统计法的充分应用

中国近代，测量学和统计学的流入与发展满足了实证研究的量化所需，教育实验越来越得到更多的科学实证方法的支持，引导着实验向着精密性和确定性发展。陶行知曾在《教育与科学方法》中指出："从外国运来的第一是统计法。有了统计法我们可以比较，可以把偶然的找出个根本原理来。"③所以说统计法是"辅助试验的一种利器，也是建设新教育的一种利器"④。中国近代，包括幼儿教师教育实验在内的教育实验充分发展和利用了调查法和统计法来进行各类教育评价和分析。如陈鹤琴的普通统计及量表法就包括求全部量数及点量数的方法、核算差异量数的方法、核算相关系数的方法、图表式的统计报告法等。调查法在教育实验中的应用，最典型的是定县平民教育实验。晏阳初将定县平民教育实验分为准备时期和

---

① 马秋帆，熊明安.晏阳初教育论著选[M].北京：人民教育出版社，1993：14-15.

② 方明.陶行知全集(第 1 卷)[M].成都：四川教育出版社，1991：438.

③ 方明.陶行知全集(第 1 卷)[M].成都：四川教育出版社，1991：291.

④ 方明.陶行知全集(第 1 卷)[M].成都：四川教育出版社，1991：263.

集中实验时期。1926 年以前，平教会的实际工作多在都市；1927 年冬平教会翟城村办事处成立农民教育股，开始实施乡村教育实验与研究。① 主要工作包括农业教育、农民研究和农村调查三个方面。1929 年，平教会总会的全部工作移到定县，开始了平民教育实验向以县为单位的升级——"县单位"农村改造的研究实验工作。从 1930 年到 1933 年都是在进行这一期的工作。② 在此期间，农村实际调查自 1933 年 7 月至 1935 年 6 月，花费了近两年的时间，集中在定县实地测量地图绘制、土壤调查、农作物产址调查、工业品数量和价值调查、土产运销调查、输入货物调查、集市调查、借贷调查、物价调查、民众负担调查、地方自治调查、户口调查。③ 也就是说，在定县乡村教育全面实施之前和实施过程中，晏阳初和平教会对定县经济社会教育等方面进行了翔实的调查，这一调查本身就为实验研究的科学性、针对性、可推广性提供了基础性依据。

社会调查就是要借助系统科学的方法，了解定县农民生活、农村社会实际，为平教实验提供基础依据。人们参观定县实验，首先要看的也是其社会现实。调查的目的在于知道社会真相，调查本身需要研究和经验、技术，经过学者对于社会调查的研究，才能以政府的名义向全省或者全国推广，而获得更大范围的社会发展。晏阳初对定县调查提出要求：一是要有知识和决心。要与农民同吃同住，共同生活，了解农民生活真相，获得真实的数字和数字背后的意义；二是必须通盘考虑，从整个农村社会建设入手；三是调查目的着眼于社会实际的改造。要根据建设需要调查事实；四是实施调查的主体必须了解现代社会调查的科学理论与方法技术，要顾及中国民间生活状况，找到适合国情的方法与技术。

晏阳初充分肯定了平教会调查的意义：一是教育意义。调查事实，制定教育方案。二是科学意义。社会科学与自然科学不同，不可简单套用；

---

①　马秋帆，熊明安. 晏阳初教育论著选[M]. 北京：人民教育出版社，1993：95.

②　马秋帆，熊明安. 晏阳初教育论著选[M]. 北京：人民教育出版社，1993：54.

③　马秋帆，熊明安. 晏阳初教育论著选[M]. 北京：人民教育出版社，1993：143.

中国社会科学要依据中国的社会事实，加上一般学理，促进中国化的社会科学之发展。并为中国化的政治、教育建设打下基础。晏阳初在《定县社会概况调查》序言中认为定县农村调查"增加了若干调查上的便利"，成为政治建设和社会建设的需要。[①] 关于调查技术，晏阳初认为，除了调查者需要技术训练以外，被调查者也需要接受训练，比如让他们识字、学会记账等。这样，参与实验的主体目的上升为乡村政治建设、社会建设工作的需要，保证其建设过程成为"科学化"之途。[②] 晏阳初和平教会在四类教育实施过程中，同样对于实验因子进行了调查测算评估统计，每一步都有详实的数据作为支撑，正是这些实证性数据，提升了实验的效度和信度。

　　幼儿教师教育实验的主体同样注意了调查法和统计的辅助作用。例如陶行知 1926 年调查了农村工厂幼儿教育缺乏情况，认为工厂农村是幼稚教育的"新大陆"；是年，张宗麟等调查了江浙十几所幼稚园，并写成调查报告《调查江浙幼稚教育后的感想》，其中分析幼儿教师教育问题所在，并提出了解决方案；张雪门也在自己的幼儿教师教育实验中进行了大量的调查和统计法应用，发现问题，积累数据，分析实验效果。这样，有效避免了幼儿教师教育实验走弯路，提高了其实验信度和效度。

四、实验主体要选择合适的实验区域和学校作为研究对象

　　无论是综合性的教育实验还是单项实验，选择合适的实验区和实验学校作为研究对象一直是实验主体所关注的。晏阳初认为，县域是一个社会生活的单位，不仅仅是一个社会区划。中国由 1 900 多个县域组成，也就有这么多相应的广义的共同生活区域。因此，选定县域为基本的乡村工作实验，是最好的单位区域选择。而研究中国农村问题，要从整个农村生活入手，县域是其最合适的研究单位。区别于政治力量建设模范县，区别于慈善机关对于定县施舍教育，晏阳初选择了有代表性的定县作为农村生活

---

① 马秋帆，熊明安. 晏阳初教育论著选[M]. 北京：人民教育出版社，1993：45.
② 马秋帆，熊明安. 晏阳初教育论著选[M]. 北京：人民教育出版社，1993：47.

单位的"研究室"①，他把定县作为一个大的活的研究室，以此为对象，实际参加人民生活。他是在人民生活上搞研究，搞实验，搞出案例并向全国推广。由此可见，这里的实验区域比城市平民教育实验更加明确，区域的概念更加准确。合适实验区域的设定，使得实验面变宽，涉及全领域，也使得推广性强，直接可以在其他县域推广。据统计，从1925年到1935年，中国建立的乡村教育实验区重要的有193处，一时间在中国形成了一个乡村教育改革实验运动，② 对中国教育乃至社会改造起到了重要示范作用，其影响波及全世界。

在单项教育实验中，选择实验学校，打造教育典型，以探索和推广教育发展中国化专业化规律，是其基本做法。实验的主体性和专业化得以突出表现，例如，杜威的学生在北京、南京、上海等地，创办了多所实验学校，其中有的就叫"杜威学校"③。他们结合杜氏理论，立足中国实际问题进行实验，集中多方智力，探索教育规律。这些学校所依据的实验方法和技术就是学习和传承杜威在芝加哥于1896—1903年进行的教育实验——把一所学校或一个班级当作试行某种学制、教材教法的实验室。

再如，1927年，做了南京市教育局第二科科长的陈鹤琴在南京市全面建立儿童教育实验区，把全市的小学划分为五个实验区（即东、南、西、北、中），每区设一所实验学校。各区以实验学校为中心领导各所在区的所有小学的教学工作。每区以一种小学学科为研究中心（东区为语文，南区为算术，西区为美术，北区为自然，中区为社会），各区聘任一位符合本区研究学科的专门人才为研究员，与该区实验学校校长共同主持各科教材教法研究工作。每月轮流举行教材教法讨论会。陈鹤琴出席指导，规定各区小学担任该科的教师必须出席。这种办法对于各科教材教法所做实验研究和教师教学工作的提高和促进颇大。陈鹤琴将教育实验大面积应用到中国是首创，他领导创建全面的教育实验区，自己不是作为行政长官身份

① 马秋帆，熊明安. 晏阳初教育论著选[M]. 北京：人民教育出版社，1993：54.

② 王炳照. 中国教育史专题研究[M]. 北京：北京师范大学出版社，2009：349.

③ 胡适. 胡适作品集（第25册）[M]. 台北：远流出版公司，1986：37.

出面，而是作为一个教育实验的导师领导整个实验区的工作，学术气氛较浓。① 各学校校长，也很少以科长的身份，而是以老师的身份来接待陈鹤琴。为提高全市小学校长的办学水平，陈鹤琴带领全市小学校长到陶行知创办的晓庄学校观摩学习，陶行知的生活教育思想和方法为不少学校所仿效。②

再如，幼儿教育实验园以及儿童教育实验区的设立也强化了幼儿教师教育实验推广机制。中国的、科学的、平民的幼儿教育和幼儿教师教育究竟怎样推广，单靠创办一个幼稚园或者仅仅有一所幼儿教师教育机构是不够的。儿童教育实验区的构想是推广幼儿教育和幼儿教师教育的理想办法。晓庄师范学校、集美幼稚师范学校、北平幼稚师范学校及江西省立实验幼师等都在本校开展相应的幼儿教师教育实验的同时，于所在区域设立了平民幼稚教育实验区，有效促进了幼儿教育和幼儿教师教育实验的开展。这一点后文有述。

五、实验主体要注意教育心理学的应用

20世纪初自然科学的发展，尤其是带有实证性质的实验科学以及实验心理学产生并在教育实践中得以运用，使得人们对自然科学研究方法产生了极大的信赖，实证主义的哲学思想也成为这一时期强有力的影响因素，实证成为20世纪教育心理学的基本路线。③ 美国心理学家詹姆士（William James）出版的《心理学原理》标志着经验心理学向实验心理学过渡。④ 1922年美国教育测验专家麦柯尔来华编制各种测验，并编写了《中国教育的科学测量》，先后在广州、南京、上海、天津等地进行50多种测验。⑤ 虽然

① 北京市教育科学研究所. 怀念老教育家陈鹤琴[M]. 成都：四川教育出版社，1986：23.
② 北京市教育科学研究所. 怀念老教育家陈鹤琴[M]. 成都：四川教育出版社，1986：48.
③ 盖青. 美国20世纪教育实验研究[M]. 广州：广东教育出版社，2010：240.
④ 杨汉麟. 外国教育实验史[M]. 北京：人民教育出版社，2005：10.
⑤ 王炳照. 中国教育史专题研究[M]. 北京：北京师范大学出版社，2009：347.

教育测验的影响并不广泛，对提高各级教育的水准成效甚微，但是"测验运动实在可说是促成教育科学化的一种运动"。① 推动了中国近代教育实验的精密化、科学化。

晏阳初和实验组利用教育心理学原理对部分学员进行了心理测量和成绩测验，一方面，寻找不同的人群心理情感发展水平，另一方面调查不同人群的学习水平和学习能力，寻找乡村建设的领袖，晏阳初组织了44种测验卷，用了26种测验方式，共对36 000人进行了测验，并且从中抽去了23 000份进行了姓名、年龄、性别、住址，测验日期等完全信息登记，共选出男女农村领袖人物452人。晏阳初等对各种测验方法进行设计，并对士兵和农民进行了分组测验对比。对于平民教育实验工具——千字课本进行了单册和混合编制问卷，比较每个月的成绩，比较44种测验和55组受测农民。② 由此得出结论，如15岁至45岁之间的农民学习能力完全一样，与桑代克的结论相同。年长的学习能力虽然有的方面不如年轻人，但是其真诚、热心和郑重，能够有效弥补其知识能力差距。这一结果支持了老年人接受教育的可行性，这对于发动他们支持乡村改造与建设非常重要，能够有效打破其保守性。

1923年，陶行知指出，教育工具除了统计法之外，另外一种方法就是测验法。而近年来教育改进社要作24种测验，此种工具不能从外国搬运来，就是搬运来也不适用。测验是看学生天生的聪明智慧怎样，使学校有个好的标准，由此可晓得某级学生是什么成绩，如"治病的听肺器一样，可以看出病来……欲知病之所在，非测量不可"③。由此可见，教育心理的应用增强了教育实验的科学性。幼儿教师教育实验中也普遍应用了教育心理学理论，尽管有的实验中并没有形成显性特征。例如，学制、课程组织及教学组织形式实验中，都普遍依据了儿童心理发展规律。而且幼儿教师

---

① 《教育杂志》第23卷12号。

② 马秋帆，熊明安. 晏阳初教育论著选[M]. 北京：人民教育出版社，1993：104-106.

③ 方明. 陶行知全集(第1卷)[M]. 成都：四川教育出版社，1991：441.

教育实验的集大成者陈鹤琴本身就是儿童心理学最早的研究者和传播者。

六、实验主体要注重实验机构和人才培养以保证实验效果

教育实验需要人才支撑，一方面要保证实验活动的推进，另一方面要保证实验方案的实施质量，实现对实验的控制。实验人才队伍包括以下几个方面。

一是实验组织队伍，这里主要是实验的设计者、指导者、管理者、监督者。如晏阳初和梁漱溟都组织了乡村实验组织机构，改造了县政机构，用相对严密的组织机构保证实验的运行。同时注意对人才的配备，选拔适用的人才，授以职权职责，组织实验实施与调整。

二是具体的实验操作和执行人才培养。这是实验落地生根取得效果的关键。梁漱溟对于山东乡村建设研究院的办学提出了独特的二元结构设计：研究部办学实验和训练部办学实验。前者属于面向乡村建设的研究生教育，属于大学后教育；后者属于成人训练性质，有在职教育性质。这种独特的二元结构不仅打破了大学与社会的脱节流弊，体现了大学的社会服务职能，而且以服务乡村建设为宗旨，对研究部和训练部办学上进行了创新。如在研究部招生上，提出了"同等学力"的概念，对有较高知识、有兴趣进行乡村建设的学员破格录取；课程方面，先研究乡村建设基本理论，然后选科研究，如农业、乡村教育，甚至在学科基础上再进行一些更小领域的和专业的选择，而选科研究过程要将自选与审核相结合，自选在先，审核确定，审核主体是研究部主任；教学方面，乡村建设研究院一般不采取讲授方式，而是更多采取个别谈话和集体讨论方式，研究院聘请的其他大学的指导教师，对学员进行函授指导；学制方面，学制一般为两年，但是研究项目和论文得到部主任和指导教师认可合格者，也可以申请，"院长批准后，提前毕业"①。在训练部办学上，招生强调农村工作经验，世代在乡村生活并且自身仍然居住乡村，采取"划片批次招生"②，使得乡村建

---

① 梁漱溟. 梁漱溟全集(第五卷)[M]. 济南：山东人民出版社，2005：231-232.
② 梁漱溟. 梁漱溟全集(第五卷)[M]. 济南：山东人民出版社，2005：235.

设规模和优势凸显，不至于因为数量规模过小而被湮没；在课程设计方面，要具备为乡村建设的服务精神，具备一定的建立在各种实际问题基础上的知识结构和技能结构，并制定了相应的课程方案；在教学组织形式管理方面，40 名学生为一班，采取部班主任制，每班一个班主任和一个助教，一年课程不放假，依照乡村生活和劳作秩序和节律，从早期洗漱晨练洒扫到晚间作业日记晚寝，吃住同步，周日多为野外操练、巡回讲演、乡村调查。规定班主任要与学生同起居共饮食，与学生"时常聚处"。学生每天要记日记，班主任审阅，班级成立自治团，在研究院规定范围内和班主任指导下，实行自治。

陶行知举办晓庄师范，对于乡村小学生培养使用，也具有训练乡村教育和生活教育实验人才，保证实验运行和调整的性质。晏阳初定县实验平民教育实验期间建立了育才院，目的就是训练人才，应对不断扩大的平民教育实验要求。他要求育才院的研习生要注重"自动"，自己到农村"去观察、研究、实验"，"发现问题，认识问题，解决问题"①。后来又在重庆举办了乡建学院，而晏阳初仍然习惯称之为育才院。在一次开学典礼上，晏阳初再次明确了办好育才院的意义就是在乡村建设实验过程中，"深深感到纵然有良好的实施方案，而无实施计划的人才，致使我们多年辛苦研究实验的宝贵经验不能大规模推广实施"②。办学目的就是要把平民教育实验近二十年的经验传授给立志"改造农村、复兴国家"的有志青年。他主张育才院的教师要把做、教、导结合好。而对育才院的学生则要求进行"四自教育"——"自习是培养智识力；自给是培养生产力；自强是培养体力；自治是培养纪律——战斗力"③。除此之外，乡村建设实验都注意了对于示范村、示范校、示范户的打造，以起到示范引领作用，这也属于一个类别的人才培养，促进了实验的进行并保证了实验质量。

①　宋恩荣. 晏阳初全集(第 2 卷)[M]. 天津：天津教育出版社，2013：2.

②　马秋帆，熊明安. 晏阳初教育论著选[M]. 北京：人民教育出版社，1993：219.

③　宋恩荣. 晏阳初全集(第 2 卷)[M]. 天津：天津教育出版社，2013：224.

　　1929 年，陈鹤琴在"中国幼稚教育研究会"的基础上，以鼓楼幼稚园、晓庄师范学校和南京市各区实验学校为中心创办"中华儿童教育社"，晓庄师范参加为"该会的团体会员"①。该社的地址位于中区实验学校内，陈鹤琴亲自主持这一工作，后又在上海设事务所，举办年会，并且编印《儿童教育》月刊，出版儿童读物、讨论、研究和宣传儿童教育上种种新理论和新方法。每年年会都有不同的讨论主题，如"儿童本位主义教育""小学、幼稚园健康教育"②等，以此来唤起国人对儿童教育的重视。中华儿童教育社突飞猛进式发展，全国分社达三十余处，社员达四千余人。③ 这对于幼儿教育的中国化和科学化，对当时的幼儿教育和幼儿教师教育实验起到了一定的促进和人才保障作用。陶行知和陈鹤琴在晓庄师范学校幼稚师范院办学中对于指导员队伍建设以及中心幼稚园园长的要求，都具有实验人才培养的意味。

　　综上所述，民国中后期的教育实验涉及从宏观到微观的各个领域和各个方面，对于幼儿教师教育实验产生了多方面的影响。

　　首先，从实验背景和指导思想上，作为教育改革重要组成部分的幼儿教育和幼儿教师教育，与其他领域具有相通性，不可能跳出当时的经济社会和教育发展背景。而资产阶级政体代替清廷封建统治，适合资产阶级需求和现代社会建设以及现代教育发展的思想流派，包括国外教育思想的选择流入，也同样规范和指导着幼儿教师教育实验的发展。况且，作为新生事物的幼儿教师教育更加需要先进教育思想和理念的指导。例如平民教育思想、生活教育思想、实用主义思想等，同样是幼儿教育实验这一下位教育实验的指导思想。

　　其次，从实验内容上，很多幼儿教师教育实验内容是由其他领域迁移

①　北京市教育科学研究所. 怀念老教育家陈鹤琴[M]. 成都：四川教育出版社，1986：48.

②　北京市教育科学研究所. 怀念老教育家陈鹤琴[M]. 成都：四川教育出版社，1986：23.

③　陈鹤琴. 我的半生[M]. 上海：上海三联书店，2014：23.

而来。一方面,很多综合性教育实验和单项教育实验从实验对象上涵盖了幼儿教师教育实验,也就是说幼儿教师教育实验是其中的一部分;另一方面,很多幼儿教师教育实验的主体与其他领域实验的主体相同或者有交叉。例如,黄炎培领导的中华职业教育社的农村改进实验,陶行知创办的南京晓庄实验乡村师范学校,晏阳初领导的中华平民教育促进会的乡村教育实验,梁漱溟领导的乡村建设实验等,幼儿教师教育实验都是其中重要的组成部分。再如,一些幼儿教师教育实验的主体也直接参与了综合性实验或者单项实验。如陈鹤琴受晏阳初之托参加了平民课本的选字过程,参与了心理测量实验等。

再次,从实验方法技术上,多领域实验为幼儿教师教育实验研究技术的提升提供了重要参照。幼儿教师教育实验同样遵循了科学性、实证性目标要求,采用了科学性研究方法和调查统计等实证性方法,表现在实验目的和假设的确立、实验过程的阶段划分和有效控制、实验结果的总结提炼等。从实验成果和影响上,都表现为既重视理论成果的总结、出版和发表,又重视实验的实际影响和成效,促进教育改革和社会改造与建设,而且对于后者的追求最为迫切和明显。

第三章　中国近代幼儿教师教育体制和学制实验

　　教育体制是教育管理体制的简称，是国家组织和管理教育的形式、方法和制度的总称。① 学制是学校教育制度的简称，又称作学校系统，指一个国家各级各类学校的体系，规定各级各类学校的性质、任务、入学条件、学习年限以及它们之间的衔接和关系。② 对于幼儿教师教育来讲，体制主要是指宏观管理制度建设，而学制主要是指培养机构管理制度建设。世界范围内的幼儿教育及其幼儿教师教育正式作为一种国家教育制度是资本主义社会的产物。一系列经济结构的改变，带动了幼儿教育机构，同时也带动了幼儿教师教育机构的出现。例如，英国空想社会主义者欧文创立了历史上第一个学前教育机关，世界上第一所真正意义上的学前教育机构是由德国教育家福禄贝尔（Frobel，1782—1852 年）创办的。蒙台梭利在1907 年意大利贫民区开办了一所"儿童之家"，之后幼儿教育机构大量出现，以此代替家庭教育中妇女承担儿童的抚育重任，实现幼儿公育，推进了幼儿教育社会化。由此可见，幼儿教育制度化、专业化、科学化的理念并非来源于我国古代悠久的儿童教育历史，它实际是一种"舶来品"。近现代幼儿教育倚重于专业化、科学化的幼儿教师教育队伍培养，这是发展现代幼儿教育的基础，而幼儿教师教育体制和学制的建立又是幼儿教师教育队伍建设的必要和重要保障。但是，清末民初幼儿教师教育体制和学制并

---

　　① 顾明远. 教育大辞典简编本［Z］. 上海：上海教育出版社，1999：219.
　　② 顾明远. 教育大辞典简编本［Z］. 上海：上海教育出版社，1999：551.

没有完整形成，尤其是独立的幼儿教师教育体制和学制一直没有建立。无论是师从东洋，还是学习西洋，都没有抓牢根本性的体制和学制问题，以至于培养规模、效率和质量难以保障，幼儿教师教育机构只是奇葩几朵，没有形成百花园，更没有形成从育种到培植再到修剪和品鉴的完整链条，没有形成花草树木枝繁叶茂、鲜花似锦的大花园和良好生态群落。那样的几朵奇葩，三四十年间被外国化、贵族化所垄断，平民的、中国的、省钱的幼儿教育师资没有培养体系和制度支撑。这是陶行知、陈鹤琴、张雪门以及张宗麟等所面对的问题，也是中国近代幼儿教师教育所面临的首要问题。解决了为谁培养人，才能解决如何培养人，陶行知等一批学者所开展的幼儿教师教育体制学制实验就是从这里开始的。

第一节　中国近代幼儿教师教育体制和学制实验的缘由

中国近代幼儿教师教育体制实验肇始于五四新文化运动之后，重点是在 1922 年"新学制"颁布之后。究其原因，一方面，是因为民国元年学制并没有表达幼儿教育，幼儿教育是位于主流学制的边缘化学段，直到 1916 年修正版《国民学校令》颁布，才把幼儿教育作为一个独立章则规定下来。因此，幼儿教师教育发展与改革在此前没有制度依托。另一方面，教育实验的大环境没有形成，实验条件和氛围差距较大，科学与民主没有出现在主流意识形态中，幼儿教师教育实验缺乏技术手段及思想观念的合理性与合法性支撑，而这其中的体制和学制实验的开展难度更是可想而知。从 1915 年开始至 1919 年达到高潮的五四新文化运动打破了人们的思维方式和行动模式，封建理念遭到质疑与抛弃，民主科学理念得到社会认同。幼儿教师教育服务于社会普通民众，幼儿教育之定向得到承认，建立相应的培养体制和学制迫在眉睫。于是，幼儿教师教育体制和学制实验得以推动和展开。

一、实验问题发现：对当时幼儿教师教育体制的研究与批判

张雪门在 1918 年至 20 年代初考察国内各地 30 所各类幼稚园之后，从

课程角度，将当时的幼儿教育机构分成三类，分别是日式、宗教式和新兴的福禄贝尔、蒙台梭利式的。而在这三类幼教机构中，1902 年清末学制颁布后，中国的学习对象以日式为主，而这一现象随着五四新文化运动、中国的学习对象一路向西而逐渐消弭；福禄贝尔、蒙台梭利式的幼儿教育机构由于师资缺乏、经费不足等原因而影响很小；宗教式幼稚园在当时占据着优势地位，原因是"教会培养出来的保姆逐渐增多"，而其他两类幼教机构的教师培养不足，甚至出现断档。这样，全国的幼稚园，"将逐渐归入她们的领域了"①。也正因如此，社会贤达和幼教专家批判、指摘的对象也就集中到宗教式幼儿教师教育机构，以至于改革与实验也随之从宗教式幼儿教师教育机构的对立面上去考虑和策划。专家学者对日式和教会幼儿教师教育体制和学制方面的质疑主要集中在以下几点：一是在培养目标上为教会传教服务。"拿的是教会的钱，吃的是教会的饭"②，虽然模拟西洋并非全部，但是目的是服务上帝。二是从教育的方式方法上抄袭外国。日式幼儿教师培养自不待言，其培养的保姆在保教过程中的小学式教学被广泛诟病；教会的幼稚师范也"没有把西洋福禄贝尔等幼稚教育原理或其他教育名著，有系统地给国人介绍"③，零零碎碎，文字恶劣粗俗，"外人的幼稚园已时有改进，但我们还是墨守成规，不知改良，以致陈旧腐败不堪闻问了"④。三是对于允许外国人举办幼儿教师教育机构的办学体制提出质疑："各国教育条例没有外国人设立师范的。"⑤这种以传教为主体目的的幼稚师范教育，在民主国家教育制度之下，是万不能容留的。哪怕会对中

---

① 戴自俺. 张雪门幼儿教育文集（上卷）[M]. 北京：北京少年儿童出版社，1994：55.

② 戴自俺. 张雪门幼儿教育文集（上卷）[M]. 北京：北京少年儿童出版社，1994：56.

③ 戴自俺. 张雪门幼儿教育文集（上卷）[M]. 北京：北京少年儿童出版社，1994：303.

④ 北京市教育科学研究所. 陈鹤琴教育文集（下卷）[M]. 北京：北京出版社，1985：1.

⑤ 张沪. 张宗麟幼儿教育论集[M]. 长沙：湖南教育出版社，1985：54.

国幼儿教育造成不利影响，也要"停办教会立的幼稚师范"①。因此，在社会呼声不断的情况下，1925 年 11 月，北洋政府教育部颁发《外人捐资设立学校请求认可办法》，教会幼儿教师教育机构与其他教会学校一样，纳入我国私立学校的范围，受教育主管部门的监督指导。1926 年 10 月，广州国民政府教育行政委员会公布《私立学校规程》，正式将这类学校纳入中国的私立学校体系。但是，在批判教会幼儿教师教育的同时，专家们却也客观地分析了其所带来的助力作用：五四新文化运动以后，"我国幼稚园由模仿日本式转而模仿欧美式，主持人便是昔日教会学校培植出来的"②。

幼儿教育领域的专家学者对于教会幼儿教师教育机构办学问题所采取的某种意义上的怀柔态度代表了社会上层复杂的双重心理。一方面教育主权不容侵犯，幼儿教师教育完全移植日本或由教会所办，对于国民教育甚是危险，"幼稚师范为国家之事业，应负完全之责任的……盖独立国不容他国人设立师范教育，此为万国公法"③，因此，带有奴化性质的幼儿教师教育必须取缔。另一方面，中国缺乏幼儿教育师资，缺乏专业化人才。所以政府也只是将教会幼儿教师教育纳入了私立学校监管范围，并未绝对化地予以取缔。当然，要想深层次地根本性地解决这一问题，就必须打破教会幼儿教师教育垄断地位，独立举办民族自身的幼儿教师教育机构，培养中国人自己的专业化幼儿教师队伍。"中国急需有富于国家精神的幼稚园教师，所以急需设立完美的、富于研究试验精神的幼稚师范。"④而这就是进行幼儿教师教育体制和学制实验的直接动因。

二、实验问题梳理：幼儿教师教育体制和学制建立的双轨之路

幼儿教师教育中国化、平民化是中国近代的新生事物，如何解决培养

---

①　张沪. 张宗麟幼儿教育论集[M]. 长沙：湖南教育出版社，1985：12.

②　张沪. 张宗麟幼儿教育论集[M]. 长沙：湖南教育出版社，1985：393.

③　张沪. 张宗麟幼儿教育论集[M]. 长沙：湖南教育出版社，1985：54.

④　张沪. 张宗麟幼儿教育论集[M]. 长沙：湖南教育出版社，1985：757.

规模和培养质量问题是当时幼儿教师教育的两大主线。没有规模，中国化、平民化无法实现；没有质量，则科学化、规范化无从谈起，也就实现不了幼儿教育社会化的目标，规模问题也就没有了意义。中国近代的专家学者们为了这两个问题得以解决，为了结合中国实际，特别是乡村教育以及乡村建设实际，设计实验了正规幼稚师范教育和与乡村幼儿教育相适应的乡村幼稚师范教育的"双轨制"幼儿教师教育培养模式，为有效解决幼儿教师教育短缺和培养质量中国化、平民化及科学化问题的可行性方案。

中国的近现代教育体制和学制源于国外，这与对先进国家的考察学习分不开。清末民初学制某种意义上说是由考察日本以及留日回国学生的制度理性生成的，某种意义上属于"拉东洋车"的产物。而在民初不完善的学制体系下，"洋车夫"们又拉来了西洋教育制度和思想理念。民国初期幼儿教师教育体制和学制的发展变革历程，最初实际上是一个移植过程，"洋车夫"们并没有或者来不及将中国教育的病根弄清楚，就开了药方或者被外国教育制度所迷惑开不出药方。陶行知对这个问题进行过检讨和反思，他指出，为"外国教育制度拉东洋车"，不见得能"建设适合国情的教育"，必须"运用科学的方法，分析研究，实地试验，方能免入歧途"[1]。这也就是说，移植外国幼儿教师教育体制和学制难以解决中国幼儿教育师资短缺和质量不高的问题，"水土不服自然存在"[2]，如此会导致幼儿教师教育体制和学制夹生和缺失，因此以科学实验解决这一问题成为必然选择。而在这一点上，基督教会则从反面刺激了中国当时的学界和政界，他们看到中国幼儿教育的发展潜力，提出要发展和扩大幼儿教师教育。美国传教士麦女士在《基督教女子教育》一文中，谈及中国幼稚教育时说："中国一国之内，至少应有幼稚园师范养成学校，专门养育幼稚园人才。"[3]1913年基督教会全国大会议案："养成幼稚园人才之学校，当从速加增，并宜兼收教

---

① 方明. 陶行知全集(第2卷)[M]. 成都：四川教育出版社，2005：330.

② 张沪. 张宗麟幼儿教育论集[M]. 长沙：湖南教育出版社，1985：387.

③ 李楚才. 帝国主义侵华教育史资料·教会教育[G]. 北京：教育科学出版社，1987：237-238.

外学生，以供官立幼稚园之用。"①1912 年，教会在福建厦门创办的怀德幼稚师范学校是第一所单独设立幼儿教师教育机构，该校在 1923 年之前招收高中毕业生，学制 2 年，采用半日授课、半日实习的形式，之后改为招收初中毕业生，学制改为 3 年。期间由于太平洋战争爆发而停办，后又在 1946 年复办，实施第一学年学习、第二学年见习、第三学年实习之制。除此之外，还有教会女学附设的幼稚师范科多所，其中成绩显著者有景海（苏州）幼稚师范科、弘道（杭州）幼稚师范科。景海女学以管教严、环境好而出名，幼稚师范科的学制为 4 年，招收 2 年以上中学学历者入学。《壬戌学制》颁布后，明确招收初中毕业生。该校幼稚师范科第一年，与高中一年级所开设的科目相同，第二、三年开设专业课。实习方面除规定有幼稚园、婴儿园实习外，还要求效仿美国，到小学一、二年级实习，以便"幼小衔接"②。民国后期增设的教会幼师培养机构，以 1936 年北京燕京大学增设的幼稚师范科为代表，该科由两部分合构：一为专修科，修业年限 2 年；二为本科，修业年限 4 年。幼稚师范科除必须专修幼儿教育、幼稚教育、儿童音乐教育、儿童工艺、儿童游戏、儿童文学等课程外，还必须兼修教育系普通教育课程。该校幼稚师范科的设立，实为开辟中国培养大专和本科水平幼儿教师师资之先河。教会看到了幼儿教师教育机构发展和幼儿教育机构发展之间的关系，以至于其幼稚师范教育办学规模逐渐扩大，其影响已远远超出教会幼稚园系统。

　　张宗麟从"宗教式的信徒演变为正当的职业训练"③的角度，阐述了幼儿教师教育体制变迁问题。他认为无论是德国，还是美国，其幼儿教育最初都是以"信徒"为教师，其规模不可能扩大。所以以"信徒"为教师主体，是因为一方面最初的幼儿教育规模很小，所需教师数量很小，更重要的是幼稚教育在社会上地位遭冷落，自命高贵者不愿服务于幼稚园。而随着幼

　　① 中国学前教育史编写组. 中国学前教育史资料选（全一册）［G］. 北京：人民教育出版社，1989：424.

　　② 喻本伐. 中国幼儿教育史［M］. 郑州：大象出版社，2000：246.

　　③ 张沪. 张宗麟幼儿教育论集［M］. 长沙：湖南教育出版社，1985：368.

儿教育事业扩大，幼儿教师需求增长，"信徒式"幼儿教师规模难以满足需求，幼儿教师教育也就"转变为职业的训练了"。幼儿教师不仅仅要有"慈母的爱心"，更需要"科学的方法"。因此，幼儿教师从信徒演变到职业人员，"不但数量能增加，同时也可以使幼稚园（保教）内容有所进步"①。

五四新文化运动前后，幼儿教育和幼儿教师教育领域的专家学者普遍意识到，要实现幼儿教师职业化，就要建立适应中国国情的幼儿教师教育体制和学制。而这一问题的解决，要从两个方面着力：一是独立设置相对正规的幼稚师范学校，列入学制体系，成为其组成部分；二是建立平民教育体制下的幼儿教师教育体制学制，以期达到普及中国的、平民的及省钱的幼儿教育之目的。

就第一个方面来讲，首先要解决的是幼儿教师教育机构对其他教育机构的依附问题，凸显其办学的独立性和自有规律。前文已述，清末民初，为解决幼儿教育师资短缺问题，除了延聘外籍教师以外，就是依附于两堂、蒙养院或女学来培养。从管理体制上讲，这种依附关系对于培养质量和专业水平提高难以把控，对于培养规模扩大难以支持，对于教育管理难以有效实施。

其次，就是要解决其学制地位与合法性问题。1907年《奏定女子师范学堂章程》规定女子师范附设"保育科"以培养保姆。并规定"各州县必设一所"。自此女子师范教育便有了合法的地位。但是受封建传统影响，在学部反复指令下，全国到1911年才建有公立与私立女子师范学堂23所。②但是，这其中并没有"保育科"设置情况统计，可见，清末女子师范学堂对于幼儿教师教育的影响无论是规模还是质量均不大。从女子师范学堂开设课程来看，女子德育、文字教育、家务技能是其主干，说明清末民初的女子师范教育并非以专业和职业教育为主，其办学宗旨是"良母教育"，没有形成幼儿教育专业训练课程；其培养层次属于初等教育水平，其服务对象

① 张沪．张宗麟幼儿教育论集[M]．长沙：湖南教育出版社，1985：369．
② 朱有瓛．中国近代学制史料（第二辑下册）[M]．上海：华东师范大学出版社，1989：284-285．

是女子小学。在这期间,除个别官立的女子师范学堂附设保姆培养机构以外,还有其他一些幼儿教师教育机构开始举办,1907年上海吴竹哲从日本学习幼稚教育回国,创办了中国第一所私立幼稚教育师范——上海公立幼稚舍附设保姆传习所。① 同年,由振贝子捐款设立的京师第一蒙养院附设保姆讲习所;直隶藩司增筹办省城女学堂附设幼稚园,先设保姆传习所,以节妇为传习对象;1910年,上海贫儿院设有保姆科等,这些幼儿教师教育机构虽然是在《奏定女子师范学堂章程》颁布之后,但是其办学体制似与之没有关系,而是1902年和1904年清末《壬寅学制》和《癸卯学制》直接执行的结果。

再次,就是要解决幼儿教师教育规模不足和质量低下的问题。民初《壬子癸丑学制》颁布,《师范教育令》和《师范学校规程》列于其中,明确要求女子师范学校"得附设保姆讲习科",指出女子师范的培养目标不应以女子小学校教师为限,而应以养成一般小学教师及蒙养园保姆为目的。② 其对女子师范的功能实行了拓展,除了服务女子小学,还要服务于一般小学和蒙养园。由此女子师范的数量增多,其中保姆讲习科便得以普遍办理。当时除边远省区外,各省都在省会设立一所、两所甚至三所女子师范,文化教育较为发达的地区的很多县也设立了女师,其总数明显多于省立女师。到1918年,女子师范数量达到60所,占到师范总数的30%左右,在校生数达5 792人。③ 1913年8月11日,教育部通令各县设立小学教员讲习所,以补师范学校之不足。1915年11月,教育部又将小学教员讲习所定名为"师范讲习所",因而有了女子师范讲习所的专门设施。1921年7月13日,教育部重申各地女子师范必须附设保姆讲习科,同时允许将女子师范讲习所定向办理为保姆讲习所。

① 中国学前教育史编写组. 中国学前教育史资料选(全一册)[G]. 北京:人民教育出版社,1989:220.

② 吕达,刘立德. 舒新城教育论著选[M]. 北京:人民教育出版社,2004:586-587.

③ 李英兰. 浅析清末民初女子师范教育[J]. 内江师范学院学报,2008(S1):190.

　　"民国五年以后，各省省立女子师范大率创办保姆科，如江苏、浙江成绩尤佳，其专设幼稚师范者，北女高师外，惟江苏一女师也。"①北京女子高等师范学校 1912 年 8 月附设了蒙养园，1916 年增设保姆讲习科，修业年限为一年，讲习科的学员分组轮流在蒙养园进行教育实习，次年毕业者为 14 人。1919 年，该校招收第二届保姆讲习科学员 20 名，首开女子高等教育先河。② 此后学员实验研究之风盛行，自行发起组织了幼儿教育研究会，还编辑发行了《幼儿教育之研究》的刊物。江苏省立第一女子师范学校于 1917 年冬由张默君主持增设了保姆讲习科，后几经搬迁扩容并附设蒙养园，1921 年冬，改保姆讲习科为幼稚师范学校，直到 1932 年秋，幼稚师范生才停招。③ 由女子师范学校训练幼稚园教师，是幼儿教师教育的一大进步，此项事业虽未枝繁叶茂，却"如种子之芽"，使得幼儿教师教育的"胚胎"在此孕育，所培养保姆"非若昔日以敬节堂之寡妇充之矣"④。

　　中国近代，国人自办的私立幼儿教师培训机构，更是寥寥无几，远逊于教会。资料表明，只有无锡竟志女学等少数学校办过短期保姆培训班。由于民国后期政府禁止私人办理师范教育，私立幼儿教师培训机构更是生存困难。值得注意的是，在办学环境如此不利的情况下，他们却如浩瀚大海中闪亮的灯塔，耀眼而指示着方向。1920 年创办的宁波幼稚师范学校，张雪门任首任校长。1927 年陈嘉庚在厦门创办的集美幼稚师范学校，学校的开办费和日常费用，均由陈嘉庚独立担负，集美幼师探索了幼儿教师教育规律和中国化的幼稚教育机构举办模式，缓解了幼儿教师和幼稚园短缺，培养了闽南幼儿教育人才，凸显了地方性、时代性的特点。1931 年北平幼稚师范学校的创设，熊希龄任香山慈幼院院长，张雪门担任幼稚师范组主任，实际全面负责该校的校务，香山慈幼院学生完全免交学费，由慈

　　① 张沪. 张宗麟幼儿教育论集[M]. 长沙：湖南教育出版社，1985：8.
　　② 中国学前教育史编写组. 中国学前教育史资料选（全一册）[G]. 北京：人民教育出版社，1989：320.
　　③ 中国学前教育史编写组. 中国学前教育史资料选（全一册）[G]. 北京：人民教育出版社，1989：320.
　　④ 张沪. 张宗麟幼儿教育论集[M]. 长沙：湖南教育出版社，1985：8.

幼院供给。由此可见，在幼儿教师教育领域，形成了公私立并行发展态势。但是，由于当时整体幼儿教师教育规模小、政府和社会重视程度低等原因，公私立体制问题表现并不充分。

1922年"新学制"颁布以后，幼稚园写入学制，幼稚师范被定为"专科师范之一"，"然而幼稚园之课程未定，幼稚师范之章程无有也"。① 可见，不仅幼儿教师教育的体制和学制需要实验，其教育宗旨、办学层次、招生起点、教育内容和方法等同样属于空白，该如何办理，也需要实验。

1922年"新学制"的颁布解决了幼儿教师教育的依附问题，使得单设"幼稚师范学校"的合法性增强。但是《壬戌学制》中的中等师范独立地位受到削弱，各地将师范改为综合中学，女子师范则改为女子综合中学，而幼稚师范科又附设在女子综合中学内，这使得女子师范在改制过程中"丢弃了幼教师资培训的功能"②，对幼儿教师教育发展产生了不利影响。所以，陶行知在《新学制与师范教育》一文中，重申了"幼稚师范学校可独立设置，或附设在其他师范学校内"③的原则，目的就是要保全幼儿教师培养体制。1928年，在第一次全国教育会议上陶行知提出《各省开办幼稚师范案》，他认为"近年来幼稚园数日增，将来必极发达，政府必须有相当机关培植师资"。他建议在"财力较裕之省，如江苏、浙江等省，可以独立创办"；"财力较难之省，可以附设在女子中学师范部内。"④并呼吁从1928年开始实行。陈鹤琴也在此次会议上提出了《各省师范学校急须设幼稚师范科案》，他主张开设幼稚师范学校，或在各省之师范学校内"添设幼稚科以培养专门人才，供给良好师资"⑤。张宗麟在1926年时就曾谈到幼儿教师教育行政问题，他主张政府应立即停办教会幼儿教师教育，各省宜从速筹办幼稚

---

①　张沪. 张宗麟幼儿教育论集[M]. 长沙：湖南教育出版社，1985：8-9.

②　喻本伐. 中国幼儿教育史[M]. 郑州：大象出版社，2000：237.

③　方明. 陶行知全集(第1卷)[M]. 成都：四川教育出版社，2005：382.

④　方明. 陶行知全集(第2卷)[M]. 成都：四川教育出版社，2005：322.

⑤　中国学前教育史编写组. 中国学前教育史资料选(全一册)[G]. 北京：人民教育出版社，1989：256.

师范，若经费困难也可以附设于师范学校，以此来培植幼稚园和低年级之教师。[1] 同时他指出，为弥补教师培养之不足，提高教师入职后的职业能力和素养，不仅可以在地方上举行暑期讲习所，以及不定期演讲会，以此增进幼儿教师的学识。地方上还可以设有专款补助教师，以保证教师稳定踏实地为幼儿教育事业服务。此后，尽管幼稚师范科与日俱增，却依然没有公立单设的幼稚师范学校。

　　1933 年教育部公布的《师范学校规程》(1935 年修正)规定"师范学校得附设特别师范科及幼稚师范科……幼稚师范科修业年限为三年"[2]，同时，还规定了幼稚师范生的入学资格以及毕业服务等细则。《师范学校规程》的颁布与落实，使幼儿教师培养得以规范，并在幼儿教师培养道路上跨上了一个新的台阶。与此同时，独立的幼稚师范学校开始成立，如 1927 年成立的集美幼稚师范学校、1930 年成立的北平幼稚师范学校、1940 年成立的江西省立实验幼稚师范学校等，为专门的幼儿教师培养开辟了新的路径。中国近代幼稚教育逐渐得到重视，尤其是江西省立实验幼稚师范的创办，为公立的幼儿教师教育的独立发展提供了一个新的样板。

　　虽然陶行知、陈鹤琴等先贤先哲积极争取将幼儿教师教育写入学制体系，作为女子综合中学的一个系科，也呼吁各省独立创办幼稚师范，而且各地也在新学制下扩大了幼儿教师教育的培养规模，但是，幼儿教师教育培养并没有想象中那么理想。究其缘由，一方面，新学制只是提出了幼儿教师教育的一个政策框架，对于如何办理这一问题很长一段时间没有出台章程和实施细则，致使地方政府和全社会在如何落实上一片茫然，无所适从。这一状况对于新学制框架下的幼儿教师教育实验提出了客观要求，政府、教育领域乃至全社会迫切需要对于幼儿教师教育进行指导，使之有所遵从。另一方面，幼儿教师教育渠道增多和规模扩大，相对于幼儿教育快速发展的态势，依然是杯水车薪。陶行知等深知正规的幼儿教师教育机构

---

① 　张沪. 张宗麟幼儿教育论集[C]. 长沙：湖南教育出版社，1985：54.
② 　中国学前教育史编写组. 中国学前教育史资料选(全一册)[G]. 北京：人民教育出版社，1989：245.

数量很少，培养能力有限，其毕业生到乡村和工厂幼稚园服务可能性很小。对于普及平民幼儿教育事业来讲，有限的师资，难以完成该项大业，所以需要另辟蹊径。因此，"两条腿走路"乃明智之举。除了正规的幼稚师范或者综合中学、女子师范设立的幼儿教师教育机构之外，创办适合平民幼儿教育或者乡村建设的幼儿教育之幼儿教师教育机构非常重要。于是，正规的幼稚师范教育机构和乡村幼儿教师教育机构"双轨制"设计出现，而每一"轨"又都有不同的表现形式。前者有独立幼稚师范和附属幼儿教师教育机构之分；后者也有一定学制下的乡村幼稚师范与乡村建设下的具有平民教育属性的短期培训之别。但是，无论是哪种形式，在幼儿教师教育实验视野之中，都需要实验才能找到新路。这正是幼儿教师教育实验展开的两大问题理路，是幼儿教师教育实验开展的问题起点。

三、实验问题确立：幼儿教师教育体制与学制实验的内容

创办适合国情的幼儿教师教育体系，以满足幼儿教育平民化发展需求，满足有一定质量、相对科学规范的幼儿教育师资建设，是陶行知、陈鹤琴等对民国幼儿教师教育的希望，也是解决清末民初幼儿教师教育外国化、贵族化问题的关键。因此，体制创新和学制规范是幼儿教师教育实验的首要问题选择。这两者直接关乎幼儿教师教育的规模扩大与国情适应下的质量提高。

陶行知等民国专家学者们对于平民生存状况及其幼儿教育需求有着深刻的体认。例如，1926年，陶行知在《新教育评论》发表《创设乡村幼稚园宣言书》一文，提出建设"省钱自廉"的幼稚园，"教师取之乡间"，与村民生活气味相投，两个因素都推动幼稚园向"平民方面行走"[1]，建立平民化的应济平民的幼儿教育制度。陶行知描述了乡村生活对幼儿教育的需求，农村是季节性忙乱，不仅仅是儿童的父母忙，就连其哥哥姐姐都在忙着农活或者帮着大人忙，孩子好似一个"大累"[2]。

---

[1]　方明. 陶行知全集(第1卷)[M]. 长沙：湖南教育出版社，1984：72.

[2]　方明. 陶行知全集(第1卷)[M]. 成都：四川教育出版社，2005：72.

通过建立乡村幼稚园来照料儿童，不仅可以替家长分忧，也可以让儿童受到适当的教育，使其"快快乐乐地玩耍"，是给农民的一种便利。同样，陶行知对于工厂的女工子女对幼稚园的需求，也给予了充分的同情。孩子让女工处于两难境地，"妇女上工厂做工，小孩子留在家里，无人照应，最感痛苦"①。若带在身边，又会担心工厂的环境对儿童发育不利。所以，在"女工区域"建立幼稚园利于女工，利于工厂，利于儿童。况且，"凡人生所需之重要习惯、倾向、态度，多半可以在六岁以前培养成功"②。六岁以前是人格陶冶最重要的时期。这说明陶行知认为发展平民幼儿教育事业迫在眉睫，所以要治愈当时幼稚园所害的外国病、花钱病、富贵病，而代之以建设中国的、省钱的及平民的幼稚园。幼稚园下乡进厂，向工农需求延伸，是幼稚园事业的"新大陆"③。陈鹤琴对于幼稚教育与儿童、家庭、社会、国家的重要性也有着深刻的认识。他在1926年安徽省教育厅举办的暑期学校上，讲授了幼稚教育对于儿童发展的重要性，认为幼稚教育"是一切教育的基础"。并且，其他级别类别的教育"没有比幼稚教育更与家庭有密切的关系了"。良好的幼稚教育，能够让家长节省时间、节省精力、补充家庭教育之不足。而对于国家，幼稚教育则可以尽早为儿童"砌成一个稳固的公民基础"，使之做一个具有合作、同情和服务精神的人，做一个身心健康、讲求卫生、平易乐观的人。④ 但是如何办好下乡进厂的幼稚园，办好平民的省钱的幼稚园，却是要进行实验的，要把健康的幼稚园办好，要找到办好平民教育的幼儿教育之路，这是陶行知们所要解决的幼儿教育问题，其中要实验的重点问题是两个：一是要"打破外国偶像"，以家园所出的材料为中心，但是并不排斥"普遍性的、永久性的"外国材料；二是要就地取材训练本乡师资教导本乡儿童，选取各村"天资聪

① 方明. 陶行知全集(第1卷)[M]. 成都：四川教育出版社，2005：93.
② 方明. 陶行知全集(第1卷)[M]. 长沙：湖南教育出版社，1984：70.
③ 方明. 陶行知全集(第1卷)[M]. 成都：四川教育出版社，2005：93.
④ 陈秀云，陈一飞. 陈鹤琴全集(第二卷)[M]. 南京：江苏教育出版社，1991：12-18.

敏、同情富厚之妇女"①，经过训练，担任乡村幼稚园教师，从而解决乡村幼儿教师规模的巨大缺口。唯有改变幼儿教师教育体制，方能解决这一问题。陈鹤琴也指出"儿童、教材和教师是教育上的三大要素"，儿童是主体，教师要依据儿童个性，"用适宜的方法，把教材介绍给儿童"②。由此道出了幼儿教师教育的重要性。由此出发，民国专家学者们开启了他们对于幼儿教师教育体制实验的探索之路。

除了办学体制问题之外，幼儿教师教育的学制同样是清末民初的学制方案中所没有明确规定的，而且这是一个幼儿教师教育的基本问题。例如，幼儿教师招生规格与修业年限，清末民初都没有做到统一。1904年《奏定蒙养院章程及家庭教育法章程》中第七节提出，各省贫家妇人，愿为乳媪以资糊口者甚多，"此事学成不过一年，领有凭单，展转传授，雇值必可加丰，实为补益贫民生计之一大端……"③由此可见，从招生方面来看，没有相关的入学考试，对于保姆的培养程度没有统一规定。1907年《奏定女子师范学堂章程》颁布，其对包括幼儿师范教育在内的整个女子师范教育招生资格做了一些规定，入选女子师范生不仅要身家清白、品性端淑、身体健全，而且要毕业于女子高等小学堂第四年级、十五岁以上者为合格。如果不满十五岁，十三岁也可入学，须先入预备科补习一年，再升入女子师范科。④ 幼儿教师教育学制的模糊性可见一斑，这一方面是由幼儿教育和幼儿教师教育在中国属于初创阶段造成的；另一方面也是政府社会的重视程度使然。

从入学资格上，幼儿教师职业的对象是年幼的儿童，其普通知识技能的修养要足够，志趣方面还要坚韧耐劳，所以"最低限度应收初中毕业生，

① 方明. 陶行知全集(第1卷)[M]. 成都：四川教育出版社，2005：71.

② 陈秀云，陈一飞. 陈鹤琴全集(第二卷)[M]. 南京：江苏教育出版社，1991：16.

③ 中国学前教育史编写组. 中国学前教育史资料选(全一册)[G]. 北京：人民教育出版社，1989：95.

④ 中国学前教育史编写组. 中国学前教育史资料选(全一册)[G]. 北京：人民教育出版社，1989：100.

倘若再提高，招收高中毕业生，那是更好了"①。例如，北京女高师附设保姆班，投考生以师范或中学毕业生为合格。教会所办杭州弘道、苏州景海招收初中毕业生。南京一女师则收旧制高小毕业生。张宗麟指出，从前各女师附设保姆班之学生，竟有小学肄业生。入学资格的高下，虽然不能判断将来学业的优劣，但是各种求学工具还未完全的学生，恐怕读了几年幼稚师范，希望她独立研究教育，也着实不容易的。② 从修业年限上，我国普通师范科修业期为三年。而幼稚师范专科，由于社会上对幼稚教育重视程度还不高，以及毕业后的报酬低等问题，因此，专科幼师"则视责任之轻重而定增加年期之久暂"。对于增加年期一层，似乎暂时谈不到，所以幼稚师范专科的修业年限"就以三年为准则"③。

与中国的、科学的、平民的幼儿教师教育学制地位相配套的具体的教育管理、教育内容、教育方法是什么，是继续移植还是创新自立，幼儿教育领域的专家学者选择了后者，要对其进行实验探索，以弥补中国化、规范化、专业化及科学化的幼儿教师教育学制之空白。而实际上幼儿教师教育学制问题也包括两个大类，一类是新学制体系下幼儿教师教育学制创立；另一类是平民教育概念下的乡村幼儿教师教育学制。

综上所述，中国近代的幼儿教师教育领域的专家学者，对于幼儿教师教育的体制和学制，进行了深刻反思与认真考察，对于幼儿教师教育存在的外国化、贵族化及其非专业化进行了尖锐的批判，发现创新体制和规范学制对于建立中国化、平民化、科学化的现代幼儿教师教育体系至关重要。于是，幼儿教师教育的体制和学制实验就此展开了。

第二节　中国近代幼儿教师教育体制实验

平民教育的普及是乡村建设主要的可行性途径之一，是其他建设途径

---

① 张沪. 张宗麟幼儿教育论集[M]. 长沙：湖南教育出版社，1985：763.
② 张沪. 张宗麟幼儿教育论集[M]. 长沙：湖南教育出版社，1985：755.
③ 张沪. 张宗麟幼儿教育论集[M]. 长沙：湖南教育出版社，1985：763.

的基础。而平民教育体系中，自然包括妇女儿童，而且妇女儿童教育是解决乡村贫困落后散漫的长效机制。所以无论是陶行知，还是晏阳初、梁漱溟以及黄炎培等，都对平民教育和乡村建设中的妇女儿童教育格外重视，而这其中，乡村儿童教育是幼儿教育的"新大陆"，妇女教育在很大程度上担当了幼儿教师教育职能。

一、"中心幼稚园"体制实验：陶行知乡村幼儿教师教育体制创新

1926 年 12 月，陶行知在《新教育评论》第 3 卷第 1 期发表的题为《中国师范教育建设论》一文中明确指出，"师范学校的出发点就是他所要传布的中心学校"①。创新中心幼稚园体制，培养幼儿教育师资，这是陶行知在深入考察中国乡村实际情况的基础上提出的旨在促进乡村幼儿教师教育的实验构想。乡村幼儿教师教育实验是以乡村"中心幼稚园"为依托，培养活的适合乡村实际的幼儿教师。这一体制是乡村中心小学师范教育体制的延伸和重要组成部分。陈鹤琴和陶行知有一个共同的主张，就是幼稚师范要以"幼稚园作为试验基地，这样才能学好幼稚师范"②。

幼稚园教育在乡村建设中的地位十分重要，不仅仅关乎儿童的快乐与成长，而且关乎成人的解放。陶行知充分认识到了这一点，在晓庄师范办学中，用"中心幼稚园"体制创造性解决了乡村幼稚园举办难和师资聘任难问题，解决了乡村儿童入园贵、入园难、入园远等问题，并将这一实验做到了可复制程度，越来越多的幼稚园举办，越来越多的乡村幼儿教师得到培养。正如他在 1926 年 12 月给时任江苏省省长陈陶遗的信中所阐述的：乡村幼稚园试办成功之后，再进而谋师资之训练，"招收村中资质聪明、同情心富厚之妇女"，进行幼儿教师教育培训，教之从业，可为"乡村妇女辟一职业之新途径矣"。③ 这样，就能纠正当时幼稚教育存在的三大弊端：

① 方明. 陶行知全集(第 1 卷)[M]. 成都：四川教育出版社，2005：77.
② 陈秀云. 我所知道的陈鹤琴[M]. 北京：金城出版社，2012：46.
③ 方明. 陶行知全集(第 8 卷)[M]. 成都：四川教育出版社，2005：170.

外国化、富贵病和贵族化，创造"适合国情、节省费用、裨益平民之幼稚园"①。陶行知请求陈陶遗为一新建乡村中心幼稚园拨款七百元，一起为全国儿童幸福及乡村生活"开一新纪元"②。他凭着自己对幼儿教育和幼儿教师教育事业的热爱，筚路蓝缕，不畏艰难，最终实验探索出幼儿教师教育与幼稚园举办的良性循环之路，为乡村幼儿教师教育开辟了新体制。

　　陶行知批评前清师范教育办理失策，"师范学校与附属学校隔阂"，"附属学校与实际生活隔阂"。所以这样，是由于我们的师范教育"或是从主观的头脑里空想出来的，或是间接从外国运输进来的"，而并不是从自己的亲身经验里长上来的。传统师范教育必须进行"根本改造"，否则"直接可以造成不死不活的教师，间接可以造成不死不活的国民"。要实现民族再造，就要有"有活力的国民"做支撑，而这样的国民是要靠"有活力的教师"来培养的。然而，这样的教师队伍又何从而来？就要诉诸"有活力的师范学校"。因此，要完成承载着国家命运的师范学校之改造，是"中国今日教育最急切的问题"。完成新旧师范教育的转型，是"绝不容我们轻松放过的"③。正是在这样的认识和背景下，陶行知才提出"中心学校制"这一师范教育改造构想，以解决旧师范教育存在的种种弊端，尤其是师范学校与附属学校以及附属学校与实际相脱节的问题，从中心学校出发，改造师范教育。对于幼儿教师教育来讲，就是从中心幼稚园出发，进行幼稚师范的建设与改造。以培养适合乡村建设的平民化的幼儿教师。陶行知受陈鹤琴指导的幼稚园实验的影响，在 1924 年出席"万国教育会议"时提交的报告里曾指出，要使得"幼稚园不仅成为幼童教育的中心，而且成为培训的中心"④。这一主张得到了中华教育改进社的通力合作，被列入最经济实惠的幼教实验。

　　陶行知在《试验乡村师范学校答客问》一文中指出，"师范学校的使命就是要传布中心学校的精神、方法和因地制宜的本领"⑤。与普通师范学校

　　①　方明. 陶行知全集(第 8 卷)[M]. 成都：四川教育出版社，2005：214.
　　②　方明. 陶行知全集(第 8 卷)[M]. 成都：四川教育出版社，2005：170.
　　③　方明. 陶行知全集(第 1 卷)[M]. 成都：四川教育出版社，2005：81-82.
　　④　方明. 陶行知全集(第 6 卷)[M]. 成都：四川教育出版社，2005：198.
　　⑤　方明. 陶行知全集(第 1 卷)[M]. 成都：四川教育出版社，2005：88.

将附属小学作为附属品的观念不同，试验乡村师范要以中心小学为中心，中心小学是师范的主脑，不是师范学校的附属品。中心小学是师范学校的母亲，不是师范学校的儿子。中心小学是太阳，师范学校是行星。同理，在陶行知看来，训练幼儿教育师资应跟中心小学一样，要有中心幼稚园。《试验乡村师范学校幼稚师范院简章》中第一条："本院宗旨，在根据中心学校办法，造就乡村幼稚园及幼稚师范学校教师，俾能与乡村儿童妇女共甘苦，以谋乡村儿童妇女幸福之进。"①陶行知指出，办乡村幼稚园的目的就是研究实验如何办好乡村幼稚园的具体方法，同时也作为幼稚师范院学生实习的地方。②

（一）"中心幼稚园"体制实验的主要理论依据

"生活教育"思想贯穿于陶行知"中心幼稚园"体制实验的始终。中心幼稚园的一切活动都围绕着"生活教育"展开。陶行知深受杜威实用主义的影响。杜威提出"从做中学""一切学习来自经验""教学应从学术的经验和活动出发"③，经验的获得是和生活实践分不开的，因而"教育就是现实所面临的生活过程本身，而不是将来生活的预备"④。幼儿是通过生活过程中的直接经验和行动来学习的，他认为直接经验是学生获取知识的主要来源。师范学校培养的学生是去当教师，是去办学校，师范学校就应当以学校为中心。我们主张培养小学教师要在小学里做，小学里学，小学里教。正如陶行知在1927年给当时任无锡开原小学校长潘一尘的信中所写到的："试验乡村师范之主旨，系就小学办师范。故优良小学所在之处，即优良师范所在之处。"⑤陶行知指出："改革乡村教育，专靠观摩，收效甚迟。必须

---

① 方明. 陶行知全集（第 2 卷）［M］. 成都：四川教育出版社，2005：324.

② 南京晓庄师范陶行知研究室.《陶行知先生与晓庄师范》1980 年 1 月，第 26 页。

③ 杜威. 杜威教育论著选［G］. 上海师范大学，杭州大学教育系，1977：12-13.

④ 杜威教育论著选［M］. 赵祥麟、王承绪，编译. 上海：华东师范大学出版社，1981：4.

⑤ 方明. 陶行知全集（第 8 卷）［M］. 成都：四川教育出版社，2005：172.

优良小学皆起而量力训练师资，则优良小学之种子可以布满大地矣。"①陶行知同时指出，培养幼稚园教师的幼稚园和培养中学教师的中学，都是中心学校而不是附属学校。教学做合一的中心学校就是要把"理论与实习合为一炉而冶之"②。陶行知力主"学"和"做"要连起来，"我们要应用学理来指导生活，同时再以生活印证学理"③。陶行知针对旧师范教育"将学理与实习分为二事"的弊病，如把一件事分作两截，好比早上烧饭，晚上请客。除非让客人吃冷饭，便须把饭再重新烧过。他指出师范学校不能把学生关在学校里培养，单纯学习理论知识，不培养实际工作能力是出书呆子的原因。师范学校的各门功课都有专业的中心目的，大部分都应当与中心学校联串起来。例如教育学、心理学等功课应当与实地教学融为一体。师范学校之使命，是要"运用中心学校之精神及方法去培养师资"④。这样培养出来的师范生就具有实际工作的能力，就能按照他所学得的办好中心学校的办法去办新的学校。

陶行知师范教育改造的主体思路就是中心校制，这一办学体制的变革，不仅颠覆了旧师范学校的封闭办学、脱离实际模式，而且扩大了新型师范学校办学边界与规模。使得乡村教育的师资来源扩大了，也使得师范生毕业后的社会适应性增强了，无疑，培养效率提高了。小学教师培养是这样，中学教师培养也是这样。同理，幼稚园教师培养也应该是这样。因此，晓庄师范幼稚师范院不仅成功地实验了这样的办学模式，而且通过其校友和弟子带动了全国多地开展了类似的实验。

（二）围绕"中心幼稚园"培养乡村幼儿教师的主要实验目的

基于师范教育存在的问题，陶行知提出了"中心学校"或者"中心幼稚

---

① 方明. 陶行知全集(第8卷)[M]. 成都：四川教育出版社，2005：172.
② 出自《教学做合一》第105页。本篇系陶行知1927年11月2日在晓庄学校寅会上的演讲词。原载于1928年1月15日《乡教丛讯》第2卷第1期。
③ 周洪宇. 陶行知研究在海外[M]. 北京：人民教育出版社，2017：466.
④ 辛元，谢放. 陶行知与晓庄师范[M]. 南京：江苏教育出版社，1986：29.

园"体制下的乡村幼儿教师教育历程：幼年人的生活为中心学校或者中心幼稚园的出发点，而中心学校、中心幼稚园为师范学校的出发点。由此，幼年人的生活成为乡村幼儿教师教育的中心。围绕着幼年人在生长历程中有什么能力，有什么需要，也即有了中心学校或者中心幼稚园，在此基础上再办幼儿教师教育机构。陶行知认为，倘以优良幼稚园为中心，每所每年训练两三位徒弟，那么，"多办一所幼稚园，即是多加一所训练师资的地方，这是再好不过的办法"①。我们这里所建议的实验步骤是一气呵成的：自然社会里的生活，产生活的中心学校或者中心幼稚园，活的中心学校或者中心幼稚园产生活的幼儿教师教育机构，活的幼儿教师教育机构产生活的教师、活的教师产生有生活力的国民。② 举办这样的师范学校就是要将学生的生活力培植作为重点，造就有生活力的学生，促进师范生的生活力更加润泽、丰富、强健，更能抵御和战胜病痛、困难，解决实际问题，不僵化，不刻板，担当创业和教育责任。旺盛积极的生活力能够助力师范生单独或共同去征服自然，适应和改造环境，传承弘扬在中心学校学到的教师精神，到别的环境里去办一个具有一贯性的学校或者幼稚园，进而改造教育、改造社会。这个建设历程，从头到尾都是息息相通的，倘使发现不衔接、不联络、不适应的地方，到处可以互相参考纠正，随时改进。"师范学校既以中心学校为中心，就得跟着中心学校跑。凡有好的中心学校的地方，都可以办个师范；凡是没有好的中心学校的地方，都可以取消师范的招牌。否则就应当从根本上改造中心学校和各方面的关系，使他名实相符。"③所以，中心学校或者中心幼稚园随着自然社会生活持续不断改进，师范学校或者幼儿教师教育机构随着中心学校或者中心幼稚园持续不断改进，更多的地方学校或者幼稚园随着师范学校持续不断地改进，自然、社会生活又随着地方学校持续不断地改进。④ 师范学校的使命，是

---

① 方明. 陶行知全集(第 1 卷)[M]. 长沙：湖南教育出版社，1985：117.

② 方明. 陶行知全集(第 1 卷)[M]. 成都：四川教育出版社，2005：79.

③ 方明. 陶行知全集(第 1 卷)[M]. 成都：四川教育出版社，2005：80.

④ 方明. 陶行知全集(第 1 卷)[M]. 成都：四川教育出版社，2005：79.

要运用中心学校或者中心幼稚园之精神及方法去培养师资。计划到1929年，晓庄师范的中心幼稚园达10所。这些中心幼稚园与晓庄师范是个有机整体，中心幼稚园是晓庄幼稚师范院的中心而不是其附属品。实习幼稚园的名字相比附属幼稚园好得多，但是这个名字包含了"思想与实习分家"的意味，也不是最好的。

师范学校的各门功课都有专业的中心目的。例如教育学、心理学等功课若只是附加的性质，不与实际的"做"相结合，就很难发生效力。要使得这些课程与实地教学融为一体，应当更多地采取理科实验指南的体裁以谋教学做三者之合一。在实际指导中要同时顾到师范生本身之能力与需要，陶行知也细致地考虑到师范生将来出去办学的环境与中心学校的环境必定不能一模一样，所以还得同时给师范生一种"因地制宜的本领"。师范生获得了"中心学校的有效办法和因地制宜的本领"①，他就可以到任何环境里去办好一所学校了。当然，陶行知在这里说的"任何环境"主要是指乡村建设或者平民幼儿教育环境，是在其实验目的下所说的。而当时这样的环境具有普遍性，是幼儿教师教育所面临的主体性环境。

（三）"中心幼稚园"体制实验的内容与过程

1927年秋，晓庄师范学校幼稚师范院创办，创新了旨在培养乡村幼儿教师的教育体制，其指导思想是以"中心幼稚园"为依托来培养幼稚教师。这在其办学和培养人才的目标中得到了充分反映，要培养乡村幼儿教师具备看护的身手、科学的头脑、儿童的伴侣、乡村妇女运动之导师四种能力。在《试验乡村师范学校幼稚师范院简章》第三条中描述了其培养策略："本院教育以中心学校生活为训练中心。本院中心学校分三种：一为乡村蒙养园；二为乡村幼稚园；三为乡村小学幼稚园。于两年内次第设立，以为训练之根据。"②围绕中心幼稚园需求开设幼稚师范课程。实施乡村幼儿

---

① 方明. 陶行知全集（第1卷）[M]. 成都：四川教育出版社，2005：78.
② 方明. 陶行知全集（第2卷）[M]. 成都：四川教育出版社，2005：324.

教师教育体制实验的幼稚园包括 1928 年创办的燕子矶幼稚园，此后，又陆续创办了晓庄中心幼稚园、尧化门幼稚园、万寿庵中心幼稚园以及和平门幼稚园等。

1. "中心幼稚园"是幼稚师范院的中心

学校是与自然和社会生活相联的，陶行知认为只有中心学校办好之后，才能去办师范学校。① 师范学校的使命就是运用中心学校之精神与方法培养师资。师范学校与中心学校是有机统一体。学校对于学生培植的是生活力，学校的使命就是给学生一种生活力去征服自然、改造社会。

陶行知用下图对于师范教育的建设历程进行了描述。②

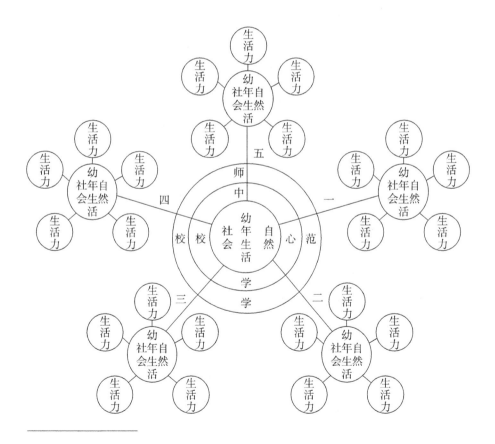

①　方明. 陶行知全集(第 1 卷)[M]. 成都：四川教育出版社，2005：78.

②　方明. 陶行知全集(第 1 卷)[M]. 成都：四川教育出版社，2005：80.

这幅图直观地诠释了晓庄师范中心幼稚园体制实验的内容体系。师范学校以中心学校为中心，有幼稚园为"中心学校"，就可以办幼稚师范。自然、社会里的幼年生活是中心幼稚园之中心，中心幼稚园是幼稚师范学校之中心。生活力代表师范毕业生所办学校对乡村幼儿的培养。一、二、三、四、五是幼稚师范毕业生办的幼稚园。中心幼稚园的成立兼顾两种方式：一是另起炉灶来创设；二是找虚心研究、热心任事、成绩昭著并富有普遍性之学校特约改造，立为中心幼稚园。无论是新设还是改造，都要根据实际情况选择进行。

2. "中心幼稚园"教学做合一

陶行知在规划晓庄师范时就规定了第一门重要课程为"中心幼稚园活动教学做"，内容有儿童文学、园艺、自然科学、美术、音乐、家庭教学等科目。同时，还规定了中心幼稚园的分任院务、医药卫生、乡村妇女运动教学做等作为幼稚园的"行政教学做"活动。[1] 陶行知还借鉴在美国留学时葛雷学校的二部轮换制，在晓庄师范创造了被称作"出发前方"的幼儿教师培养模式。这里的"出发前方"就是中心幼稚园。"中心"的用意在于"为幼稚教育而办幼稚园的师范"，不是为幼稚师范而设幼稚园，特别标出"中心"字样，是标明培养方向的转向，培养重心的转移，而以"中心幼稚园"取代了"附属幼稚园"等字样。[2] 这是晓庄的幼儿教师教育体制创造和转型的关键所在，是晓庄适应当时乡村幼儿教育实际以及幼儿教师教育实际而改造培养模式和培养方案的关键。

中心幼稚园活动教学做的具体流程是：幼稚师范生轮流到中心幼稚园去担任教师，起初时间为两周，后来逐渐延长至三个月一期。在具体的教学实践活动中学习有关专业知识，学习教学的基本技能，"前方"的学生要在指导员的指导下，学习如何组织教学做活动、如何建立学校(幼稚园)、怎样管理等。与此同时，学校后方的师生每周都要到前方中心幼稚园举行

① 方明. 陶行知全集(第2卷)[M]. 成都：四川教育出版社，2005：324-325.
② 方明. 陶行知全集(第2卷)[M]. 成都：四川教育出版社，2005：605.

一次"教学做讨论会"。前方人员在讨论会上汇报一周内的所有活动情况，后方人员听取汇报并检查各项工作的开展情况，然后交换意见与交流经验，以提高办园水平，以便派出去创办新的乡村幼稚园。每一组师范生在"前方"的活动进展都要事先拟定详细的计划，事后要写出总结报告，每一组师范生都要在前一组师范生的基础上有所创新、有所提高。"后方"的一切活动都是为保证"前方"打胜仗服务的。期间所有的活动都按照"生活教育"的原则进行。

晓庄师范学校幼稚师范院就是按照中心幼稚园实验来制定和安排一天的活动的。上午的八点到十点，按照"前方"各幼稚园的需要，"后方"的师生分成社会组、儿童文学组、图画组、音乐组、体育游戏组等，分别进行研究探讨，编出有关教材，制定"教学做"计划，供"前方"同志使用。在研究时，除本校导师指导外，还常约请校外专家、学者、教授来校指导，师范生也充分发挥了独立思考钻研的精神。十点到十二点，全校的一处（校长处），一局（晓庄教育局），五部（幼稚园指导部、小学指导部、行政部、生活部、社会改造部），由各部门指导员负责，组织师范生轮流参加各部的日常工作，这门课程被称为"分任院务教学做。"下午一点到三点，师范生进行专题讨论研究，或请人作报告，或进行音乐、手工、美术或采集标本等活动。① 这样一个流程设计，真正体现了教学做合一，体现了生活即教育思想。乡村中心幼稚园切实成为了乡村幼儿教师教育机构的中心和重心，不再是处于附属和儿子的地位。对于幼儿来说，生活本身就是教育。"儿童变成了太阳，而教育的一切措施则围绕着他转。"② 对于师范学校培养的师范生来说，中心幼稚园就是太阳，师范学校就是行星。

晓庄中心小学的实验为中心幼稚园提供了良好的实验模型，在晓庄师范创造了被称作"出发前方"的幼儿教师培养模式。这里的"出发前方"就是中心幼稚园。晓庄中心幼稚园的开办，就是这样将"前方"和"后方"完美结

---

① 辛元，谢放. 陶行知与晓庄师范［M］. 南京：江苏教育出版社，1986：62.

② 赵祥麟，王承绪. 杜威教育论著选［M］. 上海：华东师范大学出版社，1981：31-32.

合来展开活动的。① 同中心小学开办经验相似，乡村中心幼稚园的开办，就是将幼师生分成不同组别，按照中心幼稚园的规定，轮次完成中心幼稚园建设计划，做到在"劳力上劳心"。幼师生把儿童带到户外观察和体验，进行"教学做"，让儿童学到活的知识，并强调学校与家庭和社会"沟通"，通过家访、召开家长会、乡村调查、游艺会的形式，随时把碰到的问题带回晓庄师范进行讨论。

1928 年 5 月创办的燕子矶幼稚园是当时中国第一个乡村幼稚园，此后又创办了晓庄中心幼稚园、尧化门幼稚园、万寿庵中心幼稚园以及和平门幼稚园。② 并打算到 1929 年秋，兴办 10 所中心幼稚园。③ 晓庄本校成立了"幼稚园指导部"，其任务是组织师范生到幼稚园进行"教学做"。组织指导员研究讨论幼稚园计划并考核学生在幼稚园的工作等。

中心幼稚园教学做首先体现在课程上，其所开设的课程都是晓庄师范学校幼稚师范院所需要学习的课程，幼稚园有什么活动，就需要在幼稚师范院开设什么活动，这些活动都是以教学做的形式进行的。围绕中心幼稚园的需求以及教学做的理论原则所开设的课程有：中心蒙养园活动、中心幼稚园活动、中心小学幼稚园活动、儿童文学、园艺、自然科学、美术、音乐、家庭、医药卫生、乡村妇女运动等学科，各个学科都是围绕着中心幼稚园以及教学做展开的。④ 这充分说明中心幼稚园所开设的课程与幼稚师范院培养幼稚教师所要求的课程是统一的。

1928 年梁漱溟访问了晓庄试验乡村师范学校，陶行知的办学思想是唯一得到梁漱溟的绝对称赞和认可的乡村教育改革方案。他在"参观南京晓庄学校所见"中明确指出晓庄学校的功课既是他们的生活，又是他们学校的全部教学做。例如，把师范生分一部分去做中学幼稚园(前方)的教师，留一部分在幼稚师范院(后方)工作。前方和后方互相沟通交流，并且后方

---

① 辛元，谢放. 陶行知与晓庄师范[M]. 南京：江苏教育出版社，1986：31.
② 方明. 陶行知全集(第 2 卷)[M]. 成都：四川教育出版社，2005：361.
③ 方明. 陶行知全集(第 2 卷)[M]. 成都：四川教育出版社，2005：311.
④ 方明. 陶行知全集(第 2 卷)[M]. 成都：四川教育出版社，2005：324.

每日派出一位先生(指导员)去指导前方,解决前方的问题。关于前方幼稚园的课程,如儿童文学、园艺、自然、科学、美术、音乐、家庭、医药卫生也是后方供给。中心学校活动教学做课程,居全部时值50%。[①]前方派去的学生还有一个工作,就是觅校址、招学生、安排布置各项活动,遇到各种问题,后方都会给予解决,后方也能及时得到前方一线教学实际情况的反馈。

3. "中心幼稚园"合为"蟠桃学园",专门研究乡村幼稚教育

陶行知在以中心学校培养幼儿教育师资的同时,特别强调中心幼稚园不同于中心小学,幼稚师范院有着区别于小学师范院的特殊性。1928年晓庄的组织机构经历了一次调整:将小学师范院和幼稚师范院合并,取消原来小学师范院和幼稚师范院,成立师范部,小学与幼稚园并立其中。其理由有二:一是小学教育的训练和幼稚教育的训练,没有显著的分别,应该沟通起来。二是两院合而为一,可以避免轻重之偏向,促进小学与幼稚园平均发展。[②]但是,经过一年多的尝试实验,发现合并有悖于幼稚师范教育规律,不符合幼稚师范教师专业发展的实际,幼稚教育不是小学的附属,幼稚园的活动具有跟小学不一样的特殊性。于是,1929年9月孙明勋、戴自庵提出《把各幼稚园集合成一个独立的学院案》之议案,提出要把各幼稚园集合成一个独立的学院,恢复改组前的办学格局。其理由:一方面,幼稚园不是小学的附属品,不应附属于小学;另一方面,幼稚师范院要有负专责的指导员指导,集合独立后研究及试验可以集中。乡村教育先锋团团部会议讨论并通过了这一议案。10月1日陶行知召开指导会议,提议院名为"蟠桃",正式宣告"蟠桃学园"成立。[③]院址设在燕子矶,园长徐世璧,恢复了幼稚师范独立学院的地位。[④]陶行知提议取名"蟠桃"是源于母亲对孙儿的爱。陶行知在1928年自编的关于乡村师范教育的一本文集

---

① 梁漱溟. 梁漱溟全集(第4卷)[M]. 济南:山东人民出版社,2005:847.
② 方明. 陶行知全集(第2卷)[M]. 成都:四川教育出版社,2005:601.
③ 方明. 陶行知全集(第2卷)[M]. 成都:四川教育出版社,2005:376.
④ 辛元,谢放. 陶行知与晓庄师范[M]. 南京:江苏教育出版社,1986:33.

《中国教育改造》的自序中曾写道："当吾母六十寿辰，我立志要将吾母传给我最好的精神在中国教育上充分表现出来，作为我献给她的寿礼。她最喜欢的是她的四个孙儿，她常呼他们为她的蟠桃。"①因此，陶行知便想到最好的寿礼是把母亲爱蟠桃的心推广出去，使全国的蟠桃都得到他们所应得的爱护。这实际上成为"蟠桃学园"定名的最好的注脚。

"蟠桃学园"并非像其他学园一样，是设于同一地点的教育综合体，而是除燕子矶幼稚园独立设置外，各学园中业已设立的幼稚园均保留原来的行政隶属关系。但是，它们的业务关系则由设于燕子矶幼稚园的蟠桃学园统摄。② 蟠桃学园和师范学校本部一样，为其他学园只提供业务指导、后勤保障等服务。幼稚园改学园，有利于进行更深入、更具体的教育实验，使得师范与幼稚园更亲密地合为一体，进一步贯彻了师范以幼稚园为中心的原则。正如陶行知所说："试验自由是各学园的基石。"③每个人按照自己的计划完成实验的目标，充分体现了实验的自主性。

依托中心幼稚园进行幼儿教师教育体制创新，切实增强了培养效率，提升了幼师生对于乡村幼儿教育实际的适应性，为生活教育实施提供了可推广的案例。

二、平民化幼儿教师教育体制实验：乡村建设实验的组成部分

妇女儿童教育是乡村社会建设的基础和未来，因此，平民幼儿教师教育实验是平民教育实验和乡村建设实验的重要组成部分。晏阳初、黄炎培、梁漱溟等在其综合性教育实验中，都对平民幼儿教师教育进行了探索，其重点是解决乡村幼儿教师教育体制问题，也包括适合乡村建设的幼儿教师教育内容和方法问题。由于平民幼儿教师教育实验定位独特，所以

---

① 方明. 陶行知全集(第 1 卷)[M]. 成都：四川教育出版社，2005：3.

② 喻本伐，郑刚. 张宗麟与幼稚教育[M]. 长春：东北师范大学出版社，2020：136.

③ 方明. 陶行知全集(第 2 卷)[M]. 成都：四川教育出版社，2005：455-456.

体制实验更为突出，其他方面没有形成实验规模和内在特征，本书集中提炼和梳理平民教育实验中的幼儿教师教育体制实验。而在这些教育综合实验中，晏阳初在定县开展的平民幼儿教师教育实验更为典型，因此，下文以此为中心进行阐述，其他综合性实验中的相关内容作为补充，梳理平民教育实验和乡村建设实验中的幼儿教师教育体制创新的规律。

1928 年开始，为解决占总人口 90% 的农村之愚穷弱私问题，晏阳初领导的中华平教会在河北定县进行了平民教育实验，实验过程中特别注意到了妇女教育。平教会通过实施妇女教育，一方面提高家庭对儿童教育的质量；另一方面利用妇女教育成果和举办保姆训练班培养乡村幼儿教师，办理乡村幼稚园，提高乡村儿童教育水平，也起到了解放农村劳动力的作用。

（一）保教训练成为妇女平民教育的重要内容

晏阳初把妇女平民教育作为重要的实验内容。一是建立多样的合适的乡村妇女教育学校。从 1928 年开始，晏阳初和平教会在定县建立了妇女平民学校、妇女育才学校、青年实习学校等妇女教育组织。1931 年，平教会内部设青年妇女教育研究委员会，分为妇女职业及家事两组。1932 年在高头村举办主妇会和闺女会实验，在西平朱谷村设实验初级女平民学校，将缝纫育儿诸事项列入课程，以解决妇女因为在家"作活计""看孩子"而入学难问题。1933 年，在东建阳村建实验女校青年部，设"书算、保育、缝纫、纺织、畜牧、园艺六科"[①]。1935 年，全县初级平民学校在校生 21 170 名，女生 7 090 名，占 33%；1936 年在校生 10 891 名，女生 1 847 名，占 17% 左右。由此可见，女子受教育的总数增多。[②] 从妇女平民教育的内容看，第一是识字书算教育，第二是缝纫纺织等家政教育，第三是畜牧园艺等经济技术类教育；第四是保教类课程教育。可见保教内容是妇女平民教育的

---

① 宋恩荣. 晏阳初全集（第 1 卷）[M]. 天津：天津教育出版社，2013：292.
② 宋恩荣. 晏阳初全集（第 1 卷）[M]. 天津：天津教育出版社，2013：354-355.

重要内容，而从生活教育角度，其他教育内容也对妇女履行育儿责任大有裨益。可以说，通过妇女平民教育，提升了一般民众的育儿能力，提高了幼儿教育社会关注度和社会化水平，对乡村幼儿教育和幼儿教师教育是一种有效的补充。二是家庭式妇女平民教育突出良母教育内容。家庭式教育就是联合各个家庭中地位相同的分子施以相当的训练。一方面是要使家庭社会化，另一方面是教育必须以全民为对象，要使家庭中的男女老少都能得到相当的教育。家庭会分家主、主妇、少年、闺女、幼童五种集会。自1932年平教会在定县高头村提倡家庭会组织开始，在不到一年的时间内，该村大多数的家庭都参加了家庭会，"家庭社会化"程度提高很快。主妇会和闺女会是妇女教育的最重要的两类实验，而育儿知识又是这两类形式教育的重要内容，这"两会"给定县平民妇女教育带来明显进步：一方面是"妇女解放的迅速"，另一方面是"养成新习惯的容易"①。这样一种"分类"教育，充分激发了妇女受教育的积极性。比如，对于家庭年长的妇女进行集会式统一教育，有效减少了她们对青年妇女和儿童教育的阻挠或反对。这项研究催生了一种适合中国国情的新"家政学"②，这种新家政学对统一的村学发生影响，促进了妇产保健、儿童保护和生育节制等平民妇女教育知识的普及，降低了儿童教育社会化的难度，促进了家庭社会化和家庭教育化。③

黄炎培的家事学校在培养妇女教育上也有类似的做法。所谓家事，不外乎烹饪、缝纫、家庭整理、儿童保育、工役管理、家计簿记、卫生看护等。黄炎培认为学校内假设的家庭和假设的家事是行不通的。唯有使学生"勿离开他们家庭生活过远，每日宜以一部分时间，使他们在家服务"④。黄炎培认为做事要有做法，同时要做好笔记，报告于家事导师，指导其得

---

① 宋恩荣. 晏阳初全集(第1卷)[M]. 天津：天津教育出版社，2013：614-615.
② 宋恩荣. 晏阳初全集(第1卷)[M]. 天津：天津教育出版社，2013：224.
③ 吴相湘. 晏阳初传[M]. 台北：台湾时报文化出版事业有限公司，1981：234.
④ 田正平、李笑贤. 黄炎培教育论著选[M]. 北京：人民教育出版社，2018：412.

失。在做事前要召集家长会，使家长了解此事的必要性，并尽力协助。经过一步一步的实地练习之后，再集合家长，问其在家服务之进展情况，由易到难，由简到繁。黄炎培指出家事学校除了在家服务之外，还需要拿出一部分时间在家事学校授课，进行系统的理论学习，做到"知与行双方并进"①。试验该方法时，人数不宜过多，等试验有效之后，所有关于家事的条例和程序步入轨道，然后再扩大举办。

在以平民妇女教育提升其良母水平方面，梁漱溟在邹平进行的乡农教育也有着与定县平民教育相类似的做法。邹平的乡农学校相当于江南一带的乡村改进会。北方定县的平民学校，其学生包括男妇老幼，乡农学校的宗旨是"谋个人和社会的向上进步。"②其用意之一是使乡村领袖与民众多有聚合的机会，而不一定是常常见面，有什么困难问题，大家聚合到一起拿出来互相讨论，合力解决。乡农学校就是《乡约》，也即乡村改进会，其办学目的可以用八个字来概括"推动（或推荐）社会，组织乡村"③。其中最重要的两项工作就是乡村农民身体健康和农村社会风俗问题的解决。乡农学校分初高二级，初级招生对象为文盲或半文盲，高级招生对象为曾经进过学校读过几年书，年龄在 18 岁以上的成人。其教员的工作分为三项："提引问题、商讨办法、鼓舞实行"④。授课时间为每晚 7~9 时。教学主要内容为识字或基本的文化知识教育，而以精神陶冶为重点。精神陶冶的课本首选《弟子规》《朱子治家格言》《三字经》等初步教材，再加上《礼记》《小学》等。⑤ 对于妇女，强调要照顾女性的特点，增设育婴和家政课以及卫生、节育等知识。梁漱溟主张在乡校中分设多部多班。如村学应酌设儿童部、少年部、成人部、妇女部，予村众以生活必需之教育，使他们有参观

---

① 田正平，李笑贤. 黄炎培教育论著选［M］. 北京：人民教育出版社，2018：412.

② 梁漱溟. 梁漱溟全集（第 2 卷）［M］. 济南：山东人民出版社，2005：347.

③ 马秋帆. 梁漱溟教育论著选［M］. 北京：人民教育出版社，1994：178-181.

④ 梁漱溟. 梁漱溟全集（第 2 卷）［M］. 济南：山东人民出版社，2005：353.

⑤ 陈学恂. 中国教育史·现代分卷［M］. 上海：华东师范大学出版社，1994：217.

社会并进而改进社会之生活能力。① 这一点与晏阳初和平教会的"分类分众"家庭式教育有相通之处。

邹平实验前后经历了7年左右的时间，乡农学校教育取得了显著成效。1934年，全县共建村学54处，其中男子部54个班，学生共1 871人；妇女部11个班，学生214人；儿童部69个班，学生1 095人。相对于邹平实验之前民众受教育程度而言，民众受教育程度，包括妇女受教育程度提高是很快的。② 在提升妇女保教能力上与晏阳初和平教会的定县实验区异曲同工。

（二）开办保姆训练班和以幼童园为依托训练幼儿教师

1933年到1935年，晏阳初和平教会在定县村单位组织系统中设立了保育科，组织乡村幼稚教育和幼儿教师教育实验。1933年晏阳初和平教会在西平朱谷村开办保姆训练班，附设幼童园一所，以供保姆实习；后因保姆训练班毕业，幼童园遂失其依附；乃改用小保姆制，使幼稚教育之实施，隶属于家事研究会之下。同年，东建阳村实验女校青年部，设书算、保育、缝纫、纺织、畜牧、园艺六科。在保育科进行乡村幼稚教育实验，并在麦收时，试办农忙托儿所一次。1934年在小陈村亦作乡村幼稚教育实验，并训练女平校毕业生及小学女生为保姆。③ 另外，部分村落还专门设置了托儿部，以"解脱哥哥姐姐照顾幼小弟弟之累"④。在定县实验区的表征示范村，普遍设立了幼童园，而幼童园附属于妇女青年服务团。⑤ 而对于妇女青年服务团成员的培养有两种专修形式，一是导生训练；二是保姆训练。幼童园即为保姆实习场所，其开办费最多不过10元。乡村幼童园无

① 马秋帆. 梁漱溟教育论著选[M]. 北京：人民教育出版社，1994：207.
② 善峰. 梁漱溟社会改造构想研究[M]. 济南：山东大学出版社，1996：342.
③ 宋恩荣. 晏阳初全集（第1卷）[M]. 天津：天津教育出版社，2013：292-293.
④ 宋恩荣. 晏阳初全集（第1卷）[M]. 天津：天津教育出版社，2013：223.
⑤ 宋恩荣. 晏阳初全集（第1卷）[M]. 天津：天津教育出版社，2013：342.

需城市幼童园的设备来吸引孩子，"在农村中实有其必要"①。这种幼童园又可称为小保姆训练处，所收学生资质较好，训练一年就能够在堂前院内或者林间空地自设幼童园，解决农民无暇照顾子女之困。晏阳初和平教会的这一实验设计与陶行知在平民幼儿教师教育实验中所设计实验的"小先生制""中心校制"具有异曲同工之处，是通过创新乡村幼儿教师培养体制，来普及乡村幼儿教育的一种有效形式。

三、结果与影响：中国化、平民化幼儿教师教育方向确立

中国化、平民化的教师培养体制是幼儿教师教育体制实验的方向和目标，以陶行知为代表的"中心幼稚园"体制实验是乡村幼儿教师教育的体制创新，以晏阳初、黄炎培和梁漱溟为代表的平民幼儿教师教育体制实验是乡村建设实验的重要组成部分。这两种体制实验对中国化、平民化的幼儿教师教育起到了积极的探索作用。

（一）"中心幼稚园"体制实验的效果与影响

"中心幼稚园"体制实验是晓庄生活教育、教学做合一实验的一个典型代表和重要组成部分，陶行知"有幼稚园为中心学校，就可以办幼稚师范"②的实验假设，在这一体制实验过程中，得到了充分的证实和不断完善，其影响和效果主要有以下几个方面。

1. 扩充了幼儿教师教育体制，扩大了幼儿教师教育规模

"中心幼稚园"体制实验为乡村幼儿教师培养提供了可供参考的师资培养模型。围绕"中心幼稚园"培养幼儿教师，"前方"和"后方"的完美结合，"前方"遇到的问题随时带到"后方"通过每周一次的研究会讨论解决，并更好地加以实践。师范生掌握了"中心幼稚园的有效办法和因地制宜的本领"，他就可以到任何环境里去办好一所学校了。中心幼稚园的规模呈增

---

① 宋恩荣. 晏阳初全集（第1卷）[M]. 天津：天津教育出版社，2013：356.

② 方明. 陶行知全集（第1卷）[M]. 成都：四川教育出版社，2005：80.

长的趋势，晓庄幼稚师范创办的第一年，就在燕子矶幼稚园基础上，增设了晓庄幼稚园、尧化门幼稚园、万寿庵幼稚园、和平门幼稚园等作为中心幼稚园，担当起以中心幼稚园来培养幼稚教育师资的重任。燕子矶幼稚园招生人数由十数人加至三十余人，满足或者缓解了乡村对于幼稚园的自然需要。①

中心校的教师把村民及学生团结起来，进而把全区或全县的中心校团结起来，以一乡师范总其成，那么，改造社会的力量就强大了。陶行知在《第二年的晓庄》一文中说道："晓庄不过两年的历史，我们回想到第一次的开学(典礼)是在荒山里坟墓中举行的；第二次的纪念礼，便有许多农友来送礼，男男女女到会竟两三千人，这种突飞猛进，与农民亲近的程度，实在值得人异样的感觉的。现在是举行两周年的庆祝礼了，我们便可卜得我们的成绩，在农民对我们的感情上。"②这一天附近村落大有"农辍耕，工辍业"③的景象，如各村的机坊(小工场)就家家停工一天，让工人参加纪念会。更令人感动的是，农民们自己凑钱做了几块精致的大匾额，上面写着"新我农村""爱我农村""庆祝晓庄师范周年纪念"等字样。④ 这些匾额高高地挂在犁宫里，人人都能看见。匾上的话是发自农民心底的对晓庄的赞誉，这对晓庄师生来说，比任何礼物都贵重。晓庄二周年、三周年校庆时，也都举行了隆重的纪念会。这充分说明了"中心学校"和"中心幼稚园"体制实验对乡村幼儿教师教育的重要性，也充分说明这一实验得到了民众的承认与盛赞。

2. 促进了乡村幼儿教育事业的发展

"中心学校"和"中心幼稚园"体制实验的成功为 1928 年全国教育会议上所提供的五个提案，包括《调查全国幼稚教育案》《各省各县各市实验小学设立幼稚园案》《推广乡村幼稚园案》《各省开办幼稚师范案》以及《审查编辑幼稚园课程及教材案》提供了实践证明。这五项提案连同陈鹤琴的两

---

① 方明. 陶行知全集(第 1 卷)[M]. 成都：四川教育出版社，2005：307.
② 辛元，谢放. 陶行知与晓庄师范[M]. 南京：江苏教育出版社，1986：64.
③ 辛元，谢放. 陶行知与晓庄师范[M]. 南京：江苏教育出版社，1986：65.
④ 辛元，谢放. 陶行知与晓庄师范[M]. 南京：江苏教育出版社，1986：65.

个提案《令各省各县各市实验小学先行设立幼稚园案》以及《各省师范学校急需设幼稚科案》合并为"注重幼稚教育案"①，该案在提到乡村幼稚园设置办法时指出，乡村幼稚园，不宜单独设立。故最佳办法，应就可能范围之内，"多招现任乡村教师之夫人、未婚妻，或近亲，训练之，方能造就一人得一人之用"②。在《推广乡村幼稚园案》中，也指出了乡村幼稚园举办对于乡村妇女运动的作用：可为乡村受过教育的妇女，开辟一条职业出路；是乡村妇女运动唯一的中心。③ 这些都充分证明了该实验找到了符合乡村幼儿教师培养实际的体制模型。

3. "中心幼稚园"体制实验得到了积极的推广

"中心幼稚园"体制实验处处体现了生活就是教育的中心，生活即教育的思想。陶行知说，这个幼稚园不仅是"献给燕子矶的小朋友们"，而且应当"献给全国的小朋友们"④。可以看出，陶行知希望将幼稚园实施的"中心幼稚园"体制实验结果推广到全国的乡村幼稚园，而事实上在晓庄停办后，相关专家学者在全国各地举办了多所实验幼稚园，取得了深远的实验成效。当时，陶行知聘请的"指导员"（晓庄幼稚师范院称"教师"为"指导员"）有陈鹤琴、张宗麟、徐世璧和张宗麟的夫人王荆璞。⑤ 晓庄师范最初的幼稚师范院院长是陈鹤琴，张宗麟任指导员，负责具体工作。⑥ "蟠桃学园"成立后，不同的乡村幼稚园负责不同的课程与方法实验，试编材料，张宗麟协同指导幼稚园的新方法和新实验。燕子矶幼稚园由徐世璧担任指导员，晓庄幼稚园由王荆璞担任指导员，和平门幼稚园由陶行知、张宗麟

① 方明. 陶行知全集(第2卷)[M]. 成都：四川教育出版社，2005：318.

② 方明. 陶行知全集(第2卷)[M]. 成都：四川教育出版社，2005：326.

③ 陈秀云，陈一飞. 陈鹤琴全集(第五卷)[M]. 南京：江苏教育出版社，1991：219-221.

④ 辛元，谢放. 陶行知与晓庄师范[M]. 南京：江苏教育出版社，1986：32.

⑤ 陶行知在1935年致王荆璞的信中称她为"二十世纪的观世音菩萨"，她曾经拿出产后不用老妈子省下来的钱，改善上海幼儿团和劳工幼儿团的孩子们的生活，"在我们的女同志中，您是最能牺牲的一位"。

⑥ 中国学前教育研究会. 百年中国幼教(1903—2003)[M]. 北京：教育科学出版社，2003：86.

担任指导员，陈鹤琴作特别指导，都在幼儿教育和幼儿教师教育领域弘扬了陶行知的思想和做法。①

陶行知的学生孙铭勋、台和中、戴自俺等也在多地开展了乡村幼稚教育和幼儿教师教育实验。如1932年，孙铭勋和台和中在陈鹤琴、陶行知的指导和资助下于江苏淮安创办了新安幼稚园。1934年，戴自俺在陶行知指导下在上海大场余庆桥孟家木桥的山海工学团内开办了山海乡村幼儿团。张宗麟于1932年任集美乡村师范校长，在厦门形成了一个以张宗麟为核心，以晓庄师生和在传弟子为羽翼的生活教育团体。集美乡师创办了一所乡村幼稚园——洪林中心幼稚园，由王荆璞任园长，继续进行师范生教学实验。张宗麟等一批生活教育者的办学使得生活教育理论得到广泛扎实的传播。戴自俺在陶行知的支持下，于1934年赴北平幼师，协助张雪门创办乡村教育实验区。1935年春，北平幼师西郊核桃园创办了一个乡村教育实验区，张雪门校长兼主任，张宗麟任副主任，先后在核桃园、靛厂、罗道庄一带创办了季节性托儿所、幼儿园、小学妇女班和成人班等民众教育设施。② 实验区的模式是凡区内儿童、居民、公共场所，以及招生、组织课程、指导活动等都由师范生调查统计研究与实验，一方面"增进幼稚生对社会的认识，可以从各种不同的社会活动中获得各种不同的社会经验"③，另一方面继续研究乡村幼儿教育普及方案，实验幼儿教师教育的科学的规范的路径与方法。④ 抗战时期，戴自俺和张雪门一起西迁，1938年2月，在广西桂林续办"北平香山慈幼院桂林分院幼稚师范学校"⑤，后迁广西三

---

① 戴自俺，龚思雪.陶行知幼儿教育的理论与实践[M].成都：四川教育出版社，1987：244-245.

② 戴自俺.张雪门幼儿教育文集（上卷）[G].北京：北京少年儿童出版社，1994：2.

③ 戴自俺.张雪门幼儿教育文集（上卷）[G].北京：北京少年儿童出版社，1994：980.

④ 徐莹晖.中国生活教育运动史（1927—1946）[M].南京：河海大学出版社，2017：94.

⑤ 北平香山慈幼院编辑委员会.北平香山慈幼院院史[G].北京市立新学校北京香山慈幼院校友会，1993：317.

江丹洲镇，在丹洲、板江开办了一些乡村幼儿园，继续从事乡村幼儿教育和幼儿教师教育实验工作。他们进一步验证和推广了陶行知乡村幼儿教师教育实验成果，形成了中国气派的平民幼儿教师教育理论谱系和实践模型。

而陶行知的小说《古庙敲钟录》，也恰如其分地体现了中心学校的实验模型。他借用朱先生的口说："这个铺子就是一个顶好的课堂。"小说以朱先生带领大家在这座古庙里办学开始，没有说教，只有从制定计划开始，一步一步地去做，去实现，通过活生生的事实，教育大家。铁匠师傅、农夫、杀猪师傅等所处的生活环境都被看作很好的中心学校，学校无处不在，教师无处不在，教育就是从生活中来，教育就是教孩子解决实际的问题，教育不是表演和展示。只有能解决问题的教育，才有生命力，才会更持久。这部小说很好地印证了中心学校体制实验培养幼稚教师的重要性。

(二)平民幼儿教师教育实验的影响

中国近代乡村建设运动中的平民幼儿教师教育实验，在实施上坚持了两个大的途径。

第一个大的途径是面向乡村建设进行妇女教育，提高其育儿能力和水平，这一点更像是良母教育。这在中国近代十分重要，其实中国近代的幼儿教师的构成本来就十分复杂，标准不一，除了少数师范学校毕业的，很大部分也就是一些有知识的妇女，经过培训，上岗成为了保姆。在这一点上，良母教育和保姆教育有相通和统一之处。只不过其服务对象不同，良母服务于家庭，保姆服务于幼稚园、托儿所等幼儿教育机构。所以，晏阳初、陶行知、梁漱溟及黄炎培等平民教育和乡村建设实验中的妇女教育，具有部分保姆性质。她们虽然算不上职业化的幼儿教师，但是在平民教育与乡村建设运动概念下，在幼儿保教问题上，的确又与幼儿教师教育有相通之处。客观上反映了家庭教育与幼儿园教育的相通和衔接状况，反映了良母教育的进步并与保姆教育统一的社会追求。

第二个大的途径是专门培养乡村幼稚园教师。一方面在初级妇女平民学校之上，建立专业化的平民幼儿教师教育学校，培养平民幼稚园或者乡村幼稚园教师；另一方面就是建立类似于陶行知"中心幼稚园"体制的依托幼童园为中心的乡村幼儿教师教育机构。这充分说明了中国近代幼儿教师教育体制和学制上的分野，幼稚师范与平民幼儿教师教育机构是这支队伍的两个极端，而这两个极端都在承担着幼儿教师教育任务，承担着为幼儿教育培养人才的任务。平民幼儿教师教育正是在环境利用、设备设施就地取材、结合农村农民实际、学制管理灵活、课程教学适应性等方面发挥优势，才做出了普及乡村幼儿教育的斐然成绩，才推动了乡村妇女教育开展，才成为乡村建设的重要组成部分。而且，正是幼儿教师教育体制实验解决了这两大途径的落地，促进了这两大途径培养人才水平的提高。

另外，从后世成人教育和职业教育以及普及教育角度来看，中国近代的幼儿教师教育"双轨制"实验设计，依然具有明显的启示意义和借鉴价值。实事求是、结合实际，解决农村教育问题，追求教育实效，实施区域性多样化普及教育目的，是中国乡村教育发展"两条腿走路"的一贯经验。这一点，也包括妇女教育、幼儿教师教育领域，仍然能够见到陶行知、晏阳初、黄炎培、梁漱溟在中国近代进行实验探索的影子。

第三节　中国近代幼儿教师教育学制实验

五四新文化运动之前，幼儿教师教育并不为国人重视，也没有独立的学制作为依托和支撑。1912年颁布的《师范教育令》以及《师范学校规程》也只是要求女子师范学校"得附设保姆讲习科"[①]，并没有对其学制进行具体的规定。无论是省立女师还是县立女师，幼儿教师教育的独立性都不明显，更像是女子中学中的普通教育。人们对于幼儿教师教育的学制地位以及上下衔接并没有明确的认识，对于幼儿教师教育层次也没有专门的探

---

① 朱有瓛. 中国近代学制史料（第三辑下册）[M]. 上海：华东师范大学出版社，1992：373.

讨。无论是在初级教育、中等教育、高等教育，还是在初等教育机构中都有培养幼儿教师的案例，而对于幼儿教师相应招生和培养层次以及毕业鉴定规范却没有明确体现。直到1922年"新学制"颁布，幼儿教师教育才在学制中有了一席之位，成为女子中学的组成部分。但即使这样，幼儿教师教育的学制内涵依然没有详细方案。如前文所述，一方面造成幼师教育机构无所遵从，另一方面也给幼儿教师教育实验留下了极大的弹性空间。幼儿教师教育学制实验正是在此背景下展开的。

一、实验发端：增补幼儿教师教育学制内容空缺

1912—1913年《壬子癸丑学制》颁布后，一些师范学校开始了幼儿教师教育——保姆培养的学制探索，包括女子高等师范和女子中等师范两个培养层次。女子高等师范的主要代表是北京女子高等师范学校，而女子中等师范领域的典型代表是江苏省立第一女子师范学堂，而探索幼儿教师教育独立办学模式的是张雪门主持的宁波幼稚师范学校。

北京女子高等师范学校是女子享受高等教育的肇始，其前身为1908年成立的北京女子师范学校，起初曾办过几期简易科，培养小学教师，1911年更名为北京女子高等师范学校，并设立了附属蒙养园，收幼稚生30名。① 1916年开始招收保姆讲习科，学制为一年，第一批毕业的学生为16人。这成为中国女子高等幼儿教师教育之滥觞。该校所开设课程除了教育基本理论、教学技能课程之外，实习活动也是其重要的科目。特别是1919年以后，其课程设置更加完备。北京女子高等师范学校附属蒙养园为实习生的实习基地，实验研究之风盛行。除此之外，还组织了幼儿教育研究会，定期由学生报告幼儿教育研究结果，并组织编辑发行了"幼儿教育之研究"刊物。

江苏省立第一女子师范学堂保姆讲习科开设于1917年，该校设置的幼

---

① 中国学前教育史编写组. 中国学前教育史资料选（全一册）[M]. 北京：人民教育出版社，1989：320.

稚师范科是专门培养幼儿教师的机构，修业年限为一年制和二年制，其前身为宁垣属女子师范学校。① 1911 年正式开学，起初是招收本科生和预科生，以培养小学教师为主，直到 1917 年，开始附设保姆传习所。1918 年设立了蒙养园，作为保姆班的实习场所，1921 年，保姆传习所招收第三届新生，1921 年冬改保姆传习所为幼稚师范学校。1927 年由于省立各中学改为中、师合校制，因此江苏省立第一女子师范学校改名为南京女子中学，幼稚师范在女中办理，并附设幼稚园，幼师修业年限为二年。1928 年，学校在改由大小行政区管辖时期，曾招收一年制的幼稚园师资养成所一班，共 30 名。直到 1932 年秋，招收师范生规定由指定的学校办理，该校才停止招收幼稚师范生。

　　1920 年 4 月，中国第一所独立设置的幼儿教师教育机构——宁波幼稚师范学校诞生，张雪门主持了这所学校。1919 年，正在办理星荫幼稚园的张雪门，随江苏教育参观团考查了上海、南京、无锡、苏州、南通等地的教育机构，并接触到了不同类型的幼稚园，有日式、教会式的幼稚园。给他留下印象最深的幼儿教育机构当属私立的无锡竞志女学附设蒙养园和教会办的苏州景海女学附设幼稚园。考查结束后，张雪门深感幼儿教师师资的匮乏是制约幼儿教育发展的关键因素，于是萌生了自办幼稚师范的念头。张雪门取得北大教授马裕藻、马隅卿的支持，遂联络宁波市教育界的六位知名人士合组董事中会，开设了这所学校，并担任了该校的首任校长。该校的学制为 2 年，后改为 3 年，招收当地高小毕业的女生，其办理方式基本遵循日本的模式，鲜有创新，在 1923 年毕业一届学生之后便停办。② 尽管该校办理时间很短，成绩并不明显，张雪门实际参与并不多，但是仍因其属于中国幼儿教师培养史上第一所由国人自办的私立的独立的幼稚师范学校，而占有特殊的历史地位。

　　由此可见，在 1922 年"新学制"颁布之前，幼儿教师教育的学制问题

---

　　①　中国学前教育史编写组. 中国学前教育史资料选（全一册）[M]. 北京：人民教育出版社，1989：321.

　　②　肖全民. 张雪门幼儿教育思想研究[M]. 长春：东北师范大学出版社，2018：5.

十分模糊，其招生起点、修业年限、课程结构、毕业层次和专业水平鉴定等，没有统一规定。一方面是因为民初整体学制不完善，尤其是处于高等教育预备学段的中学分段教育不清晰，由此导致高等教育阶段的幼儿教师教育不明确。作为主体的中等教育阶段的幼儿教师教育学制也就出现了在初级中等教育和高级中等教育之间的滑动。另一方面，人们对于高等幼儿教师教育和中等幼儿教师教育在幼儿教师教育体系中的定位不明确，所以北京女子高等师范学校设置的保姆讲习科，没有明确的培养目标定位，在修业年限和修业内容上，难以承担起高等幼儿教师教育的角色，这影响了幼师教育机构的办学方向和教育教学的开展。张雪门、陈鹤琴、张宗麟等基于这样的背景，为了解决这些问题，进行了各自的幼儿教师教育学制实验，摸索出区别于教会幼儿教师教育的中国化的幼儿教师教育基本学制。

1922年《壬戌学制》颁布，"六三三学制"得以确立，对于幼儿教师教育的基本定位是高级中等教育，即初中起点。由于新学制下的中学改制和幼儿教师教育都是初立，所以幼儿教师教育机构的招生和培养方案依然处于变动之中，此为其一。其二，中国化的幼儿教师学制的内涵是什么，应该有怎样的培养方案，这些都需要实验，历史将这一重任交给了幼儿教师教育领域的专家学者，他们以此为起点展开了民国幼儿教师学制实验。而这其中的一个基本问题就是幼儿保育看护人员与幼儿教育要在内涵上厘清，两者的培养方向和内容以及招生修业年限要求不一样，如何进行分类培养，实现幼儿教师教育分途，并走向科学化。在这一问题上，生发于香山慈幼院的北平幼稚师范学校因其天时地利人和而进行了相应的实验。

北平幼稚师范学校是由香山慈幼院衍生而来，从作为香山慈幼院的组成部分而走向逐步独立办学的。1920年10月香山慈幼院正式成立，这是中国近现代儿童福利机构与幼儿教育机构相结合的典范。熊希龄先生作为民国国务总理，一度兼任香山慈幼院院长，他具有幼儿教育和儿童福利的博大胸怀和独特的专业视角。该院1923年成立蒙养园，并于1926年改为幼稚园，隶属香山慈幼院下设的第一院。当时由于全院儿童数量逐年增多，1926年下半年时，该院分设六个分院。其中第三院为中学部，幼稚师范是该院的一个组成部分。1930 年 2 月，各分院一律统一由"院"改"校"，隶属于第三校师范部的北平幼稚师范学校①称谓由此得来。这是中国近代最早的脱胎于儿童福利又将慈善事业与幼教事业完美结合的一家幼儿教师培养机构。从举办幼稚园开始，熊希龄就感觉到以女仆充任保姆难以完成科学规范的幼儿教育，幼儿教师和合格保姆的缺乏是最大的问题。1929 年"婴儿教保院"在熊希龄的大力推动下得以成立，这一机构的目的除了弥补"蒙养园之不足"之外，另一个目的就是"兼欲养成保姆人才"②。

值得注意的是，香山慈幼院第三校女校是专设的师范学校，1923 年开始招收学生，根据学业程度和年龄层次，分初级和高级。其中初级师范相当于普通中学的初中，以培养幼稚园的教师为目的。在学制方面，在 1925 年之前是四二制，以后改为三三制。学生来源主要是高小毕业的女生。初级师范毕业后可充当幼稚园教师，高级师范毕业后可充当小学教师。对于学习程度较差的高小毕业生，因入初级师范困难，1926 年开始，专门设立了看护班，学制二年，毕业后，可"充当幼稚园的保姆或医院的看护"③。三校女校的师范教育，是慈幼院女校师范部的延续和发展。

1930 年 10 月，熊希龄聘请学前教育专家张雪门担任实验师范教育委员会幼稚师范组主任，对北平幼师负实际责任并组织教育实验，开启了儿童慈善事业向专业性的儿童教育事业之转型。面对香山慈幼院工作的特殊性和日益增长的幼儿教师需求，熊希龄和张雪门作了细致的思考，幼儿教师教育如何满足幼儿教育的社会需求，即要满足幼儿教育发展的数量和规模需求，又要根据实际需要，调整培养方向和修业年限。后者解决好了，

---

①　1926 年香山慈幼院实施"总分院制"。北平幼稚师范学校(以下简称北平幼师)，即下设 6 个分院中的第三"院"，1930 年 2 月，各分院统一改成"校"，即香山慈幼院第三校。六分院分别为蒙养部、小学部、中学部、职业部、职工部以及大学部。1933 年，由于经费受阻，第三校停招中学生，保留幼稚师范部分。

②　《北京香山慈幼院院史》1993 年 12 月内部发行北京市立新学校，北京香山慈幼院校友会编印，第 103 页。

③　《北京香山慈幼院院史》1993 年 12 月内部发行北京市立新学校，北京香山慈幼院校友会编印，第 182 页。

前者也就得到了促进。于是，旨在解决幼儿教师短缺、"补蒙养园之不及"以及"训练教育保育婴儿的人才"①的幼儿教师和保姆分类培养学制开始实验。

北平幼稚师范学校对幼儿教师培养的方式、内容、方法、规格、素养做了渐进式规划、设计和实验。一方面探索了幼儿教师与小学教师角色内涵之差异；另一方面探索了幼儿教师与保育看护人员角色内涵之不同，到1932年两类三种学制形成了。三年中的每一年学制各自相对独立，每学年终了，俱可结束。第一类是保育类教育，培养看护人员。第二类又分为两个层次，多学一年，就多一个层次类型。一年学制之课程，以幼稚师范速成科为标准。第二年以幼稚师范完全科为标准。前者修业期满可充任幼稚园之教师或助教；后者毕业后可充任幼稚园主任。如果第二类毕业生兼修了第一类课程，三年课程全部修完，就成为正式毕业生，毕业后充任幼稚园主任兼小学低年级教师及婴儿园主任。② 这一实验假设既解决了幼儿教育保教类别不同需求，又缓解了幼儿教师匮乏问题，为民国幼儿教师灵活学制的建立打下了实验基础。在这种"不正规"的权宜之计的实验中，探索出了幼儿教师教育现实性道路。熊希龄和张雪门在香山慈幼院对幼儿教师的分类培养分段学制具有开创性。

二、探索推进：高中层次幼儿教师教育实验方向确立

清末民初女子师范学校是官办或公办幼儿教师教育的主体机构，其办学层次相当于女子中学，而清末《癸卯学制》或者民初《壬子癸丑学制》并未将中学分段，中学的学制四年一贯，所以女子师范学校招生起点一般为高小毕业，其专设的保姆传习所的招生起点一般就是高小毕业。从上述女子师范和张雪门所办宁波幼师的招生起点也可以看出这一点。高等师范教育中的保姆讲习科培养目标主要是女子中学或者女子师范的教师。从总体上

---

① 熊明安，周洪宇. 中国近代教育实验史[M]. 济南：山东教育出版社，2001：326.

② 《北平幼稚师范学校概况》(民国十九年到二十一年部分)，第8页。

看，中国近代高等幼儿教师教育机构不直接承担保姆培养任务，而是以培养保姆的教师为主。1922年"新学制"——《壬戌学制》颁布，中学初高级分段，处于女子中学学段中的幼儿教师教育就有了一个招生起点和培养层次问题，而且新学制压缩了小学教育年限，如果继续招收小学毕业生显然会低于清末招生起点，这些问题需要探索与实验，集美幼师、北平幼师和江西公立实验幼师分别进行了学制探索，这里将三校学制实验放到一起进行讨论，以便于发现其共同的规律性。

（一）福建厦门集美幼稚师范学校幼师培养体系

爱国华侨陈嘉庚，秉持教育救国信念："教育不振则实业不兴，国民之生计日绌……"[①]在各级各类教育中，他首先看重的是大学和师范，即教师和教师的工作母机建设。"譬植树焉，不培根本，枝干何处发达?"[②]在对幼儿教育重要性有了"尤为根本之根本"的认识之后，他委托胞弟陈敬贤夫妇创设集美幼稚园，没有称谓当时学制规定的"蒙养园"，就能看出陈嘉庚创办幼教事业的超前性。随着《壬戌学制》的颁布，全社会幼儿教育认识上升以及自己的办园实践，陈嘉庚认识到，健全快乐的幼儿教育，必须要有高素质的师资支撑，"默念待力能办到，当先办师范教育……以挽救本省教育之颓风。"[③]他于1927年9月迅速创办了集美幼稚师范学校。该校学制经历了五年的多次调整与变迁，最后基本固定为两年预科加两年本科的四年一贯制培养体系。与同时期的其他幼儿教师教育机构不同，集美幼稚师范学校冲破外国化幼儿教师教育影响，力求走出中国化、科学化幼儿教师教育之路，实现陈嘉庚之"自力更生，立足闽南"的雄心壮志，自成立之日起就分为预科和本科。1927年集美幼稚师范学校开学，聘请幼稚园主任

① 王增炳，陈毅明，林鹤龄. 陈嘉庚教育文集 [M]. 福州：福建教育出版社，1989：160.

② 王增炳，陈毅明，林鹤龄. 陈嘉庚教育文集 [M]. 福州：福建教育出版社，1989：186.

③ 陈嘉庚. 南侨回忆录 [M]. 长沙：岳麓书社，1998：5.

陈淑华为校务执行委员会主席，招收两年预科本科各一班，共63人。① 陈淑华毕业于我国第一所单设幼稚师范的怀德幼稚师范学校。1930年由美国纽约大学附属的福建协和大学首届五名毕业生之一的黄仁圣②出任校长，预科取消，改两年制为三年制本科，致力于提高本科程度，招收初中毕业生，"肄习2年或3年"③，后又延长为4年。因此，1932年又改回预科加本科四年制，预科两年，本科两年。1933年还添设了艺术专修科，艺术专修科(分为音乐美术、体育、舞蹈三个系)目的是造就艺术领域的女子，成为家庭与社会的健全个人。④ 办学目的除培养良好的幼稚园及小学低年级教师外，向着"造就适合时代的社会女子"延伸。⑤ 此外，又增设了两所附属幼稚园，逐渐扩大招生规模，在对学校进行学制提升的过程中，提高师资队伍质量无疑是最为核心的，于是，便有了后来对张宗麟的敦聘。⑥ 从上述这些学制年限和内部教学管理的实验和调整过程看，一方面招生起点逐步锁定在初中毕业生；另一方面培养年限在三年和四年之间摇摆；再有就是幼儿教师教育的角色内涵向着艺术和体育专业人才延伸。这些调整是随着新学制下基础教育的发展以及陈嘉庚等对于幼儿教师教育培养目标的认识加深而进行的。

集美幼师在四年的课程设置上，尤其重视实习课程的组织与实施。例如，1931年，张宗麟到集美幼师担任指导主任时，就把实习放到十分重要的位置。集美幼稚园为师范生研究幼儿教育提供了实验场所，张宗麟将实

---

① 中国学前教育史编写组. 中国学前教育史资料选(全一册)[G]. 北京：人民教育出版社，1989：323.

② 中国人民政治协商会议福建省漳浦县委员会文史工作组：《漳浦文史资料(第6辑)》，1986年版，第52页。

③ 喻本伐，郑刚. 张宗麟与幼稚教育[M]. 长春：东北师范大学出版社，2020：168.

④ 喻本伐. 中国幼儿教育史[M]. 郑州：大象出版社，2000：259.

⑤ 林斯丰. 集美学校百年校史1913—2013[M]. 厦门：厦门大学出版社，2013：77.

⑥ 喻本伐，郑刚. 张宗麟与幼稚教育[M]. 长春：东北师范大学出版社，2020：168.

习内容分为家事、校务、幼稚园和小学工作等。四年的课程设置中，每学期须实习八个星期。[①] 或参观调查，或听课试教，第四学年的上学期则全部安排为实习。他将晓庄师范学校培养幼儿教师的最为重要的实习经验带到集美幼师，不仅重视在幼稚园的实习，同时重视在小学一年级的实习，认为这样才能很好地解决幼小衔接的问题。

1933 年，集美幼稚师范学校设师范、幼稚园、艺术专修科三个部，共有学生 411 人。[②] 幼师生毕业的考核标准分为十类，每一类都有具体的要求。这十类规定包括：会球戏、会田径比赛、会做健身操、会儿童游戏十种、会驾车、游泳、驶船、会指导幼稚生做游戏二十种、会舞蹈、会演剧表演、会主持娱乐会。[③]

集美幼师毕业生多数服务于广东、福建和南洋等地。在其创办过程中，经历了三次学制调整，增加了专业系科，拓展了课程领域，修业年限基本固定下来，这些学制和教学管理调整，充满了敢为人先的实验创新精神，彰显了其"培植良好的幼稚园及小学低年级教师"[④]的办学目标。

（二）北平幼稚师范学校灵活的学制实验

北平幼稚师范学校学制实验的方向是分段式相对灵活的培养方案，这在前文已经有所述及。这一实验探索在幼儿教师教育学制实验中独树一帜。为解决保姆和幼儿教师严重缺乏问题，自 1930 年张雪门担任实验师范教育委员会幼稚师范组主任时开始，就主持将北平幼师的幼儿教师教育分阶段相对独立地完成。课程安排有其具体的阶段标准，学生学完一个学年

① 七十周年筹备委员会校史编写组. 集美学校七十年[M]. 福州：福建人民教育出版社，1983：51.

② 七十周年筹备委员会校史编写组. 集美学校七十年[M]. 福州：福建人民教育出版社，1983：51.

③ 七十周年筹备委员会校史编写组. 集美学校七十年[M]. 福州：福建人民教育出版社，1983：51-52.

④ 中国学前教育史编写组. 中国学前教育史资料选（全一册）[G]. 北京：人民教育出版社，1989：323.

的课程，获得了实际经验，就被视为一个学习阶段的结束。相应的毕业生就可以选择不同的职业就业。这样的课程结构不仅考虑了社会对于幼儿教育师资的迫切需要和学生的就业意愿，而且充分保证了每一阶段幼儿教师教育的完整性。分段培养这一相对灵活的学制实验符合当时中国国情，满足了社会的不同需求。该校1931年初厘定学制2年，次年延伸为3年，招收初中毕业生。1931年8月北平幼师招收第二班学生计36人，其中大部分为慈幼院女中初中毕业学生直升，小部分从城内其他初级中学录取。1932年第一班学生毕业，又招收第三班学生，并改制三年。① 由于第一班毕业生供不应求，因此又办了一个速成班，招收高中毕业生，一年毕业，重点从教材教法上培养。

下表反映了北平幼稚师范学校课程结构(1929—1932年)②

学制	科 目	学时数（每周）	
		总学时数	实习
一年级	国文、英语、人生哲学、家政学、儿童学、儿童文学、儿童游戏、手工、音乐、自然研究、社会研究、参观实习（3学时每周）、支配幼稚园实习（6学时每周）	48学时	9学时
二年级	国文、英语、党义、教育史、教育心理、儿童卫生、幼稚园教育概论、幼稚园组织法、幼稚园课程编制、手工、音乐、幼稚园支配实习（15学时）和自由工作	48学时	15学时
三年级	英语、教育学、心理学、幼稚园与小学低年级课程、小学教学法、幼儿保育法、小学教材研究、音乐、参观实习、幼儿园支配实习和支配小学实习（18学时）	48学时	18学时

---

① 北平香山慈幼院编辑委员会. 北平香山慈幼院院史［G］. 北京市立新学校北京香山慈幼院校友会，1993：188.
② 《北平幼稚师范学校概况》(民国十九年到二十一年部分)，第9-13页。

　　根据 1929—1932 年的北平幼稚师范学校年度报告记载，幼稚师范课程的安排每个年级结束都可以毕业，毕业后完全能胜任幼稚园的工作。例如：一年级即第一个阶段，一共开课 14 门，每周 48 学时，其中幼稚园实习参观每周 3 学时，实习支配幼稚园每周 6 学时。学完一年级的课程即相当于幼师速成科的水平，学生可以毕业担任幼稚园助理教师。除了专门的实习课程之外，其他学科包括理论性非常强的儿童学、社会研究等都注意到了通过实践操作来达到预期目标。例如，二年级即第二个阶段，一共开课 13 门，每周 48 学时，其中幼稚园实习每周 15 学时。学完二年级的课程即达到幼稚师范科的水平，学生可以毕业担任幼稚园教师或主任。三年级即第三个阶段，一共开课 9 门，每周 48 学时，其中实习每周 18 学时。学完三年级课程，学生毕业可以兼任"小学低年级或婴儿园教师和主任"①。除此之外，每个年级设置的课程都非常注重实践在课程中的比重。1933 年下半年，为摆脱经济困扰，同时为了解决幼师学生的来源，增设了初中班，作为幼师的预备班，相对灵活的学制，使得学生人数维持在 200 人左右。

　　抗日战争爆发后，张雪门将北平幼稚师范学校迁往桂林，开办了"北平香山慈幼院桂林分院广西幼稚师范"并任校长。张雪门根据当时广西民生困苦、民众文化发展水平不高的具体情况，重新制定了幼师学生的招生标准和课程设置。当时广西幼稚师范所招的学生是初中毕业或具有同等学历，并在小学服务一年以上者，学习期限为一年。张雪门在这期间所设计的幼儿师范教育课程主要包括政治教育、国文、教育概论、教育心理学、儿童学、儿童卫生、幼稚园行政、幼稚园教材及教学法(儿童文学、儿童工作、儿童唱游)、幼稚园设备、音乐、幼稚园实习。后来，学校又迁到丹洲，招收高中毕业者，学习期限改为两年。张雪门又对课程结构进行了调整，增加了公民、国文、数学、近百年史、生物和社会工作等课程，课程目标上也做了详细的计划。如国文课要达到不拘文体、具有自由发表自

――――――――――
　　①　《北平幼稚师范学校概况》(民国十九年到二十一年部分)，第 9-13 页。

由阅读的能力；英语课要达到具有阅读翻译的能力；幼稚园组织法课要做到明了且能计划幼稚园课程；儿童卫生课则要达到了解儿童生理之结构与卫生，并具备体格检查、急救、皮肤病等简单的治疗技能，以及对麻疹、白喉、百日咳等疾病的诊断能力……如此等等，充分体现了实现幼稚教育"全能"人才的培养目标。

(三)江西省立实验幼稚师范学校对幼儿教师教育学制的完善

1933年教育部公布的《师范学校规程》中明确规定幼稚师范科修业年限三年或两年，并制定了详细的三年制和两年制《幼稚师范科教学科目即各学期每周教学及自习时数表》，整体的幼师学制已基本定型。[①] 因此，江西省立实验幼稚师范学校在学制上已经有所遵从，比之前的幼儿教师教育机构的政策供给要充分得多，是一所具有集大成性质的开创性幼儿教师教育机构，是后世幼儿教师教育机构的模板。但是，不难看出，民国教育部颁行的幼儿教师教育学制，从课程内容以及教育教学各个方面都还不够完善，都还需要实验探索。而陈鹤琴正是结合自己的活教育思想，在战时状态下，实验补充和创新了幼儿教师教育学制。

作为我国第一所公立的实验幼稚师范学校，江西省立实验幼稚师范学校从名称上来看，就负有实验研究的使命。其办学目的具有培养幼儿教师和造就幼儿教师教育机构师资双重目的。江西省立实验幼稚师范学校于1940年在江西泰和文江村的一座荒山上建立，陈鹤琴任校长，为我国幼儿教师培养留下了光荣的一页。该校除了师范部两个班之外，还有附属小学、附属幼稚园以及婴儿园。该校从1940年10月开始招收第一届学生，前后共办了七届，第一届到第三届学生学制为两年，第一届学生称为"光明级"和"创造级"，第二届学生称为"服务级"，第三届学生称为"真理级"，从第三届起改"省立"为"国立"，并添设幼稚师范专科，专门为培养

① 中国学前教育史编写组. 中国学前教育史资料选(全一册)［M］. 北京：人民教育出版社，1989：247-248.

幼稚师范的师资以备各省训练幼稚教育的师资，第四届学生称为"建设级"，学制均为两年制。从第五届"互助级"开始，招收三年制的学生，第六届学生称为"劳动级"，第七届学生称为"力行级"①。该校的学制实验促进了中国近代幼儿教师教育发展以及学制问题的完善。

三、实验内容广泛：幼儿教师培养体系的中国化、科学化建构

集美幼稚师范学校、北平幼稚师范学校以及江西省立实验幼稚师范学校重视建构中国化、科学化的幼儿教师培养体系。从课程设置方面，既有通识性教育又有基本训练和专业训练；在实习环节也更加突出了幼儿教师教育特色；在学生管理方面，加强了日常的行为训练，并以学生自治和课外活动的形式增强学生的综合素养；在训育方面，注意了与幼师生师德培养相结合。

（一）通识教育、基本训练、专业教育和师德培养相结合的课程结构

集美幼稚师范学校的幼师生在前两年的预科期间，注重基本训练和通识教育。两年预科所开设的课程，突出强调了幼稚生习惯和态度的养成。预科阶段也开设基础性的儿童心理、普通教育课程，为本科学习做好铺垫。后两年的本科阶段，注重专业训练，强化幼稚教育理论教育及实际技能培养，对于预科所学学科进行深造。如参加幼稚园或小学工作，致力于养成研究批评等能力和精神。从整体培养方案的重点来看，与女子师范学校相比较，一是开设了比较系统的教育学科类课程：教育概论、教育史、现代教育思潮、教育心理学、测验及统计、小学组织及行政、教育行政、学校卫生、心理学、学科教学法等。二是实习学分在预科和本科四年课程设置中占据很重要位置，也是重点考核的内容。实习课包括家事、校务、

---

① 陈鹤琴. 活教育的创造理论与实施[M]. 上海：上海华华书店发行，1948：104.

幼稚园以及小学等的实习工作。本科第四学年上学期全部安排实习，并以校内、校外实习为主。张宗麟将晓庄培养教师最为宝贵的实习经验带到了集美幼师，他不仅重视幼稚园的实习，还特别重视小学一年级的实习，合理解决了幼小衔接问题。对于实习，张宗麟采用传统的巡回指导以及通信指导相结合的方法。集美幼师制定有严格的毕业考核标准，即幼稚生只有完成预科和本科的所有学分方能毕业。

表 3-1 集美幼稚师范学校课程与 1933 年教育部《师范学校规程》

幼稚师范科教学科目对比分析表

<table>
<tr><td rowspan="2">1933 年《师范学校规程》①</td><td>三年制幼稚师范科教学科目</td><td colspan="3">科目：公民、体育及游戏、卫生、军事看护、国文、算学、历史、地理、生物、化学，物理、劳作、美术、音乐、伦理学、教育概论、儿童心理、幼稚园教材及教学法、保育法、幼稚园行政、教育测验及统计和实习</td></tr>
<tr><td>两年制幼稚师范科教学科目</td><td colspan="3">科目：公民、体育及游戏、卫生、国文、算学、历史、地理、生理、理化、劳作、美术、音乐、教育概论、儿童心理、幼稚园教材及教学法、保育法、幼稚园行政及实习</td></tr>
<tr><td rowspan="5">集美幼稚师范学校课程②</td><td>两年预科</td><td colspan="3">国语、社会、教育、自然、艺术、体育、选修、实习</td></tr>
<tr><td rowspan="4">两年本科</td><td colspan="2">第一学年</td><td>国语、社会、教育、自然、艺术(音乐、图画、手工)、体育、选修(英语、数学、理化、工艺)、实习</td></tr>
<tr><td rowspan="3">第二学年</td><td>上学期</td><td>校外实习、校内实习</td></tr>
<tr><td rowspan="2">下学期</td><td rowspan="2">国语、社会、教育、自然、艺术(音乐、图画、手工)、体育、选修(英语、数学、理化、工艺)、实习</td></tr>
<tr></tr>
</table>

---

① 中国学前教育史编写组. 中国学前教育史资料选(全一册)［G］. 北京：人民教育出版社，1989：247-248.

② 中国学前教育史编写组. 中国学前教育史资料选(全一册)［G］. 北京：人民教育出版社，1989：325.

表 3-2 集美幼稚师范学校毕业生毕业标准分类及项目表①

毕业标准及分类	项目（数）
语言及文字表达能力	15 项
政治经济	22 项
教育学和心理学	20 项
幼稚园管理	21 项
教学及会计、统计	14 项
自然科学	14 项
农业耕作	10 项
音乐、美术、手工	26 项
生理卫生	16 项
体育及文娱表演技能	10 项
总计	168 项

　　毕业生的毕业标准分 10 类 168 个项目。由此表可以看出，集美幼师的课程设置，符合现代幼儿教师教育的基本要求，体现了中国化、科学化的特点，既保证了幼师生专业能力培养，又关注了其发展所需要的广博知识结构建设和适应能力训练。

　　北平幼稚师范学校对三年制的课程做了详细的规划，课程分知识和行为两部分，知识方面，在于研究；行为方面，在于实习。研究上分为三种：一是出于教师的讲解；二是出于教师指定的问题；三是出于学生自定的计划。② 值得一提的是，北平幼师除了通识课程注重学生基本训练之外，较为完整地开设了儿童心理、幼稚园教材教法、幼稚园行政、保育法，并

---

① 喻本伐，郑刚. 张宗麟及幼稚教育 [M]. 长春：东北师范大学出版社，2020：172.

② 《北平幼稚师范学校概况》（民国十九年到二十一年部分），第 8 页。

对幼稚师范生的实习进行了规定。北平幼稚师范学校的"行为课程"实验在课程实验部分将详细阐述。这些相关课程的开设，在我国幼稚师范教育史上是第一次全面设计了与幼儿教育师资培养有关的专业课程，具有特定的历史意义。

江西实验幼稚师范学校是"活教育"的温床，是"活教育"的实验室。经过三年的办学实践和实验探索，1943年最终确立了适合三年制幼师的试用课程。在教材方面，陈鹤琴提倡"活教育"，主张一定要用活教材培养幼儿教师，主张"大自然、大社会都是我们的活教材"，不能僵化地背记书本上的死知识，各科也不能局限于一两本固定的教科书。活用书是要把多种图书作为参考研究的资料，再结合自己观察记录所得，经过大家共同讨论，形成研究的结晶，也就是活教材。在教学方法方面，陈鹤琴主张"做中学、做中教、做中求进步"，所有的活动都围绕着"做"展开。在学生毕业方面，江西幼师学生的来源分招收和保送两种。省立实验幼稚师范时期主要是以保送为主，由本省各县负责选择优秀的学生来校进行学习，学成之后再回各县从事幼教工作。陈鹤琴的"活教育"课程实验在课程实验部分将详细阐述。

此外，幼儿教师教育实验主体都十分注重幼师生的师德培养，明了其重要性，筑牢其在课程和管理体系中的位置。幼师生师德教育实验除了上述课程育德之外，还集中在幼师生行为训练和日常训育指导两个方面进行了实验。集美幼稚师范从职业道德、专业精神和实际能力等方面提出了优秀幼儿教师的培养标准，即要有献身儿童的决心、随机应变的能力、苦口婆心的牧师精神、医生的态度、慈母的心肠、坚强的体魄。① 在此实验目标下，集美幼师尝试将训育指导渗透到学习生活的各个环节。训育的实施，一是全体教职员都负有训练的责任，随时随地指导学生行为、言语及思想，随时随地在某情境中谋求改进。二是通过学校行政落实训育目标，包括每月召开一次训育会议，制定学生规则和训育大纲，制定谈话、家庭

① 王增炳，骆怀东. 教育事业家陈嘉庚[M]. 北京：教育科学出版社，1989：367-368.

联络、操行考查、卫生指导细则，推动训育制度化。① 三是注重发挥训育课和组指导等主流渠道作用。除此之外，还通过组织抗日救国会来培养学生的师德。

集美幼师制订有《学生规则》和《训育大纲》，要求学生达到"自由的、纪律的、平等的、自重的、勤勉的、俭朴的、活泼的、坚毅的、诚实的、忠义的、互助的、负责的、和平的、整洁的、慈爱的、康乐的"16 条训育标准，并确立"专业的精神、德业的修养、革命的思想、强健的身体、研究的兴趣、科学的头脑、教育的学识、丰富的学识、教学的技能、公正的态度、和悦的仪容、慈爱的心肠、劳工的身手、规律的生活、管理的能力、利物的才能、白热的心肠、领袖的才干、孩子的天真、以身作则等 20 项信条"②。同时，从守法、勤勉、节俭、整洁、慈爱、和乐、忠实、义勇 8 个方面对幼师生的日常操行提出了要求。

陈鹤琴主持江西幼师期间，在管理学生方面，设置了训导目标，通过学生自治会、幼师团组织、竞赛活动以及生活训练等方面来实现学生的自治与发展，规范学生行为，强化幼师生师德建设。

（二）教学实习成为幼儿教师教育的必要环节

集美幼稚园先于集美幼稚师范学校举办，并于 1930 年改为中心幼稚园，成为集美幼稚师范的实习基地，陈嘉庚认为幼稚园"为师范生研究幼稚教育的重要场所"③。在重视实践能力上，集美幼稚师范堪称典范。实习和见习占有较强比重，除第四学年安排一整学期的"大实习"外，每一学期均安排"小实习"，实习的最低学分达到 76 学分，占总学分的四分之一以上。④

---

①　中国学前教育史编写组. 中国学前教育史资料选（全一册）[G]. 北京：人民教育出版社，1989：327.

②　林斯丰主编. 集美学校百年校史 1913—2013[M]. 厦门：厦门大学出版社，20113：77.

③　中国学前教育史编写组. 中国学前教育史资料选（全一册）[G]. 北京：人民教育出版社，1989：324-323.

④　喻本伐. 中国幼儿教育史[M]. 郑州：大象出版社，2000：260.

解剖其实习教学方案，包括以下几个维度：一是从实习目标上，要实现实地考察、实际经验积累、实际知识掌握。二是从实习范围上，包括家事、校务、幼稚园、小学。三是从实习程序上，按照参观校务及教学—试教—助教—校内实习—校外实习—校外参观等基本顺序进行安排。四是从实习时间分配和学分占比上，家事 4 学分，校务 4 学分，幼稚园及小学工作 28 学分，参观 4 学分。五是从实习组织方法与管理上，校务方面，组织好报到、印刷、招待、书记、庶务等各个环节的见习实习；参观方面，由参观指导员指导组织、报告、研究等环节；试教方面，由教职员即实习生组织试教、批评会等活动；校内实习方面，在幼稚园或小学担任实际教学，每周开讨论会一次；校外实习方面，分配幼稚生到各处学校学习。①

集美幼师对实习成绩要求很严，制定有详细的实习办法、实习指导与职务、实习生规则以及校外实习考查法。第四年，幼稚生要到幼稚园和小学顶岗上课，借以训练独立工作和独立带班的能力。实习成绩考查包括：计划、整理、教养以及报告、日记、书信、问题研究、阅读书籍等方面。而最后一个学期，则更多注重自学、听讲、观察、搜集、研究、试验等教育和训练。

张雪门对于幼师生行为教育十分重视，提出了行为主义课程观，其重点在于对教学实习的实验研究，他将实习分为三个层次类别：一是参观；二是参与；三是支配。② 各个层次类别又有不同的内容和行为目标。张雪门对每一个独立学年的实习内容和学时做了详细的计划和安排。张雪门认为，教师在幼稚园里，既不必做福禄贝尔式的众星环绕的太阳，也不须做蒙台梭利式冷眼的旁观者。幼儿教师是儿童动作上的指导人，好比是他们的好朋友。③ 北平幼师的行为课程实验将在课程教学等章节中做详细叙述。

---

① 中国学前教育史编写组. 中国学前教育史资料选(全一册)[G]. 北京：人民教育出版社，1989：324-326.

② 《北平幼稚师范学校概况》(民国十九年到二十一年部分)，第 8 页。

③ 戴自俺. 张雪门幼儿教育文集(上卷)[M]. 北京：北京少年儿童出版社，1994：253.

江西公立实验幼师在陈鹤琴活教育思想指导下，把实习与实践课程融入了日常教育教学过程中，实施陶行知教学做合一和生活教育的实习观，培养活的幼儿教师。

(三)学生自治和课外活动组织的统一

为提高学生综合素养，各个幼师培养机构以学生自治和课外活动为主，同时又有各自的特色，来提高学生的综合素养。张宗麟一到集美幼师便组织了各种研究会，其中专门设立了辅导学生的研究会，以"适应师生生活的需要"[①]。1931年3月5日，张宗麟主持召开幼师辅导学生研究会改组会，并修正了《幼师辅导学生研究会规程草案》。规程草案中体现了"学生自治"的精神，要求教师"以教人者教己"。[②] 由于张宗麟在晓庄师范对幼稚园材料素有研究，并且该校教育科下设有幼稚园材料系，是年3月15日，张宗麟发起成立了幼稚园教材研究会，该会主体为学生，旨在提高学生的治学能力。该会每周二开会一次，开会时，各自报告一周内所搜集的材料，"提出问题，互相讨论"[③]。张宗麟除了对校内的学术社团进行改造之外，还对集美初等教育研究会进行了改造，该研究会是1929年4月由集美学校董事会提议，集美教育推广部牵头筹备，由集美男女师范、集美幼师、集美男女小学、集美幼稚园等单位组成的学术社团，该社团每周三开会一次，制定了一系列的规则，如《创办集美试验乡村师范案》和《集美试验乡村师范学校组织大纲草案》等，加强了社团内部的沟通与协同，提高了学生研究的效率。该社团的成立不仅对集美学村有积极影响，而且辐射到了福建甚至全国。他们向全省幼稚园介绍幼稚教育的新方法，并指导进行移植性试验；联络国内各教育研究机关，及时进行学术交流，并开展协同研究。[④]

---

① 幼稚师范学校消息. 幼稚园材料研究会近讯[J]. 集美周刊，1931：268.
② 喻本伐，郑刚. 张宗麟及幼稚教育[M]. 长春：东北师范大学出版社，2020：170.
③ 幼稚师范学校消息. 幼稚园材料研究会近讯[J]. 集美周刊，1931：268.
④ 喻本伐，郑刚. 张宗麟及幼稚教育[M]. 长春：东北师范大学出版社，2020：170.

　　总之，集美幼师的学生课外活动得法，较课内作业效率尤大。能令幼师生增长经验，广泛吸收知识，养成自治精神和互助美德，以适应社会生活。他们以学生自治会、组会、学术研究会、周会为课外活动组织机构，以教师、组指导及研究会辅导老师为指导学生活动的负责者。学生自治活动包括：国语演说竞赛会、辩论会、编印"幼师学生"、卫生委员会、运动会、游艺会及抗日救国会。组会是由各组按程度与兴趣的自由活动，包括周会、纪念周、校务分担等。① 学生结合当地教育实际组织开展了多样化的课外活动，由此扩大实际经验，吸收本土知识，利于毕业后能够更好地为本地幼儿教育服务。

　　江西省立实验幼师在实施训育过程中，有学生自己组织的学生自治会，充分发挥自治的精神；也有学校的主动的实行导师制的导师团，是想从集体生活中来教育自己、改造环境，发扬民族精神。各种各样的竞赛活动，如运动会等，着重在于普遍的发展，不为造就少数选手；生活训练，在于培养学生吃苦耐劳的精神，本着凡是自己能做到的事情都由自己来做的精神，在幼师开办初，就实行"路要自己筑""屋顶盖的草要自己编""自己吃的菜要自己种""自己吃的饭要自己烧"等理念，使学生入学的第一天起就得到这方面的熏陶。1944 年，学校开始流亡的生活，依然保持这种优良的劳动服务作风。每到一地，都以自己的汗水做出成绩，把借用的破旧庙宇改为校舍，就地种菜、砍柴，赢得当地百姓好评。除此之外，江西省立实验幼师还成立了醒狮团，将狮子作为幼师的校徽，象征每一位学生是睡醒的狮子。当时民族处于生死存亡的关键时刻，醒狮团使学生时刻提醒自己要从沉睡中醒过来，唤醒国民意识。每一届招生，都冠名以励志向上、民族担当的年级名称，如上文所属，"光明级""服务级""真理级"……每周每月安排晚会、学术讨论活动，突出了对幼师生的文化滋养。江西实验幼师有一种优良的校风，学校里充满了自由平等的

---

　　① 中国学前教育史编写组. 中国学前教育史资料选(全一册)［G］. 北京：人民教育出版社，1989：328.

空气，实行着"纯爱"的教育。学生称慈祥的校长为妈妈，师生之间，一向没有隔阂。① 凡参加过江西实验幼师生活的人，无不怀念那时的生活。

陶行知酷爱艺术，由于他的提倡，晓庄师范学校的课外艺术活动丰富多彩。在晓庄，曾有过请农民到办公室唱山歌的案例，陶行知边听边记录，然后填词作诗。他的诗泥土气息和生活气息浓厚，正如他自己说的"一闻牛粪诗百篇"，《锄头歌》和《镰刀舞歌》就是这样创造出来的。受陶行知的影响，晓庄师生的文学创作，特别是儿童文学创作十分活跃。他们结合小学和幼稚园的"教学做"创作了大量的儿歌、童话、寓言、故事和戏剧等作品。② 师范生叶刚是写童话故事的能手，后来陶行知为他出版了一本《红叶童话集》，收集了他创作的《红叶》《字样和白纸》等九篇童话。晓庄经常利用假日举行"同乐会"，同乐会上，每人都要表演节目，比如唱歌、舞蹈、说书、双簧等。1929 年初，正值上海南国剧社在田汉率领下到南京演出，陶行知盛情邀请田汉及南国社到晓庄演出。③ 舞台是在"犁宫"前临时搭建起来的，南国社演出了田汉作品《卖花女》《湖上的悲哀》《苏州夜话》等话剧，引起了晓庄师生对话剧的极大兴趣。不久，陶行知带头组织了"晓庄剧社"，叶刚等三十余人参加。

四、学制创新：晓庄"中心幼稚园"模式下幼儿教师教育的学制实验

为了普及乡村幼儿教育，1928 年，陶行知及其晓庄师范学校幼稚师范院在"中心幼稚园"模式下经过实验创立了适应乡村幼儿教育发展的独特学制。在招生方面，一是围绕中心幼稚园的需要来量身定制招生规模。设置了中心幼稚园，就可以在其附近建设或租借房屋开办合适规模的师范班或师范学校，招生名额根据中心幼稚园学习容量而定。二是收录师范生采取

① 中国学前教育史编写组. 中国学前教育史资料选（全一册）[G]. 北京：人民教育出版社，1989：342.
② 辛元，谢放. 陶行知与晓庄师范[M]. 南京：江苏教育出版社，1986：36.
③ 辛元，谢放. 陶行知与晓庄师范[M]. 南京：江苏教育出版社，1986：37.

两种办法。一种是立足晓庄幼稚师范院招收新生，从始至终全程培养。这种办法战线长，所需人才、设备、经费也较多。另一种是招收他校将毕业而有志充当教师之学生或有相当程度之在职教职员，加以相当时期之训练。照这种办法，师范部只须准备宿舍、图书、讨论室、指导人才及所需之其他设备，就可开办。这是比较轻而易举的。毕业后发给修业证书，俟其办成有生活力之幼稚园的学生，再发给正式毕业证书。原肄业学校如因本校没有师范训练，亦得依照规定手续保送相当学生来此学习，毕业证书可由两校合发。这种种办法各级师范都可适用。① 三是招生起点灵活多样，可以是高级小学修业完毕，也可以是新制初级中学修业完毕，还可以是大学两年修业完毕之学生，以及在职教师之有相当程度者培养之。在修业年限和毕业要求上，首先，幼稚师范院修业期限，暂定为两年。但得依各人学力，酌量伸缩。② 其次，幼稚师范院修业期满，如学业成绩合格，先给予修业证书。再次，持修业证书的学生俟服务半年，经过考查，确能根据中心幼稚园精神办学者，给予分类型毕业证书，具体如下：初级中学程度学生，给予蒙养园、幼稚园及小学幼稚园教师证书；高级中学程度学生，给予蒙养园、幼稚园及小学幼稚园主任教师证书；大学程度学生，给予幼稚师范学校教师证书。③ 在学生管理上，除了幼稚师范院高级程度学生，有辅导低级程度学生之义务之外，幼稚师范院不放暑假，星期六放半天，寒假放半月。其余例假，均应做有教育价值之活动。

晓庄师范学校幼稚师范院之幼儿教师教育学制实验，充分体现了乡村幼儿教师教育需求，在校内培养和校外实践结构化培养方面做了积极的探索，充分体现了招生和培养层次的灵活性，充分体现了教育教学管理上的生活教育理念以及教学做合一理念，在理论性课程和实践性课程结合上为后来的幼儿教师教育提供了良好的经验。

---

① 方明. 陶行知全集(第 1 卷)[M]. 成都：四川教育出版社，2005：80-81.
② 方明. 陶行知全集(第 2 卷)[M]. 成都：四川教育出版社，2005：325.
③ 方明. 陶行知全集(第 2 卷)[M]. 成都：四川教育出版社，2005：326.

五、结果与影响：幼儿教师教育学制理论与实践的双重价值

民国中后期的幼儿教师教育学制实验，在幼儿教师教育实验领域具有综合性特征，包括办学宗旨、招生起点、修业年限、课程体系、教育教学管理、毕业鉴定各个环节各个方面。从实验现实表现来看，各个幼师培养机构对这些方面均有所涉及。在重点方面都进行了实验，结论相对明确，为中国化、科学化幼儿教师教育找到了路径与方法，探索了中国的省钱的平民的幼儿教师教育规律，为幼儿教师教育制度的确立打下了厚实的实践基础，提供了丰富的实证资源。

（一）形成幼儿教师教育本土化和科学化特点

集美幼稚师范学校建于厦门，是西方传教士相对集中的地方，教会传教和办学在此聚集。1912 年由英国传教士创设的中国第一所单独设立的幼儿师范——怀德幼稚师范学校就成立于厦门，该校还附设了幼稚园。① 怀德幼师浓厚的宗教色彩及其传教实质都成为建设中国化、科学化的幼儿教师教育机构的羁绊与障碍。陈嘉庚正是在这种情况下创办了集美幼稚师范学校，他立足于培养适合自己的幼儿教师"自力更生，立足闽南"的豪情壮志，明确提出"三反两有"的办学思想，即反对舶来品，反对依样画葫芦，反对胶柱鼓瑟，有时代性和有地方性。② 认为只有靠"生于斯、食于斯"③的闽南有志青年才能研究闽南的幼稚教育。他指出闽南区别于外国，区别于上海和北平，具有独特地域文化，可见其办学思想深邃而有中国气派。在这一思想的主导下，集美幼师实验了自己的独立的幼儿教师培养体系和课程计划。

北平幼稚师范学校灵活的学制实验，实现了为平民幼儿教师教育服务

---

① 喻本伐. 中国幼儿教育史[M]. 郑州：大象出版社，2000：245.

② 中国学前教育史编写组. 中国学前教育史资料选（全一册）[G]. 北京：人民教育出版社，1989：322-323.

③ 《集美学校二十周年纪念刊》，1933 年厦门集美学校自刊本。

的办学宗旨，为该校成为"造就平民的幼稚师资的地方"①找见了路径，张雪门在此实验自己的幼教主张，灵活的学制符合当时幼儿教师教育形势需要。北平幼师《1932 年年度校务计划》中关于心幼稚园之扩充方面中明确提出，"关于师资方面……不惜以本校尚未毕业之师范生勉承其之；虽此种师范生固有异于一般师范之毕业生，但其本身之技能学识尚有待于进修。自下年起，拟与各大学教育系联络，或请求教授私人俾得造就有高深的基本学识技能也"②。在过渡期，幼稚园教师也要对幼师生进行考核与管理，以实现真正的教学做合一。张雪门灵活的学制实验，有效促进了这一问题的解决。灵活的学制旨在造就更多的幼儿教育师资，加上中心幼稚园制，举办更多的平民幼稚园，解放家长，减少他们带孩子的困难，摒弃幼稚园只是富家子弟专利品的旧制。③ 由此可见，在当时师资极度缺乏的时期，张雪门采取的实验措施是选择本校尚未毕业的师范生担任中心幼稚园的教学任务，这批师范生在学校已经进行过相当多的幼师课程的学习和实践操作，只是由于这批学生没有毕业，必须在采取灵活学制的同时，对这批学生进行继续教育，才能保证这批学生学业的完整。1933 年教育部公布《师范学校规程》(1935 年修正)规定师范学校得附设特别师范科及幼稚师范科，明确规定幼稚师范科修业年限三年或两年，特别师范科修业年限一年。这一规程第七十六条规定：师范学校及幼稚师范科入学资格为初级中学毕业。特别师范科入学资格为高级中学或高级职业学校毕业，均须经入学试验及格。④ 此外，还对幼稚师范生的教学时数和学生实习数进行了规定，"幼稚师范科学生每周上课、自习及课外运动总时数规定为小时，每

　　①　《第三校北平幼稚师范学校概况》，香山慈幼院 1934 年自刊本，第 26 页。

　　②　《北平幼稚师范学校概况》(民国十九年到二十一年部分)，第 6 页。

　　③　北平香山慈幼院编辑委员会. 北平香山慈幼院院史[G]. 北京市立新学校北京香山慈幼院校友会，1993：189.

　　④　中国学前教育史编写组. 中国学前教育史资料选(全一册)[G]. 北京：人民教育出版社，1989：245.

星期以 60 小时计算"①幼稚师范科学生的实习包括参观、试习、试教三项，每项实习前后，须具预备、报告、讨论三种手续，每三小时的实习约需占半天时间。

不难看出，上述民国政府教育部颁发的幼稚师范科招生起点、修业年限、课程结构、教学实习等均与集美幼师以及北平幼师的学制实验结论一致，说明陈嘉庚、张宗麟、熊希龄、张雪门等人所进行的幼儿教师教育学制实验具有先导性、前沿性及合理性。他们前期的实验探索所探讨和实践完成的中国的、省钱的、平民的、独立的幼儿教师培养体系和课程计划，反映了中国近代幼儿教师教育规律，符合现实发展要求，被民国政府教育部所借鉴和采纳。

1949 年，陈鹤琴任南京大学师范学院院长不久，将上海国立幼专等三百余人迁来南京，1950 年安徽大学艺术组并入师范学院，1952 年师范学院共设五系两科，其中幼教系是当时国内高等院校中唯一培养幼教师资的独立系科。1951 年陈鹤琴在《师范教育的新方向》中指出，中国的新学制，虽未颁布，但已做了初步决定。师范教育受到足够的重视，在学制系统图中，除了有专门培养小学师资的初级和中级师范、专门培养初中师资的师范专科学校以及培养高中师资的师范学院之外，还有"专门培养幼稚园师资的幼稚师范学校"②。可见，专门培养幼稚园教师在学制中已经稳稳扎根。

（二）促进幼儿教师资格鉴定政策的制定

晓庄师范学校、集美幼稚师范学校以及北平幼稚师范学校等对于幼儿教师教育学制的实验，促进了中国近代幼儿教师教育学制的基本定型。1943 年 12 月教育部公布的《幼稚园设置办法》中明确规定"小学教员检定委员会"为幼儿教师的审查机构，规定幼稚园教师的学历合格者应具备："幼

---

①　中国学前教育史编写组. 中国学前教育史资料选(全一册)[G]. 北京：人民教育出版社，1989：246.

②　陈秀云、陈一飞. 陈鹤琴全集(第五卷)[M]. 南京：江苏教育出版社，2008：230.

稚师范学校毕业或具有小学教育资格、幼儿园任教一年以上者。"①1946年11月教育部公布的《国民学校教员检定办法》又做了补充说明，对具备以下情况之一者实施免于鉴定的措施。具体包括：旧制师范简易师范毕业者；乡村师范、县立师范毕业者；幼稚师范毕业者；国民教育师资短期培训班、或义务教育师资短期培训班、或师范讲习科毕业，曾充任代用教员三年以上并参加假期训练三次成绩合格者。② 对于不具备以上资格，又想从事幼儿教师工作的人员采取笔试、口试和实习的形式进行，合格者还需要进行体格检查。③ 可见，幼儿教师资格审定充分尊重并认同了民国后期幼儿教师教育机构对于幼儿教师的教育培养。

(三)造就幼儿教师教育实验的专家学者

专业的教师和管理者是办好学校的前提，陈嘉庚向来重视选聘优秀的校长和教师。集美幼师也吸引和锻造了一批幼儿教师教育专家学者，其第一任校长是怀德幼师毕业的陈淑华，她先做了集美幼稚园的园长，具有丰富的师资培养经验，她在任期间为学校发展打下了坚实的基础。第二任校长黄仁圣，她是私立福建协和大学教育系1919届毕业生，自上任后，厘订课程，提高学历程度，扩充学级，增加艺术专修科，招收新生，整顿校务，完善了学校培养体系。熟悉并实践教学做合一以及生活教育思想体系的张宗麟，1932年担任了集美校长，他透彻分析过教会幼儿教师教育对于中国幼儿教育的毒害，力主培养中国人自己的富于实验精神的幼儿教师。张宗麟把晓庄师范学校的新思想、新方法带到了集美学校，还影响了晓庄师范学校的一批毕业生来集美幼师工作，如刘琼瑶(心村)、蓝九盛、庄行

---

①　中国学前教育史编写组.中国学前教育史资料选(全一册)[G].北京：人民教育出版社，1989：229.

②　中国学前教育史编写组.中国学前教育史资料选(全一册)[G].北京：人民教育出版社，1989：249-250.

③　中国学前教育史编写组.中国学前教育史资料选(全一册)[G].北京：人民教育出版社，1989：250.

容、王济弱等。这些人的到来，将当时晓庄的生活教育改革实验的最新成果播撒到集美和闽南。师生齐心协力，发挥晓庄艰苦奋斗的精神，一边上课学习，一边修葺房屋校舍，一切事务都由学生自己动手做，学生种地、下厨、师生会农友，农友找教师，俨然中国南部的新型的生活教育的乡村师范学校。

（四）扩大民国幼儿教师教育的规模

上述几所典型的幼儿教师教育学校进行的学制改革实验，找到了适应中国国情的幼儿教师培养方案。在招生、课程设置、教育教学、学校管理等方面适应了中国幼儿教育发展实际的幼儿教师教育。这些幼儿教师教育机构的培养规模大幅上升，远远超过了日式、教会模式的幼儿教育机构，不仅促进了幼儿教师教育发展，还提高了区域性幼儿教育服务能力。

集美幼师从 1927 年开办到 1933 年底由于陈嘉庚的南洋实业陷入困境，集美幼师并入集美师范。1932 年其幼稚师范和艺术专修科加到一起，在校幼师生达到 211 人，是当时国内幼儿教师教育机构规模最大的。另外其附属的三个幼稚园还有幼稚生 200 余名，这样该校的幼师生、幼稚生加上教职工，总人数已近 500 名。① 这在整个中国近代也属罕见，集美幼师的大部分毕业生就职到福建、广东等地，成为这些地区幼儿教育的骨干力量。

北平幼稚师范学校幼儿教师教育实验，不仅弥补了幼儿教师的缺乏，也为扩充更多的平民幼稚园提供了师资支持。从 1930 年 10 月成立到 1933 年 8 月香山慈幼院改制，北平幼稚师范在不足 3 年的时间内已发展成既有初中阶段又有高中阶段的完全型幼稚师范学校。② 1932 年，第一届学生毕业时，"西至太原，南至鲁豫，远道延请，全级学生为之一空"③。在张雪门等人的努力下，作为第三校的北平幼稚师范一枝独秀，自 1933 年以后，

---

① 喻本伐. 中国幼儿教育史[M]. 郑州：大象出版社，2000：259.
② 熊明安，周洪宇. 中国近代教育实验史[M]. 济南：山东教育出版社，2001：327.
③ 《第三校北平幼稚师范学校概况》，香山慈幼院 1934 年自刊本，第 2 页。

几乎每年都有四五个班的在校学生，人数维持在一二百左右。① 尤其 1934 年开办"乡村教育实验区"以后，其事业的社会泽益面日渐扩展。

张雪门将幼儿教师教育与平民幼稚园举办进行了很好的结合，探索了两促进两支持的幼儿教师教育体制和学制，在增加幼儿教师教育规模的同时，增加了北平幼师所辐射的幼稚园数量。1931 年，北平幼师与北平西城求知学校合作，共同创办了一所平民幼稚园。在随后的几年，陆续有一批幼稚园创办。例如北平幼稚师范学校于《1932 年度校务计划》中对平民幼稚园之扩充指出，现在已有四处合作机关：东北颂琴、西北求知、本校、中城艺文之外，在园儿童数已达百人。平民幼稚园的教师全部由本校二年级的学生担任，"但较之平中幼稚儿童之人数，相去何啻千一"②。因此，为求幼稚教育普遍，拟于 1933 年扩充幼稚教育十二处。

江西省立实验幼稚师范自 1946 年迁址上海，成为独立的国立幼稚师范专科学校，依然有一些各省市保送过来的学生，以江西省为最多，还有江苏、浙江、安徽、福建、广东、湖南、湖北、河南、河北、山东、南京等十二省市之多。从 1940 年开办起，到 1946 年，七届毕业生共计 213 名。③陈鹤琴所领导的江西幼师为中国幼儿教师教育的师资做出了贡献。

应该看到，民国中后期的幼儿教师教育学制实验，也还有一些问题没有得到明确解决。一是招生起点，如集美幼师虽设立预科本科四年一贯制，却没有明确其招生起点；再如，北平幼师，分段培养虽然解决了培养规模和毕业规格社会适应问题，但是也同时模糊了招生起点问题，致使操作起来推广难度加大。二是仍有依附性质，如集美幼师对于集美师范具有一定程度的依附性，最后合并于集美师范；再如，北平幼师在培养体制上依附于香山慈幼院，直到中华教育改进社联手培养幼师，北平幼稚学制才

---

① 熊明安，周洪宇. 中国近代教育实验史［M］. 济南：山东教育出版社，2001：327.

② 《北平幼稚师范学校概况》(民国十九年到二十一年部分)，第 6 页。

③ 中国学前教育史编写组. 中国学前教育史资料选(全一册)［G］. 北京：人民教育出版社，1989：343.

更加完善并逐步走上独立办学之路。三是实验周期短，经验成分存在，各个实验学校由于存续时间或者实验技术问题，其实证统计等方面积累不足，实验过程规范性、科学性表现有所欠缺。四是学制实验内容不够全面，如学校内部和外部管理体系、与附属幼教机构的关系、毕业规格鉴定等方面涉及不够，缺乏明确。虽然如此，民国幼儿教师教育的基本学制由此奠定，中国化、科学化的幼儿教师教育的理性由此建立，幼儿教师教育的课程、教学以及实习等理论和实践问题的解决由此生发，这一点毋庸置疑。

第四章　中国近代幼儿教师教育课程实验

　　幼儿教师教育课程是幼儿教师教育学制的基本组成，是幼儿教师教育培养方向的主要标志和培养体系依托。遗憾的是，无论是民国初期的《壬子癸丑学制》，还是1922年的《壬戌学制》，都没有对幼儿教师教育课程做出相应的规定，新学制颁布以后，虽有幼稚师范与其他专科师范并称一语，"迄今未闻有课程之明令"①。教育部所拟定的课程大纲，只适用于普通师范，而专门的幼儿教师教育课程却没有谈到，甚至连培养层次和招生起点都没有明确。因此，幼儿教师教育课程成为1922年"新学制"颁布后，幼儿教师教育机构重点研究解决的问题。早期建立的幼儿教师教育机构各自为战，都在摸着石头过河。不仅如此，当1933年幼儿教师教育学制和课程体系基本定型之后，仍然存在课程思想与课程方案制定的不同取向。也就是说，1933年到1935年民国教育部公布的三年制和两年制幼稚师范课程包括通识课、基础课、专业课、实习在内的幼儿教师教育课程方案，还只是一个粗线条的标准，而具体的课程内容、教材编制、教学实施等仍然有很大的探索空间。幼儿教师教育课程实验，一方面具有探索课程结构与方案的功能，另一方面具有探索课程方案的多样性落地实施的意义。

　　中国近代的幼儿教师教育领域的专家学者对幼儿教师教育课程与幼儿教师教育之关系早有觉醒。张宗麟感叹"国家如是漠视，宜乎外人之乘机代谋，养成教会牧师式之幼稚师范课程，得行于中国也"②。陶行知、陈鹤琴、张雪门、张宗麟等教育家，一方面学习借鉴欧美幼儿教师教育理论和

---

①　张沪. 张宗麟幼儿教育论集[M]. 长沙：湖南教育出版社，1985：56.
②　张沪. 张宗麟幼儿教育论集[M]. 长沙：湖南教育出版社，1985：56.

实践经验，另一方面尝试通过幼儿教师教育课程改革实验来改变传统的培养体系和幼儿教师教育观念，推进幼儿教师教育向着中国化、平民化、科学化转向，中国近代多项幼儿教师教育课程改革实验由此展开。

第一节　中国近代幼儿教师教育课程实验的缘起

清末民初，幼儿教育在艰难中起步，规模逐渐增大，政府和上层社会的关注程度逐渐提高。由于这一变化过程具有从无到有性质，国人对此从茫然不知、知之甚少到略有所闻，加之中国人口众多，造成幼儿教育绝对需求陡增。致使各个幼儿教育影响要素配置不足和不适应，如政策缺位、教师匮乏、投资极少等，不一而足。其中，教师匮乏是最显性和最关键的要素。加速培养教师，培养中国的、平民的、合格的教师成为当时幼儿教育领域讨论的中心话题。怎样培养有规模有质量的合格的教师队伍？合格教师的标准是什么？一是要改革培养制度，这在上一章已做讨论，二是改革幼儿教师教育课程教学，探索提升幼儿教师教育规模与提高培养质量的中国化现实性方案，成为解决问题的关键，也就成为幼儿教师教育课程实验的根本性诱因。

一、实验问题起点：清末民初幼儿教师教育课程外国化弊病严重

民国幼儿教师教育课程实验主要限于中等幼儿教师教育领域，因为高等幼儿教师教育所面向的主要是女子师范、女子中学幼师科或者幼稚师范的教师，而非幼稚园教师。

1904 年《奏定学堂章程》规定，从事幼儿教育的机构为育婴堂和敬节堂，而培养幼儿教师的机构此时依附于两堂，在两堂内划出一院，设为蒙养院，由乳媪、节妇以及谋生之贫妇完成教导幼儿之事。① 这就是清末幼儿教师的最初构成，其用于培训的课程水平和专业程度可想而知，加上封

---

① 中国学前教育史编写组. 中国学前教育史资料选（全一册）[G]. 北京：人民教育出版社，1989：93.

建名教限制，女禁未开，所以《癸卯学制》的颁布不但没有解决中国教育上男女平等问题，而且没有解决幼儿教师的身份和来源问题。于是，中国最早的"急就章"式的官设幼儿教师培养课程诞生了。以中国妇道妇职律令为原则，从《孝经》、"四书"、《女诫》、《女训》及《教女遗规》等传统道德书籍中做些摘录，编辑到一起，加上一些不悖"中体"的外国学前教育和家庭教育内容，刊印多本，发给两堂，令其相互传习。可见，依附两堂的保姆课程以培训为旨归。学制模糊，培养方案随意且不规范，培训周期短、内容浅、系统化弱，加之乳媪节妇贫妇文化水平和专业能力很低，造成清末蒙养院保姆的知识结构、能力基础与正规的幼师要求相去甚远。尽管对其也有初步的考核制度，但是谈不上正规和专业。

1902 年举办的务本女塾和 1904 年湖北蒙养院以及严修在私立严氏女塾(1902 年)基础上开办的保姆传习所等，其课程来源均为日本保姆或其再传弟子依据《日本家庭保育法》制定的教学计划，其所授课程包括了保育法、儿童心理学、教育学、修身学、谈话、乐歌、图画、体操、游戏、手工、文法、习字法、理化、博物、英文、算术、生理等。但是由于招生起点、教师水平、投资规模不一致，其开设的课程也不尽相同，而且总体上都是一些浅显的幼儿保育知识和幼儿师范课程，专业性并不突出，加上办学规模有限，这寥寥无几的幼儿教师教育机构难以形成幼儿教师教育课程制度。1907 年清廷颁布的《学部奏定女子师范学堂章程》教育总要规定"教授女师范生，须副女子小学堂教科，蒙养院保育科之旨趣，使适合将来充当教习、保姆之用"[1]。首次规定了女子师范学堂各学科要旨。其教课程度，先教以教育原理，使知心理学制大要，及男性女性之别，并使其明解德育智育体育之理；次教以家庭教育之法，次教以蒙养院保育之法，次教以小学堂一切教授管理训练之法，并使其知家庭教育与学堂教育之关系，及家庭教育与国家之关系。次使于附属女子小学堂及蒙养院实习练习，教

---

① 中国学前教育史编写组. 中国学前教育史资料选(全一册)[G]. 北京：人民教育出版社，1989：99.

授生徒及保育幼儿之法则。第一次在全国性的文件中出现了幼儿教师培养的目的及所学课程，课程中第一次有了教育学理论相关的课程，这在幼儿教师培养中是一大进步。尽管这一章程对于保姆培养的专业性提出了要求，但是，除了对封建名教的强调，基本上也是《日本家庭保育法》的翻版。所以，清末保姆培养方案基本上就是封建道德课程与日本保姆教育课程的合体，仿效日本乃其定论。

清末民初教会幼儿教师教育机构的学制与课程开设同样令国人不满。教会幼儿教师教育机构一般都分为初级、高级两种学制，创办初期一般招收高小毕业生，学制为两年或者三年，属于初级师范。如怀德幼稚师范学校起初就是这样的招生起点，学制为两年；到新学制推行中学分段后开始招收初中毕业生，学制为两年或者三年，相当于高中阶段的职业教育。而再后来教会大学所设的高等幼师专科部则招收高中毕业生，学制为两年或三年，相当于专科水平高等教育。总体上看，教会幼师教育创办初期学制短，层次低。这是由生源不足、社会学前教育重视程度不够、教育女禁未开等现实原因造成的。随着学前教育规模扩大和中小学堂的开办增加，尤其是民国女学开禁，培养层次和学制年限开始提高。同时，各个教会幼儿教师培养机构的学制不尽统一，各有差异，也表现出灵活性。如景海改为师范学校后，幼稚师范科的学制开始为四年，幼师生需先学习中学课程两年，才能继续学习幼师科目，而当时中学学制为四年，没有初高中之分。1922年"六三三学制"将中学调整为六年，中学分为初高中两个学段，景海幼师开始招收初中毕业生，幼师学制也随之调整为三年，相当于初中后职业教育。办学过程中，有的教会幼儿教师教育机构根据社会需要，适时调整了学制。如1935年，怀德幼师根据幼儿教师短缺实际，改一年一次招生为春、秋两次招生，并对达不到初中毕业水平的学生增加学时，延长半年学期，将这部分学生的学制改为两年半。1940年又将学制改为三年，仍招收初中毕业未婚女生。随着学前教育事业发展，作为更高办学层次的教会大学也增加了幼师专业设置。如北京燕京大学1936年设置了幼稚师范专修科，分为两个培养层次：一是专修科，学制两年，修业期满考试及格者，得授幼稚师范专业证书；二是本科，学制四年，毕业后得授幼稚师范专业证书及文学学位。由于高等师范教育中的幼儿教师教育专业一般不针对幼稚园培养人才，所以这里不涉及这一领域的课程设置问题。

对应不同的学制，教会幼儿教师培养机构开设了不同层次和不同类型的课程。课程内容大致可以分为宗教和道德类、普通类和幼教专业类几个大类。宗教道德类课程突出显示了西方教会幼儿教师培养机构的办学宗旨，就是要贯彻基督教精神，培养"基督化的人格"，通过为中国提供服务而达到和渗透其传教目的。这类学科包括：宗教学、圣道教法、圣经、圣教史记、主日学校教授法、德育研究、人生哲学等。宗教类课程占很大比例，如景海女学幼师科所开宗教类课程占到总体课程和学分的三分之一，而且宗教学要连开三年，共占12个学分。再如怀德幼师规定，学生每星期日下午到怀仁礼拜堂教主日学。普通类课程包括：社会问题、公民、数学、历史、地理、理化、生物、体育、生理卫生、音乐、美术手工、国文、英文等。对于小学毕业和初中毕业起点的学生，普通类课程开设的内容层次不同，初中起点的学生的开设水平一般比照高一水平，或者与高一年级共同学习，例如弘道幼稚师范科专业科就是这样做的。景海幼师改为三年制后，第一年与高中一年级学习同样的课程，第二、三年时全部学习专业课程。幼教专业类课程包括：教育概论、儿童心理学、幼稚教育、音乐教法、唱歌、学琴、美艺、幼稚与国民歌曲，国文教法、圣道教法，学校管理法、近代教育史、实习见习、启智用具法、秩序法、恩物、幼稚教法。主要专业课程都由美国传道士担任教学，初办时，教学全部用英语上课，课堂上配有翻译人员。怀德幼师也是这样，由外国人讲课，学生用罗马字白话文作笔记。

教会幼儿教师教育的教学方法，一方面进行宗教灌输，传授刻板的基督教文化，培养所谓基督精神，为传教服务；另一方面，在普通类和幼教专业类课程中，也注重学生自主研究，发挥学生的主观能动性。例如杭州弘道幼师的校训即为"劝学"，要求学生"养成自主研究之风，形成独立、自立的能力，炼体魄，养成进取精神"。① 这在某种意义上体现了民主性，也超越了中国传统的死记硬背儒家经典的做法，受到学生和社会好评。一些学校还在宗教类课程教学中，采用通俗易懂的传授方式，引用中国的经典和寓言，减低学生的接受难度，切合学生的经验和成长环境以及文化传统的实际。② 另外，教会幼师也很注重学校文化建设，注重校风校纪对于学生的熏陶，获得隐性的教育效果。

教会幼儿教师教育在五四新文化运动期间，才开始受到幼儿教师教育领域的专家学者以及上层社会的注意，原因是：一方面，教会幼儿教师教育机构所处的地区只限于大型港口城市，而且毕业生大多在教会内部所办幼稚园任教，在社会上整体影响较小；另一方面，清末民初社会文化学习取向是日本而非西方，于是形成了教会幼儿教师教育机构的边缘化倾向；加上清末民初政府的幼儿教师教育政策性质更多地师从日本，所以民国初期教会幼儿教师教育并未构成太大的影响。而随着五四新文化运动的开展，一方面，师从欧美渐成风尚，民国政府教育政策发生转向，欧美尤其是美国幼儿教师教育思想以及制度的介绍与引进骤增，留美学生回国渐次增多，教会幼儿教师教育逐渐浮出水面，产生显性影响，成为专家学者关注的中心。另一方面，当时的幼稚师范多被教会控制，课程的外国化严重。1913 年基督教会全国大会议案提出，"教会要培养幼稚人才"③，圣道教法、宗教学等宗教课程开设造成了幼儿教师教育浓厚的宗教色彩，引起了国人特别是专家学者的批评。张宗麟在 1926 年《幼稚师范问题》中指出，当时的湖南只有一所湖湘幼稚师范（教会立的），其中课程几乎由一人包办，民国初年幼稚师范课程设置中，英文在三年中占据了 40 课时，占总学时的四分之一。④ 缺乏幼儿教师培养所需要的教育理论课以及专业课，家

---

① 中华基督教教育协会：《会讯合订本》1948 年第 2 卷，第 5 期，第 5 页。

② 《中华基督教教会年鉴》，民国五年第 3 期，第 96 页。

③ 李召存. 中国近代幼儿师范教育的历史嬗变[J]. 学前教育研究，2008(11)：43.

④ 张沪. 张宗麟幼儿教育论集[M]. 长沙：湖南教育出版社，1985：756.

政学、心理学、生理及卫生所占的学时比重很小。同时，实习类课程更是形式单一，实践活动课开设严重不足。

因此，一方面教会幼儿教师教育课程成为民国中后期幼儿教师教育课程领域学习借鉴的对象，另一方面也成为了专家学者抵制警惕和批评批判的靶子。中国化、本土化、科学化的幼儿教师教育课程建立诉求由此开始，幼儿教师教育课程实验作为达成这一诉求的基本路径与方法被提上日程。

二、实验问题梳理：中国化幼儿教师教育课程专业性诉求

1907年颁布的《奏定女子师范学堂章程》，虽然规定了其培养小学和蒙养院教师的办学目标，但是同样强调了"期于裨补家计，有益于家庭教育"的办学宗旨，奠定了女子师范在育儿和相夫两个方面的功能，贤妻良母是其最终的培养目标，而专业化的小学或者蒙养院教师排在其次。这从其课程设置上就能看出：女子师范学堂共开设修身、教育、国文、历史、地理、算术、格致、图画、家事、裁缝、手艺、音乐、体操等13门，与男子初等师范相比，家事、裁缝、手艺等科目只在女子师范开设，而且四年中所占比重大于四分之一。由此可见，清末女子师范课程的定位并没有突出幼儿教育专业要求，教育类课程开始也没有凸显幼儿教育学和教学法，其贤妻良母的培养定位与幼儿教师教育的专业性相去甚远，而且具有明显的封建女德教育色彩。《壬子癸丑学制》将女子师范学堂改称女子师范学校，并将其课程结构进行了调整。1912年12月颁行《师范学校规程》规定的女子师范学校本科第一部课程设置为：修身、读经、教育、国文、习字、历史、地理、数学、博物、物理、化学、法制经济、图画手工、家事、园艺、缝纫、乐歌、体操。1916年1月颁行《修正师范学校规程》将女子师范学校本科第一部课程修订为：修身、读经、教育、国文、习字、历史、地理、数学、博物、物理、化学、法制、经济、图画、手工、家事园艺、缝纫、乐歌、体操。可见，民初学制对于女子师范课程设置增加了外语、理化、博物、法制与经济等时代性和理科性强的课程，但同时也保留

了家政、园艺、裁缝等家事类课程。这对于小学和幼稚园教师的培养定位较清末有所进步，从幼儿教师教育所需课程上进行了拓宽。但是，一方面家政家事类科目仍然保留，占比近八分之一，尤其是1916年在袁世凯复辟情势下，这一比例增加到五分之一；① 另一方面关于幼儿教育学、心理学等幼儿教师专业课程依然走的是普通教育的路子。女子师范培养幼稚园和小学教师的社会定位仍然没有完全摆脱贤妻良母教育的影响，而且在袁世凯执政期间还出现了反复，读经、修身等课程回潮，增加了比重，女子师范教育的封建礼教色彩回光返照。1922年"新学制"颁布后，女子师范基本上被合并到女子中学，虽然家政家事类课程减少，读经修身等封建礼教课程也在新文化和五四运动之后受到禁止，但是女子中学课程结构中更难确立幼儿教育类、儿童心理类等幼儿教师教育课程的地位。

以上是对于具有幼儿教师教育功能的普通女子师范和女子中学课程的分析，从中不难发现其培养规格和课程结构与专业化的幼儿教师教育之差距。除此之外，在女子师范或者女子中学中举办或附设的保姆科，其课程结构居然也对幼儿教师教育的专业性重视不够，体现不足。正如张宗麟1926年对于江苏省立第一女子师范学校附设幼稚师范所分析的，该校幼稚师范专业1922年的课程包括人生科学与哲学、教育、国文、国语、英文、幼稚学、家事、自然科学、图画、练琴等，共十门左右。② 他同样列举了美国芝加哥市立国民保姆养成所开设的课程：心理学、教育原理、社会学、实习、手工、卫生、英语文学、博物、体操游戏、音乐、图画、教授原理、遗传学、郊外研究、家政学、教育心理学、保姆养成所沿革史、近世教育史、实习科视察报告、保姆法比较研究、管理法、讨论会、随意科、论文作成等，共二十四门左右。③ 张宗麟将两者相对比，发现其不同点，一是招生起点不同，前者基本上是招收小学毕业生，而后者是招收高等女学并受预科教育三个月，方能入本科。二是修业年限不同，前者是修

①　大总统特定教育纲要[J]. 中华教育界，1915，4(4).
②　张沪. 张宗麟幼儿教育论集[M]. 长沙：湖南教育出版社，1985：759.
③　张沪. 张宗麟幼儿教育论集[M]. 长沙：湖南教育出版社，1985：761.

业三年，而后者含本科、高等科、师范科，共四年。所以，张宗麟肯定了江苏省立第一女子师范学校附设幼稚师范课程开设的专业性要好于美国芝加哥市立国民保姆养成所。但同时也指出或者说批评了其中的问题：一是对三个学年当中每周四五个课时的英文学习提出质疑，认为这是"无谓已极"，"在幼稚师范里，不必有外国文字"。二是江苏省立第一女子师范学校附设幼稚师范对教育上的普通训练太少，美国芝加哥市立国民保姆养成所第四年的课程几乎是"普通教育或高深的教育研究"①，这对于幼儿教师乐业、职后发展、求学兴趣和能力具有重要意义。其实，张宗麟在这里强调的是幼儿教师教育的自主发展性、研究性和职业兴趣与能力的重要性。中国与美国在这一点上差距明显。三是江苏省立第一女子师范学校附设幼稚师范的公民训练课程不足。美国芝加哥市立国民保姆养成所的课程表上虽然也缺乏类似课程，但是由于其属于高中起点，中学阶段"或已受了良好的公民训练"。苏一女师招生以小学毕业为起点，公民教育不足。这一点会造成"只知有耶稣，不知有中国"，公民意识淡薄。基于对幼儿教师教育专业性的分析，张宗麟认为加强幼儿教师教育专业性培养，一是要调整学制，"最低限度应收初中毕业生"，修业年限"以三年为准则"。二是要将专业性课程"尽量收纳于这三年之中"②。三是加强幼稚师范师资队伍建设，尤其是要解决幼稚教育方面的专业教师极度缺乏问题。

三、实验问题归纳：在理论借鉴和实践经验中寻找课程改革方向

中国化、专业化及平民化是幼儿教师教育转型的客观需求，也是幼儿教师教育领域的专家学者们所主动追求的方向。而在这三个目标诉求的背后，一方面暗示着幼儿教师教育要传播与实践五四新文化运动所倡导的科学民主理念；一方面暗示着幼儿教师教育要符合国情与实际。从这两个方

---

① 张沪. 张宗麟幼儿教育论集[M]. 长沙：湖南教育出版社，1985：762.
② 张沪. 张宗麟幼儿教育论集[M]. 长沙：湖南教育出版社，1985：763.

面出发，幼儿教师教育界进行了国外相关理论与实践模型的学习介绍，并进行了深刻细致的实验探索。课程教学是继体制和学制之后的又一个核心问题，是对于幼儿教师教育改革目标的现实依托。陶行知极力倡导师范教育改革，其最突出的策略就是实验推广生活教育理念，他对生活教育课程不仅仅积极介绍与传播，而且进行了认真的实际设计与总结。1926 年他以"天将明之师范学校——江宁县立师范学校半日生活记"为题介绍了江宁县师范学校的办学和教学状况，其中重点是课程实践改革经验，找到了生活教育在师范教育中应用的良好案例。他极其振奋，感到了"中国师范教育过了二十多年的黑夜生活"，"要看见阳光了，要吸收朝气了"。在这篇调查报告里，陶行知再次强调了乡村标准学校最需要的就是标准校长。而标准校长要有"农夫的身手、教师的头脑、社会改造家的精神"①。他写出了自己当时见到学校的学生，也就是"未来的乡村校长、教员"，感动至极，以至于数分钟哽咽说不出话，眼泪滚落不断。"这是我第一次在讲坛上流眼泪"，通过参观，他向全国县立师范学校发出倡导："不会种菜，不算学生""不会煮饭，不得毕业"②。他肯定了这所学校具有为"中国师范教育开一新纪元"的示范作用，提出"办师范更应学小学"这一极富深意的论断。那么，办幼稚师范呢？自然也就要多学幼稚园。幼师生的学习目的是要做幼儿教师或园长，那么，到"中心幼稚园"中去进行教学做合一的属于幼师生的生活教育，是应该的，也是必须的。

对于国外幼儿教育和幼儿教师教育理论与实践经验的集中的、大量的传播，加之五四新文化运动对科学民主理念的普及，唤起了幼儿教师教育界的群体觉醒。而这其中不乏有一批先行者，他们首开幼儿教师教育实验先河，张雪门就是典型代表之一。1912 年，张雪门曾受聘出任星荫小学（现宁波市海曙中心小学）首任校长，作为小学校长的他很早就注意到了小学教育与幼稚园教育的不同。1916 年，张雪门带长子张香山去慈溪保黎医

---

①　方明. 陶行知全集(第 1 卷)[M]. 成都：四川教育出版社，2005：52-53.
②　方明. 陶行知全集(第 1 卷)[M]. 成都：四川教育出版社，2005：54-55.

院看病，他走到一个祠堂前，里面幼稚园的场景给张雪门留下了深刻的印象，一位年轻女老师带着八九个孩子在做游戏，然后孩子们又围坐在一起听老师讲故事，被老师的故事深深吸引。因此，办一所独立的幼稚师范是他的理想和追求。1924 年，张雪门在北京大学兼职求学期间遇到了他的伯乐——北京大学教育系高仁山的指导。高仁山鼓励张雪门终身从事幼儿教育事业，不但把他所有的蒙台梭利、福禄贝尔写的有关书籍、文献推荐给张雪门阅读，而且将自己出国实地考察日本、英国幼儿教育所收集的资料悉数送给张雪门参考。张雪门系统修习了高仁山主讲的教育学改良、各国教育制度、近代教育原理和实施等课程，课余时间经常向高仁山请教，受益匪浅。高仁山还介绍张雪门加入中华教育改进社，该社是由留美归来的蒋梦麟、陈鹤琴、陶行知等人为组织、研究、实验、推广新教育而创办的，张雪门承担了《新教育评论》编辑部的一些编辑工作，建立了较广的人脉。除高仁山之外，张雪门还系统修习了儿童教育学、教育心理学和教育测验等课程，在北京大学旁听求学的四年当中，张雪门撰写和发表了多篇幼儿教育的文章。例如，1926 年北新书局出版了他将 11 篇论文结集成的《幼稚园的研究》一书，他在北大求学期间编译的《蒙台梭利与其教育》于1929 年出版。另外，他还专门研究了福禄贝尔的《母亲游戏辑要》和《福氏积木》等。他在北京大学系统学习了教育理论，尤其是对福禄贝尔和蒙台梭利幼儿教育理论有了更深入的钻研之后，1928 年，辞去北京大学兼职，专职于孔德南分校增设的幼稚师范科，成为自己选定幼儿教育作为终身事业的标志。①张雪门的学习经历以及办学和教学经验、课程设计等又确实为之后的私立北平幼稚师范学校所进行的课程教学实验打下了良好的基础。

　　陈鹤琴在 1940 年主持中国第一所公立幼稚师范——江西省立实验幼稚师范学校前夕，就对师范教育实验问题做过详细的旗帜鲜明的论述。他主张"师范教育一定要实验……不但师范课程要实验，教材教法也要实验，

---

　　①　喻琴，喻本伐. 张雪门幼儿教育论著选(上)[M]. 武汉：长江少年儿童出版社，2014：25.

以至师范学制种种都要通过实验和研究，才能产生一部恰当而完整的师范学校新课程"①。只有这样的新课程才能有完美的适合国情的师范教育的教材和教法，然后才有完美的师范新学制。从这一论述中，可以看出陈鹤琴对于师范学校实验的认识，同时也能看出他对于各项师范教育要素实验的重要程度的排序。显然，课程实验是整个师范实验的基础和最重要组成部分。

张宗麟特别强调了幼儿教师教育课程的专业性问题，认为儿童具有特殊性，"幼稚生在体力智力上都和到学龄的儿童不同，所以应该有不同的教育"。② 他借用福禄贝尔在其名著《人的教育》中所阐述的"教育最重要的功能是发展人类各期的生活，适应人类各期的需要，且适合于各人各期的需要"③，来说明四至六岁儿童发展的特异性以及施教的差异性。并且特别推崇用科学实验来代替福氏的神秘学说。他推荐陈大齐、陈鹤琴、凌冰所翻译和编著的儿童心理学著作，认为用心理学实证来说明"幼稚生的力量"以及"和其他儿童的差异"，会比福氏学说更加可靠。因此，幼儿教师教育课程应当更加注重儿童心理学的内容。

专家学者对清末民初幼儿教师教育课程的反思，以及对于国外幼儿教师教育课程的学习借鉴，激发了幼儿教师教育课程实验的开展动机与热情。建设良好的幼儿教师教育课程体系，改造幼儿教师教育，造就中国的、平民的及专业性的幼儿教师队伍，期待着幼儿教师教育课程实验去探索和解决。而主持这些实验的主体正是上述幼儿教师教育领域的思考者、实践者和理论家。

第二节 "生活教育"课程实验

1905 年清政府废除科举，之后先后移植和学习了日本、欧美教育制

---

① 陈秀云、陈一飞. 陈鹤琴全集(第五卷)[M]. 南京：江苏教育出版社，1991：28.

② 张沪. 张宗麟幼儿教育论集[M]. 长沙：湖南教育出版社，1985：757.

③ 张沪. 张宗麟幼儿教育论集[M]. 长沙：湖南教育出版社，1985：757.

度,但是新学办了三十年,依然被指摘"换汤不换药"。陶行知指出这种教育"不过把'老八股'变成'洋八股'"①,"洋八股"依然与生活无关,与民众无关。自杜威来华讲学,生活教育之名便成为中国教育界之口头禅。"生活教育"是针对洋化教育和封建传统教育而创立的全新的教育理论。②"生活教育"课程实验目的是寻找以生活为中心建构课程的路径与方法。

陶行知是"生活教育"的首要倡导者,也是首开"生活教育"实验的先锋。他的"生活教育"课程实验主要是在创办晓庄师范学校时期(1927—1930年)展开的,正是在这期间,陶行知将"生活教育"课程理论进行了体系化,开创了中国的科学民主现代生活教育的先河。陶行知认为生活课程是实现科学民主的现代生活、构建科学民主的现代社会的重要工具,承担着改造国民性,使国民逐步摆脱愚昧无知以适应现代民主生活的任务。生活课程不仅仅存在于某一本或几本教科书之中,而是学生学习的选择导向。陶行知把生活课程作为一种旨在改变社会基本结构状态、促进社会全面改造的课程。

陶行知在《教学做合一下之教科书》中指出:"教育好比是菜蔬,文字好比是纤维,生活好比是各种维他命(Vitamin)。"他尖锐地批评传统教科书有纤维而无维他命滋养,好比"中国小孩子的手铐,害得他们双手无能"③,它是建设、生产的最大的障碍物。晓庄的课程围绕生活展开,在这里,学校与社会打成一片,师生与农村打成一片,老师和小朋友打成一片,生活与教育打成一片。晓庄的同学说,他们来晓庄不是来"读书"的,所接受的是健康、劳动、科学、艺术以及改造社会的教育。④ 这种既有经验主义取向又有行为主义取向的课程特点,正是晓庄生活教育课程实验的独特之处。而这一独特之处决定了陶行知生活教育课程实验的样态,在课程目标、课程内容、课程组织、教学组织形式等方面别具一格。

---

① 陶行知. 陶行知教育文集[M]. 成都:四川教育出版社,2017:169.
② 孙丹年. 陶门弟子教育家孙铭勋[M]. 贵阳:贵州教育出版社,2007:24.
③ 方明. 陶行知全集(第2卷)[M]. 长沙:湖南教育出版社,1984:532-533.
④ 辛元,谢放. 陶行知与晓庄师范[M]. 南京:江苏教育出版社,1986:61.

陶行知所指的生活教育主要指的是乡村生活。他在 1926 年 11 月 21 日中华教育改进社特约乡村教师研究会第二次会议上的讲话中指出,我们的信条应该常念农民的痛苦,必须有一颗"农民甘苦化的心",才配担负改造乡村生活的新使命。他指出,我们深信生活是教育的中心,健康是生活的出发点,也是教育的出发点……我们深信师生共生活,共甘苦,为最好的教育。① 陶行知所指出的我们的信条无论是在晓庄师范学校办学宗旨、教育活动以及师范生培养方面,还是在晓庄生活课程实验方面都具有深刻的引领作用。

陶行知在《中国师范教育建设论》中谈及师范教育课程时说道:师范学校首先要问的是"教什么",这是教材问题。施教的人不能无中生有,他必得要运用环境所已有的事物去引起学生之活动。对于"教什么"这个问题,我们暂时可以下一句答语:有什么,学什么;学什么,教什么;教什么,就拿什么来训练教师。但是世界上有的东西不计其数,所有的未必是所需要的。因此,我们姑且又要加上一句答语:"有什么,学什么;学什么,教什么;教什么,就拿什么来训练教师。"②然而,生活教育课程从零到有再到完善的过程,是经历了各种的尝试与实验才最终确立起来的。

一、实验的依据:生活即教育

根据课程专家 Mr. & Mrs. Macciade 的课程分类标准,"生活教育"课程思想是一种从生活中探究教育价值的实践理论课。③ 陶行知深受杜威实验主义教育理论的影响,杜威认为"一切的学科,都是从……生活的各个方面产生的。……只要把学校和生活联系起来,那么一切的学科就必然地相互联系起来"④,也就是说"教育即生活""学校即社会"。陶行知把杜威

---

① 陶行知. 陶行知教育文集[M]. 成都:四川教育出版社,2017:149.
② 方明. 陶行知全集(第 1 卷)[M]. 成都:四川教育出版社,2005:76.
③ [美]奥恩斯坦等. 课程基础、原理和问题[M]. 柯森,译. 南京:江苏教育出版社,2002:193.
④ 滕大春. 外国教育通史(第五卷)[M]. 济南:山东教育出版社,1993:307.

的理论加以改造，"翻了半个筋斗"，改为"生活即教育""社会即学校"；同时，把他自己创立的"教学合一"的理论发展为"教学做合一"，形成了他的"生活教育"理论体系。晓庄师范生活教育课程实验的基本依据就是陶行知所提倡的"生活即教育""社会即学校""教学做合一"。

杜威的生活是从"生命"向"生活"展开的。① 而陶行知则认为，举凡个人的思想、言行，家庭生活组织，专业训练，文化知识学习，社会活动，乃至国家救亡图存，国际政治动向等，均属生活教育范畴。② 通过对环境的作用，而更新自己的过程，便是生活。他把"生活便是教育，整个的社会便是学校"这两句话作为"厘定一切学校课程的纲领"。③ 我们的课程就是我们的实际生活，两者互为一体。包括教材、教法在内，一切的课程只有与生活发生有机体之关系，才能成为有价值有意义的活动。

"生活教育"理论是给生活以教育，为生活向前向上的需要而教育，生活决定教育。生活课程内容的选择不局限于一本或几本教科书中，而要向幼稚生的生活经验中去寻找答案。因此，生活本身就是教育。晓庄师范学校的学生把陶行知比作"大船上的指南针"，陶行知说愧不敢当，他在给晓庄全体同学的信中说道："我们的真正指南针只是实际生活。"实际生活向我们提供无穷的问题，要求我们用"虚心的态度、精密的观察、实证的试验"④来解决，要破除成见，避免抄袭，创造性地解决。陶行知还指出，你们能以实际生活为指南针，而不以我为指南针，方能有第一流的建树。"我只是你们当中的一个同志，最多不过是一个年长的同志。"⑤教育要通过生活发出力量而成为真正的教育。⑥ 生活教育是生活所原有，生活所经营，生活所必需的教育，生活处处含有教育的意义。⑦ 生活教育还在于随

①　周洪宇. 陶行知研究在海外[M]. 北京：人民教育出版社，2017：408.
②　辛元，谢放. 陶行知与晓庄师范[M]. 南京：江苏教育出版社，1986：60.
③　张沪. 张宗麟幼儿教育论集[M]. 长沙：湖南教育出版社，1985：136.
④　陶行知. 教育的真谛[M]. 武汉：长江文艺出版社，2013：57.
⑤　陶行知. 教育的真谛[M]. 武汉：长江文艺出版社，2013：57.
⑥　陶行知. 陶行知教育文集[M]. 成都：四川教育出版社，2017：469.
⑦　辛元，谢放. 陶行知与晓庄师范[M]. 南京：江苏教育出版社，1986：60.

时教育、随地教育、随人教育。①"教育就是现实所面临的生活过程本身，而不是将来生活的预备。"②幼师生是通过生活过程中的直接经验和行动来学习的。以晓庄师范的生物课为例，生物指导员姚文采把捉蛇的请来，教学生捉蛇，把中国社会科学的专家请来，教学生辨认生物科别。"社会即学校"，整个社会是生活的场所，也就是教育的场所。要把笼中的小鸟放到天空中使它自由翱翔，这样才能学到真知识，练出真本领。③ 所以学校的一切教学活动应伸张到自然和社会的各个方面去。

"生活教育"课程思想，其存在形态的本质是"动"。以此为基础，通过相互交流个人发展的生活……实现从"文潜"到"知行"，从"知行"到"行知"的更名过程，表达了陶行知重视行动的思想演变。④ 这里的行动便是"做"，以"做"为中心。陶行知认为，做是发明，是创造，是实验，是建设，是生产，是破坏，是奋斗，是探寻出路。⑤ 陶行知以鲁滨逊在孤岛上求生存为例子来说明做的重要性：鲁滨逊在失望之岛上缺少一个放水的小缸，一天烧饭时，他看见一块泥土被火烧得像石头一样硬。他想，一块碎土既有如此变化，那么用这土造成一个东西，或者也能如此变化，他要试试看。他动手用土造成三个小缸的样子，架起火来把它们烧得通红。它们渐渐冷下去后，便成了三只坚固而不漏水的小缸。这里有行动，有思想，有新价值之产生——泥土变成水缸。这是做，这是"教学做合一"之做。所以，生活教育是陶行知认为的包括幼儿教师教育在内的各级各类教育的出发点和本质属性。从生活到社会(生活的场所)再到教育和学校是一个自然演化过程，实际生活就是课程，一切活动只有同实际生活发生联系才能作出价值和效果判断，教育就是对现实生活的改进与改造，就是解决一个个

① 辛元，谢放. 陶行知与晓庄师范[M]. 南京：江苏教育出版社，1986：27.
② 赵祥麟，王承绪. 杜威教育论著选[M]. 上海：华东师范大学出版社，1981：4.
③ 辛元，谢放. 陶行知与晓庄师范[M]. 南京：江苏教育出版社，1986：19.
④ 周洪宇. 陶行知研究在海外[M]. 北京：人民教育出版社，2017：225.
⑤ 方明. 陶行知全集(第2卷)[M]. 成都：四川教育出版社，2005：529.

生活中的问题。幼儿教师教育之"生活教育"课程实验的理论依据和出发点即在于此。

二、实验的目标：建构"生活力"模型

陶行知指出，课程包括了全部的生活，"一切课程都是生活，一切生活都是课程"①。陶行知对"生活教育"的定义是："Life education means an education of life，by life and for life."意思是"生活教育是给生活以教育，用生活来教育，为生活向前向上的需要而教育"②。我们的实际生活，就是我们全部的课程；我们的课程，就是我们的实际生活。这说明了课程源于生活、从属生活和服务生活的原理，大众教育的目的是要以生活为课程来教大众生活。这是陶行知在长期教育实践中，对于课程资源的全新思考。陶行知的这种课程资源观是其"生活教育"理论在课程领域里的灵活运用，"生活教育"理论是其课程资源观的理论源泉。他呼吁："为着要过有意义的生活，我们的生活力是必然地冲开校门，冲开村门，冲开城门，冲开无论什么自私自利的人所造的铁门。"极力主张把学生从学校这个"鸟笼"中放飞到大自然中去自由翱翔，到生活的大风大浪中接受人生洗礼，学习人生之道。与此同时，陶行知还提出了"把学习的基本自由还给学生"的观点。"生活教育"课程是以围绕着教儿童和民众学什么与怎么做，以及怎样实施学校和社会改革计划为中心的。③ 做是所有计划的核心，生活、工作、学与教完全和谐统一；这些不是个体化的活动，而基本上是团体活动。课程内外活动没有明显的界限，学生和老师在教与学上享有更多的自由。

陶行知将生活作为学校的中心内容，反对脱离社会生活的"死教育""死学校"，并不是主张取消学校。"生活教育"要求是：整个的生活要有整

---

① 江苏省陶行知教育思潮研究会，南京晓庄师范陶行知研究室. 陶行知文集[M]. 南京：江苏人民出版社，1981：209.

② 江苏省陶行知教育思潮研究会，南京晓庄师范陶行知研究室. 陶行知文集[M]. 南京：江苏人民出版社，1981：694.

③ 周洪宇. 陶行知研究在海外[M]. 北京：人民教育出版社，2017：79.

个的教育。每个活动的取舍和教学都要从整体上去考量。① 教育并不是消极的适应生活，教育对于生活是有反作用的，教育反作用于生活，选择和改造生活。"生活教育"课程要求一切教材都围绕着活动而学习。活动课程要求儿童通过直接经验来学习，所以又称为经验课程。与活动课程相适应的教学方法是设计教学法，所以它又称为设计课程。活动课程的实施分若干单元进行，因此又称单元课程。②

课程目标的设定标志着陶行知"生活教育"课程实验的具体落实，课程为社会需要与个人能力调剂的工具，这是一种精细的手续，需要专门的学识，兼顾个人能力和社会需要两方面。1919 年 7 月 22 日，陶行知在浙江第一师范学校毕业生讲习会上发表演讲，明确指出，课程要符合社会和个性两个方面的标准。对于社会方面，是否符合世界趋势和潮流，课程结束后，能否做一个有力的国民；对于个人方面，要看课程是否为学生个性发展所需要，不可以因为一百个学生里只有七八个学生用过代数且只需一星期，牺牲九十多个没有用过代数的学生。③ 通过生活教育，"培养乡村人民儿童所敬爱的导师"④。这也是晓庄师范学校的总目标。对于晓庄师范学校幼稚师范院来说，就是要通过"生活教育"课程实验，培养出有"看护的身手""科学的头脑""艺术的兴趣"以及能成为"儿童的伴侣""乡村妇女的朋友和导师"的乡村幼稚园教师。幼师生不但能够掌握照顾自己的生活技能，而且要能够通过改造自然环境、改造社会环境，提高大众的生活质量。

晓庄师范学校经过各种尝试，最终确立了以"生活历"为课程、教材、教法之切要工具，而幼稚师范院则在"生活历"统一指导下，着力培养幼师生的"生活力"。⑤"生活历"使一切教、学、做有所遵循。陶行知为《教育大

---

① 方明. 陶行知全集(第 2 卷)[M]. 成都：四川教育出版社，2005：452-453.
② 陈侠. 课程论[M]. 北京：人民教育出版社，1989：147.
③ 方明. 陶行知全集(第 1 卷)[M]. 长沙：湖南教育出版社，2005：272.
④ 辛元，谢放. 陶行知与晓庄师范[M]. 南京：江苏教育出版社，1986：20.
⑤ 方明. 陶行知全集(第 2 卷)[M]. 四川教育出版社，2005：473.

辞典》撰写"生活历"词条。他指出"生活历"是一种生活日程,系有定期生活之系统,亦即有定期教育之系统。定期生活可区分为定季、定日、定时数种。"生活历"动摇了传统课程、教材、教法之根本,所有的课程、教材、教法都要受"生活历"的支配才能称之为活的学校、活的教科书、活的教学。晓庄师范学校与平常学校最大的不同,在于其全部课程就是全部实际生活,没有课外的生活,也没有生活外的课程。

晓庄师范学校幼稚师范院幼师生的"生活力"培养,主要是指通过生活课程,养成幼师生改造教育与社会的能力,积极向上的品质,多动手多动脑的习惯,能为大众谋幸福,解放大众生活。围绕"中心幼稚园",以乡村的实际生活为出发点,最终革除幼稚园外国病、富贵病及花钱病的弊端,创设平民化、经济化以及适合于乡村儿童的生活课程。从幼师生个人来讲,生活教育课程改造的目的,就是通过生活锻炼,使其能获得生活能力,解决实际问题;从社会需要来讲,就是通过生活课程学习,具备改造社会的能力以及承担社会的责任,成为"改造乡村生活的灵魂……培植最有生活力的农民"[1]。通过改造农村,改造社会的实践活动,来培养幼师生具有"改造社会的精神"[2]。

晓庄师范学校每一天的生活都体现着生活教育内涵,体现着"生活力"的培养。学校每天早晨五时有一个十分钟至十五分钟的寅会。寅时相当于早晨的三点到五点,每天早晨五时召开寅会,取"一日之计在于寅"之意。寅会由师生轮流主持。筹划每天应进行的工作,寅会毕,即武术。本校无体操课,即以武术代。上午大部分时间阅读。所阅读之书,一为学校规定者;一为随各人自己性之所好者。下午工作有农事及简单仪器制造、到民间去等。晚上有平民夜校及做笔记、日记等,这是晓庄师范学校大概的生活,[3] 也是以"生活历"培养"生活力"的鲜活表证,幼稚师范院的幼师生之校内生活就是这样一个节奏。

---

① 陶行知. 陶行知中国教育改造[M]. 长春:吉林出版集团,2017:73.

② 南京晓庄师范陶行知研究室《陶行知先生与晓庄师范》1980 年版,第 13 页。

③ 方明. 陶行知全集(第 1 卷)[M]. 长沙:湖南教育出版社,2005:289.

晓庄师范学校所开设课程处处体现了生活即教育、社会即学校、教学做合一的生活教育理念，突出对师范生"生活力"的培养。体现着陶行知教育要改善人民的生活、实现民族再造之目的。例如，在讲社会规则时，陶行知以挑水打井规则制定过程为例，生动地讲了这项课程内容，告诉师范生如何以生活中的问题来讲社会规则，而不能去抽象地讲社会规则，其目的是培养师范生对社会治理方面的初步认知和能力；再如，直接以生产劳动学习来培养师范生生活力。陶行知利用帮母亲修表的机会，拓展生活课程，带晓庄的一名老师和三个学生去修表店观摩，最终老师和学生都学会了修手表。① 这充分体现了围绕生活展开的"生活教育"思想。

三、实验的内容：实施三类课程

晓庄师范学校"生活教育"课程实验将学校课程分为劳动教育课程、学科课程以及生活活动课程。这样，一方面涵盖了师范生生活的各个类型，另一方面打破了呆板机械的分科课程模型，以生活为中心组织课程，包括幼师生在内的师范生整体性、单元性发展以及教学做合一得以充分体现。

（一）劳动教育："生活教育"的必修课

劳动教育是晓庄师范学校的必修课，也被称为改造晓庄社会环境的课程。其内容除了包括学校里的日常劳动课程之外，还包括进行乡村调查、大众教育、合作组织、为农民开展文娱活动等。劳动教育是生活课程实验中不可缺少的重要的内容。"农夫的身手"指的就是能劳动，能吃苦，能实干。由于晓庄师范学校在创办时一无所有，校舍所有的建筑都是晓庄师生共同劳动的结果。包括宿舍、厨房、厕所、图书馆、"犁宫"（大礼堂）、科学馆、艺术馆、办公室、教室、陈列室、应接室、动物园、试验农场（种植、饲养）、勤工俭学会等都由师生共同参与建设。"犁宫"大门口写着一

---

①　方明. 陶行知全集(第12卷)［M］. 长沙：湖南教育出版社，2005：37-40.

副对联："和马牛羊鸡犬豕做朋友，对稻粱菽麦黍稷下功夫"，以此表示晓庄师生要过农民一样的劳动生活，养成农夫的身手，培养农民的感情。①戴自俺回忆他参与晓庄入学考试的特殊经历时写道：

> 这个学校的入学考试十分奇特：第一堂是考劳动。在一个斜坡下，进行开荒。用石灰划成一条一条的线，每个考生一条荒土。八点开始，十一点才结束。哨声一响，像比赛似的向荒山进军。结束时，指导员(后来才知道那是从金陵大学到晓庄兼课的教授邵仲香先生)检查成绩，不仅看开垦的成绩，还要看两手的成绩。我的左手起了泡，右手还出了一点血，老师看了点点头，在记分簿上写了点什么，连连说道："蛮好，蛮好!"对铭勋的成绩也表示满意。作文，三分钟的演讲，我们都没感到太大的困难。最困难的是100道常识试题。其中有："现在南京的猪肉卖多少钱一斤？豆腐卖多少钱一块？草鞋卖多少钱一双？豆油卖多少钱一斤?"我们毫无所知，闹了不少笑话。②

例如，建立试验农场。这是师生学习农事劳动的基地。每个学生分配菜地一分，普通农作物地五分，荒山地一亩，各人包干耕种，收获的农产品交农场收购，学生可获得一定经济收入。农场里也有其他农民耕作，为学生示范。晓庄的师生过着"日出而作，日落而息"的农民生活，体验着农民的甘苦。晓庄农场还负责指导学生饲养家畜，有牛、羊、驴、鸡、鸭、鹅、猪、狗、猫等。晓庄还有一个大渔塘，是师生养鱼的场所。在晓庄的实验幼稚园里，学前班的儿童在幼师生的指导下办起了小农场，他们饲养着自己的动物，栽种着自己的植物。从非常小的年龄起，就开始培养其生活学习的兴趣。③

再如，建立勤工俭学会。其目的一是补助经济困难的学生，二是深度

① 辛元，谢放. 陶行知与晓庄师范[M]. 南京：江苏教育出版社，1986：21.
② 孙丹年. 陶门弟子教育家孙铭勋[M]. 贵阳：贵州教育出版社，2007：22.
③ 周洪宇. 陶行知研究在海外[M]. 北京：人民教育出版社，2017：553.

推进劳动教育。这在当时的中国是"破题儿第一遭"①，为中国学生界开辟了一条新生路，对培养青年的独立性和改变中国学生界鄙视劳工的公子小姐腐化习气有开一代新风之意义。另外，校内一切杂务，包括扫地、抹桌，甚至烧饭、炒菜都由师生轮流分担。陶行知对此做法的解释是师范生去乡村里当教师，不会烹饪，就要吃苦。并列举从前科举文人的例子，因赶考需要，大多数会烹饪。因此，晓庄的口号是："不会种菜，不算学生，不会烧饭，不得毕业。"②陶行知于1946年5月初在生活教育社上海分社筹备会上讲话时，回忆晓庄充满"诗意"的生活时，指出："男生以开荒掏粪、女生以倒马桶作为考试内容，并将挑水挑粪作为运动。"③晓庄师范学校没有围墙，农民随时可到学校里去。每家农家住有一两个学生，帮着扫地抹桌等，跟农民生活在一起，相互学习。学生和农民熟悉交流后，学生重新发现自己也有一双手，农民发现自己还有一个头脑。陶行知很善于发掘劳动的意义，他经常教育大家："烧饭是一种美术的生活。……一餐饭烧得好，能使自家吃得愉快舒服，也能够使人家愉快舒服，岂不是一种艺术吗？""扫地抹桌，是养成扫除肮脏的习惯。……我们要能随时随地，见肮脏就除，见污秽就扫，必使家庭无肮脏，社会无肮脏，国家无肮脏，世界无肮脏而后已。"④

(二)学科课程：围绕"生活教育"实施

晓庄师范学校"生活教育"课程实验非常重视读书学习。但是，陶行知反对读死书，不为读书而读书，要为应用而读书。学生读的书籍分两种：一是学校规定的必读书目；一是课外自由阅读的书目。陶行知说："晓庄看书的时间是有规定的，所看的书也是有指定的，但比别的学校是自由得多。学校每月布置一次必读书，如晓庄第一年六月份必读书有《高中心理

① 辛元，谢放.陶行知与晓庄师范[M].南京：江苏教育出版社，1986：22.
② 辛元，谢放.陶行知与晓庄师范[M].南京：江苏教育出版社，1986：23.
③ 陶行知.教育的真谛[M].武汉：长江文艺出版社，2013：56.
④ 辛元，谢放.陶行知与晓庄师范[M].南京：江苏教育出版社，1986：24.

学》《乡村教育经验谈》。至于自由阅读的书籍，则由各人根据爱好特长选择，但阅读时须做好笔记，月终进行检查考核。陶行知说："只知读书不会做别的事，便是书呆子，书呆子和只会吃饭的饭桶一个样子。"晓庄图书馆内有一副中堂："种瓜得瓜，种豆得豆，种是因，得是果。做什么事，用什么书。"①

科学教育是晓庄师范学校"生活教育"课程重要的内容之一。"科学的头脑"是晓庄师范学校第二个培养目标。"科学的态度是乡村教师最应有的态度"②，师范生须对科学有浓厚的兴趣，应注重实验并推广应用科学方法到农村中去，指导农民种田，幼师生也不例外。

陶行知更主张重视读活书。什么是活书？他认为花草树木飞禽走兽等都是活书，活的人、活的社会、活的问题、活的文化，是活的知识宝库，也都是活书。他说，活的书只可活用，不可死读。新时代的学生要用活书去生产，用活书去实验，用活书去建设，用活书去革命，用活书去建立一个比现在更可敬可爱的社会。所以晓庄师范学校的学生更多的是要到大自然中去，到社会中去，学习、研究、探讨，汲取活的知识，掌握真的本领。

晓庄对师范生还有一种"特殊训练"，即"专业训练"。在课程设置上没有一般学校那些国语、数学、史地、理化等基础学科，而是内含在各种"教学做"活动中，既进行专业训练，使之能够继续学习和提高科学文化知识水平。因此，晓庄师范学校的上课不同一般，不是教师在讲台上滔滔不绝地讲，学生坐在下面呆板地听，而是在实践中，师生共同探讨问题，研究问题。例如研究鱼类，师生就在校内池塘里养鱼，订出"养鱼教学做"的计划；研究园艺和农业，就请老农与农业专家来指导耕种。

1928 年，陶行知提出"本年进行计划，首重科学之发展"，而科学中尤其注重生物学。他将这一决定的缘由概括为：生活中的生物材料用之不

---

① 辛元，谢放. 陶行知与晓庄师范[M]. 南京：江苏教育出版社，1986：26.

② 辛元，谢放. 陶行知与晓庄师范[M]. 南京：江苏教育出版社，1986：24.

尽，随处可见，较理化各科省钱，同时，能激发师范生学习兴趣。1929 年
1 月陶行知致信在无锡县开原乡任教的叶刚，指出生物学要向儿童瞄准才
最为有效，"生物学是乡村学校培养科学头脑最简便、最省钱、最有趣味
的学科。不注重生物，便不成为乡村学校，便在改革打倒之列"①。同时，
陶行知在与郑先文讨论晓庄的生物学之方针时指出，晓庄的生物学不同
于实验的杀生，而应注重养生，他指出"我们的责任在指导孩子和生物
做朋友，认识它，爱护它，研究它，等它死了再把它陈列出来，作为永
久之纪念"②。这才是生物学之康庄大道。在专业组织方面，晓庄师范学
校在中国科学社的支持和协助下，正式成立了"晓庄科学社"。在其宣言
中说："要促进文明，一须努力于科学的发明，一须努力于科学的
传播。"③

(三)生活活动课程："生活教育"课程的核心

晓庄师范学校的全部课程都是围绕着乡村生活以及"教学做合一"理念
来实验的。从《天将明之师范学校》和《试验乡村师范学校幼稚师范院简章》
中，可以看出，陶行知将试验乡村师范的课程设置为"全部生活"，"没有
课外的生活也没有生活外的课程"。④ 其内容由中心学校的需要来确定，
并与生活、生产以及社会政治生活实际紧密联系。为了造就具有"生活
力"的合格的乡村教师，晓庄师范学校的生活课程分为五部分：中心校
活动教学做(3 学分)、中心校行政教学做(3 学分)、分任院务教学做(6
学分)、征服自然环境教学做(16 学分)、改造社会环境教学做(5 学
分)。⑤

①　方明. 陶行知全集(第 8 卷)[M]. 成都：四川教育出版社，2005：232.

②　方明. 陶行知全集(第 8 卷)[M]. 成都：四川教育出版社，2005：232.

③　辛元，谢放. 陶行知与晓庄师范[M]. 南京：江苏教育出版社，1986：28.

④　北京市陶行知教育思想研究会. 陶行知研究[M]. 长沙：湖南教育出版社，
1986：224.

⑤　方明. 陶行知全集(第 1 卷)[M]. 长沙：湖南教育出版社，1984：656-658.

1. 以"生活教育"为核心的课程设置

晓庄师范学校生活课程的具体内容①

活动分类	具 体 内 容
中心学校的活动	国语、公民、史地、算术、自然、园艺农事、游戏体育、艺术、童子军、其他学生活动
中心校行政活动	整理校舍、美化校园、教学设施、卫生、教务、财务
院务活动	文化、会计、庶务、伙房、卫生、写作、接待
改造自然的活动	科学农业、手工制作、卫生、其他
改造社会环境的活动	村民自治、平民教育、合作组织、乡村生活调查、农民娱乐

1928 年梁漱溟在《参观南京晓庄学校所见》中对晓庄的生活课程做了详细的阐述。第一部分中心校活动教学做。所有的活动都围绕着中心校(中心幼稚园)内日常生活所需展开；第二部分中心校行政教学做。全部由学生分担，包括整理校舍、布置校景、设备设施、卫生、教务等方面；第三部分分任院务教学做。在校学生，每人都有他的职业，校内无所谓教员职员，而称为指导员。所有学校的教务、文牍、缮写、会计、庶务、校具保管、烹饪、洒扫、整理、招待、图书管理等，都由学生去学去做；在他们做时，指导员便在那里指导他们。这是分任校务教学做，占全部时值15%。② 第四部分是征服自然环境教学做。包括科学的农业教学做、基本手工教学做、卫生教学做以及其他教学做。在校生每人都有半亩耕地；这半亩耕地，算学生向学校租佃，每年要缴纳二元的田租。学生要种稻种菜还是其他的蔬果，都可以听从他自己，并由这方面的指导员担任指导，还有专门的顾问会和设计会专门帮助学生们，指导他们耕地。田里的劳作是每天都有的，并且夏季更忙，所以他们学校是没有暑假放的。征服天然环

---

① 童富勇，胡国枢. 陶行知传[M]. 北京：教育科学出版社，1991：116-117.

② 梁漱溟. 梁漱溟全集(第4卷)[M]. 济南：山东人民出版社，2005：847.

境教学做，占全部时值 20%。① 第五部分是改造社会环境教学做。因为晓庄学校养成的人才是要在乡村做儿童和民众的导师，所以除了预备为儿童教育之外，还要为改造社会事业努力。包括村自治教学做、平民教育教学做、合作组织教学做、乡村生活调查教学做以及农民娱乐教学做。晓庄师范学校为走近村庄做了许多改革村庄之事：组织建立联村救火会，联村修路会，联村消费合作社；还为乡村自治、乡村妇人改革运动做了很多预备事体。学校里有女生，它招收女生尤其注意招收本校男生的未婚妻。招生简章上有一条说："现任乡村教员之夫人或未婚妻，对于学业资格可以通融。"这明明是希望一对夫妇同为农村导师，共同改造社会。这是改造社会环境教学做，占全部时值 15%。② 晓庄学校没有校役，什么事都由学生、指导员亲自去做。如做饭每日三人轮流，打钟也轮流，防匪守卫的事情也是轮流去做。因此，梁漱溟曾描述晓庄的生活课程：我在那里住一夜过两天的生活，它每日的生活秩序：早晨天未明起床，举行晨会。全校的人都到，首先唱校歌《锄头镰刀歌》，其次有各种办事的报告，各种讨论。晨会后便是早操。早操有两种：一种是武术，一种是军事训练。早操的时间不长。学校的活动，各部组织及办事人，都是它的学生。学校秩序的维护也用自治的办法。晓庄的课程围绕生活展开，一切都很平民化，学生穿短衣服，时常光着脚如同农夫般。

　　除此之外，晓庄师范学校幼稚师范院在培养幼儿教师时依照其生活课程，结合幼师培养的特殊性，在具体的课程内容上设置了独特内容。《试验乡村师范学校幼稚师范院简章》第七条明确规定：本院只用校工一名，担任挑水烧锅事务。其余一切操作，皆列为正课，由学生躬亲办理。第四条明确规定幼稚师范院的课程包括中心蒙养园活动教学做、中心幼稚园活动教学做、中心小学幼稚园活动教学做、分任院务教学做、儿童文学教学做、园艺教学做、自然科学教学做、美术教学做、音乐教学做、家庭教学

①　梁漱溟. 梁漱溟全集(第 4 卷)[M]. 济南：山东人民出版社，2005：848.
②　梁漱溟. 梁漱溟全集(第 4 卷)[M]. 济南：山东人民出版社，2005：848.

做、医药卫生教学做、乡村妇女运动教学做。① 十二项课程无不围绕晓庄生活教育课程展开。

晓庄"生活教育"课程的目的性和计划性主要体现在三张生活计划表中,一张是"当天的工作",一张是"本周的工作",一张是"本月的工作"。这是学校统一的"生活教育"课程内容。② 除此之外,个人的"生活教育"计划,如做事、读书等情况都要有详细记录,生活部考核组随时检查生活教育落实情况,最后个人把效果和不足填写在"效果"一栏里,作为"生活教育"考核的依据。

2. 围绕"中心幼稚园"开展的"生活教育"课程实验

从"生活教育"理论出发,导师是儿童的中心,生活是全部课程的中心,小学和幼稚园是师范的中心。③ 乡村幼稚园是乡村师范的中心,乡村幼儿的生活应当作为课程的中心。以此为出发点,晓庄师范学校幼稚师范院的师生围绕着"中心幼稚园"开始了"生活教育"课程实验。

燕子矶幼稚园作为中国第一所乡村幼儿园,自1927年创立之日起,就在陶行知的带领下开展了乡村幼儿教育实验,其中实验的重点便是课程。除此之外,陶行知及其学生先后创设了晓庄幼稚园、和平门幼稚园和迈皋桥幼稚园等多所乡村幼稚园。这些幼稚园都是陶行知实施"生活教育"课程,培养幼稚园教师的实验基地。"中心幼稚园"在"前方",晓庄师范学校幼稚师范院作为"后方",紧密围绕乡村儿童生活需要组织相关的活动性课程——制定课程计划、课程资源开发以及课程实施。

(1)围绕全年生活制定"生活教育"课程计划

从晓庄师范学校幼稚师范院课程编制的时间角度来看,分为全年、月、周和天计划。课程编制强调因时制宜,因地制宜。一是全年的活动计划。"中心幼稚园"的全年生活又称"幼稚生生活历",结合当地的时节特

---

① 方明. 陶行知全集(第2卷)[M]. 成都:四川教育出版社,2005:324.
② 辛元,谢放. 陶行知与晓庄师范[M]. 南京:江苏教育出版社,1986:61.
③ 戴自俺,龚思雪. 陶行知幼儿教育的理论与实践[M]. 成都:四川教育出版社,1987:204.

点、地理位置以及民俗节气而制定，按照季节、动植物、农事、风俗以及儿童卫生等八项内容来展开。二是每月、每周的活动计划。"生活表"详细记录每月和每周的计划和步骤，一方面，每月都有一个预算会议，决定该月注意事项有哪些；另一方面，每周的生活，要分析判断每个活动的步骤。在进行前，检查过去一周活动进展如何。三是每天的活动计划。每天活动最重要的是把儿童昨天提出来的感兴趣的问题作为课程的重要依据。即以"当天的生活环境的刺激和儿童的兴趣"为依据。① 由此可见，幼师生"生活教育"课程注重预设和生成的完美结合，注重"前方"和"后方"的完美结合。

（2）利用乡村资源开发"生活教育"课程资源

在选择课程材料时，晓庄师范学校幼稚师范院的师生非常注重围绕儿童日常所见、触手可及的材料来选择。乡村幼稚园处于大自然中，花草树木皆为儿童所爱。乡村幼稚园课程资源开发最重要的特点是根据乡村的环境特点选择儿童熟悉和取材方便的活动材料和故事材料。具体来看包括几个类别：一类是土货点心，如大豆、红薯、蚕豆之类；一类是可爱的动植物，如芦苇、蝌蚪、蜜蜂、小雀等；一类是随手可得的手工材料，如泥沙、果核、鸡蛋壳、麦秆、玉米秆等。这些乡村随处可见的材料都是宝贵的"生活教育"课程资源。晓庄师生在"中心幼稚园"围绕这些乡土资源细致深入地挖掘了这些材料本身的用途。

（3）"生活教育"课程在中心幼稚园的个体设计组织

晓庄师范学校幼稚师范院师生在"中心幼稚园"进行了"生活教育"课程的设计组织。课程内容根据乡村儿童实际情况，包括户外活动、卫生习惯、看护小的儿童以及培养读书法四个方面的设计组织。如根据乡村卫生条件差的状况，重点设计了关注儿童饮食生活习惯、从小养成良好的卫生习惯等"生活教育"课程内容。

---

① 戴自俺，龚思雪. 陶行知幼儿教育的理论与实践[M]. 成都：四川教育出版社，1987：140.

1929 年晓庄师范学校蟠桃学园成立，随后又成立了幼稚教育研究会，发动了更多的"中心幼稚园"进行"生活教育"课程实验。不同的"中心幼稚园"所开展的课程实验有所侧重，如和平门幼稚园负责实验"故事"，而迈皋桥幼稚园则负责与小学低年级沟通。① 与此同时，幼稚师范院师生就"中心幼稚园""生活教育"课程实验过程中存在的问题进行反思和学习，其间多次去鼓楼幼稚园等参观学习，尝试对"生活教育"课程进行新一轮次的实验。

孙明勋和戴自俺合著的《晓庄幼稚教育》中对燕子矶幼稚园、晓庄幼稚园以及和平门幼稚园的开办做了详细的介绍。例如，蟠桃学园成立后，燕子矶幼稚园与晓庄幼稚园的全体同志来开了一次会，决议每两礼拜出去参观一次，如参观中大实小幼稚园和鼓楼幼稚园等。参观的目的在于取别人的长处补自己的短处。"看人家的长短，首先自己要有一根量尺，而这量尺就是自己的经验"。对于进城参观幼稚园，从哪几个方面来参观学习，经过商量后最终确定了三个目标：一是值得我们取法的是些什么？二是应该避免的是些什么？三是我们不明了而应该提出讨论的是什么？②例如，孙铭勋带领全体同志到鼓楼幼稚园进行参考学习，围绕以上三个方面的目标做了详细的记录。③

    A. 足以取法的：教师对待小朋友，有温柔庄重的态度，言语低声而清白，且能满足儿童的要求。因此，室内空气，温和而纯静，不似中大的烦躁。(中大实小幼稚园)手工、图画、读物，以及壁上的装饰与前次不同，可见他们已换了许多单元与材料。教师对待客人，和蔼而小心，能轻声谈论，尽量答复客人的问题。小朋友团体活动时，

---

① 戴自俺，龚思雪. 陶行知幼儿教育的理论与实践[M]. 成都：四川教育出版社，1987：203.

② 戴自俺，龚思雪. 陶行知幼儿教育的理论与实践[M]. 成都：四川教育出版社，1987：153.

③ 戴自俺，龚思雪. 陶行知幼儿教育的理论与实践[M]. 成都：四川教育出版社，1987：154-156.

不拍手走圈子。

B. 应该避免的：节奏动作时，小朋友的跳不用脚尖而用脚跟。出自小朋友动手做的图画手工的成绩很少。每天洒扫不由小朋友做，而只是每月大扫除一次。散学时，有的小朋友仍想在园里活动而教师不允许。

C. 应该讨论的："今天我们的小领袖是△△△"的牌子，应该有否？已是冬天，应不应还有午睡？

通过今天的考察，发现对方的长处，反思自己的做法，"人家的长处是我们所未有，而人家的短处未必是我们所无"，经过讨论，确定了今后努力的方向，有下面的几点：

第一，把小凳子在教室内摆成弧形，一天到晚也不变动的办法，在两月前我就感觉到有改造的必要，但只感觉到而未能实行。现在，这办法是非取消不可。

第二，关于活动的方式，整队入室，走圈子，唱早安歌，唱星期歌，天天如是，永久不变，这是非改造不可。前次，曾和自俺谈过，我们不应该这样刻板，应该活动，应该随小朋友的兴趣，满足他们的要求。譬如：现在小朋友喜欢画圈，就给他画图。画了一张还不够，就给他画第二张。我在前天也试验过一天，觉得这样的办法，儿童的兴趣与成绩都较好，虽然在教师方面也有不少的困难。

第三，壁上的装饰，要随时令随课程而变换，不能一种装饰经过若干时间还不改一次。因为壁上装饰对儿童情感兴趣有直接的影响，装饰不同，则他心里所起的反应也不同。若我们定一个单元，谈话、故事，自然要依照单元取材。读书、唱歌、手工等，也要依照单元取材。而常常映入儿童眼帘、刺激儿童心灵的装饰，更要依照单元而变换。

第四，上课（？）——在生活教育的原则之下，本无上课二字——的时间界限也要打破。若是定于某时摇铃上课，则除了上课的时间之外，就不是上课，教师就可以不负责。"生活即教育"，过某种生活便是受某种教育，便应该施以某种指导。"游戏即工作"，儿童的一切工作是游戏，我们都应加以指导。所以，只要有一个儿童到了幼稚园以后，一直到儿童完全出了幼稚园的一段时间之内，都是上课的时间，都是教师负责的。

通过参观鼓楼幼稚园，总结经验反思自己，最后决定每周四开会一次，预定下周的单元活动，总结上周的经过及困难问题，对课程进行改造并制订单元计划。从孙明勋的日记中可以看到对燕子矶幼稚园、晓庄幼稚园及和平门幼稚园课程进行改造之后的记录。① 例如，11 月 7 日樱花村会议，晓庄幼稚园建在樱花村，总结近数月以来晓庄幼稚园存在的问题，要在樱花村创造一个新颖而活泼的意境。首先，不拘泥于固定的教室，把幼稚园放到大自然里去；其次，打破时间限定，儿童在园的时间都是在上课，取消上课的形式，大部分时间进行户外活动，偏重个别活动，减少团体活动。每周开全体会议两次，第一次是报告参观所得，第二次是报告本周的经过，预定下一单元的活动。②

"生活教育"课程实验在中心幼稚园层面的设计组织，突出了以下重点：一是以儿童为中心，满足儿童的兴趣和需求，高兴做某事就给他做某事，教师以指导为主；二是不拘泥于固定的教室，把幼稚园放到大自然界里去；三是打破时间限定，儿童在园的时间都是在上课，取消上课的形式，大部分时间进行户外活动，"偏重个别活动，减少团体活动"③，给儿童自由，增加户外活动时间，减少室内生活；四是以游戏为主要活动形式，多设置活动的课程，增加谈话、故事、游戏、唱歌等活动。

---

① 戴自俺，龚思雪. 陶行知幼儿教育的理论与实践[M]. 成都：四川教育出版社，1987：156-172.

② 戴自俺，龚思雪. 陶行知幼儿教育的理论与实践[M]. 成都：四川教育出版社，1987：158-159.

③ 戴自俺，龚思雪. 陶行知幼儿教育的理论与实践[M]. 成都：四川教育出版社，1987：158.

四、结果与影响："生活教育"课程理论与实践体系形成

"生活教育"课程实验包括了生活教育的方方面面，从"生活教育"课程目标的制定到内容的选择上处处体现了"乡村生活"的特色与晓庄师范学校自身的风格。这一实验的实施无论是为幼儿教师教育课程理论建构，还是为中国近代幼儿教师教育课程制度创生，抑或为幼儿教师教育中国化、平民化课程实践探索，都打下了坚实的基础，产生了广泛和深远的影响。陈鹤琴在1940年创办江西省立实验幼师，很多方面都是仿效陶行知办晓庄师范学校的办法。① 陈鹤琴之子陈一飞在《回忆父亲陈鹤琴》中说道："1940年，父亲也怀着与陶先生同样的气魄，仿效他的精神在江西泰和的荒山上开辟了中国幼稚教育的新园地。"②当时的生活艰苦，条件困难，陈鹤琴亲自去勘察校址，亲自设计宿舍，亲自去请木匠、瓦匠。和学生在一起，开荒筑路，编草盖房，烧菜煮饭，亲自上山寻找水源。组织学生边学习、边劳动、边读书、边实践的办学实践，某种意义上就是晓庄师范学校的再现。

（一）丰富了幼儿教师教育的内容

"生活教育"课程实验为各级各类学校实施生活教育提供了一种纲领性的指导思路。陶行知认为，生活课程标准的设定以能满足学校的特殊需要为依据。也就是说，课程应具有"伸缩性和多样性"，应该依社会之需要，增添或删减课程去适应和指导学校的特殊性。学校办学方向和目标不同，课程内容就应该不同。对于幼儿教师教育来讲，就是不应该用固定的课程标准来框定各个幼儿教师教育机构的课程结构，这就为幼儿教师教育课程改革走向民主提供了明确的理论依据，"生活教育"课程实验有力地证明了

---

① 北京市教育科学研究所. 怀念老教育家陈鹤琴[M]. 成都：四川教育出版社，1986：85.

② 北京市教育科学研究所. 怀念老教育家陈鹤琴[M]. 成都：四川教育出版社，1986：288.

这一点。

旧式的以文字为中心的教科书，是与生活隔绝的。好比"有纤维而无维他命之蔬菜，吃了不能滋养体力"①。"生活教育"课程的组织受道尔顿制、文纳特卡制等教学组织形式的影响，而显示了其独特性和民主性。晓庄师范学校"生活教育"课程的创设，打破了传统呆板的文字教科书之魔咒，一切场所都是教室，没有固定的授课时间，只有随时随地的学习指导，只有活动教学，没有照本宣科，随时随地解决遇到的问题，陶行知将这种"生活教育"课程组织形式称作"小先生制"。但是，在幼儿教师教育课程追求民主化的同时，陶行知也并未忽视其科学化标准追求，强调不要一盘散沙，而要有序、有计划、有诊断、有审核地进行。他对幼儿教师教育之"生活教育"课程科学化的表达，恰恰支持和诠释了其民主化的深层内涵。陶行知在 1930 年《晓庄三岁敬告同志书》中，提出了对生活教育评价标准的要求：整个的生活要有整个的教育，"每个活动都要有目标，有计划，有方法，有工具，有指导，有考核"②。晓庄师范学校"生活教育"课程的三张"生活计划表"充分说明了这一点，他指出教育要与训育紧密相连，两者密不可分。

美国专家克伯屈曾评价中国二十五年前的幼稚园一切都是机械的，一律的天天在那里拍拍手，走走圆圈，一个教师在那里弹着琴……总之，一切活动都是机械的、千篇一律的。但是，在他 1929 年来晓庄师范学校参观时，却对晓庄的做法高度赞赏。陶行知带领克伯屈来到晓庄师范学校幼稚园的农场，参观小朋友种的东西和燕子矶幼稚园，克伯屈称赞说："这些我在外国倒还没有看见过，这是很好的一种办法。"③他指出在这所学校，不读死书，而是在生活上直接接触。"办教育用这种方式，可负引导农民的使命，使合乎现代的思潮。"④克伯屈在谈对晓庄师范学校的感想时忍不

①　方明. 陶行知全集(第 2 卷)[M]. 长沙：湖南教育出版社，2005：533.
②　方明. 陶行知全集(第 2 卷)[M]. 长沙：湖南教育出版社，2005：452-453.
③　方明. 陶行知全集(第 2 卷)[M]. 成都：四川教育出版社，2005：384.
④　周洪宇. 陶行知研究在海外[M]. 北京：人民教育出版社，2017：342.

住说道："我现在无论到什么地方，都要宣传中国的晓庄有一个试验学校，把这里的理想和设施宣传出去，让全世界的人知道！"①陶行知在1936年《生活教育》第3卷第2期发表的《生活教育之特质》对"生活教育"做了重新修订，指出"生活教育"的特质，除了不仅是生活的，行动的，更重要的还是"前进的，世界的，有历史联系的"②，从而丰富了生活教育的内涵，这一点同样与晓庄师范学校幼儿教师教育课程实验探索分不开。

（二）为中国近代幼儿教师教育课程制度提供了可供参考的雏形

在《试验乡村师范学校幼稚师范院简章》中关于"生活教育"的课程包括中心蒙养园活动教学做、中心幼稚园活动教学做，以及中心小学幼稚园活动教学做等在内共设置了十二项，③ 十二项课程无不围绕生活展开，有效拓展了幼儿教师教育课程的内涵。在生活教育指导下的劳动教育课程、学科教育课程、生活活动课程，不仅仅对乡村幼儿教师教育课程体系做了全面探索，而且这一课程结构对于普通幼儿教师教育课程体系法规建设也起到了重要的启示引领和支撑作用。例如，陈鹤琴创办的江西实验幼师，借鉴晓庄"生活教育"课程实验的模式，在学校办了一个实验工场和一个实验农场。其中，实验工场主要做教具玩具，实验农场里的学生在老师的指导下学习种蔬菜瓜果，养鸡，养鸭，养猪，师生利用业余时间去农场浇水施肥。每当开晚会，学生就会品尝着自己的劳动果实，花生、番茄、草莓、西瓜等，不仅改善了师生的伙食，还体验到了一粥一饭来之不易，做到了教育与劳动相结合。另外还锻炼了学生对生活的管理能力，学校的饭菜的烹饪以及所需的油盐以及副食品由各班轮流采购，这样既锻炼了学生的生活能力，又培养了学生服务的精神。④

---

① 周洪宇. 陶行知研究在海外[M]. 北京：人民教育出版社，2017：342.
② 陶行知. 教育的真谛[M]. 武汉：长江文艺出版社，2013：47-49.
③ 方明. 陶行知全集（第2卷）[M]. 成都：四川教育出版社，2005：324.
④ 北京市教育科学研究所. 怀念老教育家陈鹤琴[M]. 成都：四川教育出版社，1986：174.

(三)有效促进符合乡村实际的幼儿教师教育发展

晓庄师范学校幼儿教师教育之"生活教育"课程实验，在当时引起了极大反响。不仅受到当地民众的高度赞扬，而且声名远播，来自全国各地的参观者、考察者、有志于到此读书者纷至沓来，包括一些国外的教育家、专家、学者，均来该校参观，他们从中获得启发，进行以"生活教育"课程实践为基础的教育实验。同时，晓庄师范学校也成为教育研究和改革的全国会议的场所。① 1928年到1929年，梁漱溟曾先后三次参观南京晓庄学校，参与了晓庄日常生活的全过程。1928年夏，他在广东省立第一中学教职员工大会上演讲时，高度肯定了晓庄师范学校的做法。他指出，照此办法看去，我们可以断定这样的学校，一定会有结果的。培养出来的学生，至少有两种好处：一种好处是具备三种能力，包括劳作的能力、智慧方面的能力和团体社会生活的能力；另一种好处是有合理的生活。因为考察晓庄师范学校的生活平民化，梁漱溟批评其他学校"无能力又不平民化，不能做事又要享受贵族生活"②，是学校制度给予社会的病痛！

晓庄师范学校"生活教育"课程实验的成果，符合了中国实际，适应了中国包括乡村幼儿教师教育在内的乡村师范教育发展需要，也成为杜威理论在中国教育和社会中最具创造性阐释和最富想象力改造的榜样。该实验是中国教育史上的分水岭，象征了现代课程与中国传统课程思想的彻底决裂。事实上，毫不夸张地说，正是"生活教育"思想带来的课程变革才使得中国新教育的第一缕曙光露出。晓庄师范学校"生活教育"课程实验已不再仅仅是一项实验或改革尝试，它掀起了全国性的教育改革运动，特别是在乡村教育领域。为中国乡村教育探索了一条全新的出路，是改革中国教育的一面旗帜，促进了乡村幼儿教师教育的发展，提升了幼儿教师培养的规模、质量、针对性和适应性。

---

① 周洪宇.陶行知研究在海外[M].北京：人民教育出版社，2017：557.
② 梁漱溟.梁漱溟全集(第4卷)[M].济南：山东人民出版社，2005：851.

在晓庄师范学校封闭后的十多年里，晓庄的同志并没有停止战斗，他们像一颗颗种子，把幼儿教师教育生活课程模式推向全国，把晓庄精神带到全国。[①]　直到如今，我们的新课程改革一直倡导教育要回归自然，回归生活，其实这在陶行知"生活教育"课程经典论述中早已有所阐释。

第三节　"行为课程"组织实验

1901 年，美国心理学家桑代克首创教育心理学，他通过"猫笼子"实验，得出学习是否发生由反应的结果决定，即强化。1913 年，以美国心理学家华生为首创立了行为主义心理学，并于 20 世纪 20 年代传入我国，其核心思想是分析人和动物如何适应环境，如何对相关刺激做出反应，认为学习即"刺激—反应"之间联结的加强过程，学生的学习是"经典条件反射的一个函数"[②]，因此要重视控制和培养儿童的各种行为习惯。张雪门深受其影响，在创立"行为课程"理论之初吸收了这些理论观点，强调实施行为课程就是要通过提供特定的环境刺激，使儿童的行为遵循一定的线索。他明确提出："学习的经验不外乎三种原则：环境的刺激，引起反应；反应的倾向，发生动作；动作的结果，改造倾向。"[③]所以，他把自己创立的幼儿教育课程指称为"行为课程"。但是，张雪门并没有在刺激—反应这一心理学模式上停止，而是继续借鉴蒙台梭利"自由""自动"的人的行动理论假设，把人和动物的"反应"区别开来，他将"行动"作为"行为课程"的中心，指出所谓行动，就是"做"和"活动"，行动性课程要分为动机、目的、活动、活动过程、工具及材料五步进行教学实施。杜威来华讲学，以及陶行知、陈鹤琴等倡导儿童中心论、教育即经验的不断成长教育目的论、做中学、生活教育理论等，进一步影响了张雪门以行动为中心的儿童"行为课

---

① 辛元，谢放. 陶行知与晓庄师范[M]. 南京：江苏教育出版社，1986：114.

② 盖青. 美国 20 世纪教育实验研究[M]. 广州：广东教育出版社，2010：67-69.

③ 戴自俺. 张雪门幼儿教育文集(上卷)[M]. 北京：北京少年儿童出版社，1994：197.

程"理念的形成。加之受到始于 20 世纪初的德国实验教育学的代表人物之一的拉伊之《实验教育学》——"引发活动、行动的活动教育学、行动教育学"①影响，使得对于儿童行动的有效组织，成为张雪门幼儿教师教育课程的出发点。张雪门说："事怎么做必怎么学，怎么学必怎样教，做学教打成一片，才能完成行为课程。"②"做学教合一"成为张雪门"行为课程"组织实验的方法论基础。将儿童的行动导向促进其身心发展和社会需要的有价值的方向中，避免盲目行动和一盘散沙。由此可见，张雪门所以要在幼儿教师教育课程中强调"行为课程"组织，就是要打破僵化的知识传授窠臼，激励儿童自我建构有益的经验体系，获得"真实的制驭环境能力"③，教会幼师生处理好行动与幼儿经验的发展的关系，以完整的活动组织完整的课程，从而把握好师幼关系。

幼儿教师教育"行为课程"组织实验，主要是张雪门在北平幼稚师范所设计并实施的。时任教育部科长的戴应观在视察香山慈幼院后致部长的报告中指出：该院是教师从事儿童教育教学探讨之最好的实验室。④ 20 世纪30 年代，张雪门的"行为课程"组织理论开始形成，当时国家正值内忧外患、生死存亡的紧急关头。他提出幼稚师范课程的设置一定不能一味照搬外国。"行为课程"理念主张儿童在行动中获得知识，它不同于那些"完全限于教材的活动"⑤的书本型课程，而是一种建立在生活基础上的"生活型"课程。

"行为课程"组织由于对教师水平以及活动材料等方面的要求较高，曾

---

① ［德］拉伊. 实验教育学［M］. 沈剑平，瞿葆奎，译. 北京：人民教育出版社，2007：13.

② 戴自俺. 张雪门幼儿教育文集（上卷）［M］. 北京：北京少年儿童出版社，1994：1456.

③ 戴自俺. 张雪门幼儿教育文集（上卷）［M］. 北京：北京少年儿童出版社，1994：1089.

④ 周秋光. 熊希龄集（下）［M］. 长沙：湖南出版社，1996：2024.

⑤ 易慧清. 中国近现代学前教育史［M］. 长春：东北师范大学出版社，1994：242.

一度遭遇"被人遗忘"的处境。但是，"行为课程"组织实验所蕴含的以"个人与社会"发展为目标，以"行动"为中心，以"生活"为基础，以"教学做合一"为方法，终究注定了其在幼儿教师教育以及幼儿教育发展中的重要地位。

张雪门评价当时的幼儿教师教育过于注重知识的传授，是一种失败的教育行为。他指出幼儿教师教育课程大多犯了一种错误——先理论而后应用，先抽象而后具体。这样的课程，由于幼师生"没有行动做基础"，最后只能死记硬背去应付考试。课程仍旧被当作知识看待，这种现象实为"科举的流毒"。时代的轮子毫不客气地向前滚动，士大夫阶级早已被资本主义潮流所冲破，这种学校培养出来的"读书人"在社会上找不到出路。而大部分学校当局依然抱着课程即书本的成见，"大学如是，中学如是，小学如是，连幼稚园也如是"①，都还在大批量地制造出一种"读书人"来。他在《中国近年来幼稚教育课程之变迁》中指出，中国幼儿教师教育课程经历了传统的四书烈女传、日式"熟料"②如恩物（恩物，最早指德国学前教育家福禄贝尔为儿童设计的一套玩具，现在韩国和日本的早期教育中还在普遍使用）、模仿西洋牧师的游戏以及中国本土化幼儿教师教育课程四个阶段。③ 张雪门认为"必须在劳力上劳心"。也就是"教育必先有行动，行动中遇到的困难，才是真实的问题，用以解决真实的问题的方法才是真实的方法；而问题解决以后的成功，也就是教育的真实成绩了"。④ 若想取得教学的成功，教师应当"常常运用自然和生活的环境，以唤起其生活的需要，和扩充其生活的经验，培养其生活的能力"。张雪门的这些论述反映了他

---

① 戴自俺. 张雪门幼儿教育文集（上卷）[M]. 北京：北京少年儿童出版社，1994：178.

② 戴自俺. 张雪门幼儿教育文集（上卷）[M]. 北京：北京少年儿童出版社，1994：301.

③ 戴自俺. 张雪门幼儿教育文集（上卷）[M]. 北京：北京少年儿童出版社，1994：589-590.

④ 戴自俺. 张雪门幼儿教育文集（下卷）[M]. 北京：北京少年儿童出版社，1994：1428.

虽然借鉴福禄贝尔和蒙台梭利的幼儿教育理论内核,但是并不是机械照搬,而是经历了自己本土化的改造。这一改造中最关键的是对儿童实际生活经验的尊重,真正的直接经验的增长,才是儿童教育的出发点,而不是摆弄那些"熟料",进行所谓的感统训练。

这一理论升华与陶行知的生活教育、社会即学校、教学做合一,以及陈鹤琴1940年创办江西实验幼师的"活教育"思想异曲同工,高度吻合。例如陈鹤琴在1926年给安徽省教育厅组织的暑期学校进行讲座时,就对蒙氏、福氏的一些玩教具脱离儿童生活实际问题提出质疑。他指出,蒙台梭利虽然很注重感觉,但是这种主张是否适合正常儿童,值得商榷。"发达感觉"固然重要,但是"疏忽儿童自发的动作",就会造成教育目的的折损,由此对于蒙氏能力迁移说进行了批判。而福氏以宗教的眼光看待儿童,其"恩物说"之假设是将儿童看作"天造的"。其实儿童是"社会上的一种人",要从儿童的角度来思考问题,市面上除了"皮球、积木(大号的)"以外,其他玩具或者太小,或者太复杂,不适合儿童,让其"扫兴",并不能促进其发展,因为儿童并没有"整个统一"观念。陈鹤琴评判了教育目的上的"预备说",认为幼稚园课程的目的首先是"帮助儿童目前生活",其次才是帮助其"将来生活",教育上尽量不做"先养子而后嫁"①的事。

从陈鹤琴的这些论述看,张雪门将行为主义课程向着社会化、实际化、生活化转向是非常必要的。幼师生就要特别掌握指导幼儿实际行为的能力。张雪门强调幼儿课程组织如果没有经过行为的活动,幼儿所得到的经验是表面的、机械的,绝不是有机融合的,只有通过行为才能有意义。这一点是有其坚实的理论共鸣的。

一、实验的依据:引导儿童在劳力上劳心

张雪门认为生活就是教育,五六岁的孩子在幼稚园的生活实践,就是

---

① 陈秀云,陈一飞.陈鹤琴全集(第二卷)[M].南京:江苏教育出版社,1991:22-27.

"行为课程"。① 这种课程包括工作、音乐、故事等素材，从生活而来，由生活展开，至生活结束。首先应注意的是要从实际行动出发，凡扫地、抹桌、养鸡、养蚕等，能够实际行动的，都应该让儿童实际行动。同时，他又指出，人类的行为分为四种：盲从瞎动是行为，胡思乱想是行为，劳心劳力是行为，在劳力上劳心也是行为。并且只有在劳力上劳心才能"驾驭对象的轻重变化，才有所克服，有所发明"②。1928 年，张雪门完成了在北京大学的学习，系统学习了国外幼教理念，创设了孔德幼稚师范科，并任主持人。这是张雪门选定幼教事业作为终身教育事业的一个标志。③张雪门吸收蒙台梭利"自动、自由"的幼儿教育思想精髓，设计课程，促进儿童自主、自动地学习，而教师扮演辅导、设计规划的角色。在他看来，理想的教师角色是"亦师亦友"，即在幼儿遇到困难时给予指导、安慰。他认同福禄贝尔尊重儿童自发活动、提倡创造的思想，并将其融入自己的儿童观和幼儿教师教育，培养幼师生对儿童获得经验并形成习惯的能力。

张雪门"行为课程"组织实验从启动、发展到逐步完善，受到了他所处的时代背景以及历史事件的深刻影响。1931 年的"九一八"事变、1937 年的"七七"卢沟桥事变之后全面抗战的爆发以及 1946 年张雪门赴台湾，这些历史事件都成为"行为课程"组织实验重要的转折点，也使得他的"行为课程"思想和完整的课程体系直到 1952 年才落下帷幕。但是，他的"行为课程"组织实验主体部分还是在解放战争之前完成的。

"行为课程"观是中西合璧的结晶，源于中国古代哲学家王阳明的"行乃知之始，知乃行之成"，受到行为主义心理学影响，吸收了福禄贝尔、

---

① 戴自俺. 张雪门幼儿教育文集（下卷）[M]. 北京：北京少年儿童出版社，1994：1088.

② 戴自俺. 张雪门幼儿教育文集（下卷）[M]. 北京：北京少年儿童出版社，1994：1189-1190.

③ 喻琴，喻本伐. 张雪门幼儿教育论著选读（上）[M]. 武汉：长江少儿出版社，2014：25.

蒙台梭利合理的幼儿教育理论内核，特别是接受了杜威实用主义以及"做中学"的理论，融合了儒家知行合一与西方近代经验主义哲学。张雪门吸纳了这些教育理论，并应用于幼儿教师教育"行为课程"组织之中。"课程是适应生长的有价值的材料"，"时代需要有变迁，适应环境的经验于是也有变迁，而课程的内容更不得不随之而变"。①他赞同陈鹤琴"活教育"、陶行知"生活教育"以及"教学做合一"等教育思想，在幼儿教师教育上，用"活的"课程培养"活的"幼师生，主张贴近幼儿的实际生活组织幼师生课程，而贴近幼儿生活实际就要从幼儿直接接触的自然和社会取材，注重幼儿实践和直接经验的获取，认为"生活即教育"的思想要贯穿整个幼儿教师教育课程设置的始终。

幼儿课程源于生活，幼师生培养就要以儿童行动为中心组织课程，这是张雪门一直贯穿在北平、广西以及后来重庆的幼儿教师教育中的做法。这与陈鹤琴的幼稚园课程组织观点也十分相似，陈鹤琴强调"所有的课程都要从人生实际生活与经验里选出来"，具有弹性和本土化特点，还要注意引导儿童兴趣发展的广泛性，启发儿童认识"包罗万象"的大自然和大社会。但是并不是说"今天看到猫，就来教猫"，"明天看到鸡，就来教鸡"。幼稚园课程组织"要有目标，又要合于生活"。② 区别于陈鹤琴，张雪门从"行为课程"理论出发，将这些理论共识应用于幼师生课程组织能力培养，主张幼师生要学会兼顾儿童发展、社会需求以及本土特色来组织课程，学会凭借各种方法，以"引起儿童的反应和活动"。③ "制驭环境的能力，只有在行动中获得，才是真正的胜利。"④幼师生将来不能仅凭抽象的言语或线条的图画组织教学活动，必须注意儿童行为，运用自然和

---

① 戴自俺. 张雪门幼儿教育文集(上卷)[M]. 北京：北京少年儿童出版社，1994：339.

② 陈秀云，陈一飞. 陈鹤琴全集(第二卷)[M]. 南京：江苏教育出版社，1991：27-30.

③ 戴自俺. 张雪门幼儿教育文集(上卷)[M]. 北京：北京少年儿童出版社 2009：24.

④ 张雪门. 增订幼稚园行为课程[M]. 台北：台湾书店，1966：2.

社会的环境，唤起儿童对生活的需要，扩充其生活的经验，培养其生活的能力。因此，幼儿教育要在实际生活环境中进行，"教师能做到这些，这就是行为课程了"①。由此可见，张雪门从真正意义上把握了"行为课程"观的实质，也将其在幼儿教师教育中进行了应用与创造。

二、实验的目标：围绕中心活动组织活动课程

张雪门为幼儿教师培养目标提出了科学的头脑、劳动的身手、宗教的热忱、平民的生活、团结的精神等五条标准，主持了"行为课程"组织实验。张雪门认为，课程是可以给予个人和社会"绝大的资助"的有价值经验的"选品"②。针对幼儿教师教育课程存在的问题，他将"人类生活有价值的经验"作为幼师生课程的基本导向，"行为课程"组织实验，就是要将这些有价值的经验组织起来。张雪门特别强调，幼稚园课程，就是一种"历程"，要增加自然经验的"效率"，解决其零碎不全、紊乱散漫没有系统、获得成本高、仅足以对付简单环境等"劣点""设法助（其）天然的作用"③。他认为幼稚园课程是一种具体的整个活动。各种科目都要变成儿童生活的一面，"不能分而且不必分的"，甚至"科目与人都无法分了"④。而作为课程组织者的幼儿教师，就要从儿童接触到的自然界、人事界、人类文化中所获得的经验出发，通过儿童行为的反应——口头发表、手工、图画、唱歌、表演、游戏等，"将儿童和课程打成一片"。幼儿教师在进行课程组织时，要注意儿童的感官多联络、动作宜反复、习惯（运动、感情、智能）多养成。要将儿童生活看作"整个的"，每月、每周设置"预定的课程"，"随

---

① 戴自俺. 张雪门幼儿教育文集（下卷）[M]. 北京：北京少年儿童出版社，1994：1090.

② 戴自俺. 张雪门幼儿教育文集（上卷）[M]. 北京：北京少年儿童出版社，1994：178-179.

③ 戴自俺. 张雪门幼儿教育文集（上卷）[M]. 北京：北京少年儿童出版社，1994：123-125.

④ 戴自俺. 张雪门幼儿教育文集（上卷）[M]. 北京：北京少年儿童出版社，1994：474.

时注意实际上偶发事项",随时调整活用,满足儿童兴趣。① 1928 年秋天,张雪门开始负责北平孔德学校幼稚师范科,他将幼师生的教学分作两部分:上午到幼稚园"去做",下午回到教室"来学",做的内容包括参观、参与、指导一切。在"做的经程"里,无论是感到兴趣,还是感到困难,都会增加幼师生学的动力,除了增强了学习弹琴、游戏、唱歌、园艺等幼儿教师教育课程的积极性,更为重要的是特别重视了幼师生对幼稚园课程组织的学习。张雪门将自己发表过的《幼稚园课程》提供给幼师生参考,让她们自己学会组织幼稚园课程——"技术练习、知识补充、工作次序分析、教便物准备"②。张雪门阐明了课程组织的真谛在于依据儿童经验,而经验增长则是儿童和自然、社会、文化之间的良性互动促成的,幼儿教师要根据课程和儿童发展"打成一片"来设计课程教学,而不是将现成的"幼稚园课程"僵化地当成"玉律"去教授。这种合理把握儿童发展与环境变化之间关系的"点金的指头"正是幼儿教师教育课程的专业性所在。③ 而这是张雪门最重要的幼儿教师教育理想,也是他向中国专家学者发出实验倡导的幼儿教师教育课程之重点。

"行为课程"的组织实施必须在行动中进行,从行动中获得驾驭环境的能力。"行为课程"组织理念是要培养幼师生能从生活中、游戏中、经验中以及行动中训练儿童,注重儿童经验的养成,使得儿童能够在与个体和环境的接触中,获得直接的经验,充实儿童生活学习的基础,增进儿童改造生活的能力,养成儿童对环境支配选择的力量。于是,区别于一般幼儿教师教育机构的课程设置,北平幼稚师范学校实施了"行为课程"组织设置,增加了课程覆盖面,实现了基础课与专业课、理论课与实践课、一般教育

---

① 戴自俺. 张雪门幼儿教育文集(上卷)[M]. 北京:北京少年儿童出版社,1994:129-131.

② 戴自俺. 张雪门幼儿教育文集(上卷)[M]. 北京:北京少年儿童出版社,1994:477-479.

③ 戴自俺. 张雪门幼儿教育文集(上卷)[M]. 北京:北京少年儿童出版社,1994:173-174.

理论课与专业技术课的结合与统一，视野相当宽阔。

"行为课程"组织实验的目标在于围绕幼稚园的一系列活动对幼师生进行活动课程组织训练，教会幼师生如何选择"中心活动"，即对儿童发展和社会进步有意义有价值的活动。幼师生要学会抓住这些"选品"，厘清儿童发展主线，"培养儿童生活的能力与意识"，最终"满足儿童身心的需求"，养成其"扩充经验的方法与习惯"①，实现对儿童进行行为训练的根本性目的。幼师生在搜集材料时，既要从儿童自己的环境里搜集，考虑儿童所处的生活环境和社会环境，还需照顾社会生活变迁的需要，不可偏离"中心活动"。"行为课程"组织要求幼师生具备改变当时中国"愚、贫、弱、私"社会状况的勇气。

三、实验的内容：五次"行为课程"组织尝试

张雪门在幼儿教师教育过程中非常重视"行为课程"组织的作用。从1919年到1934年十余年，经过五次"行为课程"组织实验的尝试，幼稚园"行为课程"组织方法的主体部分才最终确定下来。这一实验是建立在"行为课程"理论基础上的。在他看来，对于发展中的儿童，"能够实际行动的，都应该让他们实际去行动"②。幼师生在幼稚园的实习就是"行为课程"组织最重要的素材。张雪门主持孔德幼师时就坚持行动中心教育理念，认为"想要培养忠实师资，必须从实地实事上学习，不可以再关在屋子里读死书"③。根据幼师生实习需要，张雪门每天都将她们聚集到一起，让每个幼师生都要将幼稚园发生的情况加以详细汇报，汇报内容包括幼稚园开展的活动，幼师生实习时遇到的困难，对此加以总结、提炼和概括，并最终确定"行为课程"组织的实施方案。整个活动无不渗透着行为主义思想理

---

① 戴自俺. 张雪门幼儿教育文集（上卷）[M]. 北京：北京少年儿童出版社，1994：126-127.

② 戴自俺. 张雪门幼儿教育文集（下卷）[M]. 北京：北京少年儿童出版社，1994：1089.

③ 戴自俺. 张雪门幼儿教育文集（下卷）[M]. 北京：北京少年儿童出版社，1994：1354.

念。张雪门认为，根据中国社会现状谋求未来民族的改造，同时适合儿童身心发展谋求社会的建设，不得不依赖课程。① 课程是人类有价值的生活经验。张雪门在《新幼稚教育》中对幼稚园"行为课程"组织进行了详细的介绍，他曾深切地说，我的用意，不过是希望在幼稚园做实际工作的同志们，不必再绕我们已走过的错路。"因循苟且，盗时之贼，借古鉴今，来日可追。愿与同志们共勉之!"②

"行为课程"组织实验经历了五次课程实验尝试，最终形成了以"行动"为中心，以"生活"为基础的行为课程组织体系。

(一)1919—1920年的"行为课程"组织实验

1919年到1920年，张雪门在宁波星荫幼稚园进行了"行为课程"组织实验的初次尝试。宁波星荫幼稚园是宁波地区历史上第一所由中国人自己办的幼稚园，张雪门任星荫幼稚园园长，招收了30名幼稚生。③ 张雪门带领幼稚园的老师组织开展了"行为课程"组织的尝试。虽然当时购置了滑梯、秋千、木马、跷跷板等幼儿活动设施，整理了三间幼稚园教室，还有游戏场和花圃，但是，材料依然十分缺乏，方法方面也没有头绪，张雪门每周和教师们举行一次会议，要求教师要填写教材周记录，在会议上交流学习，并形成会议记录。

例如：其中一周的活动记录④

第×周 豆腐

---

① 戴自俺. 张雪门幼儿教育文集(上卷)[M]. 北京：北京少年儿童出版社，1994：178.

② 戴自俺. 张雪门幼儿教育文集(上卷)[M]. 北京：北京少年儿童出版社，1994：182.

③ 肖全民. 张雪门幼儿教育思想研究[M]. 长春：东北师范大学出版社，2018：5.

④ 戴自俺. 张雪门幼儿教育文集(上卷)[M]. 北京：北京少年儿童出版社，1994：183.

1. 文字　大班："磨豆腐真辛苦！清早起来磨豆腐，吃者哪知磨者苦?"中班："买豆腐，豆腐好吃；买豆腐，豆腐好吃。"小班："买豆腐。"

2. 识数　数买豆腐的钱：最低的数十枚；最高的数一百枚

3. 谈话　豆腐的成分、豆腐的做法；豆腐的功能。

4. 手工　绘碗；贴纸工——碗；折纸工——碗。

5. 恩物　桌子、石磨、豆腐店。

6. 唱歌　磨豆腐歌。

7. 游戏　磨豆腐歌表演。

可见，所拟课程体现了"行为课程"的思想，各科都是在实践中进行，并且以谈话为中心，每周围绕一个中心话题展开活动，自成一个段落。在同一段落中，各科在理论上是联络的，但教材合不合儿童的经验和需要，是不是在一个星期里够用，都没有些许的考虑。从这节课的组织来看，实际上课程更像是"以唱歌为中心"①来组织的，假如唱歌没有现成的材料，则课程只能另定中心。经过一段时间的尝试之后，张雪门发现有些活动不到一个星期已经结束了，有的活动一个星期不够用。用完了只得温习，不够的只能半路抛弃。若一个星期遇见几天假期，教材牺牲得更多。

宁波星荫幼稚园组织的活动是张雪门行为课程思想的初次尝试，虽然遇到了一些困难，比如材料缺乏，课程组织没有头绪，材料的选择也没有照顾到儿童的经验，但毕竟是在生活中组织的，在行动中完成的。例如以"豆腐"为中心，围绕儿童实际生活展开，包括文字、识字、谈话、手工、恩物、唱歌和游戏等形式展开教学活动，这种在当时围绕实际生活实施的课程实验已是一种进步。

---

① 戴自俺. 张雪门幼儿教育文集(上卷)[M]. 北京：北京少年儿童出版社，1994：184.

（二）1922—1924年的"行为课程"组织实验

1920年，张雪门任宁波幼稚师范学校校长，其间他考察了北平女高师附属保姆科、燕京大学附设幼稚师范科、京师第一蒙养园保姆班及有关幼稚园、天津的幼师培训机构和幼儿教育机构，钻研幼儿教育理论。在此期间，他还在总结办理星荫幼稚园的经验和参观各地幼稚教育先进经验的基础上，完成了《幼稚园的第一日》文稿。这些丰富的经历为第二次"行为课程"组织实验奠定了理论和实践基础。

1922年，张雪门开始了第二次"行为课程"组织实验的尝试，此次"行为课程"组织实验主要是在指导宁波幼稚师范学校幼师生的教学活动中完成的。此次实验依然以教材周记录的形式，但在每一学年开始之前，先得把全年的内容定出来。编制的时候，更须注意一年四季里天气的变迁，连假期、纪念日都体现在课程中。

例如：列举春天里其中一周的活动①

时间：第一周

节气：南北统一纪念

中心题：旧历新正的娱乐

日课：好快乐呀！我们的家庭！（团宴）；假期；亲朋上我们的家里来；我们上亲朋的家里去；谢谢您送我这样好的东西；我去买一些好玩的东西（偶人、花纸、糖人孩）来；自由温习

备考：春天的改变

第二次所拟的课程，连暑假寒假在内，全年共52周；其时令节气，完全根据当时北京天文观象台所定1924年的日历。② 每周每日，更有教材细

---

① 戴自俺. 张雪门幼儿教育文集（上卷）[M]. 北京：北京少年儿童出版社，1994：184.

② 戴自俺. 张雪门幼儿教育文集（上卷）[M]. 北京：北京少年儿童出版社，1994：186.

目，比第一次课程完备得多。其最有进步的地方：第一，大、中、小三班同材异授，不像第一次只有文字的差别；第二，每天各科都有具体的内容，不像第一次以周为段落的空洞和笼统；第三，根据节气选择适合儿童的环境，比第一次主观的成分已经减少；第四，故事当作手工和恩物等欣赏过程，不但没有孤独的抽象的痕迹，还扩充了文学的范围(如谜语、歌谣等也已加入)；第五，文字、识数包括在各科目里，比第一次单独的教授生动得多。

　　再如：列举春天里其中一周的活动中星期一的活动安排①

　　【中心题】好快乐呀！我们的家庭！(团宴)

　　【谈话】(教材大纲)1. 团宴的性质。2. 各人的坐次。3. 会食时的礼貌和卫生。4. 食后的工作：(1)帮助大家收拾；(2)使大人快乐(唱歌或游戏)。

　　目的：1. 唤起儿童对于家庭的乐趣。2. 指导儿童在宴会时应知的礼仪。

　　画片：家庭团坐会食的画片。

　　故事：我多快乐(自编)。

　　【手工】

　　大班：教材——元宵，一名汤团。工具准备：绘画——蜡笔；画纸。观察：实物。欣赏：元宵谜语。

　　中班：教材——元宵。

　　工具准备：剪纸——剪刀；有轮廓的纸片。

　　观察：实物。

　　欣赏：吕纯阳卖元宵(故事)。

　　小班：教材——元宵。

工具准备：水泥；板；竹签。

观察：实物。

欣赏：外国人买元宵(故事)。

【恩物】

大班：教材——碗。

工具准备：福禄贝尔恩物八、九；小人。

观察：实物

欣赏：谜语。(同前)

中班：教材——膳堂。

工具准备：福氏恩物六；小人。

观察：实物

欣赏：故事。(同前)

小班：教材——桌椅。

工具准备：福氏恩物三；小人。

观察：实物

欣赏：故事。(同前)

【唱歌】快乐的比赛。(见《小朋友》第四十期)①

【游戏】感觉——猜果；表演——新年游戏(笼球)；竞争——笼球，争食糕团。

可见，第二次课程无论从选择材料，还是中心活动安排都是在实际行动中进行的，课程内容也比第一次完整。但是，张雪门依然发现了这次实验缺点：儿童在活动兴趣点的维持上时间短，往往是老师还没有讲完，儿童就已经失去了兴趣。此时，如果依据教材按部就班地进行，很容易造成儿童注意力不集中。② 遇到这种情况，只能牺牲教材。因此，第二次课程

---

① 戴自俺. 张雪门幼儿教育文集(上卷)[M]. 北京：北京少年儿童出版社，1994：188.

② 戴自俺. 张雪门幼儿教育文集(下卷)[M]. 北京：北京少年儿童出版社，1994：190.

最大的缺点在于太注重论理的教材，轻视儿童现场内心的自发需求。

（三）1926—1927 年的"行为课程"实验

第三次"行为课程"组织实验是在 1926 年暮秋直到 1927 年孟冬，持续了一年的时间。此次实验是在北京孔德学校幼稚师范科进行的，由张雪门带领幼师生在幼稚园中实施。当时张雪门主持幼稚师范科，他把学生的学习分为二部分，上午在幼稚园观摩、参与、实习以至主持，下午回到学校学习。较为充分地体现了其"行为课程"组织思想。此次课程组织实验依然按季节划分，每个季节都包括课题大纲、课程说明、课程的单元都有详细的制定。例如：冬季的课程设置，包含的节气有大雪、冬至、小寒、大寒、立春、雨水等。中间还有一个寒假，幼稚园的工作少的时候，趁机可以联络家庭，带孩子到自然界和社会里去。冬季的课程设置包括课题大纲（自然界、人事界包含的各种活动）、课程说明（冬日的自然现象、冬日的植物、动物怎样过冬、偶人的家庭、冬日的衣服、冬日的乡村、云南起义纪念日、新年的气象、祭灶节、父亲怎样预备过年、立春）、课程的单元（课程的目次、设计的大中心、分设计、分设计的设计）。[①]

第三次课程的组织在第二次课程的基础上又做了调整，使得课程更加完善。其改进的地方：第一，尊重儿童，将教材看作启发儿童的工具；第二，因为重视儿童，所以对于他们深层动机以及活动的方式都加以提示；第三，课程的单元不限定时间，有极大的伸缩性。但张雪门认为，第三次的课程依然多少含有论理组织的形式，尤其是明显地体现在手工和恩物的编制方面。

分析这次"行为课程"组织实验，不难发现，一是单元课程的宽度变大了，按照季节比按照周次具有更大的灵活性和可选择性，有利于儿童围绕中心活动充分展开自己的活动，减少论理的限制；二是按照季节进行单元

---

① 戴自俺. 张雪门幼儿教育文集（下卷）[M]. 北京：北京少年儿童出版社，1994：141-148.

划分，更贴近儿童经验。时令是儿童最容易熟悉的环境变化，儿童通过感受冷暖，观察体验自然界的雨雪风雷，其兴趣点会更加受到刺激和激发；三是实际活动更加被关注，张雪门从宁波到北京，突出感觉到的就是自然界以及风土人情的不一样，所以要和儿童发展经验相衔接，就要研究北方地区尤其是北京地区的气候变化，动植物变化，以及风俗等地方传统，由此才能了解儿童的经验起点，才能让活动、行动自然发生。张雪门同幼师生一道，调查了解当地，把自己在宁波实验的教材给幼师生作参考，编制了适合北方的"行为课程"组织实验教材。

（四）1929—1931年的"行为课程"组织实验

张雪门的第四次"行为课程"组织实验从1929年北平市教育局委托试办艺文幼稚园的时候开始，还包括北平幼稚师范学校幼师生实习的其他幼稚园，也包括香山慈实农场、香山慈幼院第一校。[①] 以下是一个典型的案例。

例如：十二月份第四则中心题——耶稣圣诞节[②]

1. 动机如何引起？(1)领儿童参观洋行圣诞节的陈设。(2)家中新挂圣诞老人的图。(3)陈设圣诞节的贺片。(4)窗盘上新放大小各种的圣诞老人。

2. 动作如何准备？(1)作业 装饰圣诞树；做贺片、口袋、玩具和圣诞老人。(2)音乐 唱：平安夜；可爱的耶稣；美圣诞树。(3)文学 讲故事：(子)圣诞节前一天的晚上；(丑)不送礼的小孙女。(4)游戏 表演圣诞老人；耶稣降生；种圣诞树。

张雪门总结第四次"行为课程"组织实验比第三次改进的地方：第一，

---

① 《北平幼稚师范学校概况》(民国十九年到二十一年部分)，第2页。
② 戴自俺. 张雪门幼儿教育文集(下卷)[M]. 北京：北京少年儿童出版社，1994：192.

团体的作业已经代替了个人的手工；第二，进一步完善"行为课程"的设计组织。但教材缺乏审慎的考查，如迷信的故事、麻醉灵魂的宗教等都被组织在课程里面，而使儿童的意识受了不少的影响。课程中所预定的动机，只顾到了儿童的作业，以及对于文学、音乐等活动方面，没有全面细致考虑儿童活动兴趣和动机，没有提前做好预设。张雪门认为，这样很容易再一次陷入绝对化的论理组织"黑路"。

除此之外，从这次"行为课程"组织实验的过程和内容发展来看，我们还会发现张雪门第四次实验，一是扩大了实验样本。将孔德幼师的实验成果——按照季节编制的"行为课程"组织教材或者材料在北平幼师进行推广，在北平幼师的多所实习幼稚园实施。二是加强了"组织"实施环节和细节的研究。中心活动设计更加突出，对于儿童的社会化成长更加关注。例如上述案例中除了注意儿童的单独行动，还更加突出了儿童间合作，关注了其群性教育和社会性成长教育。三是总结反思了"行为课程"组织实施的预设环节。要求幼师生既要重视选择，又要重视生成，避免将预设绝对化、僵化、论理化，而减损儿童的兴趣与发展性向。

（五）1932—1934年"行为课程"组织实验

第五次"行为课程"组织实验开始于1932年，此次实验在第四次"行为课程"实验场所的基础上又增加了北平幼稚师范学校中心幼稚园。除此之外，还有扩充的平民幼稚园，包括东北、颂琴、西北、求知、中城以及艺文幼稚园。[1]

此次实验修正了第四次课程的缺陷。从每月的儿童自然环境或社会环境里找题目，然后按着题目再来准备各种作业或材料。中心活动（题目）的选择经过了反复考量，考查的标准有二：第一，是否合乎儿童的经验及其心身？第二，是否合乎我国的国情及社会的需求？选录的最低限，必须具备第一个条件，且和第二个条件不冲突。有了中心题，再来组织作业及其

---

[1] 《北平幼稚师范学校概况》（民国十九年到二十一年部分），第6页。

他一切。但无论哪一种活动或材料，也都须得经过上面两条标准的考量，然后才能实行。

　　例如：以九月为例①

　　1. 白露；秋分。2. "九一八"；中秋。3. 收谷；种麦。4. 糊窗，买新棉花；送节礼。5. 果实熟；树叶变色；花草结子；桂花开；虫始蛰；蟋蟀在堂；残蝉；归燕。6. 凉风起；明月在天；霜始白。7. 月饼；花；鲜果；皮货；帽子。8. 开学。

　　在九月这许多题目中，依据这些标准，产出五个中心活动(题目)来：第一，中秋节；第二，开鲜果铺；第三，凉风起；第四，秋日偶人的家庭；第五，"九一八"纪念。

　　第五次行为课程组织比第四次改进的地方：第一，所选的中心活动更加符合儿童的身心发展特点，切合儿童的经验。所选材料，使经验在数量上"扩充"，在质量上丰富。如果材料不能引起幼儿经验在这两方面的变化，就必须改变材料，以求适应。第二，在确定了中心活动之后，紧紧围绕着动机如何引起、动作如何准备以及动作如何联络来设计活动。不仅包括作业、音乐、游戏和文学的各个方面，还照顾到了动作，很容易地观察到儿童的反应和经验的变化。② 所有的这些中心活动都是在实际行动中进行的，不仅尊重了儿童的特性，还照顾到了选材的社会价值和现实意义。

　　张雪门指出第五次"行为课程"组织实验，虽然已经修正了第四次课程的缺点，依据"行为课程"组织实验思想，有了相对完整的"行为课程"组织实施计划，但是"行为课程"组织实验依然继续。张雪门去台湾之后，将北平幼师所实施的"行为课程"进行了梳理总结，并于 1960 年 3 月由台湾童

---

　　① 戴自俺. 张雪门幼儿教育文集(上卷)[M]. 北京：北京少年儿童出版社，1994：193.

　　② 戴自俺. 张雪门幼儿教育文集(下卷)[M]. 北京：北京少年儿童出版社，1994：192-194.

年书店出版，定为《中国幼稚园课程研究》，该书是张雪门的讲课记录稿。其中详细记载了 1936 年 8—12 月活动课程计划和 1937 年 1—7 月的课程计划。该课程计划就是经过五次"行为课程"组织实验之后确定下来的。每月拟定五个中心活动，分为自然环境、社会环境和儿童三方面。[①]

以九月份的行为课程活动为例：

> 本月的中心活动包括火车、秋天娃娃的家庭、九一八、植物标本展览会和中秋节五项。自然环境包括：节气(白露、秋分)、动物(蟋蟀在堂、残蝉、归燕、虫成蛹)、植物(果实成熟、花草结子、桂花飘香、鸡冠花红绽)、自然现象(凉风起、明月在天、日短夜长)共四项。社会环境包括：令节(22 日秋社、30 日中秋节)、纪念日(9 日总理第一次起义、18 日九一八纪念、21 日朱执信先生殉国纪念日)、农作(收稻、收各种豆类、垛稻草、晒高粱)、家庭(做夹衣、换被单、送秋节礼、折天棚)、店铺(呢帽铺、月饼铺、鲜果铺)、职业(炒栗子、卖柿子、卖花生)、风俗(赏月)、公共机关(火车)、学校(开学)共九项。儿童包括游戏(供兔儿爷、养蟋蟀)、疾病(疟疾)共两项。

张雪门经过十年左右的"行为课程"组织实验探索，形成了以时令为主线，关注自然、社会和儿童发展需要的幼稚园"行为课程"组织体系，从儿童生活经验出发，以中心活动为单元，组织儿童进行自主、自发、自由活动。儿童兴趣和活动真实以及关注其成长是活动选择的标准，将论理只作为儿童需要的活动形式，不僵化、不呆板、不机械，突出了儿童中心，突出了行为和行动，不追求形式的完美，论理不能牺牲儿童兴趣和经验，不能牺牲活动的真实发生性，探索了自发自由活动与论理组织两个方面的结

---

① 戴自俺. 张雪门幼儿教育文集(下卷) [M]. 北京：北京少年儿童出版社，1994：880.

注：这与陈鹤琴所述幼稚园组织课程的来源——时令、自然环境、家庭与社会生活相一致。

合点和融合性。

四、结果与影响：“行为课程”组织理论和实践体系的构建

张雪门别具特色的“行为课程”组织实验，对中国近代幼儿教师教育具有重要影响，现代特点鲜明，突出了课程的实用性和时代特色，也反映了其对民族改造理念的强烈追求。张雪门从宁波星荫幼稚园“行为课程”组织实验开始，之后又在其供职的北平孔德学校和北平幼稚师范学校以及后来广西、重庆等地进行了不间断的“行为课程”组织实验，最终构建了完整的“行为课程”组织的理论框架。包括课程目标、课程内容、课程组织、课程实施以及课程检讨五部分。其中课程内容围绕二十四节气展开，由大单元分成几个小单元，从儿童自身活动、自然环境以及社会环境在节气中的表现不同而选择，既符合儿童的经验能力和兴趣，又符合儿童身心发展以及社会适应规律。

（一）实验过程和内容推动了行为主义理念落地

“行为课程”组织实验要求实施过程中要有指导，实施后还要有检讨和反思。[1] 具体有以下几个方面：第一，课程在实行前，教师要有足够的知识和技能的准备。除此之外，还要有作业程序以及工具和材料的准备。第二，课程在实行过程中教师要有指导。首先应指导的是计划。没有计划的活动是没有价值的。计划分为活动分配、人数分配、活动次序、应用工具与材料四项。其次应指导的是知识和技术。例如，总理诞辰，总理生在什么地方，我国的国旗什么颜色，诞辰应发多少分家请帖，做寿辰的原料是什么等。再次应是兴趣、习惯和态度上的指导。例如：做棉袄，教儿童怎样穿针。假如儿童不会的时候，不必管他，教师自己拿着东西去做，让儿童去模仿。再如，用竞赛的方法，鼓励儿童的兴趣，谁做得好，谁做得

---

[1] 戴自俺. 张雪门幼儿教育文集（下卷）[M]. 北京：北京少年儿童出版社，1994：1095-1102.

坏，再给以奖励。第三，课程在实行后要有检讨反思。教师应该有批评、检讨每天指导上的成败，不仅包括实习完后的讨论，还应对儿童活动有一种估量，简单的如每一科结束后的检讨，复杂的如中心活动后的统计。

行为主义理念不仅仅是在"行为课程"组织实验过程上，而且在实验内容上也得以体现。张雪门对于幼儿教师教育相关行为课程在目标层次上做了详细的计划，包括课程总目标、阶段性目标——年度、月度、周次、每日、每时等。而且根据幼稚生行为表现，进行不断讨论调整和再规划。幼稚师范的老师，每一学期对幼师生都有学科程序表和教学进度表的统计，每一个月制订有学生工作与学习依据工作录，其完成情况一律以平日学习表现和工作收获为重，而无学期考试。三分之二的时间由幼师生自由支配，真正做到了"知"和"行"紧密结合。① 教师通过考查幼师生实际工作、调查笔记、审定报告和命题试验等，每月底看其实际与研究有无联系，与工作录及教室日记是否吻合，时间支配是否得当，分量支配是否正当，说明是否清楚，补救是否敏捷，然后从知识、技能、兴趣、习惯、态度五个方面考核其成绩。而对于幼师生，每月及每周都有工作计划表的分配与统计。工作计划表根据工作录制订出，包括工作分配、工作实践和工作变更三大栏目。每周的前两三天，幼师生要依据月工作录在工作分配栏下分科目与时间两项填写本周的工作分配内容；每天工作完毕即填写工作实现；如果实现的内容和工作分配不一致时，就应在工作变更栏下填写变更的原因及补救的措施。月工作计划表与周工作计划表大体相同，只是包括四周的计划和内容，亦按工作分配、工作实现、工作变更三大栏目填写和统计，在工作分配内容上则分为科目、时间和分量三项。

（二）完成了幼师生"行为课程"组织的内容体系

"行为课程"组织以活动为出发点，并在活动中进行，完整的课程要根

---

① 熊明安，周洪宇. 中国近代教育实验史[M]. 济南：山东教育出版社，2001：334.

据完整的活动。活动的选择既要满足社会的需求，又要符合儿童身心发展特点。① 确定活动内容前要考虑环境，包括教师自身的知识技能、兴趣和儿童的人数、能力、空间和经费的可能性。活动内容和目的确定后便有了中心，中心活动设计要根据内容来估量，并编制成教案。教案要从儿童行为组织出发，包括动机、目的、活动、活动过程以及应用的工具及材料五个方面。② 也就是说，"行为课程"组织包括以上五个要素。张雪门举例说明了"行为课程"组织的这五个要素的含义：一是动机。例如，看到燕子在树上打窝，便开始研究燕子；看到夏天的大雨，便要研究雨水。二是目的。教师希望指导儿童所获得的功效。例如，饲养小动物，可以使儿童获得动物的生活习惯和饲养的方法。三是活动。整个活动需要用的时间和地点，以及每一小段的程序，都要进行谋划和落实。四是活动过程。包括有形的材料和无形的动作都要编制在教案中，然后教师指导才有依据。包括活动如何开展、如何结束等。五是应用的工具及材料。这样既保障了活动完整性，又照顾到了儿童主体教师主导的良性互动，体现了儿童行为主义课程观。

(三)确定了"生活"为基点的行为课程理念

"行为课程"组织实验采用的是设计教学法形式，教师根据实际情况，选择儿童感兴趣的符合儿童身心发展特点的活动来设计，为儿童充分提供自由发展创造的机会，儿童从行动中获得了知识、技能、兴趣，并养成了良好的行为习惯。"行为课程"组织要围绕与儿童生活息息相关的事件来安排，实现预设课程和生成课程的完美结合，不再完全依赖于书本和教师事先准备的内容。课程检讨环节不仅注重对儿童经验和行为进步本身的关注，更加注意平时对儿童个案的记录，注重培养儿童在现有发展水平基础

---

① 戴自俺. 张雪门幼儿教育文集(上卷)[M]. 北京：北京少年儿童出版社，1994：127.

② 戴自俺. 张雪门幼儿教育文集(下卷)[M]. 北京：北京少年儿童出版社，1994：1093-1095.

上所发展了的经验。教师指导幼师生以此分析课程中的问题，反思课程中存在的漏洞，有助于幼师生专业能力的提高。"行为课程"组织实验为当今幼儿教师教育课程改革提供了很好的借鉴。教师教育课程要突出儿童发展需要，要适应社会和自然环境的变迁，就要从儿童的经验出发，设计好儿童的中心活动(或者叫主题活动)，让儿童在真实体验中增长经验，获得进步，要处理好论理和活动的关系，不可以将论理或者技能教育绝对化，减损活动设计对儿童真实发展的意义。这一点，张雪门的幼儿教师"行为课程"组织实验为我们做出了榜样。

第四节 "活教育"课程实验

"活教育"思想诞生于1940年10月陈鹤琴创办的江西省立实验幼稚师范学校。① 当时正值全面抗战时期，而幼稚师范的创设，正负有实验新教育的使命。究竟要实验什么新教育，陈鹤琴指出，不是道尔顿制，不是德可乐利等的"新教育"，而是"产生于抗战烽火中的新教育，是这个土生土长起来的新教育，这就是'活教育'"②。"活教育"这一口号是针对目前中国教育的实际情况而提出的，"活教育"可以说"完全是一种新的试验"③。陈鹤琴指出，之所以将江西幼稚师范学校这所第一个公立幼稚师范加入"实验"二字，是要"以实验为主体"，准备"以实验的成就，来有计划地推进全国幼稚教育"④。"活教育"与江西省立实验幼稚师范的结合，就是要在这所学校中实验"活教育"，即通过课程、教学、管理等要素和环节来实验"活的幼儿教师"教育，而这其中的核心和重点就是"活的幼儿教师教育

---

① 陈秀云，陈一飞. 陈鹤琴全集(第六卷)[M]. 南京：江苏教育出版社，2008：241.

② 陈秀云，陈一飞. 陈鹤琴全集(第二卷)[M]. 南京：江苏教育出版社，2008：415.

③ 陈秀云，陈一飞. 陈鹤琴文集[M]. 南京：江苏教育出版社，2007：408.

④ 陈秀云，陈一飞. 陈鹤琴全集(第二卷)[M]. 南京：江苏教育出版社，2008：413-414.

课程"实验。对于什么是"活教育",陈鹤琴没有给出一个详细的具体的定义,简单解释,就是"不是死的教育"①。虽然这样解释有些同义重复,但是对于僵化的倚重书本的"死的教育"大家都有不言而喻的理解。陈鹤琴在1941年《活教育》上刊登的《活教育与死教育》一文中指出我们的课程不以书本为万能,而"以大自然大社会作为主要的教材,以课本作参考资料"②。书本主义的教育就是死的教育,陈鹤琴批判了传统教科书的万能论观点。他认为,用一本教科书来遮住儿童的双眼,使儿童看见只是一本6寸长8寸阔的书本世界,这是多么渺小的一个世界。如果儿童天天在这样的一个世界中去寻求知识,获得学问,学会做人,简直是一纸空谈。"活教育"不是立异,"想自外于一般教育的主张,而是不满于旧的传统教育的固陋、呆板,以谋求推动全民幸福的一种教育运动"③,是教大家如何去做一个现代的中国人。

"活教育"课程是活的教师、活的教材、活的儿童的载体。"活教育"课程实验主要由陈鹤琴主持,包括幼儿教师教育课程实验和幼儿园教育课程实验两个方面。在幼儿教师教育方面,"活教育"课程实验主要在是江西省立实验幼稚师范学校开展的。④"活教育"注重于大自然、大社会,以实际生活做出发点,观察事物,调查情况,从事实验,通过这许多活动的课程——"做"的课程,获得实际的知识,真实的经验。陈鹤琴认为儿童需要的是灿烂的阳光雨露,清新的自然空气,奇妙的大千世界,异地的光怪陆

---

① 陈秀云,陈一飞.陈鹤琴全集(第五卷)[M].南京:江苏教育出版社,2008:17.

② 陈秀云,陈一飞.陈鹤琴全集(第五卷)[M].南京:江苏教育出版社,2008:22-25.

③ 陈秀云,陈一飞.陈鹤琴全集(第五卷)[M].南京:江苏教育出版社,2008:122.

④ 1940年10月江西省立实验幼稚师范学校正式成立,招收新生138人。直到1943年由于江西省教育经费拮据,教育部批准拨付经费,遂升格为国立幼师,自此中国历史上第一所国立幼师成立,定名为江西国立实验幼稚师范学校,1946年又迁址上海,增添幼稚师范专修科,国立幼稚师范学校包括专科、师范、小学、幼稚园和婴儿园五部分。

离，多彩的花鸟虫鱼，丰富的兴邦安民之策。陈鹤琴曾对比传统教育与活教育的不同，指出传统教育的课程是"注重于文字的知识，听得来的知识"①，所获得的的知识是未经儿童自己考验的知识。实践要求的真知识，仅仅靠文字课程难以得到，一定要从实际经验，自己来获得。有了科学的根据，再加以自己的判断，这样得来的知识，才可算是儿童自己的。

一、实验的依据："活教育"思想

陈鹤琴"活教育"思想继承了中国传统教育精髓，吸收了欧美新教育精神，并将两者有机结合在一起。在此基础上创造出了适合中国国情的教育理论与教育方法。"活教育"的理论就是陈鹤琴长期从事中国化新教育探索的概括和总结。

（一）在批判中国传统教育思想中找到"活教育"的时代坐标

陈鹤琴"活教育"思想立足于反思中国传统文化，直面中国国情，他批判传统教育的不合时宜，抛弃其糟粕，同时继承了传统教育历久弥新的精华。他在 1941 年由江西教育用品厂出版的《我的半生》第三章"我的童年"中描述：六年的私塾教育，除了认识三四千字，几乎完全付诸东流，唯"惋惜、感慨、痛恨"②。他对传统教育存在的弊端深有感触，他指出私塾教育只要求死记硬背，教育的目的在于灌输许多无意义的零星知识，养成许多无关重要的零星技能。据陈鹤琴的子女回忆父亲经常跟他们描述当时私塾里的先生对书是从来不讲的，读了书也不理解书中的意思，"好像是小和尚念经"，"学了几年，一封信、一张字条也写不通"③。陈鹤琴对传统的私塾教育在组织形式、教育内容等方面的弊端进行了深刻分析，对其

---

① 陈秀云，陈一飞. 陈鹤琴全集(第五卷)[M]. 南京：江苏教育出版社，2008：57.

② 陈秀云，陈一飞. 陈鹤琴全集(第六卷)[M]. 南京：江苏教育出版社，2008：506.

③ 北京市教育科学研究所. 怀念老教育家陈鹤琴[M]. 成都：四川教育出版社，1986：283.

与现代社会的不适应性进行了批判。

陈鹤琴在南京鼓楼幼稚园的早期课程实验探索，为"活教育"思想的形成奠定了实践基础。他于 20 世纪 20 年代开始中国化幼稚教育的实验探索，创办了中国第一所幼稚教育实验中心——南京鼓楼幼稚园，在此他对幼稚园课程、教法等进行了全面的实验，这对当时的中国来说"是新鲜的事情"①。其课程实验是实验研究的核心和主线，为"活教育"课程提供了实践方面的借鉴。陈鹤琴提出的课程原则是"在助人以选择或发展最有益生活之经验，课程所包举者，不仅限于人生日常行事所需之事实原则与方法，亦应兼及事实或活动之本身"②。鼓楼幼稚园的课程目标独具特色，涵盖了儿童在身体、智力、情绪、做人各方面内容，重视对儿童德、智、体的全面培养。后来，随着国内局势的变化以及对办园实践的反思，陈鹤琴又将当初鼓楼幼稚园的办园目标进一步演化为"做人，做中国人，做现代中国人"的活教育目的论。从幼稚园课程的最低标准"做人"出发，逐步培养出具有爱国精神、符合现代中国发展需要的健全国民。

陈鹤琴对于幼儿教育课程内容的选择问题也表达了自己的观点，即"大自然、大社会都是活教材"。从这一思想出发，鼓楼幼稚园的课程主要以自然环境和社会风俗为依据，重视从儿童生活中来选择主题和素材，形成了健康活动、社会活动、科学活动、艺术活动和语文活动等幼稚园课程主干。这五类活动的组织实施，有效促进了儿童全面健康发展，使之具有健康的体魄，能够认识自己，关心生命与自然。他在与陶行知一起创办晓庄师范幼稚师范院时期，对"生活教育"概念下的"活的教育"有了更深的理解和实践。因此他在 1940 年的一次关于《什么叫做"活的教育"》的讲话中，开宗明义："活的教育"，是活教育运动的先声。③ 陈鹤琴将教师看作"活

---

① 北京市教育科学研究所. 陈鹤琴全集(第六卷)［M］. 南京：江苏教育出版社，1992：297.

② 陈秀云，陈一飞.陈鹤琴全集(第二卷)［M］.南京：江苏教育出版社，2008：5.

③ 陈秀云，陈一飞.陈鹤琴全集(第五卷)［M］.南京：江苏教育出版社，2008：15.

的榜样"，将活的幼儿教师教育看作活教育的重要组成部分。他曾经举出波兰的例子：这个民族曾经做了150年的奴隶，最后仍能复兴，其"大部分力量"来自教师。[①] 他们和广大母亲将波兰文化和波兰语教给下一代，使其保存下来。

陈鹤琴主张活的幼儿教师教育课程，就是要她们学会"教儿童所需要和应当知道的东西"，鼓励孩子去发现，去发问，去研究，去创造，学会让儿童自动主动。[②] 幼师生要像比利时、苏联、英国以及美国幼儿教师那样，鼓励儿童用脑，教材、教法等"一切的一切都是活的"。

（二）吸收杜威实用主义思想的合理内核

陈鹤琴留美期间，深受以杜威为代表的西方实用主义哲学的影响，杜威所倡导的美国进步教育，对形成中国的"活教育"运动产生了相当的影响。[③] 加之杜威1919年5月之后为期两年的来华讲学，构成了"活教育"课程理论的直接来源。杜威从实用主义哲学出发，以经验为中心，提出"教育即生活""学校即社会""做中学"，以儿童为中心、以活动为中心展开教育，"反对经院式的、形式主义的教育"，"反对传统学校课程，反对学校过分重视知识灌输"[④]，主张教育"实验"，这成为陈鹤琴"活教育"课程实验思想的理论基础。他试图以"活教育"实验为突破口，改革中国传统旧教育。受实用主义影响，"活教育"课程在内容上，根据儿童心理和社会需要来编订，将大自然、大社会作为活教材，提倡课程的伸缩性和活动性以及可更改性；在课程实施上，一切教学，集中在"做"，做中学，做中教，做

---

① 陈秀云、陈一飞. 陈鹤琴全集（第五卷）[M]. 南京：江苏教育出版社，2008：16.

② 陈秀云、陈一飞. 陈鹤琴全集（第五卷）[M]. 南京：江苏教育出版社，2008：17-18.

③ 陈秀云、陈一飞. 陈鹤琴全集（第六卷）[M]. 南京：江苏教育出版社，2008：239.

④ 王炳照、阎国华. 中国教育思想通史（第六卷）[M]. 长沙：湖南教育出版社，1994：174.

中求进步。实行分组学习，共同研讨。主张一切设施和一切活动，都要以儿童作为中心。儿童是能动的核心，尊重儿童主体地位，学校里一切的活动都是为了儿童。教育的目的在培养儿童做人的态度，养成优良的习惯，培养其思维能力和创造精神。应该说，陈鹤琴的"活教育"课程实验思想是杜威教育思想的中国化创造。除此之外，他完全认同并积极帮助陶行知、晏阳初等人在中国推行平民教育、普及教育、生活教育、教学做合一等教育改革实验。他在评价陶行知《古庙敲钟录》时曾借朱先生所写的诗来说明传统学习是鲍鱼罐头公司。"学生好比一个一个罐头，先生是装罐工人，伪知识便是装在罐头里的臭鱼。"①因此，如果说陶行知将杜威主义翻了半个跟头，那么在这个翻跟头过程中陈鹤琴助力良多，而且在幼儿教育和幼儿教师教育领域陈鹤琴同样把杜威主义翻了半个跟头。

(三)欧洲办学经验为"活教育"课程实验提供了空间坐标

除了早年留学美国，接受了西方先进教育思想之外，陈鹤琴还对发达国家幼儿教育和幼儿教师教育进行了实地考察，这些都直接促发了陈鹤琴进行幼儿教育和幼儿教师教育实验的决心。1934年7月，陈鹤琴获工部局学务委员会批准，来到新教育的发源地——欧洲，从英国开始，进行了为期7个月的欧洲幼儿教育考察之旅。目的是考察欧洲的社会环境和儿童教育，体验国际化的教育潮流与发展趋势，为中国进行的教育改革提供依据。

例如，在布鲁塞尔，陈鹤琴专门考察了一所为特殊儿童创办的教育机构——德可乐利学校，德可乐利博士致力于研究变态儿童心理，使用各种新教学法教育特殊儿童，主张将儿童放在适当的环境里去发展他们的生活，儿童必须从直接经验中去学习，求知识，求技能，学习做人，即所谓"从生活，为生活"②。学校"并不需要用分数或奖品去奖励儿童，也不要

---

① 陈秀云，陈一飞.陈鹤琴全集(第五卷)[M].南京：江苏教育出版社，2008：219.

② 陈秀云，陈一飞.陈鹤琴全集(第六卷)[M].南京：江苏教育出版社，2008：187.

用惩戒去束缚他们的自由",而是依照儿童自己的兴趣,培养儿童的自治能力和互助精神。陈鹤琴曾说,他倡导"活教育"的四个学习步骤,即观察实验、参考阅读、发表创造、批评研讨,就是借鉴了德可乐利的做法。① 由此可以看出,欧洲的办学实践为"活教育"课程实验提供了可资参考的经验。

二、实验的目标:培养活的幼儿教师

"活教育"课程实验开始于江西实验幼稚师范创办之初,"培养活的幼稚园教师"以及儿童教育的研究人才是其实验研究目标与假设。② 通过一系列"活教育"课程的组织与实施,把"学做人,做中国人,做现代中国人;做中教,做中学,做中求进步;大自然、大社会都是活教材"③当作幼师培养的信条。"活教育"课程就是希望大家能把过去"书本万能"的错误观念抛弃,对活的直接的"知识宝库"进行探讨研究。④ 即让幼师生学会促进儿童在与自然、社会的直接接触中,通过亲自观察获取知识和经验,以此来发展幼师生个性,引导体格健康,鼓励创造能力,培养合作、坚韧和热心为公众服务的精神,从接触大自然和大社会中获取第一手知识和经验;使用做中学的方法。

"活教育"课程是相对于传统教育以书本为主的课程而生发的。传统的"死教育"无益于生命的发展,陈鹤琴认为,要把教育扩展到整个生活所接触到的自然与社会中去,完整的人不能离开自然和社会而独立存在,人们需要向大自然取得生存的物质资料,从社会中找到自我存在的价值,所以自然和社会都可以看作教育的资源,都是取之不尽的资料。书本知识取材

---

① 郭亮. 从拓荒奠基到幼教之父·儿童教育家陈鹤琴[M]. 南京:南京师范大学出版社,2012:91.

② 陈秀云,陈一飞. 陈鹤琴全集(第五卷)[M]. 南京:江苏教育出版社,2008:125.

③ 《实验活教育的江西省立实验幼稚师范》实验幼稚师范原刊1941年11月,第11页。

④ 陈秀云,陈一飞. 陈鹤琴文集[M]. 南京:江苏教育出版社,2008:416.

于人类所积累的经验，而要激活这些经验，同样需要活生生的教育材料，需要直接取之于生活中的大自然、大社会。在幼师生的教材设计和选用上，不能固定在一两本书上，而要将生活处处当作教材，随机教学。坚持学用结合、学以致用的原则，编制活书，引导学生直接在自然和社会生活中学习。

三、实验的内容："工作单元制"和"五指活动"课程组织

"活教育"课程实验大致分为四期进行，每期为期一年：第一，开创期：试用活教材、活教法；第二，实验开始期：整理已用活教材及教法，制订实验方案；第三，实验修订期：修订上期结果作精密之实验；第四，实验完成期：继续修订，完成实验课程。①

（一）"活教育"课程结构设计遵从"活教育"思想

江西实验幼稚师范注重课程的整合，在改革课程内容的同时，改革课程的结构与实施。他们的课程结构由生活课程、学科课程和活动课程三大板块构成。不论是三年制或二年制，课程内容分为"精神训练、基本训练和专业训练"三项。② 对于各科目的目的、内容、方法，陈鹤琴均亲拟指导语。各科课程内容都重视婴儿园、幼儿园和小学的实际联系，课程内容面向实际运用，以此配成单元加以实施，体现"活教育"课程理念。

1. 生活课程

"活教育"课程实验的实施是根据实验目标，把幼师生的日常生活，来当作教学的出发点。③ 生活课程围绕日常生活展开，课程设置有家事、农艺、工艺课。开学后的第一课是劳动，并把劳动列入正式课程。包括烧

---

① 《实验活教育的江西省立实验幼稚师范》实验幼稚师范原刊 1941 年 11 月，第21 页。

② 陈秀云，陈一飞. 陈鹤琴全集（第二卷）[M]. 南京：江苏教育出版社，2008：419.

③ 《实验活教育的江西省立实验幼稚师范》实验幼稚师范原刊 1941 年 11 月，第12 页。

饭、洗衣服、筑路、编草、种菜种树、割草、玩具制作、日常生活所需用具等,都由学生亲自动手。如家事课程包括缝纫、烹饪和家庭管理。① 大厨房不请厨师,由同学轮流值班做饭,为了保证米的营养不致流失,校长亲自下厨示范指导焖饭,一碗米二碗水的标准,焖出了香软可口的米饭。除此之外,学生在菜园里种菜,新鲜的蔬菜保证了终年不断。② 生活课程一方面解决了办学物资紧张,改善了学生的生活;另一方面也培养了学生艰苦朴素,吃苦耐劳的精神。学校的农场,除田十六亩外,还有山地,面积不小。幼师生和教师全部参加劳作、种菜、种树、种花生、种番薯、种黄豆,师生种植的油桐、乌柏及其他各种树木各有数百棵,桃、梨等果树也有百余棵,师生对这一课程的实施,兴趣甚浓。③ 因此,学校的上课形式不同于一般学校,每天有以劳动中的各种动作与歌声相结合的"劳动早操",早操内容十分鲜活,每节有多种劳动动作,"如拉索、锯木、织布、划船等十几种劳动"④,大家按劳动节奏边唱边做,这给后来学生们对劳动感到愉快打下了基础。

2. 活动课程

活动课程是相对于学科课程或分科课程而言的,包括一切的社团活动、竞赛活动和体育活动,如各种研究会、剧团、歌咏队、球队等。活动课程是陈鹤琴"活教育"课程实验的重点内容。幼儿教师教育应当以活动为中心,这也是"活教育"的精髓所在。例如,座谈会、讨论会,这是学生们的家常便饭,每周总有数次的集合。⑤ 每周有两三次分班分组集会,如夕

---

① 陈秀云,陈一飞. 陈鹤琴全集(第二卷)[M]. 南京:江苏教育出版社,2008:419.

② 北京市教育科学研究所. 怀念老教育家陈鹤琴[M]. 成都:四川教育出版社,1986:147.

③ 《实验活教育的江西省立实验幼稚师范》实验幼稚师范原刊 1941 年 11 月,第13 页。

④ 北京市教育科学研究所. 怀念老教育家陈鹤琴[M]. 成都:四川教育出版社,1986:172.

⑤ 《实验活教育的江西省立实验幼稚师范》实验幼稚师范原刊 1941 年 11 月,第15 页。

阳会，月光会。按季节分，冬季为夕阳会，夏秋为月光会。活动的内容繁多，有唱歌、舞蹈、体育表演、音乐欣赏、有讲故事、诗歌朗诵、还有学术探讨研究，时事讨论等。① 据江西实验幼稚师范学校学生毛廷珞、尹民端等人的回忆："记得有一次校长为我们表演翻筋斗，麻雀跳，看得我们既兴高采烈，又担心校长年岁大失误。"江西"活教育"实验幼师与一般学校教师在学生面前威严有余、学生见老师"敬而远之视为陌路人，甚至逃之夭夭"②形成了天壤之别。除此之外，不定期举办演讲辩论、唱歌比赛、体育竞技；每逢国庆、元旦等重大节日，通过举办富有意义的活动来增进情趣、知识和技能。

3. 学科课程

学科课程是基础性和专业性幼儿教师教育课程的核心。其中，江西实验幼师二年制的课程设置包括：公民、体育及游戏、卫生、国语、自然、社会、美术、家事、音乐、教育概论、儿童心理、保育法、幼稚教育、时事研究、农艺、工艺以及实习共计十七门课程。③ 三年制的江西实验幼师课程在两年制的课程基础上，增加了数学、教育心理和测验与统计。虽然课程设置有所增加，但是每周教学总数不变，均为 36 学时。④ 同时，还规定无论两年制或三年制，除体育及早操外，每周要有三个小时的课外活动时间，有两小时为战时后方服务训练，每日至少有两小时规定为学生在校自习时间。各科的教材都不是一两本固定的教科书，而是以实际事物为学习对象，不限于学习书本上的死知识。例如自然科的教学，或以某一自然现象，或以日常生活的某一事物为对象，抓住机会，随时教学。陈鹤琴举

① 北京市教育科学研究所. 怀念老教育家陈鹤琴[M]. 成都：四川教育出版社，1986：172-173.

② 北京市教育科学研究所. 怀念老教育家陈鹤琴[M]. 成都：四川教育出版社，1986：173.

③ 《实验活教育的江西省立实验幼稚师范》实验幼稚师范原刊 1941 年 11 月，第18 页。

④ 陈秀云，陈一飞. 陈鹤琴全集(第二卷)[M]. 南京：江苏教育出版社，2008：416-418.

例说"小菜场，是你的标本，是你的仪器，是你的宝库"，这是活教材，活知识，活教育。陈鹤琴主张大自然是我们活的教师，我们要张开眼睛去仔细看看，要伸出两手去缜密地研究。① "活教育"课程实验中，各科均无固定教材，只以各种书籍、图片、报纸、杂志作为学习参考材料，表现出"不纯用课本"和"活用课本"的特点。又如社会科教学，由于在某一时间发生的某一事件，有其地理环境与历史背景，所以当时的报纸杂志、图表画片，无一不成为幼师生的活教材。再如儿童心理、幼稚教育等课程，更不是只重书上的死知识。教学的进行，就以婴儿园、幼稚园为教室，天真活泼的儿童就成为幼师生的"活书"了。② "活教材"要求用活书，就是，以图书为参考资料，以师生的共同创造为教材。江西实验幼稚师范学校所谓不读死书，并不是绝对的不读书，只是他们不把死书作为唯一的教学工具。是要求用活书，用多种图书作参考、研究的资料。并且，倡导幼师生到幼稚园中观察儿童行为，逐项记载观察所得，参考各家的有关研究成果，再经大家的研讨，这一过程的结晶就是对"活教材"的创造。

4. 公民训练

"活教育"课程实验不仅仅注重专业训练，还特别重视与职业有关的普通训练及公民训练。开设公民科的目的就是要注重做人、做现代的中国人，包括对于幼师生待人接物态度与能力的培养。学校采用以下内容和方法进行公民训练：(1)选定一二十种伟人的传记，给学生一种做人的榜样；(2)采用讨论而非直接灌输的方式，来研究人生问题；(3)关于习惯方面的活动，给学生更多实习实践的机会，在实践中培养良好的习惯，磨炼其人格。

总之，江西实验幼师"活教育"课程实验虽然采用分科教学形式，但主张因时、因地变更科目；要求尽量采用混合编排原则，拓宽教学内容；反

① 陈秀云、陈一飞. 陈鹤琴全集(第五卷)[M]. 南京：江苏教育出版社，2008：73.

② 中国学前教育史编写组. 中国学前教育史资料选(全一册)[M]. 北京：人民教育出版社，1989：339-340.

对教死书、读死书，主张在活动中互学互教，在"做中学，做中教，做中求进步"。陈鹤琴批评以前的课程只着重于基本知识，如人生哲学课，过于深奥，不切实际。再如，在专业训练方面存在三种倾向：一是各科目互相独立；二是教学上只注重基本训练，很少顾及幼稚园、小学各科在教材教法上的运用；三是教材教法科包罗万象，结果却造成各项专业内容略而不详。① 按照活教育课程改革思路，在教材教法这个科目上，做到了各科相互联系，幼稚园、小学以及师范教育之间相呼应。陈鹤琴要求各科教学都要特别注意和婴儿园、幼稚园及小学的实际相结合。例如，体育、音乐列入儿童歌曲和唱歌游戏教材；卫生课"第一注重实际的卫生生活，其次注重实习和注重儿童营养"；国语课"对于儿童文学、故事、歌谣、谜语都能创作或编著"②。再如，幼稚概论包括教育原理、教育史、教育新趋势和各种教育法。幼稚教育包括幼稚教育的历史、原理、幼稚园的设备、教材、教法等。社会课注重现代的历史，注重当前的国际的问题，研究乡村社会的生活与本国的状况。

（二）"活教育"课程组织以"工作单元制"为基本方式

"工作单元制"是江西实验幼师"活教育"课程组织实验所采取的主要方式，这样能够有效降低因为学年的限制而造成的对幼师生培养质量的影响。③ "活教育"课本编制遵循两条原则："一是根据最近颁布的新课程标准；二是根据当地儿童与环境实际需要情形"。在两个基本原则之下，除国语和算术科目之外，其他科目均按照"大单元制套小单元及活动中心编制"④原则，这里的"大单元套小单元"就是"工作单元制"。

---

① 陈秀云，陈一飞.陈鹤琴全集（第二卷）［M］.南京：江苏教育出版社，2008：416-419.

② 陈秀云，陈一飞.陈鹤琴全集（第五卷）［M］.南京：江苏教育出版社，2008：13.

③ 陈秀云，陈一飞.陈鹤琴全集（第二卷）［M］.南京：江苏教育出版社，2008：419.

④ 陈秀云，陈一飞.陈鹤琴文集［M］.南京：江苏教育出版社，2008：416.

　　围绕"主题"组织课程是"工作单元制"的集中体现。其组织思路要求围绕着与现实生活密切相关的活动主题，以大单元套小单元的方式进行。"工作单元制"的实施过程如下：第一，分析幼儿教师应具有的能力，编成优良幼儿教师之能力表。第二，分析幼稚园及幼稚师范的教材，按照进度，组成单元。第三，幼师生学习，本其个人之智能，按程序进行，不受班级的牵制。第四，学习能力强者，规定年限可修完全部课程，较次者时间较长，单元未完，不予毕业。① 单元的内容必须是完整的、系统的、互相关联的，促使儿童对事物发展获得整个的概念，而不是"四分五裂"的、"孤立"的、"违反儿童生活、违反儿童心理"的。② 每日的活动必须围绕着单元的中心主题展开。

　　中心活动课程分为"自然研究""社会研究"和"儿童研究"三种。③ 自然研究主要是研究文江村的各种土壤、矿石、地层、动物、植物及天文气象的变化与规律等；社会研究包括从人类进化到世界形势，从中华民族的历史拓展到抗战全民动员，涉及政治、经济、文化、军事等。这两项研究均依单元进行，同时将部颁教材渗入其中。儿童研究又叫"五指活动"，即从"健康""社会""科学""语言"和"文学"五个方面研究儿童并进行儿童教育。这样，就将各个学科领域打通，将"教材教法与实习合并"，填平了基本训练和专业训练之间的鸿沟，矫正了教材教法既包罗万象，又不深不透，"缺乏实际的材料"④等现象。

（三）"活教育"实验的总结——"五指活动"课程组织

　　"五指活动"课程组织实验发轫于江西实验幼师，1944年陈鹤琴提出了

---

　　① 《实验活教育的江西省立实验幼稚师范》实验幼稚师范原刊1941年11月，第20页。

　　② 易慧清. 中国近现代学前教育史［M］. 长春：东北师范大学出版社，1994：201.

　　③ 熊明安，周洪宇. 中国近代教育实验史［M］. 济南：山东教育出版社，2001：693.

　　④ 陈秀云，陈一飞. 陈鹤琴全集（第二卷）［M］. 南京：江苏教育出版社，2008：419.

代替全部课程的"五指活动"：健康活动、社会活动、科学活动、艺术活动以及儿童文学活动。"五指活动"课程被视为"活教育"课程实验的完成期。幼师生要学会这一结构化活动化课程体系组织方法与技能。"活教育"课程实验在江西实验幼师阶段以探索、尝试和总结为主，在上海幼师的"活教育"课程实验则以推广和完善前期的实验成果为主。

1. 江西实验幼稚师范学校"五指活动"课程

"活教育"课程在江西实验幼师阶段，虽然还处于不断丰富和完善的过程中，但其内容和组织上已较为具体和规范，在这里"活教育"由实验阶段走向实施阶段。[1] 1944年2月拟定的《五指活动实施大纲》，其中包括"活教育五指活动进行办法"以及健康、社会、科学、艺术以及文学各项活动实施大纲。江西国立实验幼师在其附设的国民教育实验区内的幼稚园进行了活教育"五指活动"课程实验，并特约幼师附小、正大附小、南昌实小三校联合共同进行了实验研究。[2]

"五指活动"课程实验包括：目标、性质、教师、事项、组织、集会、教学等十项内容，其目的是建立中国儿童教育新方案，从儿童生活出发实现儿童的完整成长。[3] 以"儿童健康活动实施大纲"[4]为例，第一项是活动目标：即培养儿童健全的身心。第二项是活动范围，包括体育活动、个人卫生、公共卫生、心理卫生以及安全教育五个方面。第三项是活动项目，其中每个方面都分别从各学校分别做的项目和三校联合做的项目进行。如体育活动方面的活动项目除了各学校分别做的课间操、组织球队、各项体育技能竞赛、各项游戏竞赛和举行郊外活动之外，还有三校联合做的如联合运动会。第四项是与实验区协作事项，包括健康视导、设置儿童心理卫生指导机构、制定幼稚园及小学各阶段体育卫生最低设备标准、制定体育卫生营养标准以及举行儿童卫生测验。第五项是活动组织，组织儿童健康

① 王伦信. 陈鹤琴教育思想研究[M]. 沈阳：辽宁教育出版社，1995：265.
② 陈秀云，陈一飞. 陈鹤琴文集[M]. 南京：江苏教育出版社，2008：423.
③ 陈秀云，陈一飞. 陈鹤琴文集[M]. 南京：江苏教育出版社，2008：423-426.
④ 陈秀云，陈一飞. 陈鹤琴文集[M]. 南京：江苏教育出版社，2008：427-429.

营。第六项是活动顺序，其中包括各校做的工作由各校根据实际情形编入行事历，联合做的工作与实验区协作事项也按时间顺序编入行事历。第七项是活动结果，包括每校组织儿童健康营、制定体育卫生营养标准、制定幼稚园及小学各阶段体育卫生最低限度设备标准、组织儿童夏令营以及举行联合运动会及展览会五个方面。

2. 上海实验幼师"五指活动"课程阶段

1945 年抗战胜利，江西国立幼师并入南昌女师，成立幼稚师范科。1946 年专科部迁址上海，成为独立的国立幼稚师范专科学校，1947 年国立幼师改名市立女子师范学校，分设幼师和普师两科，继续"活教育"课程实验。

依据"大自然、大社会都是活教材"的精神，幼稚师范连同女师附小及附属幼稚园成为了活教育理论的实验场所。① 陈鹤琴在上海继续推广其课程改革实验，全面实行"五指活动"新课程组织方案。当时，上海市立女师就将所有科目纳入健康活动、社会活动、科学活动、艺术活动、文学活动等五种整体关联的活动，"以一个总的活动来统一教材内容"，继续实验陈鹤琴"所提出的'五指活动'的课程理论与教学活动"②。

可见，活教育之"五指活动"课程组织方案已经基本定型，"活教育"理论的完整体系——目的论、方法论和课程论也初步形成。"五指活动"课程组织围绕着与现实生活密切相关的活动主题展开，以大单元套小单元的形式进行。其中最为典型的例子是 1946 年 11 月进行的题为"上海研究"的大单元教学活动。幼稚师范连同女师附小及附属幼稚园进行同一单元研究，并且分工明确，"过去之上海"由幼师部研究、"现在之上海"由小学部研究、"将来之上海"由专科部研究。根据教师魏栋臣回忆当时的情景时说，那个时候，接连几个星期到外边参观，参观的范围非常广，包括市政府、

---

① 陈秀云，陈一飞. 陈鹤琴全集(第五卷)[M]. 南京：江苏教育出版社，2008：92.

② 北京市教育科学研究所. 陈鹤琴全集(第四卷)[M]. 南京：江苏教育出版社，1992：444.

《女师校刊》上曾刊登"活教育"课程的编制——"五指活动"图①

"活教育"五指活动	健康活动	健康与人生	卫生、体育-舞蹈、营养
	社会活动	社会与人生	中外史地、政治经济、人生哲学
		教育与人生	人生教育、幼稚教育、国民教育、教材教法、测验统计、实习
	科学活动	自然与人生	生物、数学、理化、天文-地质
		心理与人生	人生心理、儿童心理、学科心理
	艺术活动	艺术与人生	音乐——琴法——唱歌——作曲 美术——绘画——雕塑——缝制——装饰 劳作——木纸泥工——编织——家事——园艺
	文学活动	文学与人生	国文——国语——写作 外国文——会话——阅读——翻译

教育局、报馆、盲童学校、自来水公司、菜市场、造船厂、百老汇大厦、二十四层楼的国际饭店等，对包括行政机关、文化教育机构、公用事业等在内的多家机构都进行了参观。除了整理资料外，还翻阅了很多参考书，设计了模型，内容包括"工业、商业、文化区、住宅区……"②到12月25日，上海幼师举行校庆纪念会那天，邀请各方面的人来参观。再如，1947年12月举行的"对日和约问题"的时事座谈会活动也具有代表性。该活动围绕人们普遍关心的"对日和约问题"展开，将对日和约问题分成四个小题目：(1)日本为什么要侵略中国；(2)八年抗战中，我国所受的损失怎样；(3)美国对于日本的态度以及我们国人的态度如何；(4)对日和约是如何签订的。一共64个同学分成4组，每组选定一个问题，通过剪贴报纸、访问大公报资料室等方式搜集资料，之后进行分组讨论研究，并对结果加以整理，4组全体同学举行座谈会。由各小组的主席来主持，并依次汇报，最

---

① 人民教育社. "活教育"批判[M]. 北京：人民教育出版社，1955：111.
② 人民教育社. "活教育"批判[M]. 北京：人民教育出版社，1955：96-97.

后将各组的意见汇总归纳为一个总的结论。①

1952 年，活教育调查组在人民教育上发表的《上海女师（幼师）附小及幼稚园调查报告》中，记载了上海女师幼稚园的老师如何用"五指活动"课程目标及"做中教、做中学、做中求进步"的教学方法指导儿童活动的情况。②其教学活动完全以儿童为主，围绕儿童兴趣展开。例如时任上海女师幼稚园的老师盛璐德说："教得好不好就在看儿童的兴趣。"教师萧皓林说："我们的课程……要依儿童的兴趣而伸缩，变动。他们喜欢做就做，他们不喜欢做就结束……"上海女师所采用的是单元制教学活动，"单元内容是按时令、衣食住行、动植物、社会常识等编订……"冬天的时候讲《过冬》《过新年》；春天的时候则以"春天来"为主题，围绕着"五指活动"来组织，在组织艺术活动时，叫儿童唱关于春天的曲子，歌曲要讲究调子，要婉转悦耳。例如，上海女师幼稚园的老师盛璐德说："《美哉，美哉春天!》我们也没有想'美哉'这两个字儿童是不是懂，只管调子好听就教小朋友唱。"文学活动也同样围绕春天讲故事，科学活动会组织儿童到大自然中去观察春天动植物的变化，社会活动则会带领儿童到周边公园等郊游。由于该活动课程是处于实验初期，还没有一定的周密的计划。在具体的教学活动中，教师怎样指导分组学习，怎样考核儿童成绩等，都要进行记录、讨论和实验。所以"五指活动"课程组织不仅是儿童做中学、做中求进步的过程，同时也是教师做中教、做中求进步的过程。通过实验研究与总结，举办主题活动展览（如"上海研究"）以及文章发表等形式，"活教育"课程实验之"五指活动"课程组织的实验模型逐渐被社会所了解和认同。

四、结果与影响：中国近代幼儿教师教育课程改革集大成者

江西国立实验幼师"活教育"课程实验探索，较为全面、深层次地解决

① 人民教育社. "活教育"批判[M]. 北京：人民教育出版社，1955：97-99.
② "活教育"调查组. 上海幼师（女师）附小和幼稚园调查报告[J]. 人民教育，1952(6)，第 26 页。

了民国幼儿教师教育课程设置的问题,找到了中国化、专业化的幼儿教师教育课程设置基本规律。虽然这一课程实验诞生于抗日战争年代,但是恰恰反映了中华民族自强不屈的抗争精神。

(一)制定并实验了一份完整的幼儿教师教育课程培养方案

"活教育"课程实验把学生从狭隘的课堂和书本引向广阔的生活舞台,引向充满生机的大自然和大社会,校园充满了勃勃生机。幼儿教师课程方案经过反复实验,不论是三年制还是两年制的,均已在1935年民国教育部修订的课程标准中进行了表达。但是不难发现,这一课程标准仍然对于幼儿教师培养的特点体现不够。陈鹤琴及其创办的江西实验幼师正是在这一课程体系的基础上开展实验,并最终确立了更加符合国情的幼儿教师培养的新课程方案。经过两年多的"活教育"课程实验,对1935年修订的幼师两年制及三年制课程,进行了重新拟定和修改,并于1943年在校内试行新的课程计划。与1935年教育部修订的《三年制幼稚师范课程》[①]相比较,江西实验幼师所拟定的幼儿教师教育课程有以下几个方面的变化:(1)增加了三门新课:幼稚教育、人生心理课、家庭教育;(2)减去了两门旧课:军事看护、伦理学;(3)改变了三门课程名称:算学改为数学,劳作改为园艺、工艺及实习,教育概论改为教育通论;(4)合并了两门课程:将历史、地理合为社会;将生物、化学物理合为自然。[②] 江西省立实验幼稚师范学校的课程设置门数在原来1935年教育部颁布的22门课程基础上调整到20门。[③] 这一调整更加突出了幼儿教师教育的专业特点,加强了其专业修养和训练。陈鹤琴对此有着深刻的认识,如对于新加的人生心理科,他特别

---

① 中国学前教育史编写组. 中国学前教育史资料选(全一册)[M]. 北京:人民教育出版社,1989:247-248.

② 袁昂:《丛林中省立实验幼师》,《活教育》月刊四卷合订本,中华书店发行,1947(1)第207页。

③ 陈秀云,陈一飞. 陈鹤琴全集(第二卷)[M]. 南京:江苏教育出版社,2008:417-418.

得意，认为它"对青年生活方面的指导，实在是必需的"①。其意义是根据青年期心理，对学生进行伦理教育，促其发展技能，能够指导幼师生正确地运用理智于日常生活。这一课程方案各学科的设置既符合了幼儿教师通识性课程的培养规律，又注意到了专业课和实践课并重。江西国立实验幼师的课程实验成为国民政府于1944年修正公布并通令各省实施的两年制和三年制幼稚师范科教学科目制定的重要参考，包括课程的设置以及各科教学时数。② 至此，民国幼稚师范课程才算真正有了依据。

陈鹤琴1944年总结提出的"五指活动"——健康活动、社会活动、科学活动、艺术活动和文学活动，不仅是幼稚园"活教育"课程的集中体现，也是幼儿教师教育对幼稚园课程组织方法的集中体现，是江西实验幼师活教育课程实验的重要成果。它不仅符合"活教育"的基本精神，而且可在幼教实践中得以重复验证。③ 这一"活教育"课程研究与组织实施奠定了我国幼儿教育课程的"框架"，对我国幼儿教育课程以及幼儿教师教育课程的研究与实践起到无可替代的重要作用。直到今天，"五指活动"课程的思想、观点和组织方法对我国幼儿教师教育课程改革和编制仍有积极的指导意义。

陈鹤琴在"活教育"课程实验基础上，为江西国立幼稚师范学校起草了三份课程标准草案——《幼稚教育课程标准草案》《家庭教育课程标准草案》《幼稚园行政课程标准草案》，此三项课程标准草案于1945年8月14日呈报教育部。三项课程标准草案分别从目标、时间支配、教材大纲以及实施方法概要四个方面做了详细的规定。④ 从目标方面，三项课程标准分别旨

① 陈秀云、陈一飞.陈鹤琴全集（第二卷）[M].南京：江苏教育出版社，2008：419.

② 教育部教育年鉴编撰委员会.第二次中国教育年鉴[M].上海：商务印书馆，1948：1017-1018.

③ 熊明安，周洪宇.中国近代教育实验史[M].济南：山东教育出版社，2001：693.

④ 陈秀云、陈一飞.陈鹤琴全集（第五卷）[M].南京：江苏教育出版社，2008：44-56.

在使幼师生了解幼稚教育发展以及各国幼稚教育的概况，唤起幼师生研究兴趣和工作的积极性；使幼师生认识家庭教育的意义，明了教养儿童的合理方法以及热爱儿童和养护儿童的技能；使幼师生明了创设幼稚园的方法以及处理园务的能力。从时间支配方面，三项课程标准分别安排在幼师生培养的第二学年第一、二学期每周二小时；第三学年第一、二学期每周二小时和第三学年第二学期每周二小时。从教材大纲方面，三项课程分别针对各自的目标设置了不同的教材任务，例如《幼稚教育课程标准草案》教材大纲方面，主要包括认识幼稚园、幼稚园的重要性、幼稚教育的演进史、幼稚教育的新活力、现代幼稚教育的鸟瞰、幼稚教育的设施、幼稚园的教师以及中国的幼稚教育八个方面。从实施方法概要方面，三项课程标准从作业要项和教法要点方面分别作了详细的规定。例如《幼稚教育课程标准草案》实施方法概要规定，作业要项包括参观及报告、讨论、讲习、阅读；教法要点包括将教材分成若干单元，用问题方法提出，并采取分组、集体讨论为主，要用科学的教学步骤以及参考各种幼稚教育的书报和制作各项图表报告加强对幼教的认识。

这三个课程标准草案是参照"部原订之幼稚师范课程标准，并根据本校六年来研究实验结果暨现代新教育之趋势，采用心理组织原则拟就"①。它的独特之处有三：其一，可以认为这是我国第一所公立幼儿师范学校的第一个创造性的幼儿教育、家庭教育和办幼稚园的课程标准；其二，它充分体现了陈鹤琴幼儿教育和家庭教育思想及其办学思想，贯穿了"活教育"的理念与实践；其三，它是中国化、科学化、民主化的幼儿教师课程实验研究的成果，也包含了陈鹤琴从1920年代初创办南京鼓楼幼稚园和研究儿童心理、家庭教育等方面的实践经验和理论积累。

诚然，由于在江西的六年中，日寇屡犯，学校三迁，条件困难，物资匮乏，加上时代的局限性，这一课程标准，从几十年后的今天来看还有不

---

① 陈秀云、陈一飞.陈鹤琴全集(第五卷)[M].南京：江苏教育出版社，2008：44.

足之处。但是，它毕竟是对旧的传统幼儿教育的一次挑战，是迈向中国化、科学化、现代化幼师教育发展道路上的一次创新，具有开创性意义，至今仍然有其参考价值和启迪作用①。

(二)形成了具有"活教育"特色的幼儿教师教育文化

陈鹤琴在1943年国民教育实验会上发表演讲，阐明了"活教育"与"新教育"的关系，形象地将"活教育"作为中国"新教育"的幼苗，阐述了"活教育"对于争取自由民主、科学光明、抵御外敌的使命担当。"活教育"正是中华民族伟大的抗争精神在幼儿教师教育领域的集中体现，它在课程目标、课程内容、课程实施上进行了实验创新，用实际行动实验了"新教育"，为中国近代乃至今日幼儿教师教育课程体系建设提供了一个优秀的较为成熟的蓝本。② 抗战结束后，江西实验幼师前后办理7年，到1946年移交江西省接办为止，共培养师资213人。③ 从毕业生数量来讲，不是很多，但从她们工作的地区看，遍及全国12个省市。她们中的大多数在小学和幼稚园工作，并把母校学到的原理应用于她们的事业上，为幼儿教育事业辛勤地播种着幼稚教育的幼苗，传播着"活教育"课程实验成果。陈鹤琴主持的"活教育"课程实验为我国幼儿教师教育做出了突出的贡献。

陈鹤琴自1940年起在江西团结一批热心幼儿教育事业的师生，筚路蓝缕，艰苦办学，实验研究，形成了"活教育"特色的幼儿教师教育文化。正如他在1945年12月《给留在江西国立幼师全体同学的公开信》中所说："我是你们的校长，也是愿意驮着你们奔走于荒漠间的骆驼……只要我存在一天，我对教育事业，对你们，不会有一丝一毫的懈怠，我要斗争下去。"当时正值日寇入侵江西，江西实验幼师经过了两次迁校，1945年1月

---

① 陈秀云，陈一飞.陈鹤琴全集(第五卷)[M].南京：江苏教育出版社，2008：44.

② 陈秀云，陈一飞.陈鹤琴全集(第四卷)[M].南京：江苏教育出版社，2008：269-272.

③ 陈鹤琴.活教育的创造理论与实施[M].上海：上海华华书店，1948：104.

当局下令各校就地解散，唯独幼师决定不解散。陈鹤琴表示说："我是一校之长，我就是讨饭也要带着学生走，绝不丢下一个。"①陈鹤琴 1947 年在《创办幼师的动机和经过》中，说到江西实验幼师师生在广昌甘竹乡饶家堡住了一年，在这一年中，生活虽然艰苦，校舍不够，经费困难，被许多问题困扰，但与当地民众的关系非常融洽是最欣慰的事情。有些当地朴实的农民在学生中认女儿，有好多同学都做了他们的干女儿。当离开饶家堡回到上海后，学生和干妈妈之间还有通信联络。② 据江西实验幼稚师范学生回忆，在饶家堡的那段时间，学校免费为老乡治病，吸收家境困难而有劳动力的人来校当校工，对生活十分困难的老乡向政府代为请求救济。除了密切与群众关系发动学生拜干娘之外，江西幼师师生还办了识字班，组织了青年儿童唱歌队，农民、师生成了一家人。③ 融洽的感情促进了幼师生们顺利实现了送教上门的扫盲工作。

抗战胜利后，江西幼儿师范专科学校迁址上海，除了办好上海女师附属幼稚园之外，又在上海郊区大场农村创建一批体现"活教育"课程思想的农忙托儿所。把幼儿教育事业，继续向农村推广，这些托儿所，不仅得到农民的好评，而且也荣幸地受到了著名人士宋庆龄女士的赞扬和资助，并赠送了不少日用品和图画等。④ 为了更好的改革幼专的教学和科研，并且继续坚持和完善适合国情、省钱的、平民化、中国化的幼儿教育事业，幼专的教师和学生又到江苏省的农村做了调查研究，得到当地教育局和社会人士的支持，并在农村选定了洮西、竹林……等地作为托儿所所址。这是在陈鹤琴校长的鼓励下，在"活教育"课程思想的指导下，对农村托儿所事

---

① 陈秀云、陈一飞. 陈鹤琴全集(第六卷)[M]. 南京：江苏教育出版社，2008：333.

② 陈秀云、陈一飞. 陈鹤琴全集(第五卷)[M]. 南京：江苏教育出版社，2008：41.

③ 北京市教育科学研究所. 怀念老教育家陈鹤琴[M]. 成都：四川教育出版社，1986：176.

④ 北京市教育科学研究所. 怀念老教育家陈鹤琴[M]. 成都：四川教育出版社，1986：90.

业的又一次开辟。除此之外，上海的金坛县农村选定了一些破庙宇、祠堂等作为托儿所的所址，幼专的学生积极参与，自己动手制造出来了许多玩具和教具，托儿所办得有声有色，很快招收了几百名幼儿。①

（三）促发完整的"活教育"理论体系形成

"活教育"理论体系是陈鹤琴在创办江西实验幼师时提出并实验的，起初并不完整，在实施"活教育"实验的过程中，才逐渐得以发展并完善。1947 年，陈鹤琴在上海整理出"活教育"的理论体系，即"活教育"的三大纲领——目的论、方法论和课程论。② 他指出，旧中国的教育制度抄袭外国，空谈理论，教与学不分，不知怎样教，也不知怎样学，更不知怎样求进步，死读书，读死书，与生活无联系，书本至上，造成孤陋寡闻。正是在批判这些传统教育现象的基础上，陈鹤琴建立起自己的完整的活教育理论。

"活教育"的第一个目标：目的论，即"做人，做中国人，做现代中国人"。陈鹤琴在"活教育"课程实验探索中，提出要从儿童的实际需求出发，从而谋求教育上的改进。通过教育实现人生与自然、社会的完美结合，实现学校与生活结合，发扬科学与民主的思想，达到做一个现代中国人的目标。

"活教育"的第二个目标：方法论，即"做中教，做中学，做中求进步"。陈鹤琴不仅承袭了杜威的"做中学"和陶行知的"教学做合一"理论，而且发展了他们的提法，提出"做中求进步"。理论与实践的距离是要通过"做"而使之缩短，使知识与技能在"做"中取得联结。只有"做"与"学"取得密切联系，才能取得实际的效果。此目标的实现不是抽象空洞的概论，而是通过教学四个步骤来完成，即观察实验、阅读参考、创作发表和批评研究。

---

① 北京市教育科学研究所. 怀念老教育家陈鹤琴[M]. 成都：四川教育出版社，1986：90-91.

② 陈鹤琴. 活教育的创造理论与实施[M]. 上海：上海华华书店，1948：12.

"活教育"的第三个目标:课程论,即"大自然大社会都是活教材"。自然现象和社会规律都可以作为取之不尽的教学资源,既然书本知识是人类经验的积累,那么活生生的教育资料就应当直接取之于生活中的大自然大社会。

陈鹤琴为改革旧教育而进行的"活教育"课程实验,是对当时的旧教育的一种抨击。在"活教育"理论体系的基础上,陈鹤琴又进一步完善了实施活教育的教学原则和训导原则。江西实验幼师"活教育"课程实验的成功,以及在上海市立幼师及附小的进一步实验、推广和完善,形成了一种相对稳定的教育模式,供后人学习和借鉴。

第五章　中国近代幼儿教师教育教学组织形式实验

　　教学组织形式是教学活动的一种结构方式。① 包括课的类型划分；课堂各教学环节的构成；时间分配以及全部教学过程中的一切组织工作等。② 幼儿教师教育有其独特的专业特点和专业责任。因此，幼师生的教学组织形式要适应这些培养特点，改革传统的、机械呆板的班级授课模式，使之适应中国的科学的平民的幼儿教师教育需要。用张宗麟的话说："幼稚教师的责任真重大!"这支队伍关乎"教育的基础"，关乎儿童的终身，关乎"异日卫民保国的国民"，关乎把幼儿的教育权牢牢地握在自己手中。③ 只有懂得如何教孩子，保证教学的科学性和儿童发展性，才能算得上合格的幼儿教师，才能"带着儿童去创造"，才不会"贻害孩子"。④ 但是，民国现实版的幼儿教师又是怎样的水平呢？张宗麟指出："近代从事幼稚教育者至少有两件事是对不起孩子的。一件是欺骗孩子，一件是枷镣孩子。"无论是做"欺骗者"还是做"假道学"，都与幼儿教师专业相去甚远。要筑牢未来幼儿教师的"专门学识与经验"，就要从两个方面下大功夫，一方面就是中国化专业化幼儿教师教育课程建设，包括对于幼师生进行"好好的公民训练"；另一个方面就是要有良好的专业的施教方法。只有具备了这两条，

---

①　顾明远. 教育大辞典(简编本)[M]. 上海：上海教育出版社，203.
②　靳希斌. 教育学[M]. 北京：中央广播电视大学出版社，1994：211.
③　张沪. 张宗麟幼儿教育论集(下卷)[M]. 长沙：湖南教育出版社，1985：777.
④　张沪. 张宗麟幼儿教育论集(下卷)[M]. 长沙：湖南教育出版社，1985：799-802.

才会养成幼师生的专业"决心"和"研究心"。① 上一章，重点阐述了中国近代幼儿教育领域的先贤先哲通过实验厘定幼儿教师教育课程的过程。这一章，重点梳理这些中国近代"幼稚教育界开国元勋"们通过实验解决幼儿教师教育的教学专业素养培养问题。② 根据幼师生的培养重点和相关史实，本章把重点放在幼师生教学组织形式方面，学科教学方法和实习教学方法作为余论，在下一章专门论述。

第一节　中国近代幼儿教师教育教学组织形式 实验的缘起

中国传统教学的经师教育模型，不仅处于各级各类教育的主体地位，而且源远流长，这是教育内容和培养方向所要求和决定的。清末民初，西学东渐，教学课程内容变化，教育目标变革，教学方法的不适应性日益凸显。不仅如此，教育分类分科分级变细，尤其是学制体系日臻完善，对教学方法改革提出了客观要求。传统教学走不通，仪型外国会夹生。摆在专家学者面前的唯有实验一条路，即找到适合中国国情又适合专业发展需要的教学方法，培养新国民、新职业和新专业人才。幼儿教师教育教学法实验同样受这一动力推动。

一、实验问题起点：教学组织形式是幼儿教师教育改革的盲区

中国传统教学向来以经师的传授讲解以及学生机械背诵为主要形式。北宋教育家胡瑗在苏州、湖州二地办学，使用的分斋教学制，将读经和治事相结合，在教学目的、教学内容、教学组织、考试形式等方面独具特色。清代教育家颜元大力提倡"习行"教学法，强调"吾辈只向习行上做工

---

① 张沪. 张宗麟幼儿教育论集(下卷)[M]. 长沙：湖南教育出版社，1985：763.

② 张沪. 张宗麟幼儿教育论集(下卷)[M]. 长沙：湖南教育出版社，1985：778.

夫，不可向言语、文字上著力"①，主张读书须与"习行"相结合，在"习行"上下更多功夫。这是中国的儒家教育传统以及儒家教育内容所要求和决定的。疏不破注，注不离经，道统服务于政统，讲经读经，不越雷池，否则就是离经叛道，课程教学僵化呆板。清末西学流入，废科举兴学堂，课程变了，但是无论是教学组织方式，还是学科教学，依然属于痛点和短板，师生不平等，教法不灵活。与幼儿教师教育直接相关的女子师范和女子中学更是这样。清末的保姆教育是随着蒙养院的设立而肇始的，但是教育上的开女禁比开幼儿教育更难。最初受到保姆教育的是蒙养院的依附地——敬节堂、育婴堂的乳媪、节妇以及谋生之贫妇。她们或者粗陋识得文字，或者属于文盲，对其教学无外乎将女经、不悖"中体"的儒家经典、外国幼儿教育、家庭教育等教材编成小册子供其研读，在"保姆学堂，让节妇乳媪自相传习"。"经过培训和考核"，加上适当奖惩，合格者即发给了保姆任职凭单，"听其自营生业"②。1907 年，清政府颁布了《女子小学堂章程》和《女子师范学堂章程》，女学的合法地位自此得以承认，幼儿教师教育有了新的依托。但是，这一章程并没有解决幼儿教师教育的课程教学问题，尤其是教学组织和教学法问题。在《女子师范学堂章程》"学科制度"中就明确要求，对于女子师范生"首宜注重于'中国女德'——贞静、顺良、慈淑、端俭等"。显然，这样的课程所要求的教学方法必然是封建性的并且缺乏民主科学精神和非专业化的，教学组织方式和教学方法禁锢学生思想和行为是必然的。

民国初立，1912 年教育部就下令废止师范的读经科。同年 7 月，蔡元培再次强调大学废经科，文科设置文、史、哲三门，"破除自大旧习之一端"③。然而，袁世凯复辟，封建伦理死灰复燃，再成圭臬。1915

---

① （清）颜元. 颜元集［M］. 北京：中华书局，1987：192.

② 中国学前教育史编写组. 中国学前教育史资料选（全一册）［M］. 北京：人民教育出版社，1989：94.

③ 蔡元培. 全国临时教育会议开会词［J］. 教育杂志，1912，4(6).

年，经学又立，政府下令："各学校应崇奉古圣贤为师法。"①强令读经，并直接同毕业资格挂钩。强调女德，禁锢思想，包括幼儿教师教育在内的女子师范教育，再次落入"贤妻良母"的教育窠臼。熟谙经书要旨，就要用经学之教学法来教授和学习。时人记载当时任女子师范学校校长的吴鼎昌上课场景：上课点名，学生一个一个站起，然后"吴斜视良久，上至头髻，下至裙履，览之殆遍，乃令坐下"②。仅有十几个学生，点名却要耗费十五分钟。点名完毕后，课堂上"禁锢学生之言论，闭塞其智识，干涉其行动"③。以教师的权威强行压制学生，不顾学生身心，惘闻学生需要。女子师范教育严格的训育代替了民主科学的教学组织和教学方法，"俾将来克尽教师之天职"④几乎落空，只会打造成更多的贤妻良母。

　　1922年1月4日来华讲学的美国教育专家孟禄博士参加东南大学组织的谈话会，会上他批评了中国各种学校的教学组织和教学方法采用不善。他认为"中国教育最弱点就在中学"。而其中最重要的成因在于"教授方法不善，不能使学生应用"⑤。孟禄博士通过调查，注意到了中学教育教学方法采用之不妥，致使中学生所学的知识不能应用于现实。他说："大概中国中学，教授多用讲演式，教科学只教些名词及公式，教语言只教些文法例子……不能引起学生自动，且与使用无关系，学生毫无参与作业及实习之机会，不能产生问题。"⑥学生永远处于被动地位。孟禄博士对中学教育教学方法的概括恰恰道出了中国近代中学教育教学组织和教学方法应用的现实。整个中国的中学教学方法如此，培养幼儿教师的女子中学当然也不

---

①　大总统特定教育纲要[J]. 中华教育界，1915，4(4).

②　北京女子师范学校最近大风潮见记[J]. 妇女时报，1913，(9)：50-54.

③　北京女子师范学校最近大风潮见记[J]. 妇女时报，1913，(9)：50-54.

④　教育部整理教育方案草案[J]. 教育公报，1915(8).

⑤　再誌孟禄博士来华后之行踪与言论[J]. 教育杂志，第十四卷第二号，1922：4.

⑥　再誌孟禄博士来华后之行踪与言论[J]. 教育杂志，第十四卷第二号，1922：6.

例外。在当时的女子中学教育中，教师教材是中心，教师只管在讲台上滔滔不绝地讲，学生只管被动听课记笔记，没有独立思考的机会，更没有与教师交流的权利。

二、实验问题坐标：中国化幼儿教师教学组织形式改革浮出水面

清末民初，无论是日式还是西方教会举办的幼儿教师教育机构，在其移植性、宗教性、文化侵略性的特点之下，在幼师生教学组织和教学方法使用方面，表现出了其两面性特征。在实习实践教学和专业技能课教学等方面与中国传统教学组织和教学方式、方法形成了鲜明对照，一定程度上符合幼儿教师教育教学规律。例如武昌蒙养院、湖南蒙养院、严氏女塾保姆讲习科、上海务本女塾等都由日本保姆或者留日回国保姆及其再传弟子主持，利用日式教育教学方法培养中国保姆，虽然有其僵化和日本文化渗透等问题，但是在保姆专业培养上还是打破了中国封建家庭式的良母教育模式，将幼儿教师教学组织方法向社会化、专业化推进了一步。再如，有的西方传教士主张改良教学，应当"循循善诱""讲书宜周详"，注重幼师生对教学内容的理解和领会，教学必须考虑女子的特点。他们以书法教授为例，认为由于"女子性柔力弱，字迹斜欹"，因此当"以灵飞经玉板十三等法帖，令逐日临摹，积久斯能绝肖"①。教会女子高等教育更多地引进了西方教育方法，重视学生主动性的发挥，避免中国传统"读死书"的弊病，收到了良好的效果。

然而，日式或者教会举办的幼儿教师教育机构或者其他女学，使用教学组织和教学法也存在着机械生硬现象，尤其是带有宗主国的傲慢与偏见。例如教会女学中，不乏灌输式教学，死记硬背、满堂灌特征突出。有的传教士一方面主张需要有专业的教育人才对学生进行教育；另一方面却又将学生头脑比做一个"空箱"，教师的责任就是把书籍一本一本地装进

---

① 《创设女学论》，载于《益闻录》1886年1月2日，第525号。

"空箱"，装得越快，教师的成绩越好，装得越多，学生的荣誉越大。① 再如圣玛利亚女书院订立的"法纪"规定："在课堂内，或有放弃义务，不守规则者，教习有督察之责，随时可记过失圈，秉公剔去。"②教会女学的严格管理，既是为了维持一定的教学秩序，更是为了控制学生的思想，控制学生反帝爱国言行。③

陈鹤琴在1928年《儿童教育》上著文，对当时幼稚园的教学法提出批评，认为是"不合教育的原理的，是四分五裂的"，各个领域的教师用各自的教材，模仿大学，分科教学，各自为战，普遍存在违反儿童生活和儿童心理问题。教师应该"用整个的材料"去教儿童，把各个领域的"功课"打成一片，整个的、系统地去教，即采用"整个教学法"。但是，他也指出了采用"整个教学法"的最大困难在于"教师对于各种技能都要有相当程度的掌握"④。1931年，陈鹤琴在 "四年来之中国幼稚教育"总结当中，依然指出了一般普通幼稚园教法的令人不满意之处。他根据调查观察，这些幼稚园依然延续着一种"班级制"（团体式）教学组织方式，与儿童身心发展不匹配。他主张幼稚教育应该让儿童个体或者"两三个"儿童"随意"做一种工作，他们或自动去做去想，或者由教师暗示与辅导。而1920年代末至1930年代初的中国幼稚园显然对这种"自由的个别教学法"很少采用。⑤

张宗麟在1926年对江浙十几所幼稚园的教学状况考察后指出，两地幼稚教育"偏重外国，偏重基督教，忽视祖国之习气甚深"，"设备、布置、

---

①　李楚材. 帝国主义侵华教育史资料——教会教育［M］. 北京：教育科学出版社，1987：506.

②　朱有瓛，高时良. 中国近代学制史料（第四辑）［M］. 上海：华东师范大学出版社，1993：314.

③　吴洪成. 中国近代教会女学述论［J］. 西南师范大学学报（哲学社会科学版），1997（1）：69.

④　陈秀云，陈一飞. 陈鹤琴全集（第二卷）［M］. 南京：江苏教育出版社，2008：165-168.

⑤　陈秀云，陈一飞. 陈鹤琴全集（第二卷）［M］. 南京：江苏教育出版社，2008：235.

教法等，外国气亦均甚重"①，甚至如果不西化，反倒会受到讥讽。他曾经感慨其教学组织和教学方法的僵化、专业性科学性差以及不思改进。他描述到，孩子入园就像是被软禁似的，幼稚园教师经常用威胁手段恐吓孩子，教师很少也很不愿意把孩子们放出户外。他推测，内地诸省的幼稚教育或者也同有此病，甚至还会更加严重。② 张宗麟从 19 世纪 20—30 年代的幼稚园教学组织和教学方法的落后僵化出发，透视出民国幼稚师范教育问题，他分析到幼稚园教学之风外国化的原因根本上来自幼儿教师教育的办学和教学。除了教会直接举办的幼儿教师教育机构以外，两地的女子师范设置的幼稚师范科也别无参考对象，只能"效法各教会学校之成法"，如此恶性循环。因此，只有改革幼儿教师教育机构的幼师生所学，才能从根本上解决其"出校服务"师从西洋问题③。他从课程改革或者教学改革角度，呼吁"非设立富于研究试验精神的幼稚师范不可"④。而这一点，在当时社会上层和幼儿教育界是具有共识的。

三、实验问题聚焦：探寻中国化幼儿教师教学组织形式路向

面对中国幼稚园和幼儿教师教育机构教学组织形式僵化、盲目照搬日本或者欧美等问题，民国幼儿教育专家并没有采取盲目排斥、另起炉灶、闭门造车的态度，而是一方面对西方幼儿教师教学理论、方法、经验进行学习消化吸收；另一方面针对国情创造属于中国自己的独具特色的教学体系，教学实验就是这一教学改革的重要支撑和根本性推动力。

（一）幼儿教师教育教学组织形式实验的认识提高

五四新文化运动之后，一批留美学者的归来，新的教学思想、理念和

---

① 张沪. 张宗麟幼儿教育论集(上卷)[M]. 长沙：湖南教育出版社，1985：429.
② 张沪. 张宗麟幼儿教育论集(下卷)[M]. 长沙：湖南教育出版社，1985：755.
③ 张沪. 张宗麟幼儿教育论集(上卷)[M]. 长沙：湖南教育出版社，1985：429-430.
④ 张沪. 张宗麟幼儿教育论集(下卷)[M]. 长沙：湖南教育出版社，1985：757.

方法得以生根和介绍，成为幼儿教师教学组织形式实验最初基因。他们以创造自己独有的适合中国国情的教学体系为使命追求，大量翻译西方幼儿教育、儿童心理和幼儿教师教育相关著作，介绍"进步教育"教学方法，邀请杜威、孟禄、克伯屈等美国学者先后来华讲学和考察，传播新教育理论及其教学方法。"儿童中心论""教学做合一"和"进步教育"教学法成为幼儿教学改革的首要和典型理念。其中影响较大的有舒新城和廖世承的"道尔顿实验"、俞子夷和沈百英的"设计教学法"实验以及"文纳特卡制"实验。这些实验的实施在不同程度上改变了中国传统教学法的死记硬背和注重书本知识轻视实践的偏向，有利于发展学生的自主性和创造性，因材施教，促进教学与现实生活的联系。与此同时，中国人自办女子中学的教学方法也渐渐改变，启发式的教学方法开始运用，学生被动学习状况受到撬动，优秀的女子中学在教学方法方面有着更加突出的表现。多元化、民主化、科学化教学改革方向初露端倪。如北京女高师附属中学，教授者先定程序然后实施，各科教授法以辅导学生为主，不拘泥于某一本教材。家事、园艺等科均分组实习，设图书室以供课外浏览，并带领学生到工厂、农场等处参观采集动植物、矿物标本，以资考证。①

但是，如上文所述，作为后发学段和领域而且独特性极强的幼儿教育和幼儿教师教育教学领域却仍坚冰未开，春风不度。如何完成其他学段的教学法实验向着幼儿教育阶段嫁接？如何改革幼儿教师教学方法以适应和推进西方教学方法中国化和本土化改造？陶行知、陈鹤琴、张雪门进行了大胆的改革和实验，探索了幼儿教师教学的新方式、新路径。

陶行知1917年回国后就开始研究西方教育思想，并与中国的实际相结合。他从养成学生"独立思想的能力"出发，对当时流行的赫尔巴特的五段教学法提出了质疑："总嫌他过于偏重形式。"②他推崇杜威的实验性教学方法，并将其归纳成七步：第一，要使学生对于一个问题处在疑难的地

①　朱有瓛. 中国近代学制史料(第三辑上册)[M]. 上海：华东师范大学出版社，1990：504.

②　方明. 陶行知全集(第1卷)[M]. 成都：四川教育出版社，2005：263.

位；第二，要使学生审查所遇见的究竟是什么疑难；第三，要使学生想出种种可以解决这疑难的方法；第四，要使学生推测各种解决方法的效果；第五，要使学生将那最有成效的方法试用出去；第六，要使他审查试用的效果究竟能否解决这个疑难；第七，要使他印证这试用的法子，是否屡试屡验。[①] 陶行知对于杜威教学模式的这一概括，说明他十分认同这种充满"试验的精神"的教学方法。明了其实质是民主主义教学思想，将师生放在平等地位上，鼓励学生自主探索，自己发现问题，提出假设，解决问题，学会自主评价，将来"能够随时、随地、随事去做发明的工夫"[②]。对于师范教育的教学组织形式陶行知有着独到的深刻认识，他形象地将师范生比喻成孙悟空，把小朋友比喻成唐僧，师范教育就是要培养出更多的孙悟空。师范生要向小朋友学习，拜其为师，"小朋友是我们的总指导"。好教育就是教人变好，活教育就是教人变活，"教人不变的不是教育"[③]。

　　张雪门同样受杜威实用主义思想的影响，将其幼儿教师教育课程教学目标定位在："一种真实知识的获得，应该以直接经验做基础，再来扩充间接的经验，才能融会贯通。"[④]在此基础上，他学习并改革帕克赫斯特的"道尔顿制"，创造出"半日实习半日授课"的"半道尔顿制"教学组织方式。他还借鉴了福禄贝尔和蒙台梭利教育思想，以儿童为本位，关注儿童从获得经验到形成习惯的培养过程。将"自发、创造""自动、自由"作为教学原则，提倡尊重孩子内在生命力，给孩子以空间，让其自主、自动地学习，教师扮演辅导、设计规划的角色，让幼儿成为活动的主角。他赞同和支持陶行知提出的"教学做合一"教学理念，对儿童的学习特征做了深刻的阐释：儿童学的动机来自于"做不了"，其学习就是为了去做；学做统一同

　　① 方明. 陶行知全集(第1卷)[M]. 成都：四川教育出版社，2005：263.

　　② 方明. 陶行知全集(第2卷)[M]. 成都：四川教育出版社，2005：479.

　　③ 方明. 陶行知全集(第2卷)[M]. 成都：四川教育出版社，2005：527.

　　④ 戴自俺. 张雪门幼儿教育文集(下卷)[M]. 北京：北京少年儿童出版社，1994：980.

体，"打成一片"①；教和学统一于做，做要放在学和教的前面。张雪门批
评教师教育理论和技术分离、动手和动脑分离、知和行分离，"各科目的
活动，一到了师范学校，几乎完全变成了教科书的活动了。"教师讲的、师
范生学的、考试考的都是教科书。教和学与社会相脱节，和其将来的服务
对象——儿童，也很少联系。"书是供人用的"，师范生要获得一种真实知
识，"决不限于一本书，就是一本书，也并不要从头到尾统统读完。"②而
是以直接经验做基础，扩充间接经验——书本知识，达到融会贯通。

（二）幼儿教师教育教学组织形式实验的实践构想

受杜威实用主义思想的影响，陶行知于 1922 年提出了"教学做合一"
主张，其核心是贯彻"生活教育"课程理念。如何实现"教学做合一"，需要
创新教学组织形式——"教的方法根据学的方法，学的方法根据做的方
法。"③要以"做"为中心，师生平等，教师在"做上教"，学生在"做上学"。
为了防止"盲行盲动"，效率低下，陶行知还对于"做"进行了解释：在劳力
上劳心。即要在行动中思考，要"产生新价值"。因此，教学改革的中心就
是要追求"有价值做"。由此可见，陶行知所主张的"教学做合一"，与其主
张的生活教育课程具有统一性一致性，对生活教育的实施起到了关键性作
用。冲破了读书与生活相分离、先生和学生不平等的封建教育教学藩篱。
他考察宝山县立师范学校后，认同了该校把教学做合一改为"做学教合一"
的做法。④ 认为该校的"生活教育"和"教学做合一"暗示了中国师范教育的
黎明。在"教学做合一"的基础上，陶行知又实验、衍生和总结出连环教学
法、小先生制和艺友制教学方法和教学组织形式。其中连环教学法在平民

---

① 戴自俺. 张雪门幼儿教育文集（上卷）[M]. 北京：北京少年儿童出版社，
1994：375.
② 戴自俺. 张雪门幼儿教育文集（下卷）[M]. 北京：北京少年儿童出版社，
1994：980.
③ 方明. 陶行知全集（第 1 卷）[M]. 成都：四川教育出版社，2005：106.
④ 方明. 陶行知全集（第 1 卷）[M]. 成都：四川教育出版社，2005：107.

教育运动中发起，旨在用家里识字的人教不识字的人："你教我，我教他，他又可以教他。"①艺友制是晓庄师范培养乡村师范生的方法："用朋友之道教人学做艺术或是手艺便是艺友制。"②

陈鹤琴在自己"活教育"课程创立的基础上，提出了针对幼稚园的活教育教学体系，其教学改革的宗旨为：要注意儿童的健康；要使儿童养成良好的习惯；要特别注重音乐教育；多采用小团体的教学法；要采用游戏方式的教学法，教导儿童。③ 可见，陈鹤琴活教育教学原则是依据儿童的身心发展规律，促进儿童健康成长和良好习惯养成。而采用的教学组织方法是小团体教学，教学方法是游戏法。抗战期间，随着教育中心的西移，陈鹤琴在江西创办了江西省立实验幼稚师范学校，并继续在实验幼师和当地的幼稚园中实验自己的"活教育"实验以及"活教育"教学方法改革实验。陈鹤琴没有去步西方幼儿教师教学方法的后尘，没有照搬道尔顿制、德可乐利制等所谓的"新教育"，而是坚持走自己的路，创造中国化的活教育教学方法和体系，实验适合中国国情的真正的新教育。他提出了以下教学原则以贯彻活教育课程："以自动代替被动，以启发代替灌注，以积极代替消极，以活知识来代替读死书，以爱德来代替权威。"可以看出，陈鹤琴主张的教学改革是要让学生主动积极地学习，让学生充满活力，师生之间充满真爱。和陶行知一样，他同样以"做"为出发点，"经过自己动手用脑所获得的知识，才算是真知识、有用的知识"。他认为"做"是培养现代中国人的必要条件。而教师如何指导做，就成为了教学法问题的核心。陈鹤琴认为，可以用四步来加以概括"做"的内涵：第一，实验观察；第二，阅读参考；第三，发表创作；第四，批评研讨。④ 如此，陈鹤琴阐明了适应活教育课程的活的教学方法之流程，其中体现了他对学生学习主体地位的尊

①　方明. 陶行知全集(第1卷)[M]. 成都：四川教育出版社，2005：490.

②　方明. 陶行知全集(第1卷)[M]. 成都：四川教育出版社，2005：129.

③　陈秀云，陈一飞. 陈鹤琴全集(第二卷)[M]. 南京：江苏教育出版社，1991：238.

④　陈秀云，陈一飞. 陈鹤琴全集(第二卷)[M]. 南京：江苏教育出版社，1991：415.

重，体现了学生在学习过程中的中心地位。教学过程中，鼓励学生大胆尝试，认真观察，自动学习，积极创造，直抒己见，相互研讨，共同进步。将活的教学理念与方法应用于幼儿教师教育，陈鹤琴提出了其独特教学目标：幼稚师范是在培养优良的幼稚教师，而优良的幼稚教师应当具备"慈母的心肠，丰富的知能，和蔼的性情，研究的态度"①。在这一目标指引下，陈鹤琴归纳出活教育特色的教学原则和教学方式方法：第一，向大自然大社会去追求活教材。第二，运用"做中学、做中教、做中求进步"的活教法。第三，培养生产能力，学校要农场化、工场化；学生要农民化、工人化。第四，活教师要用活教法，教育活教材，才有活学生。第五，活教师、活学生，集中力量改造环境，才有活社会。第六，能够自己做的，都自己来做。②

张雪门学习并改革帕克赫斯特的"道尔顿制"，他于 1928 年主持组建北平孔德学校幼稚师范科，采取了"半日授课半日实习"的教学组织方式，让学生上半天在幼稚园做，下半天回到教室里来学。在做的基础上，激发兴趣——参观学习——参与教学——主持指导。这样的教学组织过程体现了张雪门幼儿教师教育教学实验的一贯主张——"实习+教学"③。张雪门将"道尔顿制"翻了半个跟头，在他心目中理想的教师角色是"亦师亦友"，他认同艺友制在培养幼儿教师过程中的作用，但是不主张将艺友制推向极端，而否定师生制。到底采用艺友制还是师生制要看当时的情况，如果师资条件充足，采用师生制，如果师资条件不足，则更适合艺友制。但是多数情况下，这两种教学制度是结合在一起使用的。④ 张雪门并没有盲从艺

---

① 陈秀云，陈一飞. 陈鹤琴全集(第二卷)[M]. 南京：江苏教育出版社，1991：415.

② 陈秀云，陈一飞. 陈鹤琴全集(第二卷)[M]. 南京：江苏教育出版社，1991：415.

③ 戴自俺. 张雪门幼儿教育文集(上卷)[M]. 北京：北京少年儿童出版社，1994：173.

④ 戴自俺. 张雪门幼儿教育文集(下卷)[M]. 北京：北京少年儿童出版社，1994：987.

友制，而是看到了师生制中教师的主导地位，看到了教师作为学生培养的榜样和示范作用。这是在教育民主、教育平等声浪中对教师作用的理性坚持，从张雪门对幼师培养的实践中能够清晰地看到这一点。

通过实验问题聚焦，以陶行知、陈鹤琴、张雪门及张宗麟为代表的中国化的幼儿教师教学改革实验逐渐展开，其中最为典型的当属以陶行知为代表在晓庄师范学校以及燕子矶幼稚园、和平门幼稚园及晓庄幼稚园等几所幼稚园展开的"艺友制"教学组织实验；张雪门在北平幼稚师范展开的"半道尔顿制"教学组织实验和以"行为主义"理念为指导的实习教学实验。

第二节 "艺友制"教学组织形式实验

1927 年，在陶行知的领导下，一批幼儿教育和幼儿教师教育精英齐聚晓庄师范，陈鹤琴出任幼稚师范院院长，张宗麟、王荆璞、徐世璧、孙铭勋、戴自俺等先后在南京郊区创办了燕子矶、晓庄、和平门、迈皋桥幼稚园，这是我国第一批乡村幼稚园，是幼儿教育第一次在服务农工新大陆上结出的硕果。当时全国除了几个大都市，几乎没有幼稚师范的踪迹，许多有志青年，因为种种关系，没有机会进入幼师范。[1] 针对当时幼儿教师缺乏，并且不符合乡村幼儿教育需要的状况，培养幼儿教师的急迫性问题凸显了出来。陶行知在《如何使幼稚教育普及》一文中强调，普及教育的最大难关是教师的训练。他粗略地估计，要想普及幼稚教育至少需要教师一百五十万人，单就这样的数量，和当时的培养能力相比，就已经是天文数字了，况且培养经费和培养机构哪里去找。而且，即便是接受了幼儿教师教育，学习了办理幼稚园的课程，而"不去办幼稚园，或者是去办出一个不合国情的幼稚园"[2]，那就会于事无补，造成资源的浪费。陶行知对幼儿

---

[1] 戴自俺，龚思雪. 陶行知幼儿教育的理论与实践[M]. 成都：四川教育出版社，1987：286.

[2] 戴自俺，龚思雪. 陶行知幼儿教育的理论与实践[M]. 成都：四川教育出版社，1987：64.

教师规模与质量以及适应性的探查，正是他对于农村幼儿教师问题思考的起点。依靠正式幼稚师范去培养如此规模的幼儿教师教育问题是不现实的，现行的师范教育"将学理和实习分为二事"等教育模式不适应问题，让陶行知等一批专家学者不得不探得"能使我们乐观"的"一条新途径"①。这条新途径被陶行知等设计为"艺友制"。"艺友制"最早的"发祥地"为小学和幼稚园，然后被陶行知等应用于师范教育。② 这一教学设计是将学与用在幼稚园的实践中结合起来，是从"教学做合一"理念应用于教师教育而提炼出来的"徒弟制"，是解决幼儿教育师资极度匮乏的一个"穷办法"。

陶行知给出了"艺友制"的定义："艺者艺术之谓，亦可作手艺解。友为朋友。凡以朋友之道教人艺术或手艺者，谓之艺友制教育。"③"艺友制"与"师徒制"有相通之处，也有本质区别，它完全抛却了"师徒制"所标示的不平等关系，以及师傅传授技艺时有所保留的弊端。正如陶行知在《艺友制师范教育答客问》一文所提出"艺友制"中的师生之间是一种朋友般的平等关系，"艺友制"师范教育简单说来就是"以朋友之道教人学做教师"。④晓庄师范学校"艺友制"实验开始时，使用的是"艺徒制"，其目的是仿照"各种行业施行艺徒制"，借其效力，培养师资。⑤ 但是陶行知看重的除了该方法的效力之外，还看中其过程的民主与平等。他鄙视师傅坐车徒弟跑的不平等，鄙视师傅将徒弟当奴仆的不公平，鄙视师傅"不肯轻传"的秘诀，惋惜徒弟无端耗费光阴的做法。所以，要革其弊端，易"徒"为"友"，将"艺徒制"改为"艺友制"，一字之差，含义转变。摈弃师徒制内在的师徒不平等、劳力而不劳心、教授效率低等劣势，体现"教学做合一"教学理念，彰显"艺友制"在促进教育普及中的作用。⑥

陈鹤琴也对"艺友制"有着相似的理解，他认为："艺友制的大概意思，

① 方明. 陶行知全集(第1卷)[M]. 成都：四川教育出版社，2005：116.
② 方明. 陶行知全集(第2卷)[M]. 成都：四川教育出版社，2005：477.
③ 方明. 陶行知全集(第1卷)[M]. 成都：四川教育出版社，2005：129.
④ 方明. 陶行知全集(第2卷)[M]. 成都：四川教育出版社，2005：476.
⑤ 方明. 陶行知全集(第1卷)[M]. 成都：四川教育出版社，2005：129.
⑥ 方明. 陶行知全集(第2卷)[M]. 成都：四川教育出版社，2005：478.

就是把学习和理论合而为一……就是教、学、做三者合一。"要教所以去学，要学所以去做。教学做互为因果，纯粹自发，以解决师范生学习的动机、动境、自习、辅助四个方面的问题。① "艺友制"教学实验，收到了积极效果，得到民众和教育界的广泛认同与欢迎。然而，1930年晓庄师范学校因为政治原因遭到南京国民政府的查封，"艺友制"实验也随之被迫停止。虽然"艺友制"实验存续时间有限，却在教师教育史上留下了浓墨重彩的一笔，在教学研究领域具有不可替代的地位。

一、实验的依据："教学做合一"

"教学做合一"是陶行知"生活教育"理论的方法论，也是陶行知"艺友制"实验的教学理念。陶行知曾经举出生活中的多个例证来说明"教学做合一"理念的使用：种田必须在田里教和学，游泳必须在水里教和学，这就是种田、游泳之"做"和"教学做合一"；讲种稻要为种稻而讲，看种稻的书要为种稻而看……，这就是种稻的"教学做合一"。真正的"做"是"一切发明之母"，能求得一切事物的真理。② "教学做合一"是"晓庄师范学校的校训"③，同时也是"艺友制"实验的根本依据，是"教学做合一"教学理念运用在幼儿教师教育上的一个成功案例。师生之间、生生之间、师生与社会其他人之间，"大家共教共学共做"，是"艺友制"的真谛所在，而只有实施"艺友制"，"才是彻底的教学做合一"④。这一教学组织形式与19世纪英国传教士贝尔(Bell，1753—1832年)和兰卡斯特(Lancaster，1778—1838年)所创的导生制具有异曲同工之处，也借鉴了杜威实用主义教学方法，即"试验的方法"——教学要服从和服务于人的本质性特征——"动"⑤。

---

① 陈秀云，陈一飞. 陈鹤琴全集(第五卷)[M]. 南京：江苏教育出版社，2008：26-27.

② 辛元，谢放. 陶行知与晓庄师范[M]. 南京：江苏教育出版社，1986：19.

③ 方明. 陶行知全集(第1卷)[M]. 成都：四川教育出版社，2005：105.

④ 方明. 陶行知全集(第1卷)[M]. 成都：四川教育出版社，2005：130.

⑤ 周洪宇. 陶行知研究在海外[M]. 北京：人民教育出版社，2017：302.

共教、共学、共做为真正"艺友制"①。"做上教，做上学，师生共教共学共做"②，"教学做合一"是要避免瞎做、瞎学、瞎教，要在"劳力上劳心"，以期理论与实践的统一。③ "艺友制"就是这种本质特征的表征。它的优点是可以节省人力、物力、财力，提高培养效率，增强师生的平等性。

（一）"艺友"是建立亦师亦友平等关系的出发点

"艺友制"教学组织的本质就是"与优良教师为友"，艺是艺术，也可作手艺解，友就是朋友。将教师看作朋友，而且教学过程中师生之间互为教师，互为朋友。用"朋友之道"互教互学，降低学习门槛，打破"艺术或手艺"学习之阀，达到"更自然而有效"④。所以，"艺友制"是建立平等师生关系的出发点。晓庄师范学校幼稚师范院进行的"艺友制"方法培训教师，遵循"共同生活"的原则，构建了平等和谐的人际关系。例如，校内无所谓教员职员，均称为指导员，校内一切事务包括做饭、打钟、防匪守卫都由学生轮流做。陶行知认为，教师只要有指导能力，不问事业之粗细，"图画家、音乐家……商人，皆可以招收艺友"⑤，在"艺"面前，所有的教师都是平等的。

（二）"做"是培养"躬亲实行"教师的手段

师范教育以培养教师为天职。在陶行知看来，教师的生活是艺术生活，教师的职务也是一种手艺，应当亲自动手去干去做，而不是脱离这一手艺本身去教去学。那些高谈阔论，不屑与三百六十行为伍的都不是真教师。⑥ 这就是"艺友制"应用到师范教育上来的根本原因，也是陶行知在晓

① 方明. 陶行知全集(第2卷)[M]. 成都：四川教育出版社，2005：476.
② 方明. 陶行知全集(第2卷)[M]. 成都：四川教育出版社，2005：476.
③ 陶行知. 陶行知教育文集[M]. 成都：四川教育出版社，2017：469.
④ 方明. 陶行知全集(第2卷)[M]. 成都：四川教育出版社，2005：477.
⑤ 方明. 陶行知全集(第2卷)[M]. 成都：四川教育出版社，2005：478.
⑥ 方明. 陶行知全集(第2卷)[M]. 成都：四川教育出版社，2005：477.

庄师范创立"艺友制"的初衷和缘起。学做教师有两种途径：一是从师，二是访友。要想未来做个好教师，最好是和好教师做朋友。① 而以朋友之道教人学做教师，便是"艺友制"师范教育。② 并且，"艺友制"教学组织方法要和师范学校相辅而行，师范学校是其母体和组织设计者，是"艺"的提供方和筛选主体，不能被代替。③

只有"做"才能打通"教"与"学"，事情怎样做便怎样学，怎样学便怎样教。1940年陶行知致信潘畏三，解释"做"是培养"躬亲实行"教师的手段。陶行知在信中指出，在教学做合一的情况下，在做上学的，便称为徒弟，在做上教的，便称为先生。因此，"艺友是徒弟又是师傅，是学生同时又是先生"④。

二、实验的目标：普及乡村幼儿教育

普及小学教育及幼稚教育非行"艺友制"不可。陶行知带领晓庄师范以"中心幼稚园"为依托，实施"艺友制"教学组织方式，合作培养幼儿教师，扩大了培养规模。陶行知算了一笔账：每所中心幼稚园每年训练两三位徒弟，那么，多办一所幼稚园，即是多加一所训练师资的地方，这是再好不过的办法。他认为，三百六十行，行行有徒弟，行行都普及。木匠、裁缝、泥水匠、石匠、铁匠和三万万四千万种田匠，实施徒弟制，就使得各行各业得以普及。幼儿教师呢？同样适用这个办法。"若把这种办法应用到幼稚园里来，我是深信他能帮助幼稚教育普的"⑤。陶行知先和陈鹤琴商议，陈鹤琴时任南京市教育局学校教育科科长兼晓庄师范学校幼稚师范院院长，请他拿鼓楼幼稚园来试一试。陈鹤琴愉快地答应，同意用鼓楼幼

① 方明. 陶行知全集(第2卷)[M]. 成都：四川教育出版社，2005：477.

② 戴自俺，龚思雪. 陶行知幼儿教育的理论与实践[M]. 成都：四川教育出版社，1987：40.

③ 方明. 陶行知全集(第1卷)[M]. 成都：四川教育出版社，2005：129-130.

④ 方明. 陶行知全集(第9卷)[M]. 成都：四川教育出版社，2005：14.

⑤ 戴自俺，龚思雪. 陶行知幼儿教育的理论与实践[M]. 成都：四川教育出版社，1987：46.

稚园来招收徒弟,做"推广幼稚师资"①之试验。"为了满足时代的需要,同时也为了帮助有志于教育的人在短时间内得到一点实用的手艺"②,最终实现全国各个乡村都有一所幼稚园,达到普及幼儿教育的宏愿。

三、实验的内容:提升培养效率和适应性

"艺友制"实验是一种特殊的幼儿教师培养教学组织制度。"艺友制"以中心小学和幼稚园为实验主体,师范和幼稚师范与之配合,培训机构即小学和幼稚园本身,用"朋友之道"教人学做小学教师、幼儿教师、小学行政、幼稚园园长,培训方法为边做边学,共做共学。

(一)实验发端:乡村幼儿教师教育问题解决

1926 年秋季燕子矶幼稚园成立,这是陶行知发现幼儿教育服务农工这一新大陆之后创办的第一所幼稚园。该园的一大贡献就是"艺友制"实验训练师范教育。③ 前燕子矶小学校长丁超君夫人以及尧化门小学校长宋鼎君之夫人,都是本园训练出来的艺友,这是"艺友制"教学组织实验的肇始。在相当的环境里,她们也可以独自办理一个幼稚园。由于学员进步很快,陶行知和晓庄师范看到了"艺友制"的光明未来与极大希望,他感到这种组织推广的巨大潜力和意义:"艺友制"是最有效力之教师培植法;能够迅速消除文盲和解决由于普及教育引起师资缺乏问题;是解除乡村教师寂寞之重要途径。④ 当时还没有找到一个合适的名词加以概括这一特殊的教学组织形式,仿照其他行业通例,称之为"徒弟制"。直到 1927 年 1 月 5 日早晨,陶行知在长期思考和对实验过程的总结后,忽然想出用"艺友制"三字

---

① 方明. 陶行知全集(第 1 卷)[M]. 成都:四川教育出版社,2005:131.

② 戴自俺,龚思雪. 陶行知幼儿教育的理论与实践[M]. 成都:四川教育出版社,1987:287.

③ 戴自俺,龚思雪. 陶行知幼儿教育的理论与实践[M]. 成都:四川教育出版社,1987:143.

④ 方明. 陶行知全集(第 2 卷)[M]. 成都:四川教育出版社,2005:476-477.

来代表这种办法。这一称谓引起同行和晓庄师生的共鸣和赞同，"大家都欢喜得很"①。陶行知根据自己对实验结果的观察，指出：此种办法只要有人负责指导，"艺友制"是值得一试的。

（二）实验主体：中心幼稚园设置

陶行知在《艺友制师范教育答客问》中谈到：凡学校有"一艺之长"的教师便可招收艺友，就能采用"艺友制"。从幼稚园以及到研究所，只要符合"一艺之长"这个条件，都可采用"艺友制"进行教学。那么，假使中国现有之十万学校个个有把握，便个个可收艺友，个个可做训练教师之中心。②幼儿教师教育领域的"艺友制"教学组织实验主要围绕"中心幼稚园"展开，"中心幼稚园"是"艺友制"的实验主体。1928年1月，包括鼓楼幼稚园和燕子矶幼稚园在内的南京六校宣布招收艺友，自此，"艺友制"成为一面旗帜，吸引了很多同仁同志前来参与实验。③ 同年3月，燕子矶同刚成立的晓庄及和平门等乡村幼稚园正式试行"艺友制"。为了扩大乡村幼儿教育实验规模，加强乡村幼教工作者和研究者的交流，方便幼稚师范生的学习，1929年10月，在陶行知、戴自俺、孙铭勋等人的努力下，燕子矶幼稚园、晓庄幼稚园及和平门幼稚园组成"蟠桃学园"。1930年又增设迈皋桥幼稚园一所，之后又陆续创办了新安小学附属幼稚园和上海劳工幼稚园，这些幼稚园均采取"艺友制"的办园方式，成为以"艺友制"培训乡村幼儿教师的实验园地。

（三）实验的内容：立足乡村，共做共学

1928年2月，晓庄师范学校进行第三期招生，除正式生和试做生外，招收艺友是第三期招生的一大特色，并且在艺友中，又"以肄习幼稚教育

①　方明. 陶行知全集(第1卷)[M]. 成都：四川教育出版社，2005：131.
②　方明. 陶行知全集(第1卷)[M]. 成都：四川教育出版社，2005：131.
③　方明. 陶行知全集(第2卷)[M]. 成都：四川教育出版社，2005：477.

者为多"①。张宗麟与孙铭勋等亲自指导各幼稚园的艺友,并与戴自俺、徐世璧、王荆璞等共同研讨指导艺友的改进方法。不仅立足于本土化招生,而且从体验、试做、试教到艺友独当一面地"教学做"有一个完整的教学设计。

1. 立足乡村本土化招生

实施"艺友制"实验,立足乡村幼儿教育普及,能够降低招生门槛,招收乡村女子入学,尤其是那些乡村小学教师的夫人、未婚妻或亲戚。② 根据乡村幼儿教育发展实际进行培养内容和培养时限的设定。陶行知在 1932 年给孙铭勋和台和中的信中特别提到创办乡村幼稚园要以"培养当地聪明慈祥之妇女充当幼稚导师为最良之策"③。并在信中分析了 1927 年 11 月创办的燕子矶幼稚园,1930 年被迫停办的原因,一半是由于大局所限,而另一半原因则是"村外之太太小姐终属痛痒无涉"④。戴自俺和孙铭勋在 1934 年回复江苏镇江新安同乡会会长黄乐民的信中也指出,"教育事业,其基础必须建筑在本地人的身上,方可垂之久远,不致人存政举,人亡政息"⑤。从教学内容上,提供乡村幼儿教育保教过程需要的全部经验和知识;从教学时限上,约以一年半到两年为度;从教学组织上,以中心幼稚园活动为教学做的中心。就近招生,以乡村教师之夫人为"艺友制"实验对象,一方面,这些学员将来毕业,夫妻同做教师,可以增加家庭收入,减少乡村教师孤独感,稳定乡村教师队伍,促进其服务期延长;另一方面,乡村妇女教育快速得以推进,还能够促进乡村建设,"树立模范乡村家庭"⑥。"艺友制"教学组织实验得到了陈鹤琴、张宗麟等专家学者的支持和认同。大家都感到"艺友制"是推广乡村幼儿教育的有效方法,招收当地

---

① 喻本伐,郑刚. 张宗麟与幼稚教育[M]. 长春:东北师范大学出版社,2020:131.

② 方明. 陶行知全集(第 2 卷)[M]. 成都:四川教育出版社,2005:299.

③ 方明. 陶行知全集(第 8 卷)[M]. 成都:四川教育出版社,2005:267.

④ 方明. 陶行知全集(第 8 卷)[M]. 成都:四川教育出版社,2005:267.

⑤ 方明. 陶行知全集(第 8 卷)[M]. 成都:四川教育出版社,2005:310.

⑥ 方明. 陶行知全集(第 2 卷)[M]. 成都:四川教育出版社,2005:299.

妇女做艺友，这是很重要的，要把幼稚园的数量增加，就要用这种方法把幼稚教师培植出来。于是，适合乡村幼儿教育的师资培养模式诞生了，平民的幼儿教育有了教师支撑。

2. 从参与活动到独当一面

"艺友制"实验主要在"中心幼稚园"里实行，围绕"中心幼稚园"的各项活动开展。"中心幼稚园"培养的"徒弟"就是将来的幼稚园师资。因此，这一幼儿教师教育教学组织达到了省钱的目的。"中心幼稚园"中有"一艺之长"的教师招收"艺友"，在"教学做合一"理念下，围绕"艺"开展观摩、实操等教学活动。晓庄师范学校幼稚师范院科学性地规划设计了艺友制教学阶段。"指导员"要根据每一位"艺友"的发展实际，指导她的成长过程。一般都要经历参与"儿童活动—试教—半独立教学—独立担任幼稚园各项工作"的阶段。

1928 年底，作为指导员的张宗麟，撰写《怎样指导幼稚园的教学做》一文，专门论述了"怎样指导艺友"。

他将指导工作分为四个步骤：第一个阶段，历时一个月，以"做一个儿童领袖为主"，与儿童同吃、同唱、同游戏和共同认字，对幼稚园的活动有一个整体的熟悉之后，便进入第二个阶段。第二个阶段，历时半年以上，导师指导艺友几种简单的方法，并指导艺友选择时机给儿童试做，例如讲故事的简明要点，认方块的变化方法等。试做以后，当天或几天来讨论一次，解决艺友的困难，交流心得，并提出改进策略。[1] 同时，艺友掌握几种基本技能，例如唱歌、布置室内环境等。第三个阶段，历时近半年，"继续以训练各种基本技能为主"。导师要学会放手，在旁边指导，让艺友独立完成试做的工作。例如，导师会提供给艺友一个活动大纲和找材料的方向，艺友依据大纲寻找材料，自己做主试做。同时，参观也是该阶段的重要工作，包括参观本校中心幼稚园以及校外园。因为"只

---

① 戴自俺，龚思雪. 陶行知幼儿教育的理论与实践[M]. 成都：四川教育出版社，1987：145.

有做，不去对照别人，会变成孤陋寡闻"。参观结束后，会有讨论，并改进幼稚园的工作。第四个阶段，历时两个月，采用轮值制，每两个艺友担任整个幼稚园的工作，并独立完成"教学做"。导师完全处于旁观地位。七天没有轮到的艺友做搜集工作，"搜集得以为好的，就在幼稚园里去试验"，四个阶段教学做结束，历经一年半以上或者延长至两年。然而，此时并不意味着毕业，"依然不发凭证"，有半年或一年的考核期，考核期之内要看其是否在岗位上做出成绩，"我们去考察实地情形如何，再给以凭证。"①

经过这样四个阶段循序渐进的艺友训练，加之毕业后实际办园或者保教实践，让艺友参与幼稚园的教学、管理方式培养，为迅速培养乡村幼稚园教师树立了榜样，艺友从"旁观者"成长为"主导者"，艺友熟练掌握了幼儿保教和幼儿园管理基本技能，大多数艺友都能独立展开幼儿园办理和教学活动。

晓庄师范学校招收艺友分为两个阶段，首先经过一年半到两年总共四个阶段的训练，然后再经过半年到一年的考核，最终取得证书。这样一个完整系统的"艺友制"实验培养幼儿教师的过程。在当时幼儿教师急缺的情况下，"艺友制"不失为一个短期培养"实用的手艺"②的好办法。

孙铭勋和戴自俺在1934年出版的《晓庄幼稚教育》一书中，"招收幼稚园艺友答客问"部分专门对于"什么叫艺友、为什么要招艺友、要什么样的人方可以做幼稚园的艺友、幼稚教师如何指导艺友、要学多少时候、艺友的待遇以及艺友需要购买的书籍"③等方面做了详细的解释。文中提到关于一个幼稚园艺友，想达到单独主持一个幼稚园而能胜任的标准，需经过

---

① 戴自俺，龚思雪. 陶行知幼儿教育的理论与实践[M]. 成都：四川教育出版社，1987：145-146.

② 戴自俺，龚思雪. 陶行知幼儿教育的理论与实践[M]. 成都：四川教育出版社，1987：287.

③ 戴自俺，龚思雪. 陶行知幼儿教育的理论与实践[M]. 成都：四川教育出版社，1987：286-291.

"纯幼稚教师主持""半由艺友主持""多由艺友主持"①三个时期,每期拟定两个月的计划,至少要半年的时间。经过三个时期的训练之后,如能努力学习,又能触类旁通,则可以单独主持一个幼稚园了。

3. 以"学园制师范"培养艺友

以中心幼稚园为依托,以"艺友制"为教学组织形式,陶行知和晓庄师范学校进一步开展了"学园制师范"这一教学模式实验。学园的主体就是中心小学或中心幼稚园,"学园制师范"就是在小学或幼稚园里办师范。让有经验的教师招收徒弟,在中心幼稚园实地培养艺友。1929 年,晓庄师范已经发展为五个学院(后改为学园),以这五个学院为基地,拓展了晓庄师范的院墙,扩大了招生数量,提升了"艺友制"的影响力,增强了中心幼稚园之间以及和晓庄学校师范部之间的协同作用,进一步创新了教学组织和教学管理模式。这一办学和教学模式成为"办好乡村师范的好方法之一"②。

张宗麟基于晓庄"艺友制"实验和自己担任指导员一年多的研究实践和经验总结,如实肯定了学院制培养模式。1929 年 10 月"蟠桃学园"(即幼稚学院)正式成立,院址设在燕子矶,徐世璧任园长,采用"艺友制"培养高一级的幼教人才和研究实验幼儿教育科学。③

学园由两所以上幼稚园组成,归师范部统一领导,各学园"几乎成为一个小小的学术研究中心","各学园在平时是单独的师范,在召开常会时又是一个整个的师范"④,"学园制师范"这一教学模式实验,把不同的中心幼稚园联合起来,打破了中心幼稚园技术技能和学术壁垒,提升了艺友培养效率和质量,在每个学园中挑选出有"一技之长"的指导员,指导各学园的各项活动,收容的师范生至多不得超过十二人。⑤ 师范部设置专门的

① 戴自俺,龚思雪.陶行知幼儿教育的理论与实践[M].成都:四川教育出版社,1987:288-291.

② 张宗麟.乡村教育经验谈(第 4 版)[M].上海:世界书局1935:248.

③ 方明.陶行知全集(第 2 卷)[M].成都:四川教育出版社,2005:376.

④ 张沪.张宗麟乡村教育论集[M].长沙:湖南教育出版社,1987:565.

⑤ 张沪.张宗麟乡村教育论集[M].长沙:湖南教育出版社,1987:565.

"巡回导师"进行巡回指导，每个学园选择一两项有特长的工作作为研究中心，艺友可以横向地参与各项活动，丰富和提高自己。

以"学园制师范"培养艺友，是陶行知、张宗麟等人在晓庄"艺友制"教学实验基础上提出的，两者一脉相承，是培养乡村教师的有效途径，具有省钱、高效能的特点，适合乡村社会幼儿教师的培养。蟠桃学园的成立，为"艺友制"教学组织实验提供了更加坚实有力的制度性托举，使得"艺友制"实验水平更高，应用范围更大。实验内容增加了园际参观交流学习、指导层次和内容拓展、研究内容广泛深入、出版学园研究和实践专辑以及幼稚教育教材等。同时，有力指导和促进了乡村妇女运动、家庭指导活动的开展，增强了"艺友制"教学实验的社会影响力。

四、结果与影响：幼儿教师教育教学理论和实践突破性价值

陶行知、张宗麟等专家学者和晓庄师范学校开创的"艺友制"是一种独特的幼儿教师教育的教学组织模型。他们根据乡村教师的特殊使命，针对乡村幼儿教师学识和技能需要，开创了这一独具特色的幼教师资培养模式。

（一）开辟了"教学做合一"教学理念的实施渠道

陶行知"生活教育"是中国近代占据主导地位的中国化教育理论，是五四新文化运动科学民主思想在教育领域的典型性体现。"教学做合一"既是这一理论的重要组成部分，又是这一理论实践落实的必要手段。而"艺友制"教学实验又是"教学做合一"理念和幼儿教师教育领域开创性的落实策略，尤其是在幼儿教育师资极度短缺、平民化乡村幼儿教育亟待发展的特殊时期，有效缓解了幼儿教师的匮乏问题。"艺友制"教学组织实验不仅以"做"和"艺友"有效地串联了"教"与"学"，而且较好解决了当时幼儿教师教育界普遍存在的"学理"与"实习"的二元分立以及幼稚园里"老书呆子"教"小书呆子"等现象。[①] 可以说，"艺友制"既是正规幼儿教师教育的合理

---

① 方明. 陶行知全集(第 1 卷)[M]. 成都：四川教育出版社，2005：129.

补充，又是符合当时国情的幼儿教师教育模式。

"艺友制"教学组织实验打破了传统幼儿教师教育教学模式，将幼儿教师教育的围墙拆开，与幼稚园中的"做"统一起来，并与社会需求以及乡村教育发展结合起来，有效实现了幼稚园之间以及幼稚园与乡村社会之间的联合。

（二）探索提高幼儿教师教育规模效率的路径与方法

清末民初以来，幼儿教师教育教学方法和模式一直都在探索，但是无论是照搬日本、仪型欧美，还是传统女学女师沿袭传统，都存在着僵化、外国化等问题和倾向。其中在教学层面主要是存在"学理与实习分为二事"的缺点，忽视了教师教育与其他普通教育的区别，也忽视了幼儿教师教育与其他学段教师教育的区别，还忽视了乡村幼儿教师的培养与城市的相异之处。"艺友制"教学组织实验，不是用来代替全部的教师教育，而是找寻到了适合幼儿教师教育教学改革的一条新路，找到了适合当时乡村幼儿教育发展的教师需求的一条新路，能够有效"弥补师范教育之不足"①。陶行知指出"艺友制"是"叹息的土壤里发生出来的一根嫩苗"。师范学校应该跟着三百六十行学才好，"艺友制"就是"跟三百六十行去学乖点"②，以培植当时平民幼儿教育真正需要的人才。张宗麟主张"两条腿走路"，也即将正规的师范教育和"艺友制"的模式结合到一起，共同承担培养乡村师资的责任。这种"艺友制"的师范教育，培养了一批乡村幼稚园教师，影响所及甚广，如福建集美幼稚师范学校、孙铭勋主持的广西南宁国民基础教育研究院的幼稚师范的幼稚师范科以及张雪门主持的北平幼稚师范学校所办的平民幼稚园以及在西郊罗道庄、核桃园所办的幼稚园等都采用过此方法。③1934 年江苏省镇江新安同乡会会长黄乐民及各位理事拟选派几位同志到

---

①　方明. 陶行知全集（第9卷）[M]. 成都：四川教育出版社，2005：14.

②　方明. 陶行知全集（第1卷）[M]. 成都：四川教育出版社，2005：130.

③　北京市陶行知教育思想研究会. 陶行知研究[M]. 长沙：湖南教育出版社，1986：120.

"劳工幼儿团"来做艺友，培养的艺友回到当地再创办幼稚园，戴自俺和孙铭勋在复信中指出："在艺友回去创办幼稚园之初，我们可以负担责任，作一相当时期的帮忙；而在幼稚园已经创办之后，我们亦愿负担责任，每月作一次或二次的经常的轮流帮忙。"①由此可见，当时一个穷国要普及穷人的幼儿教育，在国家财力不济的情况下，用"艺友制"来培养幼儿教育师资是一个值得重视的办法。

（三）找寻乡村幼儿教师教育改革与乡村建设的结合点

燕子矶、晓庄及和平门等幼稚园所开展的"艺友制"教学组织实验，积累了初步经验，为后期的乡村幼儿教师教育教学实验推广奠定了坚实的理论和实践基础。这些幼稚园"艺友制"教学组织实验培养的幼师，在一定程度上为后期迈皋桥幼稚园、上海劳工幼儿团提供了适用性师资，而新开办的这些幼稚园任用和培养幼儿教育师资也继承了"艺友制"实验做法，如1929年新成立的迈皋桥幼稚园以及1933年开办的新安幼稚园都是"艺友制"实验的继承。

"艺友制"实验推动了乡村幼教与乡村建设的结合。"艺友制"实验的影响不仅仅在于全国各地的平民幼儿教师教育领域，为乡村妇女"开一个新的职业之门"②，促进乡村妇女运动开展，而且由于其强大的生命力和适应性，使得乡村建设的各个领域都受到其影响和促进。以"艺友"和"做"为中心，降低了乡村教育、平民教育和普及教育的门槛，扩大了教育内容来源，成为乡村普及教育的重要渠道和方法。正如陶行知所说，图画家、音乐家、雕刻家、戏剧家、医生、教师、律师、技师等，皆可以招收艺友。③"艺友制"来自"艺徒制"，又反过来影响了艺徒制，教育的多样性、平等性、普及性及民主性在"艺友制"推广到其他领域的过程中得以体现。对乡村教育运动起到了实质性推动，而全领域的"艺友制"实验，又进一步推进

---

① 方明. 陶行知全集(第8卷)[M]. 成都：四川教育出版社，2005：310-311.
② 方明. 陶行知全集(第2卷)[M]. 成都：四川教育出版社，2005：299.
③ 方明. 陶行知全集(第2卷)[M]. 成都：四川教育出版社，2005：478.

了乡村建设运动开展。1928 年 1 月 15 日，中华职业教育社为推广"艺友制"起见，决定拟订介绍办法，使有志青年得以依据兴趣才能，充当一种事业专家之艺友，以谋上进。以便贫寒家庭有志于"艺"的儿童"不致因经济压迫而失学"①。男女儿童走向家庭、农场、码头茶馆、市场和许多其他人居住和工作的地方。每个家庭、每个场所只要有"艺"的地方，就有艺友，就成为学习中心。这些具有一技之长的"有志青年"被称为"小先生"，这一"艺友制"推广形式被称为"小先生制"。1928 年年末，仅在全国"小先生"动员运动开始后的 11 个月，23 省和几个大城市就在推行"小先生制"②。这一倡导与号召，成为中国教育史上的重大事件。1932 年山海工学团成立，并提倡"小先生"制。根据陶行知"小先生"制的精神，掀起了群众教育群众的方法，发挥群众的力量和编写各种读物，从事大规模群众的新文字扫盲运动，普及教育运动和抗日的宣传教育的实践活动。③

（四）"艺友制"实验影响了日本、美国等国

"艺友制"不仅仅在国内产生了重要影响，而且也影响到了国外。日本中国研究所前理事长斋藤秋男对陶行知的"小先生制"给予了高度的评价，他指出陶行知在教育实践中发现儿童的才能，发展儿童的智力，让儿童做社会的小主人。他评价陶行知先生是推行"小先生制"的勇敢实践者。④ 他曾说在日本乐库县有一位小学校长叫东井义雄，长期研究和宣传陶行知的思想，他主编的《父母子女报》积极宣传和提倡"小先生制"，并推广到多县。"小先生"运动要求把学生从沉重的作业负担中解脱出来，解脱出来，解放儿童的精神，充分发挥儿童的想象力和创造力。⑤

---

① 方明. 陶行知全集(第 2 卷)[M]. 成都：四川教育出版社，2005：478.
② 周洪宇. 陶行知研究在海外[M]. 北京：人民教育出版社，2017：80.
③ 北京市教育科学研究所. 怀念老教育家陈鹤琴[M]. 成都：四川教育出版社，1986：50.
④ 周洪宇. 陶行知研究在海外[M]. 北京：人民教育出版社，1991：38-39.
⑤ 周洪宇. 陶行知研究在海外[M]. 北京：人民教育出版社，2017：36.

第三节 "半道尔顿制"教学组织形式实验

"道尔顿制"是一种教学组织形式和方法,是 1920 年由美国教育家帕克赫斯特在马萨诸塞州道尔顿中学所创行的实验。该实验以"自由、合作和规定时间内自主学习"①为原则,其目的是鼓励儿童个性化发展,培养学生独立工作能力。让每个儿童对自己的学习进度和学习方法负责。其具体做法是在教师指导下,每个学生的学习内容、时间和进度由学生自己掌握,以适应其能力、兴趣和需要,采用个别辅导,废除班级教学。

北平幼稚师范学校之前身香山慈幼院就很注意教学方法的借鉴和改进。对幼师生的教育一般采用设计教学法,利用她们接触的环境激发其探究兴趣,并按各自的能力组织课程。除此之外,还采用过单式班级、复式班级教学等多种教学组织方式。北平幼师创立后,张雪门经过深思熟虑并结合幼稚师范的实地情况,对帕克赫斯特的"道尔顿制"进行了合理的吸收和改造。1930 年秋,他接受熊希龄先生的意见,在见心斋内主持幼稚师范,用的是"半日实习半日授课"的"半道尔顿制"教学组织实验。② "半道尔顿制"教学组织实验最终得以确定,该教学组织实验对于幼儿教师培养起到了很好的效果。

一、实验的依据:道尔顿制的改造

实用主义和儿童中心论是五四新文化运动倡导的民主和科学精神在教育领域的主流体现,重视儿童身心特点以及个性发展,是儿童中心论和实用主义的核心内容以及判定标准。对比中国传统教育教学方法,不难发现,中国传统教育教学方法在尊重儿童个性心理特征、促进受教育者个性

---

① 王春燕,于冬青. 张雪门与幼稚园行为课程[M]. 长春:东北师范大学出版社,2020:216.
② 戴自俺. 张雪门幼儿教育文集(下卷)[M]. 北京:北京少年儿童出版社,1994:1213-1214.

发展上做得很不够：一方面缺乏这方面的理论指导，封建性的教学方法占据上风；另一方面课程内容和结构并不支持个性教学方法的实施。张雪门评价当时的幼儿教师培养过程中过于注重知识的传授，是一种失败的教学行为。他指出当时的幼儿教师教育教学犯了一种错误，先理论而后应用，这样的教学方式"因为学生没有行动做基础"，最后只能死记硬背去应付考试。这种学校培养出来的读书人在社会里找不到出路，"大学如是，中学如是，小学如是，连幼稚园也如是"①。他认为"教育必先有行动，行动中遇到的困难才是真实的问题，解决真实的问题的方法才是真实的方法；而问题解决以后的成功，也就是教育的真实成绩了"②。在幼儿教师教育教学组织上，张雪门主张从幼儿生活的自然和社会取材，注重幼儿实践和直接经验的组织。若想取得教学的成功，教师应当"常常运用自然和生活的环境，以唤起其生活的需要，和扩充其生活的经验，培养其生活的能力"③，并且特别要注意指导幼儿的实际行为。知识的传授只有通过行为才能有意义，如果没有经过行为的活动，其所得到的经验，是表面的、机械的，不是有机融合的。

　　张雪门面对教学组织形式不适应幼儿教师教育课程改革的状况，进行了深入思考。他深受陈鹤琴"活教育"、陶行知"生活教育"以及"教学做合一"等教育思想的影响，优先引进和改造合适的新的教学方法以改进教学，道尔顿制进入了他的视野。道尔顿制作为一种新的教学组织形式，力图通过改变课堂的教学方式提高教学质量，这一点与张雪门的想法不谋而合。道尔顿制弥补了班级授课制的不足，发展了学生的个性，对于培养学生的独立性方面起了一定的积极作用。但它偏重学科知识的学习，过分强调个性差异，在推行中形成了一定程度的放任自流。张雪门对道尔顿制存在的

---

　　① 戴自俺. 张雪门幼儿教育文集（上卷）[M]. 北京：北京少年儿童出版社，1994：178.

　　② 戴自俺. 张雪门幼儿教育文集（下卷）[M]. 北京：北京少年儿童出版社，1994：1428.

　　③ 戴自俺. 张雪门幼儿教育文集（下卷）[M]. 北京：北京少年儿童出版社，1994：1090.

缺陷进行了针砭与研判，合理把控了道尔顿制和中国化幼儿教师教育教学改革需求之间的关系，对道尔顿制进行了合理的吸收与改造。他认为，幼儿教师教育教学组织更加"注重于行动"，在自然和社会知识以外，更有"技能习惯等顾及"①。基于这些认识和对中国化幼儿教师教育教学形势的研判，张雪门对道尔顿制进行了合理的吸收与改造，最终在北平幼稚师范学校进行了"半道尔顿制"教学组织实验，提升了幼儿教师教育教学质量，满足了幼儿教师教育教学组织改革需要。

二、实验的目标：知识和技能并重的教学模式构建

无论是在香山慈幼院供职，还是主持北平幼稚师范学校，张雪门都十分注意研究中国化幼儿教师教育教学方法的改革。他主张幼儿教师教育教学方法改革应该借鉴和改进外国，但是不可以照搬照抄。不仿美国、不法日本，专自构建一种适合中国幼儿教师教育实际的"试验教法"②。这是张雪门的一贯主张。他在对幼师生进行教学组织时，多采用设计教学法思路和范式，鼓励她们利用儿童与环境的接触所产生的兴趣和经验，按照孩子各自的能力组织课程。此外，他还采用过单式班级、复式班级教学等多种方式进行教学改革。

张雪门将北平幼稚师范学校所设置的课程分为两个部分：一部分以班级教学为主，教师讲授知识性的课程；另一部分则让学生自由行动，尽量给予学生自主合作与自由支配的时间。他又把课业分成文化课和实习课两类。在这两类中，分别实施"半道尔顿制"教学组织方式。他将"半道尔顿制"教学组织实验写入了1931年北平幼稚师范学校校务规划，明确提出要进行"教学法之试验"③。张雪门指出，实施"半道尔顿制"的最终目标是：培养的幼儿教师既能"谋未来民族的改造"，又能适合"适合儿童的心身谋

---

① 戴自俺.张雪门幼儿教育文集(下卷)[M].北京：北京少年儿童出版社，1994：1213-1214.

② 周秋光.熊希龄集(下)[M].长沙：湖南出版社1996：2106.

③ 《北平幼稚师范学校概况》(民国十九年到二十一年部分)，第4页。

社会的建设"①。针对其他幼儿教师教育机构"专重书本"，实习实践课程开始不足，有的"仅有半年且甚至只有数小时"等情况，他加以质疑并设计用一年的时间进行实验，探索"半道尔顿制"的可行性以及在幼儿教师教育中的适应性。

具体的实验目的包括以下两个方面：一是全部课程实施"道尔顿制"教学组织方式改革，课程之教学组织设法避免"知"和"行"相分离，相脱节，各科教师分别制定教学所要达到之标准，"学科程序"要细化到每一学期，要有详细的教学进度表，并做好实施层面的统计记录；二是注重实习实践教学改革，要在这类课程中更加注重幼师生自主和直接经验积累，"活动范围之宽广及教师指导时间之经济"，实有过于"道尔顿制"。

三、实验的内容："半道尔顿制"教学组织实验落地

北平幼稚师范学校创设后，张雪门将所有教学活动分为文化课和专业实习两大部分，并在全部课程教学中实施道尔顿制教学实验。经过反复尝试探索，两类课程产生了两个类型的道尔顿制的应用模型，具体内容和实验过程如下。

北平幼稚师范学校的整个教学活动中文化课采用的教学组织方法是"半道尔顿制"②。"半道尔顿制"就是指将所开设的课程分为两部分，一部分属于知识性的课程，以班级教学为主，以教师讲授为主；另一部分则让学生自由行动，尽量给予学生自动合作与时间支配的自由。无论一年级所开设的家政学、音乐、儿童学等12门课程，还是二年级所开设的教育史、教育心理、幼稚园教育概论等12门课程，抑或是三年级所开设的教育学、心理学、幼稚园与小学低年级课程、小学教学法等9门课程，全都采用加以变通和改造后的"道尔顿制"进行教学组织。

---

① 戴自俺. 张雪门幼儿教育文集（上卷）[M]. 北京：北京少年儿童出版社，1994：178.

② 戴自俺. 张雪门幼儿教育文集（下卷）[M]. 北京：北京少年儿童出版社，1994：1213.

所谓"半道尔顿制",是对道尔顿制的吸收与改进。促使张雪门做这一改进的原因:一是"道尔顿制"要求的课程指导书内容偏于知识的推究,不兼顾实际。二是实施"道尔顿制"要求教师整天守在教室里。三是"道尔顿制"的教学活动,教学地点"拘泥于教室"。这样的教学组织形式,仍然存在呆板和联系实际较少的问题,与幼儿教师教育教学的要求产生了矛盾,不完全符合幼儿教师教育教学实际。针对道尔顿制与幼儿教师教育教学实际不完全吻合的问题,张雪门调整改进了这一教学组织方式,弥补了道尔顿制在幼儿教师教育教学中应用的先天不足:一是北平幼师的课程指导书编制以工作录的形式代替,借以改进了"内容偏于知识的推究,不兼顾实际"的缺陷。二是幼师生的导师在进行教学时,课堂讲授时间只占三分之一,其余三分之二的时间留给学生自由支配,改进了道尔顿制教师"须尽日守教室"[①]的弊端。三是改进了道尔顿制"拘泥于教室"的做法,北平幼师将农场、工场、幼稚园等均作为教学活动和作业的场所,教师把更多的时间和精力放在课外指导学生学习活的知识,学生除课堂作业外,婴儿园、幼稚园、小学、工场、社会无一不是其求学之地。[②]

除此之外,张雪门之所以采用"半道尔顿制"教学组织形式实验的重要原因还在于受当时幼师生教学条件所限。见心斋幼稚师范建立于北平艺文中学之内,艺文中学有高初中六级,设有五座学科性的教室,每座教室又各附有图书馆,可供学生修公约时研读之用。显然学科性教室少于各个年级班数,幼儿师范的加入,更加加剧了教室的拮据。见心斋幼儿师范仅有一级师范生,如果要借助艺文的学科教室作为固定教学场所缺乏物质条件支持。因而,幼儿教师教育就要打破专属教室固定教学模式,采取新的"半道尔顿制"教学组织方式。在见心斋幼儿师范教育中,张雪门就将幼儿游戏、美术工艺等课程采用班级授课制去教授,而其余的课程则尽可能给学生交流合作和自由支配的时间。"教师仅按日课表的时间出席,在教室

---

① 《北平幼稚师范学校概况》(民国十九年到二十一年部分),第 1 页。
② 《北京香山慈幼院院史》1933 年 12 月内部发行北京市立新学校,北京香山慈幼院校友会编印,第 190 页。

里备学生咨询,亦无长天拘泥在教室里的必要"①。当每月课程指导书(即等于道尔顿制的公约)发出时,由学生自动去努力。虽然有教室短缺这一客观促发因素,但是张雪门采用"半道尔顿制"却不仅因为如此,而且是因为"半道尔顿制"对幼师生的培养质量和效率的促进。推行"半道尔顿制"既能让学生获得书本知识,还能让幼师生习得技能,获得教学经验。而张雪门对此更为看重。

"半道尔顿制"所采用的系列工作表,详细地记录了学生的工作。这些工作表包括"每月工作计划表、每周工作计划表、成绩考核单、生活日程表、各学期学科程序表、各科教学进度表等"②。各门课程的学习,都要记录到这些工作表中去,"课程采取评分制,成绩一律重在平时的积累,无学期考试"③。例如,1933年张雪门在香山第二蒙养园第一个月师范生实习时,就给其定了三个标准:一是引导儿童从平时散漫的行为变成课程上有规律的动作;二是从自由的来校引导到每天按时的出席;三是从个人的自由活动引导到团体的组织。④ 实习活动结束后,要考察是否完成预定的标准,完成了几种。到了第二个月的时候,张雪门又给幼师生定了两个标准:一是处置三个随便的儿童使之注意力集中;二是试验我们第五种课程。至于统计的对象,不仅包括团体还包括个人。第一个月的标准统计的对象是团体,第二个月的标准统计的对象是个人。统计时要特别注意客观的根据,而不能"主观地估量"。张雪门指出,工作表记录着"逐日设计教学的经过、处置习惯备忘录、各种设计终了时经验的估计、儿童每天生活摘记等"⑤,这些都

---

① 戴自俺.张雪门幼儿教育文集(下卷)[M].北京:北京少年儿童出版社,1994:1213—1214.

② 《北平幼稚师范学校概况》(民国十九年到二十一年部分),第1页。

③ 《北京香山慈幼院院史》1933年12月内部发行北京市立新学校,北京香山慈幼院校友会编印,第190页。

④ 戴自俺.张雪门幼儿教育文集(上卷)[M].北京:北京少年儿童出版社,1994:272.

⑤ 戴自俺.张雪门幼儿教育文集(上卷)[M].北京:北京少年儿童出版社,1994:272-273.

是最真实可靠的记录材料。

北平幼稚师范学校所采用的"半道尔顿制"实验，是将学生的学习生活作为教育内容，其依据是生活即教育之原则，合教、学、做三项为一，以适合我国国情及时代之需要。① 这也是张雪门对"做学教合一"的独特理解和教学体现。他将各个科目，包括烹饪、育儿、教具、玩具以及故事、游戏等，全部纳入了"半道尔顿制"实验，提高了幼儿教师教育教学的效率和质量。

四、结果与影响：提升了幼儿教师教育质量

"半道尔顿制"组织实验，一方面有利于学生对所学知识与具体社会实际相结合，教师不再拘泥于课本知识的传授；另一方面，授课形式更加灵活，书本知识授课结束后，学生可以到农场的养殖种植园、工场、幼稚园等地实习，将所学理论知识加以实践，教师可以有更多的精力指导，并带领学生到室外场所进行实践教学。新式教法，提高了幼师生自主保教能力，他们知识技能扎实，促进了儿童在活泼快乐中成长。

《香山慈幼院近六年来教育经过及改革报告书》（1932 年 11 月）记载："数年以来，成效独著。"②参与"半道尔顿制"教学组织实验的蒙养园，办了七年之后，人们一致得出证明：这些蒙养园培育的儿童，升入小学后，其品性远比未受蒙养园教育的儿童为优，其智力远比未受蒙养教育的儿童为高，其身体发育远比未经蒙养园培育的良好。③ 婴儿教保园培育的婴儿可以说是身心发育健康活泼、聪明可爱。不仅没有死过一个婴儿，而且得到了社会上的好评，这是与科学的教养管理分不开的。④ 这一结果，有力证明和显示了张雪门幼儿教师教育教学"半道尔顿制"教学组织实验的成功。

---

① 周秋光. 熊希龄集（下）[M]. 长沙：湖南出版社 1996：2106.
② 周秋光. 熊希龄集（下）[M]. 长沙：湖南出版社 1996：2105.
③ 《北京香山慈幼院院史》1933 年 12 月内部发行北京市立新学校，北京香山慈幼院校友会编印，第 102 页。
④ 《北京香山慈幼院院史》1933 年 12 月内部发行北京市立新学校，北京香山慈幼院校友会编印，第 110 页。

第六章　余论：中国近代幼儿教师教育教学方法实验

——以张雪门实习教学方法为例

教学组织形式虽然属于教学方法范畴，但是具有教学领域的宏观性质，对于所有学科和学科中的所有内容都具有适用性。比如班级授课制、集体教学、个别教学、分团教学制、艺友制、道尔顿制、导生制、小先生制等，属于"教学有法"范围，与适应于学科或者领域内部的教学方法相比，更加具有稳定性。微观的教学方法则是对应某一学科或者领域而言的，甚至一个学科的不同内容都要采取不同的教学方法。例如语言教学、数学教学、艺术教学、体育教学、社会教学等。语言教学中又可以分为故事教学法、书法教学法等，听说读写等方面都有自己的独特教学方法。数学教学中代数、几何、三角等内容也都有自己独特的教学方法；艺术中的音乐、绘画教学方法也有不同；自然科学、社会科学更要根据不同知识设定不同的教学方法。所以微观教学方法具有学科性和内容适应性突出以及稳定性差之特点。

教学组织形式实验与教学方法实验虽然各有特征，但是同属于教学方法实验这一总的范畴，不能截然分开。一定程度上讲，教学方法实验受到教学组织形式实验的限制与制约，有什么样的教学组织，就有什么样的教学方法与之呼应；另外，教学方法也是教学组织形式的基本支撑和主要实施途径。没有教学方法与之配套，教学组织形式的目的和意义就会落空。所以，中国近代幼儿教师教育领域的专家学者，并没有将教学组织形式和教学法分开，而是统一使用"教学法"这样的概念。而随着教育科学的发展，尤其是新世纪课程改革的进行，教学组织形式逐渐凸显出来，甚至以法规的形式加以固定。例如新课程实施所倡导的自主、合作、探究，就将教学组织形式的重要改革方向进行了固化。一方面，教学组织形式成为教学方法改革的重点和显性内容，为学生主体地位的实现提供了渠道；另一方面以学科内容为依托的教学方法，也因为教学和学习关系的调整而向组织学习方向转化，以教材和教师为主体依据的教学方法研究开始弱化。"教无定法"逐渐在"教学有法"下式微。[①] 教学组织形式和教学方法的关系逐渐出现了分野态势，原来教学方法研究领域中同属于教学方法范畴的普遍性的部分向教学组织形式转移，如参观辅导法、课堂教学模式、实习实践方法等逐渐被归到了教学组织形式的研究范围。教学方法更多地保留在了微观学科内部课堂教学领域之中。这也是将本章内容作为余论的一个原因。

　　陈鹤琴、张雪门、张宗麟等中国近代幼儿教师教育领域的专家学者依据幼儿心理发展和幼儿教师教育中国化、科学化、现代化改革需要，研究了很多不同幼儿教育内容的教学方法，如故事教学法、图画教学法、算数教学法等，而在幼儿教师教育领域最为突出和最具代表性的是实习教学。实习教学方法具有明显的幼儿教师教育教学方法特色，也是幼儿教师教育的内容重点。在这一领域，陶行知、陈鹤琴、张雪门、张宗麟等都做了深入的探讨和实验。但是他们的方向并不一致。陶行知、陈鹤琴、张宗麟等更加侧重于实习的组织研究，将实习融入课程和教学组织形式，以实习作为独立的研究对象表现不足。这在"艺友制""活教育"课程组织及"教学做合一"教学理念等方面都有体现。而张雪门专门研究了实习教学方法，所以本章以张雪门为例，对实习教学方法实验进行梳理，并作为幼儿教师教育教学方法实验的代表。

---

　　① 宗树兴. 小组合作学习是落实新课改的必要条件[J]. 基础教育课程研究，2013(10)：36-38.

第一节　中国近代幼儿教师教育教学法实验的缘起

从课程与教学的关系来讲，教学属于课程的执行和实施环节。所以，教学方法是随着课程的改革与发展而发展变化的，是课程内容落地的方式、渠道和途径。课程内容和教学方法之间是一个辩证统一体。中国近代幼儿教师教育教学方法实验，其主要目的就是要探索幼儿教师教育课程的实施与落地问题。作为上一章的补充，本章主要是梳理中国近代幼儿教师教育各科各领域内部，或者说与学科、领域教学内容相匹配的教学方法实验的开展情况。

一、实验问题起点：幼儿教师教育教学方法改革的觉醒

五四新文化运动让科学与民主之风吹进国门，成为主流意识形态的追求方向。幼儿教师教育在教学方法领域也不例外。如何实现民主化、科学化的幼儿教师教育之教学，成为这一领域专家学者们思考的问题与实验开展的起点。以下两个方面是其思考和实验的切入点与坐标系。

一是专家学者将幼儿教师教育教学方法与教学组织形式改革放在同样重要的地位。中国近代各级各类教育的教学方法和教学组织形式实验区别并不明显。如果按照当时所谓的教学方法实验之内涵来分析，典型的教学方法实验大多具有教学组织形式的性质。

如赫尔巴特"五段教学法"的移植与实验，不管是将教学过程分为"明了""联想""系统""方法"四个阶段，还是分为"预备""提示""连结""总括"和"应用"五个阶段。最终都是力图"建立一套'教顺'"①。

再如，从1913—1914年起步，到1920年代中期达到高潮的"设计教学法"实验，也主要是基于课程的整合，把小学课程分成语言文字、动手制作、游戏、数字四类，打破科目界限，上课时有几分钟谈话时间，从中寻

---

① 董远骞. 俞子夷教育论著选[M]. 北京：人民教育出版社，1991：478.

找资料。"学生所学功课，由他们自己决定，自由选择，自由支配上课时间"①。陶行知、俞子夷、张雪门及陈鹤琴对其改造，提倡"教学做合一"，产生了20世纪30年代的"大单元教学"以及20世纪40年代的"混合设计"等教学方法，但是仍然更像是教学组织形式实验。

复如，德可乐利教学法实验，启发了陈鹤琴所提出的"中心活动"课程和"五指活动"课程实验，而这些实验都属于课程组织或者教学组织形式实验性质。其他如"分团教学"组织实验，无论是其按照成绩排座位，还是在教学环节中的分组教学，以及与"设计教学法"和"道尔顿制"相结合或渗透，也基本上可以算作教学组织形式实验。另外，"道尔顿制"教学组织形式实验，注重"个别教学、团体组织"②，倡导"自由研究的精神"③，允许学生根据自己的需要"自由支配每日一部分或全部时间"④。学生不会盲目地去行动，而是按照计划来"达到目的"⑤。教师跟学生共同订立"公约"，并把学生的学习表现填制成"学生工作成绩表"⑥。这些内涵更像是典型的教学组形式实验，从舒新城主张"道尔顿制"的方法可以推行到一切学校，并主张"道尔顿制"与"设计教学法"合用上讲："凡可以用班级教学的，均可用道尔顿"，"于指定功课时，随机运用设计的方法"⑦，更加说明了这一点。

由此可见，相对于学科领域内部的教学方法实验，教学组织形式实验处于显性位置。陈鹤琴、张雪门及张宗麟等注意到了这一点，在解决了教学组织形式改革方向的同时，依据幼儿教师教育特点，没有旁落微观领域的教学方法改革，指名包括幼稚园课程组织、幼稚园的画法、读法、故事等教学法，并进行了学科或者领域的教学方法实验。

---

① 沈百英. 参观南高附小杜威院、维城院记略[J]. 教育杂志，1923，15(11).

② 吕达，刘立德. 舒新城教育论著选[M]. 北京：人民教育出版社，2004：422.

③ 孙俍工. 文艺在中等教育中的位置与道尔顿制[J]. 教育杂志，1922(12).

④ 舒新城. 道尔顿制研究集[M]. 上海：中华书局，1930：7.

⑤ 舒新城. 什么是道尔顿制[J]. 教育杂志，1922(11).

⑥ 沈仲九. 国文科试行道尔顿制的说明[J]. 教育杂志，1922(11).

⑦ 吕达，刘立德. 舒新城教育论著选[M]. 北京：人民教育出版社，2004：428.

　　陈鹤琴主持并创办的鼓楼幼稚园在 1925 年秋，开始了幼稚园课程编订的实验研究，张宗麟任研究之职，另有李韵清、俞选清等任教导。该实验抓住了课程改革这一幼儿教育改革的"牛鼻子"，并以实验理念实证性地探索了幼儿教育以及幼儿教师教育的路径与方法。研究的目的中除了要解决"儿童应当学什么，教员应当教什么"问题，也包括"怎样教的大问题"。他将这一实验过程分成了三个时期：散漫期、论理组织期、设计组织期。①经过两年多的实验，除了拿出成果——"幼稚园课程科目及其大要""幼稚园教材编制原则"之外，还有"采用什么方法教学""幼稚生生活历"等成果材料。在南京鼓楼幼稚园，陈鹤琴采用的教学方法或者是"设计组织"或者是"中心制"②的幼稚园课程组织方法。例如，春天设计种菜、冬天设计种豆、夏天设计种黄瓜等。1927 年，陈鹤琴根据南京鼓楼幼稚园的实验，写出《我们的主张》一文，15 条主张中涉及教学方法方面的有：(1)要注意儿童的健康；(2)要使儿童养成良好的习惯；(3)要特别注意音乐教育；(4)多采用小团体的教学法；(5)要采用游戏方式的教学法，去教导儿童。③陈鹤琴在 1927 年与陶行知、张宗麟等发起组织了中国幼稚教育研究会，并创办《幼稚教育》杂志，他亲自为这一刊物撰写了发刊词，指出："幼稚教育，在我国幼稚极了。"他为之叹息和充满忧患："幼稚教育办了二十多年，不过至今没有一个地方是在做研究工作。"④他把《幼稚教育》的办刊目的锁定在报告鼓楼幼稚园实验状况，交流经验，联络家庭教育，呼吁社会关切等方面。他还拟定了该刊所要刊载的主要内容：幼儿教育课程、教材、教

---

　　①　陈秀云，陈一飞. 陈鹤琴全集(第二卷)[M]. 南京：江苏教育出版社，2008：105.

　　②　陈秀云，陈一飞. 陈鹤琴全集(第二卷)[M]. 南京：江苏教育出版社，2008：5.

　　③　陈秀云，陈一飞. 陈鹤琴全集(第二卷)[M]. 南京：江苏教育出版社，2008：79-84.

　　④　陈秀云，陈一飞. 陈鹤琴全集(第二卷)[M]. 南京：江苏教育出版社，2008：73.

法、书报介绍、儿童作品等。①

陈鹤琴在 1940 年创办江西省立实验幼师,要求幼师生一入学就要到幼稚园和孩子交朋友,并确认一个孩子作为观察对象进行研究,记录详细的观察结果,互相交流。除此之外,幼师生还要在掌握教育理论知识、儿童身心发展知识以及教学业务和技巧的基础上,学会保护儿童身心健康,发展儿童的智力,培养儿童的道德品质,培养儿童对艺术的兴趣等。他还要求幼师生要学会制作玩教具、会游戏、讲故事、画画、编排儿童舞蹈,能布置环境种菜养花、饲养家禽等。据时任江西实验幼师教导主任的袁昂回忆,江西实验幼师学生在布置环境时,由于物资短缺,学生们采摘植物的长刺当钉子,用五颜六色的鲜花当彩纸来布置教室。

张雪门认为,幼稚园课程组织与中小学、大学等有所不同,它有自己的特点与要求。具体表现为以下三点:第一,整体的。儿童活动是"一种具体的整个活动","凡能够引起他注意的,没有一样不当作自己的生活看待"。第二,偏重于儿童个体的发育。"幼稚生时期,满足个体的需要,实甚于社会的需求……"第三,注重儿童的直接经验。"幼稚园的课程,须根据于儿童自己的直接的经验"②,儿童通过直接经验的学习价值更大。由此可以看出张雪门幼稚园课程组织与教学方法改革之原则——整体性、直接性与个体性。

二是学生心理实验给幼儿教师教育教学方法改革提供了坐标。心理学是一切教学方法的根据,要想在教学上求进步,"必须在心理学上注重试验"③。清末民初,心理学传入中国。1917 年,在蔡元培主持下,中国第一个心理学实验室在北京大学成立。陶行知指出,现在中国各级师范学校的心理学,第一件事,"就须提倡试验的心理学"。初级师范学校,也应当

---

① 陈秀云、陈一飞. 陈鹤琴全集(第二卷)[M]. 南京:江苏教育出版社,2008:72-74.

② 戴自俺. 张雪门幼儿教育文集(上卷)[M]. 北京:北京少年儿童出版社 2009:342-343.

③ 方明. 陶行知全集(第 1 卷)[M]. 长沙:湖南教育出版社,1984:262.

拣那必不可少的设备起来，使教员学生都有试验的机会。心理学有了试验，"依据心理的教育也就不致蹈空了"①。1924 年廖世承《教育心理学》成为东南大学教材。1925 年陈鹤琴《儿童心理之研究》问世，成为"我国儿童心理学的一本开拓性和奠基性的著作"②。"儿童心理学之实验的研究，尤足以促进其发达焉"③，儿童心理学研究和儿童心理学的传入，深刻地影响着中国近代幼儿教师教育教学方法实验的内容和方向，也使得研究成果更富于科学性、实证性。

1921 年陈鹤琴、廖世承合著《智力测验法》，同年廖世承发表《测验与中学校》一文，他们把测验分为智力测验和教育测验两类。④ 1921 年 12 月中华教育改进社成立，将心理测验作为中华教育改进社的工作目标之一。1922 年，美国新教育领袖之一的孟禄博士派专家来华讲座，同时教育专家推士先生来华辅助开展科学教育，智力测验研究还得到了哥伦比亚大学师范学院教师麦柯博士的支持。⑤ 陶行知认为，智力测验是看学生先天的聪明智慧怎样，使学校有个好的标准，由此晓得某级学生有什么成绩。他在《教育与科学方法》一文中指出："测验如治病的听肺器一样，可以看出病来。欲知病之所在，非测量不可。"⑥陈鹤琴则称智力测验"为施行德谟克拉西教育的利器"⑦。1931 年，陈鹤琴与廖世承等发起成立中国测验学会，智力测验和教育测验成为重要的教育实验。典型的有陈鹤琴主持的智力测验(团体智力测验、个别智力测验)、教育测验(默读测验、默写测验、英文测验、算数测验、国文常识测验、文法测验和书法测验等)，俞子夷、

① 方明. 陶行知全集(第 1 卷)[M]. 长沙：湖南教育出版社，1984：262.
② 朱智贤，林崇德. 儿童心理学史[M]. 北京：北京师范大学出版社，1988：546-547.
③ 范奇. 最近欧美教育思潮[M]. 北京：商务印书馆，1924：124.
④ 汤才伯. 廖世承教育论著选[M]. 北京：人民教育出版社，1992：49-52.
⑤ 柯小卫. 陈鹤琴传[M]. 南京：江苏教育出版社，2008：87.
⑥ 方明. 陶行知全集(第 1 卷)[M]. 成都：四川教育出版社，1991：291.
⑦ 陈秀云，陈一飞. 陈鹤琴全集(第五卷)[M]. 南京：江苏教育出版社，1991：393.

廖世承等修正"比纳——西蒙致力量表"，编制了中小学各种测验，包括书法、算数、外国文、社会自然等多个学科的测验及智力测验、教育测验、品格测验，并付诸实施。①　智力测验和教育测验实验效果显著，出版了大量论著，丰富了教育测验的理论和方法。这些实验成为幼儿教师教育机构改进幼稚园课程组织教学的重要依据，对于幼儿教师教育教学方法的科学化追求影响很大。

二、实验问题梳理：按照课程类别进行的教学方法改革

陈鹤琴认为我国历来师范毕业的学生所受的师范教育，常是"学非所用，用非所学，一旦到了服务时，从头学起"②。认为师范教育非进行实验不可。陈鹤琴在江西实验幼稚师范学校所开设的课程中，非常注重理论与实际的联系，一方面，将教学方法融于所开设的课程中，引导学生在社会中去发现问题解决问题。据袁昂③在《松林中的省立实验幼师》中的记载，学校的设备是发挥教育效果的，幼师学生的课堂生活，注重小组的讨论与问题的研究，即"采用社会化的教学法"，课桌椅的排列形式和布置与普通学校不同，"座位的排列与实验室里的一样……七八个人围坐一团，好像吃西餐"④。

江西省立实验幼师将课程分为三类，基本课程、专业课程和精神课程。三类课程的教学都注意与实际和实践相联系，实施"教学做合一"，以"做"为中心。例如《社会研究》这门课的学习不仅仅在课堂上完成，更多的是带学生到附近的农村调查农民的经济情况，并以文艺演出和实时宣传的

---

①　周谷平. 近代西方教育理论在中国的传播[M]. 广州：广东教育出版社，1996：253.

②　陈秀云，陈一飞. 陈鹤琴全集（第五卷）[M]. 南京：江苏教育出版社，2008：29.

③　1940 年福建闽清省立国民师范学校校长，1941 年敌人入侵占领福州，辞去校长职务，投奔陈鹤琴，在江西省立实验幼师任教导主任。

④　陈鹤琴. 活教育的创造理论与实施[M]. 上海：上海华华书店发行，1948：68.

形式作为对社会研究的展示。校友朱家振以国语教学为例，说明了"活教育"的教学方法：课程目标并不是培养学生变成作家，而是能够帮助学生养成一种"欣赏的、审判的和创作的能力"①，造就一批有素养的幼稚园教师。教材方面不固定，可从七个方面寻找素材培养学生的写作、说话能力，包括领袖的言论著作、报纸杂志的时论、文艺作品、儿童文学、科学小品、翻译的短篇作品和短论及中国旧文学。② 在说话方面，通过学生参加各种学术讨论，除了每周的时事研究，还有文艺座谈、读书会、演讲比赛、故事讲述。除此之外，还有学生通过自治会的活动来增加锻炼的机会，培养学生谈话的技巧、态度、声调及动作，教师随时给予指导。在战时各种教学资源极度缺乏，活的方法是唯一可行的路径，"活的方法非有活的教师不能运用"③，活的教师才能培养出活的学生。

张雪门在北平幼稚师范学校三年制课程设置方面，除了教育理论课之外，还设置有教法课，如儿童游戏、手工、音乐及自然研究等。他指出，儿童游戏课须明了儿童游戏之意义与目的，并要了解儿童游戏的技能及其材料；手工课则除积木、折纸、黏土等手工外，还须有自制教具（洋娃娃木马等）的技能及知道儿童手工的学识经验；音乐课须能背唱幼稚园歌50首以上而无任何错误，并能用三指和弦奏节拍的各种游戏舞蹈等曲谱，要有指导儿童唱歌节奏等技能；自然研究课须有解释自然现象及一切自然物的普通知识、种植保存烹饪等技能，并须有指导儿童自然活动的经验；社会研究课须有社会组织趋势等知识，并须有指导儿童社会的意识与活动的经验。④ 张雪门认为，在课程实施过程中，"教师的角色就是指导者"。指导即是当发现了儿童的活动不完全和有困难的地方，加以指导和帮助。帮

---

① 陈鹤琴. 活教育的创造理论与实施［M］. 上海：上海华华书店发行，1948：80.

② 陈鹤琴. 活教育的创造理论与实施［M］. 上海：上海华华书店发行，1948：80.

③ 陈鹤琴. 活教育的创造理论与实施［M］. 上海：上海华华书店发行，1948：82.

④ 《北平幼稚师范学校概况》（民国十九年到二十一年部分），第12页。

助者，就是儿童处在主人地位，导师处在客人的地位。指导包括计划、知识、技能、习惯、态度等方面。① 这充分体现了张雪门幼儿教师教育教学方法实验的原则与方向。

　　除了提出上述的教学原则之外，陈鹤琴、张雪门、张宗麟等专家学者在幼儿教师教育教学过程中，还对学科教学方法或领域教学方法方面进行了深入探讨与实验。陈鹤琴认为幼稚园的课程组织："要有目标，又要合于生活。"②幼稚园的课程分科，可以从论理来分，也可以从儿童活动来分。而课程的实施，两种分类毫无分别，关键是课程组织和课程内容的教学方法设计。陈鹤琴列举了自己在一些具体课程内容方面的教学方法。

　　如图画教学法，首先要以图画、暗示及鼓励的方法引起幼儿的兴趣。其次要以心理化的教学法，由简单及复杂，由圆、方等形状及于人物、鸟、兽。以儿童自动的图画成绩为根据，分析而得之结果，再经归纳而成教学法。③ 再次需要掌握几种绘图必需之知识，如形状、颜色、远近、大小及明暗等。

　　再如，读法教学法，他介绍了 1925 年夏，在鼓楼幼稚园实验六种读法教学法。④ 第一种，图画故事法，此法将图画、故事及读法三者联合，最终之目的为读法。第二种，歌谣游戏法。此法可以与游戏合教，亦可以与唱歌同教。二者在教学步骤上稍有不同，其目的相仿。第三种，自述法。第四种，游戏读法。如凑对子、拼句子等。第五种，采用读本。第六种，随地施教。陈鹤琴还总结和评价了这些方法的优劣以及使用情境。

　　复如，整个教学法，整个教学法是"把儿童所学的东西整个地、有系

---

　　① 戴自俺.张雪门幼儿教育文集(上卷)[M].北京：北京少年儿童出版社 2009：96.

　　② 陈秀云，陈一飞.陈鹤琴全集(第二卷)[M].南京：江苏教育出版社，2008：29.

　　③ 陈秀云，陈一飞.陈鹤琴全集(第二卷)[M].南京：江苏教育出版社，2008：34.

　　④ 陈秀云，陈一飞.陈鹤琴全集(第二卷)[M].南京：江苏教育出版社，2008：39-43.

统地教儿童学"①，把各门功课打成一片，围绕"主题"组织课程是"工作单元制"的集中体现。其组织思路要求围绕着与现实生活密切相关的活动主题，以大单元套小单元的方式进行。以龟兔赛跑的例子来说明这种教学法。"首先，以实物引起儿童的兴趣：教师需要预备一只乌龟、一只或两只兔子；其次，研究乌龟的生理特点……（自然常识）；再次，讲故事：《龟兔赛跑》，若儿童有别的龟兔故事可以尽管讲。"②

除此之外，还有幼稚园的故事教学法。1928 年陈鹤琴和张宗麟合写，并于 1932 年收入与陶行知合编的《幼稚教育论文集》中的"幼稚园的故事"一文中，指出故事的功效是很大的，可以从"讲的人"和"讲的环境"两方面来研究。③ 从讲故事的人方面来说，一是注意精神同化，要守住两句话语："不固执有我，处处要以儿童之心为心"，"我是故事中的人物"等；二是彻底了解内容，抓住故事的重点，是讲故事的人从心坎里自然流露出来的；三是要有感觉十分有趣的态度，把自己变成故事中的人物；四是要有自然的姿势与动作；五是用适当的言语和音调，如字句要文雅、注意句读和段落、字音要清晰、抑扬顿挫等。从讲故事的环境方面来说，一是随时随地随事都要留心，以引起儿童爱听故事的动机；二是不能强迫儿童听；三是人数不能过多，以 15 个儿童为适宜；四是座位的排列，以弧形最适当；五是讲故事的用品，可以选一些图画等；六是教师的服装不宜太过华丽夺目，以免把儿童的注意力吸引到服装上。

张雪门对幼稚园数学教学、文字教学方法等问题，进行了研究与实验。他强调解决幼稚园数学教学问题，只有一条路，就是和他的生活发生关系。④ 他注意发现活用的教材，以能适应儿童的生活为最低标准。"教学

① 陈秀云，陈一飞. 陈鹤琴全集(第二卷)[M]. 南京：江苏教育出版社，2008：165.

② 陈秀云，陈一飞. 陈鹤琴全集(第二卷)[M]. 南京：江苏教育出版社，2008：165.

③ 陈秀云，陈一飞. 陈鹤琴全集(第二卷)[M]. 南京：江苏教育出版社，2008：190.

④ 戴自俺. 张雪门幼儿教育文集(上卷)[M]. 北京：北京少年儿童出版社，1994：89.

者能够注意到这一层"，将生活、日常的应用、教法、教材打成一片。① 例如做手工的时候，应用量尺，尤其是折纸和组纸的时候，尺、五寸、寸、半寸，以及四分之一寸，都可以练习；② 用阿拉伯码字记出席缺席、洁不洁、勤不勤的人数，逐天填示在保育室日记里。③ 再如，在园里用文字标记人名物名。譬如书包、面具等，给他标上各个人的姓名以及物名，不但可以促使儿童识字，而且可以避免下课找寻困难。④ 再如，在保育室里用文字记事，如用红蓝黄白小圆纸片记录气象，红蓝黄白各代表晴雨阴雪，配上文字逐日粘贴。

对于教学游戏化，张雪门在设计教学法的基础上提出了"混合设计教学法"，并指名为"自然教学法"，意指"不含少许勉强"的意味，在儿童不知不觉中，渐渐地浸濡进去的一种办法。⑤ 让儿童自己"规定有些事情"，并按自己的计划去完成。这种教学的过程，便是"人生生活的准备"。教师指导时，可以参加其中，但万不能忘掉要"让其独立"四个字！教师要给予儿童"充分的评价"帮助他们发展经验和兴趣，激励儿童而非命令。⑥

三、实验问题聚焦：实习教学方法实验

总体上来看，幼儿教师教育微观教学领域实验在教学方法的研究上，其经验性更为突出，实验因子和实验假设不突出，实验过程不明显，并且

---

① 戴自俺. 张雪门幼儿教育文集(上卷)[M]. 北京：北京少年儿童出版社 2009：89.

② 戴自俺. 张雪门幼儿教育文集(上卷)[M]. 北京：北京少年儿童出版社，1994：91.

③ 戴自俺. 张雪门幼儿教育文集(上卷)[M]. 北京：北京少年儿童出版社，1994：49-50.

④ 戴自俺. 张雪门幼儿教育文集(上卷)[M]. 北京：北京少年儿童出版社，1994：49-50.

⑤ 戴自俺. 张雪门幼儿教育文集(上卷)[M]. 北京：北京少年儿童出版社，1994：49.

⑥ 戴自俺. 张雪门幼儿教育文集(上卷)[M]. 北京：北京少年儿童出版社，1994：71.

这些教学方法要在幼稚园根据不同的儿童进行。正如张雪门对于自然教学法所评述的："这种教学法，没有像三段五段教授法那样详细可编，便是设计教学法的四段教程也不能全靠。"他从儿童的心理生理特征出发，做出论断：幼稚生"思想本极复杂，注意又不集中"，那些基于"有系统的心理过程的教学法，都要失其功用"，"哪些年级应用哪些方法"，要依赖保姆的发挥"巧妙"使用。① 因此，本书没有将幼儿教师教育教学方法实验独立纳入幼儿教师教育实验研究范围，而是以余论的形式，以张雪门幼儿教师教育实习教学方法为代表，梳理中国近代幼儿教师教育实习教学方法实验发展历程，透视中国近代幼儿教师教育教学方法实验的开展情况。

幼师生实习介于课程与教学之间。从内容上讲，它是幼儿教师教育课程的一个重要的组成部分；而从其实施上讲，它又是教学方法的重要组成部分。实习教学方法是幼儿教师教育最具特色的教育活动，也是幼儿教师教育区别于其他师范教育差异最大的部分。张雪门认为："一种知识的获得，是以直接经验做基础，再来扩充间接的经验，才能够融会贯通。"②实习是最难把控、也是最重要的一项教育内容。"要想克服教学上教师业务上以及行政处理社会辅导上的种种困难，没有别的，只有一条路，那就是实地实习。"③

幼师生要成长为幼儿教师，一方面进行幼儿教育理论学习，要重新认识和补足理论，要在实践中体会理论、应用理论、发展理论；另一方面要学会实践技能，学会实践应对，让自己的保教实践符合儿童心理和发展需要。如何才能实现这一目标，如何做好实习阶段的教学工作，只是停留在理念上或者纯粹经验上是不够的。

陈鹤琴在《从师范生实习谈师范教育上的几个问题》一文中指出，当时

---

① 戴自俺. 张雪门幼儿教育文集（上卷）[M]. 北京：北京少年儿童出版社，1994：49.

② 戴自俺. 张雪门幼儿教育文集（下卷）[M]. 北京：北京少年儿童出版社，1994：980.

③ 戴自俺. 张雪门幼儿教育文集（下卷）[M]. 北京：北京少年儿童出版社，1994：982.

师范生实习如"走马观花、拍戏演戏、例行公事"①。他主张"把教学与实习打成一片"②，将实习的课程融入平日的生活，对实习生提出较高的标准，即每人"能唱50首儿童歌，讲50个小故事，背50首童话诗"③。在学生实习时，则采用"全面代替"的方式，即从园长、教师到幼稚园伙食工作，全部由实习生来代替接管。以陈鹤琴这一观点为代表，将实习教学方法融入日常教学，将"教学做合一"作为全程实习的理论依据，从而导引了"艺友制"教学组织形式实验和"活教育"课程组织实验等，前文已经分别进行了梳理。

张雪门在实习教学方法实验中，独树一帜，研究了实习教学本身，进行了相对独立的实习教学方法实验，他认为，"教育是一种实践的科学，应从行动中产生学理，再以学理来指导行动"④。一个实际担任儿童教育的人，最重要的是要对儿童发生浓厚的兴趣，这种兴趣是从儿童队伍中来的，而"实习正是加入儿童队伍唯一的机会"，"实习中始能切实注意到儿童教育问题而求其解决"，一切处事待人所必需的习惯态度，只有实际生活中才能锻炼出来，而"实习正是培养这些习性的开端"⑤。在他心目中理想的教师角色是"亦师亦友"，他认同艺友制在培养幼儿教师过程中的作用，但是不主张将艺友制推向极端，而否定师生制。到底采用艺友制还是师生制要看当时的情况，如果师资条件充足，采用师生制，如果师资条件不足，则更适应艺友制。但是多数情况下，在当时这两种教学制度是结合

---

①　陈秀云，陈一飞.陈鹤琴全集（第五卷）[M].南京：江苏教育出版社，2008：118-121.

②　陈秀云，陈一飞.陈鹤琴全集（第五卷）[M].南京：江苏教育出版社，2008：120.

③　江苏省陈鹤琴教育思想研究会.陈鹤琴教育思想研究文集[M].北京：人民教育出版社，1997：258.

④　戴自俺.张雪门幼儿教育文集（下卷）[M].北京：北京少年儿童出版社，1994：982.

⑤　戴自俺.张雪门幼儿教育文集（下卷）[M].北京：北京少年儿童出版社，1994：983.

在一起使用的。① 张雪门并没有盲从艺友制，而是看到了师生制中教师的主导地位，看到了教师作为学生培养的榜样和示范作用。这是在教育民主、教育平等声浪中对教师作用的理性坚持，从张雪门对幼师培养的实践中能够清晰地看到这一点。

第二节　张雪门实习教学方法实验

中国近代，最为典型的实习教学方法实验应当属张雪门在"行为主义"理念指导下，在北平幼稚师范学校进行的实习教学方法实验，他将实习教学的理论与经验以及实习实验的反思在 1961 年发表的《实习三年》中做了详细的阐述。② 张雪门在 1967 年发表的《幼稚教育五十年》中对《实习三年》做了一个注解，他说：关于实习方面的思想是"以前整理过的旧稿"③，这些旧稿包括北平、广西以及重庆幼教师资培养的总结，为完整地梳理张雪门在北平幼稚师范学校实施的实习教学方法实验提供了宝贵的借鉴。

张雪门从保教行为入手，抓实抓牢技能技巧培养，增强幼师生的适应力和行为的目的性、准确性。从问题出发，从儿童行为矫正出发，提高幼师生的实习效果，提高这一阶段教学效率。本节将重点阐述张雪门的实习教学方法实验，揭示、深描其对实习教学规律的探索过程。

一、实验的依据："行为主义"理念

受杜威实用主义以及陶行知"教学做合一"思想影响，张雪门将"行为主义"理念贯穿在实习教学方法实验的整个过程中。"教的法子，要根据学的法

①　戴自俺. 张雪门幼儿教育文集（下卷）[M]. 北京：北京少年儿童出版社，1994：987.

②　戴自俺. 张雪门幼儿教育文集（下卷）[M]. 北京：北京少年儿童出版社，1994：978-1083.

③　戴自俺. 张雪门幼儿教育文集（下卷）[M]. 北京：北京少年儿童出版社，1994：1306.

子；学的法子，要根据做的法子；事怎样做，就怎样学；怎样学就怎样教。"①张雪门的这番论述与陶行知如出一辙。他推崇陶行知的"生活教育"，认同教人从实际生活上去求得真实的知识，要把知识与技术融为一体。他主张盲目的生活就是盲目的教育……没有计划的生活，对实际生活都没有什么价值。生活教育中的生活一定是有目的的，有计划的，有组织的生活。最有效的生活法，就是"教学做合一"。"教学做合一是一体的三面，并不是三件可以单独分开而能存在的东西，一个人做一个活动，对事说是做，对己说是学，对人说是教"②。他认为教和学都是统一在做上的，他特别强调"做"的作用。张雪门将"教学做合一"理论改造成为了"做学教合一"。实际生活中所发生的问题，所遇到的困难，要以"做"为主，去谋解决。

从对于"做"的重视出发，张雪门演绎出对于幼儿教师教育实习教学的重视。他对"实习"有了自己理解：实习就是实际行动，要具备四点条件："有目的，有计划，有实行，有评价"③。"一种真实知识的获得，是应该以直接经验做基础，才可以补充想象"④。先有直接经验，再来扩充间接的经验，达到融会贯通。这与美国动物心理学实验的创始人之一桑代克之联结主义实验所体现的行为主义思想相一致。桑代克认为，学习并不是领悟或理解，而是一种尝试与纠错的过程。"尝试——失败——再尝试——成功"的过程就是学习的过程。⑤

二、实验的目标：实习教学应确保全领域、有计划、有组织

1930 年，张雪门所主持的香山慈幼院第三校的北平幼稚师范学校，自

---

① 戴自俺. 张雪门幼儿教育文集（下卷）[M]. 北京：北京少年儿童出版社，1994：984.

② 戴自俺. 张雪门幼儿教育文集（下卷）[M]. 北京：北京少年儿童出版社，1994：984.

③ 戴自俺. 张雪门幼儿教育文集（下卷）[M]. 北京：北京少年儿童出版社，1994：1335.

④ 张雪门. 中国幼稚园课程研究[M]. 台北：童年书店出版社，1978：21.

⑤ 盖青. 美国 20 世纪教育实验研究[M]. 广州：广东教育出版社，2010：77.

创办之日起，就非常重视实习教学在幼儿教师教育中的重要作用，凭着他多年的幼儿教师教育办学经验以及雄厚的幼儿教育理论功底，对幼师生实习教学进行了改革与实验。张雪门将实习看作幼师生"加入儿童队伍唯一的机会"，认为实习是培养幼师生忠实负责，详于计划，坦率和平，谨慎有恒，勇敢果断等习性的开端。① 由此可见，张雪门对于幼师生实习教学方法重要性的认识高度，实习教学不仅仅是技能技巧的学习掌握，更是思想情感、师德意志、管理素养等培养的渠道和途径。因此，他提出实习要拟定目的和计划，做成功有系统的组织，要贯穿整个师范培养的始终。这是张雪门实习教学方法实验的基本目标。为此，他指出要增加实习的钟点，实习教学的时间"尤须"提前，要从第一学年开始就安排实习。张雪门认为当时教育部颁布的实习目标"使学生明了实习之原理原则以增进其信念，使学生获得幼稚园教学实施之经验，使学生切实明了幼稚行政之实际及处理方法"，这是"最低标准"②。因为幼师生最重要的是要对儿童具有浓厚趣味，对社会具有清楚认识，才能成长为合格的幼儿教师。反之，即使自以为是熟手的教师，也很容易走上机械的道路，不但自己变成落伍的人，而且要阻碍下一代民族的进步。所以幼师生实习要全方位全领域设计，不走马观花，也不能就事论事，要高站位全面设计考量。

张雪门的实习观宽宏而立足长远。他认为，除了幼稚园的实习之外，重要的还要设立幼稚师范"幼稚教育实验区"。"凡区内学前儿童人数、居民职业、有关机构、公共场所、以及招生、设备、组织课程、指导活动工作都由师范生自行担任调查统计研究与试验，这不仅可以增进他们对社会的认识，而且可以从各种不同的社会活动中获得各种不同的社会经验。"③

"幼稚教育实验区"作为幼师生实习教学基地，不仅能够增进他们对幼

① 戴自俺. 张雪门幼儿教育文集（下卷）［M］. 北京：北京少年儿童出版社，1994：982-983.

② 戴自俺. 张雪门幼儿教育文集（下卷）［M］. 北京：北京少年儿童出版社，1994：983.

③ 戴自俺. 张雪门幼儿教育文集（下卷）［M］. 北京：北京少年儿童出版社，1994：980.

稚园的认识，还能够使幼师生了解社会需要，从各种社会活动中获得实际经验。这样做，不仅能促进师范生工作能力提高，而且能够使他们在校学习期间明确学习目的，再者也可以促使教师的教学更切合实际，学生的学习能够学以致用，达到理论联系实际的效果。如果能够在师范课程内增添社会学、社会发展史、社会工作法、社会理论与实施等若干与社会有关的科目，就能够更加助力提高幼师生对社会的认识与了解。另外，要设立实习合作试验机关，确保幼师生从行政工作到教学活动的全程实践参与的落实。

三、实验的内容：从参观、参与到支配的全程性实习

张雪门将两年制师范生实习计划分为三个阶段，第一阶段是参观，限于中心幼稚园；第二阶段是参与，从为各项活动中提供材料起，到参加整个活动为止；第三阶段则是支配。① 后来，张雪门在《实习三年》中将实习计划由原来的参观、参与和支配三个环节发展为参观、见习、试教和辅导四个环节，而且还制定了各个环节的注意事项和执行细则。② 可以说，张雪门的幼儿教师教育思想是在他不断实验和总结提炼下形成并不断完善的，是在"马背"上练就的"骑射"功夫。实习教学方法实验贯穿于幼儿教师培养的整个三年，每个学年的实习任务和目标又有不同，经过多年的实验最终确定了详细、完备的实习方案。以下以三年制幼师生的实习教学为例，说明其实习教学方法实验内容。

（一）确定实习教学方案，增强实习教学的计划性

张雪门力求对实习教学进行细致周密的安排，从实习课时的拟定到实习地点的选择以及实习方案的制定都要有严密的计划与组织，以促进实习教学的实效性和针对性。

---

① 《北平幼稚师范学校概况》（民国十九年到二十一年部分）第1页。
② 戴自俺. 张雪门幼儿教育文集（下卷）[M]. 北京：北京少年儿童出版社，1994：985.

1. 增加实习课时及其比重

从一年级开始，幼师生就每天在本校附设的幼稚园实习半天，据《北平幼稚师范学校1932年度校务计划》记载，第一学年每周48学时中，实习教学占了9个学时，包括参与和参观实习、幼稚园支配实习两部分，占了整个学时总数的近1/5。① 第二学年每周有固定的时间到北京近郊经营"乡村幼稚园"，并在其中的农忙托儿所、幼儿园和成人教育等机构实习。这一实习内容由学生根据自己的兴趣去选择，并负责计划、设计、执行。这样的课程安排表明了张雪门的实习主张是由"部分参与"到"完全支配"②。北平幼稚师范学校第二学年主要包括支配幼稚园实习，共计15学时，占整个周学时总数的近1/3。第三年下半年，整个学期全部安排实习，内容包括支配幼儿园实习、支配小学实习两部分，共计15学时，占整个学年周学时总数的近1/3。通过对北平幼稚师范学校的实习课时安排，可以看出，每学年的实习侧重点不同，前两年侧重于支配幼稚园的实习，实习结束后可充任幼稚园主任，第三学年的实习在支配幼稚园实习的基础上，更加侧重于支配小学的实习，实习结束后，能充分胜任幼稚园主任兼小学低年级教师及婴儿园主任的工作。③

2. 实习教学方法实验地点的选择体现组织性

为了提升实习教学效果，张雪门对"实习合作试验机关"进行了优选。选择的第一原则是有利于促进适合国情及生活需要的知识技能培养，第二原则是经济省钱。据《北平幼稚师范学校概况》(民国十九年到二十一年部分)记载，1930年特约实习合作机构有：香山慈幼院实习农场、香山慈幼院第一校、北平市教育局委托试验艺文幼稚园。④ 实习合作机构共有十二所平民幼稚园，除北平幼稚师范学校第一中心幼稚园之外，还有西城求知学校、和平门外颂琴幼稚园、东城第一蒙养园等。⑤ 抗战期间西迁至广西

---

① 《北平幼稚师范学校概况》(民国十九年到二十一年部分)第9-13页。

② 何晓夏. 简明中国学前教育史[M]. 北京：北京师范大学出版社，1990：180.

③ 《北平幼稚师范学校概况》(民国十九年到二十一年部分)第8-13页。

④ 《北平幼稚师范学校概况》(民国十九年到二十一年部分)第2页。

⑤ 《北京香山慈幼院院史》1933年12月内部发行北京市立新学校，北京香山慈幼院校友会编印，第192页。

古宜，除了中心幼稚园以外，张雪门仍然利用当地祠堂庙宇和村街公所举办幼稚园三所，作为试教机构。后期到广西后，利用当地祠堂庙宇和村街公所，在广西古宜除了中心幼稚园以外，还另筹备了三所幼稚园作为试教的地点。无论北平还是广西，实习地点有一个共同的特点，就是利用幼稚园下半天空闲的时间，借用幼稚园的场地，采取"名义送人，事实有我"①的办法得到对方的同意，利用现有的课桌椅和教具，每月只需筹备 5 元，供儿童作业材料费和极少的办公费用，就可以筹办一所供幼稚生实习的平民幼稚园，并得到幼师学校、平民幼稚园和家长儿童三方满意的效果。

3. 实习教学有严密的计划

北平幼师实习教学规划制定要求严格遵守"上一阶段的工作未终了，下一阶段的工作不能开始"②原则。张雪门主张实习就是行动，要避免盲目蠢动，否则就会浪费资源，达不到实习教学效果。张雪门总结了有计划、有系统、有组织的实习教学的四个影响要素：第一须有步骤，即实习的阶段；第二须有范围，即实习的内容；第三须有相当的时间，即实习的时间安排；第四更须有适合的导师与方法，即实习的形式以及实习指导教师所扮演的角色。③ 在此基础上，将实习分为参观、见习、试教和辅导四个阶段。

（二）实习教学内容：追求全面性

张雪门对于幼师生实习教学目的的设定，不限于保教技能技巧的学习，而是立足于全面发展，全面实现生活教育和教学做合一理念。1930 年《北平幼稚师范学校校务报告》中明确指出，幼师生实习的范围除了幼稚园实习之外，还有其他类型的实习，借以将培养学生能力的实习内容扩大到

---

① 戴自俺. 张雪门幼儿教育文集（下卷）［M］. 北京：北京少年儿童出版社，1994：1026.

② 戴自俺. 张雪门幼儿教育文集（下卷）［M］. 北京：北京少年儿童出版社，1994：986.

③ 戴自俺. 张雪门幼儿教育文集（下卷）［M］. 北京：北京少年儿童出版社，1994：985.

生活的方方面面。具体包括以下主要内容。一是家政实习：冬季敲煤块生火，平时洒扫缝补，还包括烹饪和育儿。烹饪，是由学生自己负起全校伙食的食物支配、经费开支和购备烹调之责；育儿，是让学生轮值照料小孩，安排其作息时间，调护其衣食生活等。二是自然实习：由慈幼院农场拨地两亩，令学生自己种植蔬菜和农作物，饲养动物。三是儿童文学实习：由学生征集民间口传的材料编成故事集，以及学生自己创作儿童文学作品，在教室公开练习，并向幼师生试教，以此充实幼教的内容或材料。四是手工实习：让学生学会泥工、纸工、木工等，以供幼稚园所需。五是游戏实习：凡幼稚园必需的游戏，学生必须实习一次并作好记录，复印成册编成丛书，以此丰富幼儿的文化生活。① 由此可见，幼师生实习内容全面，实习范围广泛。

（三）实习教学程序：参观、见习、试教、辅导

1930 年，张雪门拟定了两年制幼师生实习计划。将学生进行分组，轮流到幼稚园实习，实习"以幼稚园为中心"，分为三个步骤，"先参观，次参与，终至于支配"②后来，经过反复尝试和摸索，张雪门最终确定了实习的四个步骤，即：参观、见习、试教、辅导。③ 其中，"试教"既包括"参与"也包括"支配"的内容，在四个步骤基础上，又拟定了三年制幼师生实习计划，并进行了实验。通过实验，总结出了四个环节的注意事项和执行细则。以下是张雪门主持的实习教学方法实验四个步骤详细内容。

1. 参观：两个方面和两个阶段

参观是北平幼师实习教学的第一步，分为两个方面和两个阶段。一是参观中心幼稚园；二是参观各类型及其他部门。实验开始时主要集中在中心幼稚园内，并没有详细规定学时和目标。经过一段时间的实验，参观的两个方

---

① 《北平幼稚师范学校概况》(民国十九年到二十一年部分)，第 2 页。
② 周秋光. 熊希龄集(下)[M]. 长沙：湖南出版社，1996：2106.
③ 戴自俺. 张雪门幼儿教育文集(下卷)[M]. 北京：北京少年儿童出版社，1994：985.

面和两个阶段的学时、内容、讨论、报告等要求才逐步完善并固定下来。

在中心幼稚园参观阶段，北平幼师确定了六项内容：中心幼稚园的园址、园舍、建筑、教具、工具、材料等设备，师生的仪表、态度与兴趣，教师对幼稚生习惯积极、消极之处置，工作、游戏、文学等各科教学过程以及整个的设计及行政。①

（1）参观中心幼稚园阶段的学时安排和教学流程

参观中心幼稚园安排在入学后的第一学期，每周不超过 3 学时，与幼师生日常授课穿插到一起，持续一学期。其目的主要是让幼师生对幼稚园有一个整体的了解，印证学校所学理论知识，给予初学者一个"先入为主"的基本观念。张雪门认为所参观的幼稚园的理念要与师校的理论相一致，这样才能很好地衔接。② 否则，就会引起混乱的心理，在幼师生行为上也起不到应有的作用。因此，最初只能选择一所与学校所学理念一致的中心幼稚园，当基本理念确立和印证后，再行其他幼稚园参观。而后面的参观是要学会比较，解决中心幼稚园不能解决的问题和不曾满足的需要，多方面扩展视野和补充营养，正所谓"采别人的优点，供自己仿效，找别人的异点，供自己比较。"③这样，幼师生的学识才能充实和坚定起来。而由此进入第二个参观阶段。

（2）参观各类型幼稚园及其他部门的目的及其实施

第二阶段的参观安排在第二学年的第二学期和第三学年的上学期。主要目的是参考比较不同的幼稚园以及其他教育和社会机构，扩充学识，使得幼师生对未来职业和专业有更明确的把握。④ 参观范围更深更广，如各

---

① 戴自俺. 张雪门幼儿教育文集（下卷）［M］. 北京：北京少年儿童出版社，1994：994.

② 戴自俺. 张雪门幼儿教育文集（下卷）［M］. 北京：北京少年儿童出版社，1994：991.

③ 戴自俺. 张雪门幼儿教育文集（上卷）［M］. 北京：北京少年儿童出版社，1994：25.

④ 戴自俺. 张雪门幼儿教育文集（下卷）［M］. 北京：北京少年儿童出版社，1994：1216-1217.

种类型的幼稚园、低年级小学、社会教育、地方教育行政以及各种社会建设，都有必要参观。① 行业类型涵盖了城乡的工厂、商店、医院、社会服务机构、农场等。张雪门将这些参观地点和内容作了有机链接，鼓励师范生发现问题，研究问题，充实经验。幼师生通过参观，开阔了眼界，增进了社会认知，唤起改造（或建设）社会的兴趣与决心。② 将来毕业到幼儿园，不但能够进行社会合作，而且能够明白幼稚园所处的地位，找到合适幼儿园儿童的知识教材，为研究探讨适合我国国情的幼稚教育打下了基础。③

这个阶段的参观和参与并行，每周占 3 学时。④ 其中一半时间在小学一年级实习。所以参观和参与并行，是因为经过一年半系统的心理学、教育学等相关理论学习之后，学生已经有了一定的理论基础，这个时候，特别需要通过各种场合来反思和巩固自身的理论知识，需要实地印证学前儿童和小学低年级学生的身心特点，弄清幼儿教育的依据并与小学教育相沟通，为幼儿教育科学研究奠定基础。

（3）参观实习的周密计划及组织落实

张雪门主张参观前一定要阅读相关书籍，尤其是社会发展史、中国社会、社会工作法、社区理论与实施等方面的书籍，制定翔实的参观考察提纲，以便促进参观课程教学化设计。参观内容包括单位部门名称、地址、性质、主持人、组织、资本、现有财产价值、管理员、工人、生产收入、支出分配、红利分配、销售情况、社会信用、被盗害情况等分项，每个分项又各有其具体内容。张雪门通过这个例子告诉师范生在参

---

① 戴自俺. 张雪门幼儿教育文集（下卷）［M］. 北京：北京少年儿童出版社，1994：991-992.

② 戴自俺. 张雪门幼儿教育文集（下卷）［M］. 北京：北京少年儿童出版社，1994：1006.

③ 《北京香山慈幼院院史》1933 年 12 月内部发行北京市立新学校，北京香山慈幼院校友会编印，第 191 页。

④ 《北京香山慈幼院院史》1933 年 12 月内部发行北京市立新学校，北京香山慈幼院校友会编印，第 192 页。

观时一定要完整地记录所要参观的项目，以保证参观的准确性、完整性和有效性。

参观后要紧跟着组织讨论和撰写报告，当日事当日毕。讨论的内容包括："上届参观的一切的问题及下届参观的计划。"①应以担任实习的幼师导师为主，幼稚园教师为辅，对于参观实习进行全程指导。参观后的讨论与报告，尊重事实需要，没有一定的格式。以下是一篇参观报告案例，可见一斑。

4月19日(星期三)参观艺文幼稚园②

到达该园时，正在自由活动，有六个小孩耙地，各小孩玩各种玩具。如秋千滑梯等……这个时候有个小孩拿了粉笔在墙上画山、水、树木等样子。张先生见了，就又去画了几个耙地的拿着锄……关先生见了，便移几块黑板来，然而没有用它，从自由活动上来看，各个儿童全随着自己所欲的去做。

我个人的意见，以为在墙上画画，固然可以满足儿童的兴趣，使他们工作更有劲，但从另一方面来说，儿童本来就好胡写，今见教师也是如此，那他不是知道在墙上画画没有什么不好吗？不是更坚定他们不良的习惯吗？

大家的批评：有的说儿童不应该在墙上画，这样会养成他们不良的习惯，还应画在黑板上……还有一位北大心理系学生认为可以分作两方面来说：(一)主张儿童自由发展的，就可以让他去画……(二)主张养成规律的习惯，就不可以画……

张先生评论：我们的态度不能像研究者，这面可以说，那面也可以说，我们应担负实际的教育工作，我认为，不能见儿童画得好，就

---

①　戴自俺. 张雪门幼儿教育文集(下卷)[M]. 北京：北京少年儿童出版社，1994：1009.

②　戴自俺. 张雪门幼儿教育文集(下卷)[M]. 北京：北京少年儿童出版社，1994：1012.

让他去画，还应指导他画在适当的地方……为顾着儿童兴趣，退一步说，不如画在地上，画过了还可以抹去；黑板拿来时，便当画在黑板上了。

关先生说：应将儿童兴趣引导到黑板上去；教师应注意，在儿童拿粉笔时，就当知道他要干什么了，若等他已画再引导，便落在了第二步。

……

自由活动结束后，便是作业，计划的工作有种豆、种花。

接下来是朝会、唱歌、谈话、讲故事等活动，故事结束后是游戏。

我们的提议：（一）各步动作，不论下雨啦，出太阳啦，最好先由儿童表示，再由教师加以更正。（二）表情状物，都应有正确的根据。例如模仿太阳时，不当那样随便用手一比，而且太阳走得并不那样快呀！

……

总的来看，该园的课程，在活动上虽未脱论理的范围，但正努力走向设计组织的一面。

2. 见习围绕中心幼稚园进行

见习是北平幼师实习教学方法的第二步，是在对中心幼稚园及其他类型的幼稚园参观的基础上，对幼稚园有一个整体把握的前提下进行的。"见习是把师范生从参观中所得的经验，再经过一次行为的表演，使得他们的认识更清楚，观念更坚定，而且促醒他们对于教育的看法，不应当仅仅以为是一种知识，并应有相当的热忱和技能。"北平幼师见习的时间安排在第一学年的第二个学期，见习地点仍以自己的中心或附属幼稚园为主，以保证理论与实践的衔接。见习作为实习的第二个阶段，时间安排在一个学期内，每周用 3 个上午的时间。张雪门认为，见习的原则就是："看的是什么，记的是什么；记的是什么，做的就是什么。""客观上须认清了现代的儿童，主观上更须忘掉了自己."①见习活动要覆盖从供备材料到整个设计活动的全过程，是前阶段参观活动的进一步深化，目的是帮助幼师生把从参观中学来的经验运用于实际的教学活动中，形成学生的基本观念和教学能力。见习即从知中求行，也是从行中求知。见习教学指导教师以幼稚园教师及担任实习的导师为主，以实习主任及担任教育科的导师为辅。

（1）见习教学的保障是组织方法的周密细致

见习主要是师范生加入幼儿园从事相关工作，大体来说，见习分为幼稚园行政和事务见习以及幼稚园教导见习两类。张雪门十分重视见习教学的全面性和质量要求，他摈弃了那些基于幼师生经验缺乏而降低见习难度的做法，尤其是在幼稚园行政和事务方面，以及打着独立自主幌子而放弃对幼师生的管理的做法，认为这些倾向都与见习的原意不符。幼师生要通过见习，从教师后援，逐渐进入教学一线，顶岗任职。所以，见习组织方法第一要根据"看"来"做"；第二要做好和见习园教师接谈并考察见习园；第三要翻查书籍寻教材或求理论。② 见习活动对人数须有适当的分配，实验初期，由于考虑欠周到，分组不合理，到期限将满，往往还有许多幼师生尚未轮到。所以，分组轮换需要实验，包括小组人数，每组每一科见习的时间等。实验结论是以 6 到 8 人一组为宜，每组任职时限间为两周，保证一轮下来，每个人都有见习的机会。除了分组适宜，见习还要遵从教学原则，循序渐进。组内管理，要考虑分工合作，周密计划，共同进步，逐渐完善。

（2）见习教学方案制定要处理好内容全面和重点突出的关系

要确保见习价值的实现，就要强化见习方案制定和系统组织落实。见习方案内容，一是要求幼师生观察清楚并做好记录：见习环境、日常工作惯例、儿童和教师日常生活用品、教具的摆放，要一一看清楚，记明白。

---

① 戴自俺.张雪门幼儿教育文集（下卷）[M].北京：北京少年儿童出版社，1994：1016.

② 戴自俺.张雪门幼儿教育文集（下卷）[M].北京：北京少年儿童出版社，1994：1021.

二是要求幼师生转变身份：参观阶段幼师生总是依靠教师，面对教师询问；而见习阶段则要求和教师站在一起，看清楚以后轮到自己见习时，应怎样把握住环境。三是详细观察和记录见习幼稚园儿童的表现：了解每个儿童的性格差异，提前跟指导教师了解特殊的儿童，认真观察和记录儿童表现。四是对见习方法讨论和报告撰写提出更高要求：见习期间每次讨论，都在当天幼稚园放学以后见习之后，讨论完毕要按照次序较具体地记录出来，当日呈交，防止宝贵的经历遭到遗忘；讨论方式也与参观阶段相异，在讨论问题后，增列"批评和估量"一项，主席、记录以及讨论报告均由幼师生轮值；尽量发挥讨论的教育作用，一方面可以更深入问题的内部，一方面学识比较高的也可以帮助一般较低的，获得更多的新认识和新了解；讨论记录内容包括地点、出席人员、主席、记录者、报告内容、讨论内容、批评和估量、规划明天的工作等。下面是一个见习报告和方法讨论记录的例证。

教导见习时一天的记录

1937 年 4 月 8 日实习讨论记录①

地点：中心幼稚园儿童活动室

出席：何美英、禹金孝、杨荃芳、倪顺华、杨友良、尹端贞、胡德容、李倩、沈先生

主席：沈先生

记录：杨荃芳

(一)报告

何美英：我今天是参与讲故事，预备的教材是大象的鼻子。我们的活动不是要去万牲园旅行吗？我一提到谁去过万牲园，大家都非常高兴，一问他们那边有什么，他们很快地就都告诉我。等他们说到象

①　戴自俺. 张雪门幼儿教育文集(下卷)[M]. 北京：北京少年儿童出版社，1994：1022-1025.

的时候，我就开始讲故事了。动机就是这样引起的。

禹金孝：我今天是参与工作，分为两组，大组作旅行口袋，小组作旅行旗。分组后，我指导大组的小朋友，差不多快做完了。

……

沈先生：动物园歌小朋友们差不多都会唱了，但不很纯热，还得再练习。等到旅行时，大家合唱，多有意味。汽车已托方先生包好了一辆公共汽车，上午九点钟出发，十二点钟回来。这次要去的大朋友很多，我们能够好好地分配一次，每人带几个小朋友，就不用家长照顾了。

(二)讨论

1. 关于教学上的问题

(1)在讲故事时，有好几个小朋友不注意，竟有说活的，应怎样处置？

解决办法：因为何同学讲故事时，动作和声音都欠缺表情，而且有好几位小朋友坐的地方望不见讲的人；教材的内容，如龙等多不合于儿童的经验。助教的同学，又未把爱说话的小朋友分开来坐。所以以后我们准备教材时，更应该对发音和手势多加练习……

(2)儿童背述故事能够完全背述出来的很少，是否一定要背述整个故事？

解决办法：所有故事本来不须都背述；只有特别好的，如辞句美丽，想象有味而且又富于感情的，能使儿童记牢几首，予他们文学的基础实有裨益……

2. 关于校务上的问题

(1)旅行用的餐点，由小朋友们自己带，还是由学校购备？解决办法：决议由学校买玉蜀黍粉和红糖，由儿童们自己做糖窝头。他们自己单备饮料和水果。

(2)旅行时工作应如何分配？解决办法：总领队推沈先生同学每人带领小朋友五人，款事、常识、唱歌等由带领人负责办理……

（三）批评和估量

1. 何美英讲故事的态度很自然，只是准备不大纯熟。尤其是动机引起以后，不必再提"我现在给你们讲一个故事，你们要听吗？"等语，这样，反使得语气发生裂痕。故事里的教训，最好让儿童自己去体认，用不着代为揭示。

2. 计划工作时要条理清楚；说明方法，尤应使每一儿童都能听明白。教师始终站在指导的地位，不应替儿童代作。实在有困难的地方，可帮一部分的忙。但无论成功或失败，都应归儿童自己负责，才有意味……

（四）规划明天的工作

1. 工作：做糖窝头。

2. 音乐：唱旅行歌，温动物园歌。

3. 文学：继续今天所讲的故事，再加以表演。

……

由此案例可以看出，见习环节的作用得到了充分发挥：讨论后的文字报告详实规范，格式合理，"报告——讨论——批评与估量"三个环节设定，增强了见习阶段的规范性和科学性；"批评与估量"一项的教育作用得以发挥；发动每一个出席的人，不论同学或教师，都积极参加讨论，引导问题深入内部，不同水平的同学共同发展。①

3. 试教以幼师生学会独立教学及管理为取向

试教是北平幼师实习教学方法实验的第三步。幼师生在前期的参观及见习阶段，对教育概论、儿童心理、幼稚园教材教法的原理学习，已经有了一定的基础。为了帮助幼师生的学识发展到更高一层的阶段，并且有一个较长时间的独立负责的机会，从而达到完全支配教学和管理之目的，于

———————

① 戴自俺. 张雪门幼儿教育文集（下卷）[M]. 北京：北京少年儿童出版社，1994：1022.

是，实习教学进入第三个环节，即试教阶段。试教阶段在北平幼稚师范学校的实习中称为"支配"阶段，支配的时间安排在二年级一年，每天下午进行，师范生上午仍照常在师范学校上课。第二学年每周实习十五个学时，进入"完全支配阶段"。① 所谓完全支配，指的是幼师生同样要参与幼稚园从教学到行政的全部事务，受到全方位锻炼，培养其从事和领导幼稚园工作的能力，教师退居幕后做顾问。

（1）试教内容与管理促进幼师生独立工作

幼师生试教实习设定了以下内容：幼稚园招生、编级、选材、组织活动、编制预算决算，一切教学、教师业务以及幼稚园行政上的处理，都由二年级的师范生来担任，校长教师给予指导。幼稚园教师和担任实习指导的教师不时去参观他们，也列席他们每天课后的会议，一直到整个学年完毕为止。② 一个月以后，教导主任每周去抽看一处，并给予他们以鼓励和建设的批评。两个月以后，校长再去抽看。三个月以后，约别人去看。第二学年第二学期也是如此，他们因每月有不同的指导人去，常常感到新鲜，自然对工作不至于懈怠了。试教还包括其他事项：种牛痘、参观教育、举行扩大儿童节、创办新平民幼稚园等，帮助实习生认识社会。幼师生在第四学期的时候，各组里的试教人数，一般从七八个减到两三个，甚至有时只留一个人，重点是让师范生独当一面。这样，对试教是更加重视其独立负责的机会，同时其余的人又可以轮流进行后一阶段的参观并支配他种的事宜了。③

（2）试教环节分阶段落实

幼师生对试教的内容包括幼稚园招生、编级、选材等有一定了解之后，开始正式进入试教活动环节。幼师生跟幼儿近距离接触，通过试教环节逐渐熟悉教学流程，并增加对幼儿教师职业的体会和感悟。试教环节具

---

① 《北京香山慈幼院院史》1933 年 12 月内部发行北京市立新学校，北京香山慈幼院校友会编印，第 191 页。

② 戴自俺. 张雪门幼儿教育文集（下卷）[M]. 北京：北京少年儿童出版社，1994：1026.

③ 戴自俺. 张雪门幼儿教育文集（下卷）[M]. 北京：北京少年儿童出版社，1994：1027.

体从试教的内容选择、方法使用以及试教评价三个方面展开。

首先，准备阶段要选择保教内容与组织方式方法：教材选择和排列、教具使用、教案编制与实施。① 张雪门建议选材备课要充分考虑儿童身心发展水平、经验和能力，还要符合国情，促进民族改造和民族团结，唤起民族精神和民族意识。教材排列要以儿童活动为中心，从儿童自己生活环境中日常所见所闻的事物出发，避免像小学那样的分科，选择运用福禄贝尔式教材和蒙台梭利教具。教案的编制，最重要的是教会幼师生如何把握教案，原则性和灵活性相结合，"多方考虑，不可轻率从事"②。

例如：春天来了，看到农人耕耘，确定以"种植"为儿童活动的中心。以下是张雪门引导幼师生编制教案的方法。

首先，在确定该中心之前，要仔细估量一下：儿童的能力如何？对这有没有经验？工具和人数是否适用？师范生自己的趣味及能力如何？有无缺点？更有无补教办法？经过这一番客观的考虑以后，觉得没有问题了，然后再行决定。其次，拟教案计划：第一，"种植"应包含哪些活动？第二，大小儿童的活动应怎样分配？指导人应怎样分配？第三，要预备什么工具和材料？第四，活动过程应经过哪些步骤？应怎样联络？计划拟定后，再自己好好地准备：什么地方需补充知识？哪种技术还待练习？等到实施，还得设法引起儿童的动机，帮他们计划，并随时随地加以知识、技能、兴趣、习惯、态度等的指导。完了后还得鼓舞他们彼此批评，有时更须启发他们做种种的体味。最后，你自己还应该有一种笔记，把教学的经过，采用日记式，一一都把它具体地记出来。这不但可供将来的参考，而且可以发现自己成功和失败的地方。此外，更应在某一种课程完了后，估量儿童们

---

① 戴自俺.张雪门幼儿教育文集(下卷)[M].北京：北京少年儿童出版社，1994：1028.

② 戴自俺.张雪门幼儿教育文集(下卷)[M].北京：北京少年儿童出版社，1994：1029.

所得的经验；从这些经验里才可以见到是否合于课程的标准（即课程中目的），也就是合于改造民族必需的标准。

通过这一指导教案编制的例子，可以看出试教要围绕儿童身心发展特点选择主题活动，从激发儿童兴趣出发进行突出主题的一系列活动设计。这一点，对于幼师生开始独立组织教学活动十分重要，教学理念定位和材料环境选择能力对其具有长期的稳定的影响，而这一点从实习教学就要反复强化，令其思考和落实。

其次，学会设备设施的选择以及方法使用。张雪门提出的原则是一切设施使用"全得决定于儿童的活动"。判断试教活动之有无价值，视活动之有无"目标""计划""实行""检讨"都要以此为判定标准。① 一种有价值的教学法，其价值不仅在于儿童消化教材，而在于它自身就是一种有价值的活动之训练。他引导幼师生不断拷问：如何训练视觉及示范，如何引起注意及发问，如何利用暗示，如何造成概念及记忆，如何训练思考，如何维持教室秩序，如何指导儿童学习等，儿童发展，就是幼儿教育中心，试教就是要学会这一点。

再次，做好试教评价以利于改进。试教评价不仅仅是结果评价，不仅仅是一个分数判定。张雪门主张要看试教的幼师生和儿童最终都收获了哪些，要通过儿童的发展考核幼师生的教法，而儿童发展不是表现在纸上的，而是表现在其思想感情和行动上的。因此试教考核要遵循三个原则：第一，要具体不要抽象的记分；第二，对教学应有一种诊断作用；第三，须有研究上参考的可能，须切实遵守。② 具体办法分为两个部分。对于幼师生一方的评价，第一，尽量保留有形的成绩：包括统计智商表，调查习惯表，测量体格表，平时即可供自己研究，学期终了可用来对家长报告。

---

① 戴自俺. 张雪门幼儿教育文集（下卷）[M]. 北京：北京少年儿童出版社，1994：1032.

② 戴自俺. 张雪门幼儿教育文集（下卷）[G]. 北京：北京少年儿童出版社，1994：1036.

此外，工作中制作的折纸、贴纸、图画、做标本等，全可装订在每个人的拾锦本中。第二，利用展览会标识幼师生试教成绩：展览会每学期须举行一次，试教生的成绩和幼稚生的表现可以同时展览。试教生方面有月工作计划表、具体课程实施方案、工作报告、晚会及联席会议记录等。这样的展览会，看得见，有价值，有研究意义。第三，改进对家庭的成绩报告：每学期终了，除了要报告幼稚生学习分数、出席的天数、下学期开学日期、交费数目外，还要将儿童成长记录、特长发展等报告家长。一方面让家长增加对自己孩子的了解，让家长明了孩子的进步。另一方面教师也能得到家长的协助。所以，试教评价离不开幼稚生的成长表现，具体可分两类：一类团体的成绩，如智商统计图、习惯统计图、身高比较表、体重比较表、疾病比较表、出席比较表以及集体的工艺品；一类是儿童个人的成绩，如儿童逐日工作记录表、儿童逐年发展表、个人卫生习惯考查表以及各个人的什锦本、书本和工艺品。其中文学是各家长所最注重的，也可以给每个儿童备一个本子，把那些认过的文字全部替他们记上。通过翻阅，儿童将会获得温习的功效，增进学习的趣味。

(3)计划讨论与报告反哺试教组织实施

通过试教的三个环节，幼师生对幼儿教师的教学方法有了一定体会。为了更好地反思教学方法，设置幼师生在试教后的计划讨论以及汇报是必不可少的。只有通过讨论才能更好地理解试教活动。试教环节在文字形式呈现上又可以分为计划、晚会记录、联席会议记录以及月终工作报告四个子环节。幼师生每组每月要拟定试教计划，并作为最终的考核依据。而每天的试教活动，要以晚会的形式展示，并做好相应记录，晚会上解决不了的问题，提交各组联席会，在每周周六课统一解决。联席会除实习生出席外，中心幼稚园教师及担任指导实习的教师也参加，各个子环节都由师范生主持。①

---

① 戴自俺.张雪门幼儿教育文集(下卷)[M].北京：北京少年儿童出版社，1994：1040.

1939 年 6 月 10 日第十二次联席会议记录示例①

地点：大竹村第二幼稚园(三江县古宜乡)

出席：桂林分院第一届幼师班全体同学

列席：李先生 池先生 周先生 张校长

主席：刘显姬

记录：廖元素 刘素英

(一)报告

第二幼稚园报告本周详细活动

鱼的活动到了本周星期二便告结束。从星期三起又开始了扇子铺的活动，一直继续到今天(星期六)为止。现在我只报告扇子铺的活动。

……

第一幼稚园本周的简单报告

……

本周活动的中心是开扇子铺

……

第三幼稚园本周的简单报告

……

(二)讨论

1. 工作时工具不够怎么办？(第四幼稚园提)

解决方法：提出组张慧珍答：教师事先可以计划一下，平均分开来，工具轮流使用。周先生答，有四种办法：(1)经济相当充足时，可以多备；(2)向邻居地方借；(3)各园工作的时间不相冲突时，可调剂使用；(4)可以用旁的东西代替。池先生答：代替的办法，例如钉锤不够时用石头代替……

---

① 戴自俺. 张雪门幼儿教育文集(下卷)[M]. 北京：北京少年儿童出版社，1994：1043-1048.

2. 儿童遇到故事表演时不愿表演怎么办？（第四幼稚园提）

解决方法：提出组廖元素答：（1）带儿童往别的幼稚园参观；（2）选材要联络；（3）教师和儿童一起表演；（4）可以分组比赛；（5）在参加中心幼稚园时多给几个人表演机会。周先生答：（1）在表演时教师不要勉强他；（2）团体的表演；（3）说明故事内容须清楚。池先生答：不表演的是怕差，所以要看材料适合不适合。李先生答……

3. 儿童背地里欺侮小伴侣怎么处理？（第二幼稚园提）

解决方法：……

4. 辅导和完全实习阶段的功能拓宽及增强学生适应性

实习的第三学年除了辅导之外，还有完全实习阶段，共同构成了实习的最后一个环节。该阶段是幼师生走向社会，成为一名合格的教师的关键环节。通过这个阶段的实习，幼师生更加坚定地从实践中了解教育的真正价值，形成坚贞卓绝的人格和百折不挠的精神。

辅导环节虽然处于四个步骤的最后，时间是一学年，一律由三年级的师范生负责，师范生自己计划，自己分配工作，自己检讨并改进，实习导师必要时予以指导。具体内容包括以下几个方面：儿童教育与家访工作相结合；个案工作与社会调查相联络；了解儿童发展状况与主动开展全面儿童福利工作相结合；培养地方师资与幼稚教育合理和普及相结合。从纵向来看，儿童教育向前延伸至托儿所、向后至小学低年级；从横向来看，包括营养站、卫生站、农民服务站以及社区建设相结合等各个方面。① 辅导环节实验的中心目的是让幼师生以研究儿童问题为出发点，进而扩大到实际参与社会建设。

张雪门在北平幼稚师范拟定的幼师生实习计划中，并没有明确提出辅导环节，但是却在实习活动中渗透着辅导内容，体现出对幼师生教育情感

---

① 戴自俺. 张雪门幼儿教育文集（下卷）[M]. 北京：北京少年儿童出版社，1994：986.

和教育态度的培养与引导。例如 1935 年，北平幼稚师范学校在西郊核桃园，借得农学院附设小学的一所空房子，办了一个农民服务站，当时被称为农民的特约医院，用现在的名称，可以叫做妇孺保健医院，一位戴姓老师带领 11 个三年级幼师生服务于此。白天指导儿童唱歌游戏和工作，晚上指导青年妇女识字、算盘、织毛线等。服务站配有急救药品，北平医学院特地向服务站提供了一个保健箱，里面有必备的剪刀、纱布、药棉、酒精、红药水等。当地大人孩子得了热疮等疾病可以到服务站去治疗，师范生耐心温柔的态度得到当地百姓的认可和赞扬。① 这充分说明了辅导的内核精神——从研究儿童问题出发，向广大社会展开。

第三学年进入完全实习阶段，全班同学到西郊罗道庄、核桃园、靛厂自办的乡村教育实验区实习，这个实验区由戴自俺负责。② 校友金恒娟回忆当时的情景时说，为了这个实验区的创办，幼师生们克服了生活上和体力上的困难，拆墙、抬土、平整土地、粉刷墙壁等工作完全是由女生们干的。③ 这就是幼师生毕业前全部下乡到乡村实习，开办乡村幼儿教育，贯彻平民服务宗旨推行"教学做合一"的实际情况。

从上述实习教学的四个步骤不断完善的过程来看，张雪门是以实验的态度、科学的精神、缜密的思维和方法，经过反复实验，不断尝试，才最终探讨总结出实习教学的基本规律的。实验期间，每个环节都或多或少出现了问题，张雪门不断调整实验内容，寻找实证性经验，大小行动都有报告，持续检讨改进，每次总结都为下一次实验开展做好充足准备，最终完成了实习教学方法实验，优选了实习教学路径与方法，促进了幼师生成长。

---

① 戴自俺. 张雪门幼儿教育文集（下卷）［M］. 北京：北京少年儿童出版社，1994：1059.

② 北京市立新学校，北京香山慈幼院校友会. 北京香山慈幼院院史［Z］. 内部发行，1993：198.

③ 《北京香山慈幼院院史》1933 年 12 月内部发行北京市立新学校，北京香山慈幼院校友会编印，第 192-193 页。

四、结果与影响：为幼师实习教学方法探索可行路径

张雪门主持的幼师生实习教学方法实验，实现了幼儿教师教育机构办学重心的转移。社会需要、生活需要、幼儿教育需要、平民教育需要、幼师生发展需要被放在了办学的前提位置，探索幼儿教师教育规律、培养符合中国化、科学化以及平民化的幼儿教师，是张雪门实习教学方法实验的深度追求。这一实验克服了以往幼儿教师教育过程中理论与实践相脱节的弊端，找寻了幼师生实习教学的可行性路径与方法。

（一）在幼师实习教学方法探索中具有超前性

无论是 1928 年秋，张雪门主持孔德学校南分校幼稚师范科同孔德幼稚园合办于一处，实施的"二部制教学"实验探索以及"行为主义"指导下的"半道尔顿"实验中关于实习教学方法的研究，还是 1930 年 10 月，张雪门在香山慈幼院幼稚师范科开始的实习教学方法实验探索都早于教育部颁布的实习规程。民国教育部 1933 年 4 月才在《师范学校规程》中规定了实习教学，指出实习包括参观、试习、试教三项，每项实习前后，须具备预备、报告、讨论三种手续，每三小时之实习约须占半日时间。[①] 三年制幼稚师范科教学科目中，实习安排在第二学期的第二学期和第三学年全年。其中，第二学期，实习数每周 6 课时，占整个课时数的六分之一；第三学期，实习数每周 18 课时，占整个课时数的二分之一。

张宗麟在 1932 年编写的《幼稚教育》中曾指出，各个幼儿教师教育机构所开设的课程内容不同，实习安排亦不同。他举例某学校高中程度的两年制的课程表安排。表中只有笼统的教学实习，并且安排在第二学年的全年。第一学期教学实习的课时数为 2 学时每周，占总学时 24 学时的十二分之一；第二学期教学实习的课时数 3 学时每周，占总学时的八分之一。由

---

① 中国学前教育史编写组. 中国学前教育史资料选（全一册）[M]. 北京：人民教育出版社，1989：246.

此可见，和横向的其他幼师培养机构相比，北平幼师依然是走在前面，无论是对实习教学方法的重视程度，还是实习教学理论和实践模型实验与探究，都具有先进性。

张雪门实习教学方法实验的主要成果形成于 1933 年民国教育部颁行的《师范学校过程》中关于实习方面的规定之前。民国教育部颁行的幼儿教师教育机构的实习规定，一方面与张雪门的实习教学方法实验成果极为相似；另一方面这一法规不及张雪门的实习教学方法实验成果翔实、准确和操作性强。由此可见，张雪门和北平幼师实习教学方法实验的理论探讨之先进，内容之广泛。而从张宗麟的举例来看，在这一点上，其他幼师学校难以相比。张雪门的实习教学方法实验所形成的实践模型，足可以成为其他幼师教育机构的借鉴模板。

(二)确立实习教学贯穿于幼儿教师教育的全程全域

早在主持香山慈幼院幼稚师范时，张雪门对幼稚师范生的实习就提出了要求：从一年级开始，学生就每天在本校附设的幼稚园实习半天；第二年，每周有固定的时间到北京近郊的核桃园他们自办的一所简易农村幼稚园实习；第三年下半年，整个学期都是实习，地点是香山的教保园和蒙养园，以及北京市其他的幼稚园。从中可以看出不仅每学期每学年都有实习安排，而且实习次数多、时间长，实习单位以幼稚园为中心而兼延婴儿园和小学初年级两端。而全程性全学段安排好实习教学，与理论教学构成科学结构，这在北平幼师办学中表现得更为突出。

实习教学内容涉及幼稚园的方方面面。张雪门主持北平幼稚师范期间，学生的实习内容包括：幼稚园实习、家政实习、自然实习、儿童文学实习、手工实习、游戏实习。内容从以教务为主体而扩展到家务、校务乃至社会，如此等等。通过一系列的实习活动，使实习生体验到了学理的意义，不但印证了学理，还找到了新的学理。张雪门正是通过全域性实习教学设计，才摆脱了传统女子教师教育的窠臼，找寻了现代幼儿教师教育规律，践行了生活教育、教学做合一理念，丰富了行为主义课程理念——在具体的行动中，发现书本知识的弱点，找出进步途径，培养了适应时代需要的幼儿教师。

张雪门通过实习教学方法实验，指出了实习教学尤其要注重儿童教育问题的解决。这一点在选择实习幼稚园时格外重要，其办园理念要符合中国化、科学化的幼儿教师教育精神，这样才能收到良好实习效果。另外，实习过程中，还要调动幼师生积极性主动性，让实习生感到"被需要"，激发其实习兴趣，激发其对自身责任和价值的体认，实习效果才会更加突出。

(三)培养一批一毕业即能办园的幼儿教师

据曾在北平幼师学习且为 1937 年最后一届毕业生的王碧元回忆，北平幼师对学生的培养与其他师范最大的不同之处在于，"别的师范大多注重知识的传授，而我们却要被训练成十项全能"。幼师毕业生一出校门就能开办幼稚园，当称职的教师或主任，深受用人单位的欢迎。[①]《香山慈幼院近六年来教育经过及改革报告书(1932 年 11 月)》中记载：自与中华教育合作社合办一幼稚师范学校，前后毕业生 47 人，均服务于北平、山西、河南、察哈尔、天津、河北、广东等省之幼稚园，保姆而无一赋闲。[②] 这批幼儿教师深得北平幼师实习教学要领，上手快，意志坚定，服务、教学和管理能力全面，社会认知透彻，辅导能力强，在毕业后的幼儿教育管理、教学、实践中发挥了重要的引领性示范性作用。

除此之外，北平幼师对毕业后的幼师生依然跟踪关怀，经常联系与辅导他们，某种意义上将实习教学予以延伸，扶上马送一程。北平香山慈幼院的毕业生每年回院一次过"回家节"，她们还可以回母校听专家讲演、参加学术讲座等活动。在广西时期，幼师学生学习期满后只发结业证书，毕业后到社会服务，每月有工作汇报寄回师范部，母校有《辅导通讯》继续帮

---

① 唐淑. 中国学前教育史[M]. 北京：人民教育出版社，2015：168.
② 周秋光. 熊希龄集(下)[M]. 长沙：湖南出版社，1996：2106.

助毕业生解决各种疑难问题。从某种意义上说，张雪门先生是把学生毕业后几年内的工作看作学校实习的一种延伸。不仅让幼师毕业生出校门即能施展全副本领，称职地开办起适合中国国情的幼稚园，而且还为她们进行中国幼儿教育科学研究奠定良好的知识基础。

第七章　中国近代幼儿教师教育
实验的评价

　　五四新文化运动将民主与科学理念带到中国大地，由此开辟了中国的现代社会转型之旅。科学成为民众修养的基础，而民众有此秉承，才能实现民主，才能实现真理面前人人平等。正像蔡元培1919年4月在北京高等师范学校修养会上的演说词中所说的，"吾人之于修养，不可不研究其方法"。"方法"随着时代变化，现代社会不可能再有"往古道家之蛰影深山，不闻世事"。如何建立现代社会的信仰信条，唯有秉持"科学的修养"。而科学除了指知识真理本身，还指方法，科学方法的核心和主体是实验，"实验之用最大者，莫如科学"。"科学之价值即在实验"，"真是真非，丝毫不能移易，盖一能实验，而一不能实验故也"。蔡元培还指出，树立科学实验这一信条，就要有"诚""勤""勇"和"爱"之精神，或者说科学实验是这些精神的基础和依赖。① 蔡元培虽然是在北高师就其校训和修养会社团而言的，却代表了民国上层社会的普遍认知，代表了五四精神在教育上的核心体现。科学，既是信条，又是方法。而方法的核心就是实验，实验是走向现代的标志和基础以及路径方法。这就是五四新文化运动之后，幼儿教师教育实验的标志性背景。正是幼儿教师教育实验揭开了中国现代幼儿教师教育进程的序幕，自此现代幼儿教师教育路径与方法实验之使命得以确立。同时，中国近代幼儿教育和幼儿教师教育发展的现实困境，也为

---

　　① 中国蔡元培研究会. 蔡元培全集(第三卷)［M］. 杭州：浙江教育出版社，1998：612-615.

幼儿教师教育实验提供了现实需要性。由此造就了中国近代幼儿教师教育实验的广泛性和深入性以及有效度之前所未有，幼儿教师教育体制和学制实验、课程实验以及教学组织形式和教学方法设计实验相继开展。从宏观到微观，反映了实验主体对中国现代幼儿教师教育强烈的探究欲和改革旧式教育的迫切需求。幼儿教师教育实验促成了中国近代幼儿教师教育的独立特性，摆脱了外国模式和传统模式，促进了幼儿教师教育制度的规范化，幼儿教师教育体制得以确立，促进了幼儿教师教育课程教学体系的科学化，间接保障了幼儿教育事业现代转型。与此同时，对于解决当今幼儿教师教育中存在的种种问题，对于当今幼儿教师教育领域的实验研究以及其他科学研究具有重要的指导和借鉴价值。

第一节　推动中国幼儿教师教育的现代化转型

清朝末年，幼儿教育由完全的家庭教育缓慢地向社会化转型。而直到民国时期，特别是五四新文化运动之后，现代幼儿教育的合法性和社会共识性才开始形成。1922年"新学制"的颁布是现代教育和幼儿教师教育转型的关键性节点一定程度上也是幼儿教师教育实验的起点。原因在于，直到这一民国新学制的颁布，才将幼儿教育和幼儿教师教育正式列入学制结构中。然而，幼儿教师教育的体制和学制、课程教学等却没有配套颁布。于是，幼儿教师教育实验探索的空间有了，探索的动力足了。幼儿教育和幼儿教师教育领域的专家学者开始了他们的实验探索之旅。但是，从何着手，方案是什么，他们向历史找经验，向外国找借鉴，向现实提质疑，向其他领域要思路……不停地拷问，艰难地抉择，中国化、科学化、专业化、平民化、省钱的幼儿教师教育之路，成为他们的目标和理想，摒弃外国化、贵族化、费钱的幼儿教师教育模型。一破一立，一方面要打破魔咒，另一方面要找寻新招。实验成为这一破一立之间的必由之路，日本经验、教会经验、欧美经验能否照搬和移植，西方幼儿教师教育理论和实践模型如何合理吸收与改造，中国化、平民化、科学化幼儿教师教育体制机制学制、课程模型、教学组织形式和实习教学方法的模样如何擘画等问题纷纷涌现。现代化幼儿教师教育不是一句口号，陶行知、陈鹤琴、张雪门、张宗麟在思考的基础上进行了实验，从幼儿教师教育要素到过程进行了积极深刻的理论和实践探索，总结出中国化平民化科学化的幼儿教师教育基本原理和培养方法。成为中国近代幼儿教师教育现代转型的蓝本，甚至当今这些模型依然具有明显的学习和借鉴价值。

一、推动中国化幼儿教师教育理论体系形成

以陶行知、陈鹤琴、张雪门及张宗麟为代表的幼儿教师教育实验，与幼儿教师教育理论体系建设形成了鲜明的互动关系。一方面，初步的幼儿教师教育理论指导了这一领域的教育实验；另一方面，幼儿教师教育实验又验证和丰富了这一领域的教育理论。

（一）完成幼儿教师教育理论体系的初创

翻开中国近代幼儿教育史，一串串闪亮的名字，代表了这一领域教育理论发展之辉煌，看到"生活教育"理论，就会想到陶行知；看到"活教育""五指课程"，就会想到陈鹤琴；看到实习教学方法、"半道尔顿制"，就会想到张雪门；看到幼儿教师教育发展史，就会想到张宗麟。他们共同的名片是幼儿教师教育理论的开拓者。追问这些名垂幼儿教育和幼儿教师教育史的著名理论来源，不难发现，一是来自对国外幼儿教育和幼儿教师教育理论的学习借鉴，杜威实用主义教育理论，儿童中心论、经验主义、实验主义理论、行为主义、德克乐利、福禄贝尔、蒙台梭利……西方幼儿教育和幼儿教师教育思想的流入、传播、学习、研究、中国化改造，形成了专家学者们初步幼儿教师教育理念、观念和设想。二是来自对外国教会幼稚园、日本式幼稚园以及相应的教师教育机构的审视、针砭和合理吸收。专家学者们没有盲从外国，也没有盲目排外，而是面对中国幼儿教育和幼儿教师教育的现实，对其进行深度考量。在构建中国的、平民的、科学的、现代幼儿教师教育理论的前提下，对于外国理论经验要借鉴什么，要避免

什么，要摒弃什么，都一一深思、实验和厘清。正是在研究批判盲目崇外和机械照搬的过程中，才看到了建立中国化、平民化、科学化幼儿教师教育理论的重要性和必要性。三是对于中国传统女子教育，包括女子师范教育和女子中学教育以及平民女子教育中的"贤妻良母教育"的反思。从封建走向民主，从僵化教条走向科学，在这一历史坐标下，寻求现代的、科学的、专业的幼儿教师教育理论建构答案。四是对于中国化、平民化、科学化幼儿教育发展需要的认知，成为幼儿教师教育理论建构的起点。五是其他领域的教育理论向幼儿教师教育领域嫁接与延伸。专家学者的这些幼儿教师教育理论不能仅仅停留在设想和口号上，要优选，要验证，要丰富，要有适应性和指导性，这些都要通过实验，正是幼儿教师教育实验，才成就了这些理论，使之体系化、可操作、可推广。"中心幼稚园"体制实验、"生活教育"课程实验、"艺友制"实验推动了陶行知师范教育、生活教育、教学做合一等理论体系建设，让陶行知发现了"新大陆"，看到了"天之明"，检讨了"拉东洋车"之弊。"活教育"课程教学实验，推动了陈鹤琴生活教育观、儿童心理观、五指课程观的坚实落地。他把自己比作骆驼，领着 100 多个幼师生几度搬迁，重建校舍，身无分文仍不言弃，坚定和丰富了活的教材奠定活的教育、大自然大社会就是活教材、五指课程等活教育理论内核，成为至今仍有重要影响的幼儿教师教育理论观点。行为主义和道尔顿制是张雪门学习西方的结果，而且早期的他也在介于有意无意间使用。但是一旦进入课程教学实习实验，这些理论就显出了夹生与尴尬。他在幼师生培养中，应用这些理论的同时，本土化、学科化了这些理论，成为其行为主义课程教学观的基础性支撑。纸上得来终觉浅，绝知此事要躬行。这就是中国近代幼儿教师教育理论体系与幼儿教师教育实验的关系，相互作用，相辅相成。其中，幼儿教师教育实验正是中国化平民化科学化现代幼儿教师教育理论的建构基础。这一断言，并不过分。

（二）奠定幼儿教师教育专业个性基础

民国之前，甚至民国初期，中国化幼儿教师教育理论几乎是空白。究其原因，一是没有独立的幼儿教师教育体系，幼儿教师教育基本上就是依附于蒙养院、女子师范学校、女子中学等其他机构，所以幼儿教师教育理论在学界和社会各界像是天书，不受重视，也不去重视，更没人能懂。二是随着幼儿教育的发展和走向平民，幼儿教师这个职业受到重视，人们才对其角色内涵发生兴趣。反思这个群体的社会定位，哪些理念观念支撑这一角色定位呢？人们自然想到的是女子教育、师范教育和幼儿教育。但是显然，幼儿教师教育是处于这几类教育的交叉点上，与之紧密相关的几类教育都不能取而代之，幼儿教师教育职业的独立性呼唤着其专业性建设，而其专业性建设又必须有理论理性的支持，否则，旧瓶装新酒，培养出来的人才难以胜任新的职业和专业需要。这就是中国近代幼儿教育和幼儿教师教育领域的教育家们思考的问题，而如何走向幼儿教师教育理论的独立，到底什么是幼儿教师教育的理论秉承与标识，要去探索与发现，实验几乎是唯一手段和方法。

幼儿教师教育实验毋庸置疑地回答了幼儿教师教育要不要独立，怎样独立，独立后社会适应、能否担责的问题。幼儿教师教育实验过程的严密性、科学性和所提供证据的实在性恰是强有力的证明。从"中心幼稚园"到"蟠桃学园"，乡村幼儿教师教育体制实验所培养的幼儿教师上手快、适应性强、扎根坚定，一个毕业生就是一所幼稚园，而新的幼稚园又成为新的中心幼稚园，又能够培养新的乡村幼儿教师……体制的坚冰已破，乡村幼稚园的师资规模和质量问题得以缓解了，乡村幼儿教师教育理论也因此得以奠定。"活教育"课程实验标志着幼儿教师培养目标的确立，活的教材来自大自然大社会，活的教学造就今天和明天的儿童，而不是昨天备受制约和忽视的儿童。"活教育"的课程、教学、实践培养活的幼儿教师，而她们又培养了活的儿童。这一证据链证明了"活教育"理论是幼儿教师教育的适用性理论，是幼儿教师教育独特的理论体系。"半道尔顿制""行为主义"在幼儿教师教育领域中的应用以及分段实习教学等，正是在幼儿教师教育实验基础上确立的，适用于幼儿教师培养的特色的独立的幼儿教师教育理论。实验给出了证据，证据说明了理论的独特价值，而理论又支持了这一职业和专业。幼儿教师教育不是普通师范教育，不是普通女子教育，更不等同于幼儿教育。这就是民国中后期乃至今天幼儿教师教育的理论滥觞与元遵从。

二、促进中国近代幼儿教师教育规模与质量保障

民国中后期的幼儿教师教育实验，找到了适应中国国情的幼儿教师培养方案。在办学宗旨、体制改革、招生起点、修业年限、课程设置、教育教学、学校管理、毕业检定上，提出了中国化、平民化、科学化、全面性、现代幼儿教师教育模型，填补了 1922 年"新学制"给幼儿教师教育方略和制度留下的种种空白。合理明确的路径与方法，清晰可视的幼儿教师教育规律，促进了中国近代幼儿教师教育规模扩大与质量提高。

（一）幼儿教师培养效率的上升

幼儿教师教育实验打破了传统女子师范教育和女子中学教育的传统桎梏，突破了日式、教会模式的幼儿教师教育僵化的纯作坊式的服务于贵族和少数人的培养模型，坚定走向生活化、平民化、专业化、职业化，直接依据中国的幼儿教育实际需要。内容务实，院墙打开，主动性调动，教学做合一，从而大大提高了培养效率。从日本和教会幼儿教师教育机构的十位数培养规模，上升到百位数，晓庄师范学校、集美幼稚师范学校、北平幼稚师范学校、江西省立实验幼稚师范都是这样。这些幼儿教师教育机构普遍采用了"生活教育"和"教学做合一"理念，普遍建立了"乡村幼儿教育实验区"，既扩大了幼儿教师教育机构的区域性幼儿教育服务能力，又扩大了幼师生实习实践或者进行"艺友制"教学改革的范围。这些幼儿教师教育机构的学生一毕业就"为之一空"。她们正像是一粒粒籽粒饱满的种子，走向大江南北。显然，效率提高的源头是幼儿教师教育全方位的实验。

（二）幼儿教师培养质量的提高

幼儿教师教育质量问题有多个方面的标识、多个维度和侧面的描绘。

首先是层次质量。经过多所幼儿教师教育机构的学制实验，对于普通幼儿教师教育主体学制的培养层次确定为初中起点，学制三年或两年，相当于高级中学层次。这样，就比清末女子师范、民国初期女子中学以及一些日式、教会所办的幼儿教师教育机构在培养层次上提高了一个台阶。而且民国中后期的幼儿教师教育实验对学制的探索，也对主体幼儿教师招生层次起到了统一作用，为培养层次及其检定提供了标准。其次是专业定向明确，提升教育质量。民国幼儿教师教育实验，带来了幼儿教师教育课程结构的固化和相对统一，使得幼儿教师教育的专业定向得以明确，与女子师范和女子中学相比，幼儿教师教育专业性特色十分明显；与日式幼儿教师教育机构的课程僵化以及教会幼儿教师教育机构的宗教性、外国化相比，中国化、科学化、专业化的幼儿教师教育方向也更加凸显。专业定向明确，解决了幼儿教师教育质量提高的瓶颈性问题，也只有幼儿教师教育实验才使得专业质量成为幼儿教师独立的特有的质量标准。再次是幼儿教育发展适应性质量，也即幼儿教师教育的社会评价质量。社会评价质量反映着幼儿教师教育的社会适应性及其与幼儿教育的匹配度。中国近代幼儿教师教育实验除了专业质量追求之外，就是如何适应幼儿教育向着平民幼儿教育和乡村幼儿教育发展，与幼儿教育的新大陆接轨，向着适应生活教育转型，脱离传统脱离实际士大夫式教育模式，脱离为贵族幼儿教育和外国幼儿教育服务模式。陶行知的"中心幼稚园"体制实验、"生活教育"课程实验、"艺友制"教学实验，张雪门的"行为课程"实验，陈鹤琴的"活教育"课程教学实验所培养的幼师生，都在幼儿教育实际的适应上，在儿童经验能力和兴趣情感培养的适应上起到了重要的推动作用，赢得了社会受众的褒奖。晓庄师范学校年庆活动造成的万人空巷，就是强有力的明证。

(三)幼师生师德培养路径与方法的多样化

师德培养是幼儿教育行业所特别要求的，一是幼儿教师代替传统良母，就要超出良母之爱，走向专业化之爱。二是幼儿教师的地位在当初社会并不受重视，甚至不被接受。清末蒙养院的乳媪、节妇稍加培训就去充当保姆就是个鲜明的例证，所以坚定的职业道德建设对于幼师生十分重要。三是以儿童为教育的中心，依据儿童身心发展规律施教是对幼师生专业的基本要求。但是要达到这种要求却并不容易，除了专业知识和技能，还要有耐心、恒心、细心及研究精神。四是幼儿教师要面临乡村和女工集中的工厂厂区，艰苦的工作环境和职业特点，对其师德提出了更高要求。抗日战争爆发后，她们还要西迁，还要为抗战服务，还要为中华民族保留下战士和建设者的种子。五是中国化、科学化幼儿教育发展需要中国化、专业化的幼儿教师，只有建好这支师资队伍，才能从教会手中彻底夺回教育权，才能保证中国化、平民化幼儿教育的模样与发展趋势。这些就是这个时期幼儿教师教育机构重视幼师生德育的基本理由。所以集美幼稚师范学校把幼师生的训育工作放到学生管理的首位，关注学生的日常行为，也关注幼师生的社团以及课余活动的德育意义。晓庄师范学校、北平幼稚师范学校和抗战时期南迁到广西成立的桂林分院都非常注重幼师生的社会服务意识和能力培养，鼓励学生自立自强自治。幼师生既要做伙夫，又要做农民，还要做各行各业的体验者、了解者和帮助者。而且师生一致，学校全体一视同仁，共克时艰，共同体验生活教育。戴自俺、孙铭勋一到晓庄就向入校的马路上一个戴着棉帽扫雪的人打听校长陶行知，没想到这个看似"普通人"的扫雪者正是陶行知。陶行知把帽子往上一推，露出了整个的脸回答说："我就是陶行知……好，我扫完了这一段，到办公室去谈。"①陈鹤琴在江西实验幼师，为了解决落水女生抚恤金，把自己的大衣当掉，深深感动了前来"找事"满怀气愤的家长。晓庄试验乡村师范在 1927 年正月初四要行立础礼，同时请城里人到乡下拜年，陶行知初三晚就下乡，住在了一个姓陆的人家里，跟他一起随行的还有当时晓庄中心小学第一任校长钱尚志和三名安徽公学的校工，另外还有一个便是一条耕田的水牛，这条水牛一直陪着大家。② 他的行为深深地影响和感化着身边每个人。香山

---

①　孙丹年. 陶门弟子教育家孙铭勋［M］. 贵阳：贵州教育出版社，2007：21.

②　方明. 陶行知全集（第 8 卷）［M］. 成都：四川教育出版社，2005：119.

慈幼院在办院宗旨中就把德育列在首位，以爱国主义为中心，实施"随时随地随事之训导（教化）"①。即使是事务课也对学生进行做人、勤劳节俭和爱国爱校的教育，香山慈幼院将德育主要内容概括为"爱国主义教育和养成教育"②。采取"统一与分散相结合"的办法实施德育，教师以身作则，熊希龄院长带头"为了教育事业，为了孩子们不吸烟、不饮酒、不赌博"，这在老校友中早已传为佳话③。爱国、勤俭、奋斗、善良、朴实、担当……这是幼儿教师教育实验的出发点，也是重要的实验效果。

三、推动幼儿教师教育制度中国化、规范化

幼儿教师教育制度肇始于清末，是移植日本的产物，1907年清政府批准学部拟订的《奏定女子师范章程》就是这一移植的结果。教会幼儿教师教育制度起初只限于传教手段和在教会内部发生影响，于教会之外的大众几乎无关。民国初期由于对幼儿教育的认识上升，学界政界才而注意到教会幼儿教师教育。制度的缺失成为幼儿教育和幼儿教师教育"花钱病""富贵病""外国病"的重要诱因。直到五四新文化运动之后的1922年"新学制"颁布，幼儿教育和幼儿教师教育才正式成为民国学制的一个组成部分。结束了幼儿教师培养依附于女子师范、女子中学附设的"保姆科"的历史，以陶行知、陈鹤琴为代表的幼儿教育专家提议"财力较裕之省，如江苏、浙江等省，可以独立创办"④幼师教育机构，或在各省之师范学校内"添设幼稚科以培养专门人才，供给良好师资"⑤。张宗麟也呼吁："每省至少须设立

---

① 《北京香山慈幼院院史》1933年12月内部发行北京市立新学校，北京香山慈幼院校友会编印，第355页。
② 《北京香山慈幼院院史》1933年12月内部发行北京市立新学校，北京香山慈幼院校友会编印，第356页。
③ 《北京香山慈幼院院史》1933年12月内部发行北京市立新学校，北京香山慈幼院校友会编印，第358页。
④ 方明. 陶行知全集（第2卷）[M]. 成都：四川教育出版社，2005：322.
⑤ 中国学前教育史编写组. 中国学前教育史资料选（全一册）[M]. 北京：人民教育出版社，1989：256.

一所完美的幼稚师范。"①但是要单设"幼稚师范学校"②，就要从投资体制、办学层次、招生起点、课程教学、教育管理、资格检定各个方面提出方案和制度，这一点在新学制上并没有表达，也没有配套的实施细则。因此，以陈鹤琴、陶行知为代表的学者试图以科学实验解决这一问题成为必然选择。

（一）探索幼儿教师教育体制和学制

中国化、科学化幼儿教师教育制度的建立，是一个幼儿教师教育地位上升、独立建制、专业特点受到尊重的过程。清末民初幼儿教师教育制度建设不仅落后于其他类别教师教育制度，而且落后于幼儿教育制度。这样就造成了其学制地位缺失，附属现象严重。附属于蒙养院、女子师范、女子中学、普通师范的现象足以证明幼儿教师教育的制度定位不足、独立性不够、专业性受到低视。要改变这种境地，要给幼儿教师教育一个该有的地位，这是陶行知、陈鹤琴、张雪门、张宗麟等幼儿教师教育专家学者进行实验，找到实证的一个基本的出发点。他们开展的制度性实验，一方面，促进了幼儿教师教育机构的独立建制。1927年成立的集美幼稚师范学校、1930年成立的北平幼稚师范学校、1940年成立的江西省立实验幼稚师范学校等，为专门的幼儿教师培养开辟了新的路径。尤其是江西省立实验幼稚师范的创办，为公立的全国幼儿教师培养的独立发展提供了一个新的样板。而晓庄师范学校幼稚师范院虽然设在晓庄师范内，但是其独立性很强，尤其是"蟠桃学园"的成立，更使得以中心幼稚园为核心的幼儿教师教育独立出来，和晓庄师范学校之间存在着足够的张力空间。私立也好，公立也罢，独立建制才是真的。正是这批独立的幼儿教师教育机构建立实验，才使得幼儿教师教育的特性得到社会承认，才使得幼儿教师教育机构办学有了遵从，才使得幼儿教师教育的专业集约化、规范化有了可能。集

---

① 张沪. 张宗麟幼儿教育论集[M]. 长沙：湖南教育出版社，1985：764.
② 方明. 陶行知全集(第1卷)[M]. 成都：四川教育出版社，2005：382.

美幼稚师范学校建立了相关幼儿教师教育的学科群类，艺术舞蹈专业聚集到幼儿教师教育专业周围；北平幼师分段独立的培养模式，使得婴儿园、幼稚园、小学低年级纵向教师培养聚集到了一起。另一方面，促进了幼儿教师教育机构内部的要素配置趋于合理。课程教学安排更加突出幼师生专业发展需要，实验园、实验区建设的幼儿教师教育的针对性本土化更加突出，幼儿教师教育的课程教学规律更加受到尊重，实习教学特性更加彰显。而这些，正是幼儿教师教育的学制核心，是幼儿教师教育制度的内涵所在，是幼儿教师角色地位得以社会承认的基础。

1927 年集美幼师确立了"培植良好的幼稚园及小学低年级教师"[①]的办学目标。1930 年张雪门主持的北平幼稚师范学校相对灵活的学制实验，每个年级结束都可以作为一个相对完整的幼师层级培养，并且每个年级设置的课程都非常注重实践在课程中的比重，毕业后完全能胜任幼稚园的工作。[②] 1940 年陈鹤琴在江西省立实验幼稚师范学校将中等层次的幼儿教师教育的学制做了完整定位。集美幼稚师范学校、北平幼稚师范学校、江西省立实验幼稚师范学校经过数年的探索实验，基本上确立了初中起点（或者是小学+预科二年+本科二年）的三年制和二年制幼儿教师教育学制，解决了幼儿教师教育招生起点和学制不明确的问题。而陶行知及其晓庄师范学校为了普及乡村幼儿教育，在"中心幼稚园"体制下经过实验创立了适应乡村幼儿教育发展的平民化幼儿教师教育独特学制。[③] 陈鹤琴 1949 年就任南京大学师范学院院长，经过合并重组，1952 年师范学院共设五系两科，其中幼教系是当时国内高等院校中唯一培养幼教师资的独立系科。1951 年他在《师范教育的新方向》中指出，中国的新学制终于有了幼儿教师教育的地位。在学制系统图中，各个级别的教育都设置了相应的教师教育机构，

---

① 中国学前教育史编写组. 中国学前教育史资料选（全一册）[M]. 北京：人民教育出版社，1989：323.

② 《北平幼稚师范学校概况》（民国十九年到二十一年部分），第 9-13 页。

③ 方明. 陶行知全集（第 2 卷）[M]. 成都：四川教育出版社，2005：325.

幼稚园也不例外，也有了"专门培养幼稚园师资的幼稚师范学校"①。这就是这些幼儿教师教育专家学者不怕艰辛努力实验的结果，正是他们的实验促进了中国近代幼儿教师教育学制的基本定型。

(二)建立乡村幼儿教师教育体制

中国化、平民化及科学化是中国近代幼儿教师教育专家学者追求的基本转向目标，而这一目标的确立，来源于对中国近代幼儿教师发展状况的认知，来源于对幼儿教育发展制约瓶颈的研判。中国的幼儿教育需要的幼儿教师规模和质量特点是什么，旧有的师范教育体制能否适应，旧有的师范教育模式如何改造，正是以陶行知为代表的幼儿教师教育专家学者所追问的问题，也是他们所要实验解决的"最急切"的关键性问题。② 举办省钱的、平民的幼儿教育是他们的理想，幼儿教师教育要为乡村儿童教育这一"新大陆"服务。③ 办幼儿教师教育要向幼稚园学习，中心幼稚园要建成乡村幼儿教师培养的中心，而不是幼儿教师教育的附属机构。生活教育、教学做合一在此得到了集中的明晰的体现。正是对传统师范教育体制的检讨和对平民幼儿教师教育体制的创新与实验，才找到了普及乡村幼儿教育的路径与方法，才使得中国化平民化幼儿教师教育有了依托。幼儿教师教育重心转移，招生起点灵活，课程设计生活化，以"做"统领教和学，"艺友制"本土化培养方案，等等，体制创新收到了幼儿教师教育的规模效益，以及适应性效益，创造性地解决了乡村幼稚园举办难和师资聘任难问题，实现了教师培养与幼稚园举办的良性循环，为普及乡村幼儿教育开辟了新路。反过来，平民幼儿教师教育体制或者乡村幼儿教师教育体制得以确立和被社会认可。幼儿教师教育中的外国化、贵族化现象就此彻底革除。晏阳初、黄炎培、梁漱溟也各自在他们的定县、昆山徐公桥和邹平平民教育

---

① 陈秀云，陈一飞.陈鹤琴全集(第五卷)[M].南京：江苏教育出版社，2008：230.

② 方明.陶行知全集(第1卷)[M].成都：四川教育出版社，2005：82.

③ 方明.陶行知全集(第1卷)[M].成都：四川教育出版社，2005：70-73.

和乡村建设实验区，举办乡村妇女教育学校、家庭式平民妇女教育等平民妇女教育，突出了良母和育儿教育内容，促进了平民教育和乡村建设实验区域的幼儿教育发展。这些实验都佐证了乡村幼儿教师教育体制创新的力量。

（三）确立幼儿教师就近培训教研体制雏形

"中心幼稚园"体制，除了是幼师生整体培养体制的重要的、有机的组成部分之外，还为在职幼儿教师就近培训，以及乡村幼儿教育教研体制创立了初步模型。以乡村"中心幼稚园"为依托，以"生活教育"和"教学做合一"为理念，以"艺友制"为教学方式方法，来培养活的适合乡村实际的幼儿教师。这本身就含有对乡村幼儿教师的培训性质，也含有对乡村幼儿教育教学的研究性质。"中心幼稚园"具有与幼师培养机构相同之精神及方法，也具有将幼儿教师教育理论课程物化兑现于实际的性质。所以在这里学"做"，学"艺"才有效率，才能生成"因地制宜的本领"。实际上，"教学做合一"理念下的"艺友制"实施，就是一个典型的研训过程。"艺"的所有者就是示范性引领性的教师，而其他幼师生或者幼稚园教师，就是"友"，学"艺"之后就能去办好一所幼稚园，或者做一个好幼儿教师，或者改进自己的保教行为和教育理念。"做"的过程就是"研"的过程。而幼师教育机构则扮演了研究过程的组织评价角色。1929 年 10 月，"蟠桃学园"成立，多所中心幼稚园形成联盟，形成多中心、多专题教科研联合体，既可以联结起来，搞起重头的研究出版活动，又可以分中心搞自选研究专题或者领域，教研活动的专题性更强。① 这种方式，就是以中心幼稚园为依托的培训和教研雏形。在此基础上衍生出来的"导生制"和"小先生制"，也同样说明了中心幼稚园的视导引领作用，对今天的乡村仍有重要的借鉴意义。②

---

① 方明. 陶行知全集(第 2 卷)[M]. 成都：四川教育出版社，2005：376.
② 寇文亮，宗树兴. 影响农村幼儿园保教过程科学化的制度性诱因及其提升策略[J]. 教育理论与实践，2020，40(23).

四、构建幼儿教师教育初步的课程教学科学化体系

中国近代幼儿教师教育实验主体对传统女子师范和女子中学和幼儿教师教育相关的课程内容、日式幼儿教师教育课程、西方教会幼儿教师教育课程进行了反思，并同时进行了评论与批判。这一过程与适合中国的、平民的、科学的现代幼儿教师教育课程建立相联系，是一个破与立相统一的过程。

（一）幼儿教师教育课程结构趋于合理

课程是培养目标、规格、方向的依托，幼儿教师教育课程也不例外。所以，一方面要向着历史资源深挖，找到其路径依赖内容，或者是历史资源中的合理成分；另一方面研判现实需要，与经济社会发展相一致，尽量走在现实发展的前面，具有引领作用；第三方面就是准确把握专业内涵，把握专业发展规律和理念走向，将专业知识技能课程化。从这三个维度来看中国近代幼儿教师教育课程，不难发现专家学者们的改革思路："注重专科职业训练，同时不忘与职业相关的普通训练与公民训练。"①虽然对传统女子师范或者女子中学课程中关于幼儿教师教育的合理部分进行了批判与吸收，对日本和西方教会中专业知识与中国化幼儿教师教育的交集部分进行了借鉴，摒弃其外国化部分，但是，研究中国幼儿教育和幼儿教师教育发展实际，研究中国经济社会发展实际，找出幼儿教师教育发展目标，秉持新的教育理念，规划新的课程体系，却是专家学者工作的重点。他们的课程实验所反映的共同规律就是：国情、幼儿教师教育需要、幼儿教师教育规律是幼儿教师教育课程建构的根本遵从。抄袭、法古都是不灵验不负责任的。实验是建设中国化、科学化、民主化及本土化幼儿教师教育课程结构最有效的方法论。

陶行知在晓庄师范学校进行了"生活教育"课程实验。无论是在理论层

---

① 张沪. 张宗麟幼儿教育论集[M]. 长沙：湖南教育出版社，1985：758.

面上，还是制度层面上都为幼儿教师课程建设提供了可供参考的依据。他们以"生活历"造就具有"生活力"的合格的乡村幼儿教师，围绕"中心幼稚园"设计课程实验，围绕全年生活制定课程计划，利用乡村资源开发课程，为中国乡村教育探索了一条全新的出路，是改革中国幼儿教师教育的一面旗帜。促进了乡村幼儿教师教育的发展，提升了幼儿教师的培养质量、针对性和适应性。

张雪门进行了"行为课程"组织实验，以活动为出发点，并在活动中进行。完整的课程要根据完整的活动，活动的选择既要满足社会的需求，又要符合儿童身心发展特点。[1] 他研究了行为课程的构成和组织实施，既保障了活动完整性，又照顾到了儿童主体和教师主导的良性互动。[2]

陈鹤琴在江西省立实验幼师组织的"活教育"课程实验所提出的大自然、大社会就是活教材，以及"五指活动"课程内容，不仅仅是幼稚园活教育课程的集中体现，也是幼儿教师教育对幼稚园课程组织方法的集中体现，奠定了我国幼儿教育课程的"框架"[3]，直到今天对我国幼儿教育课程的改革和编制仍有积极的指导意义。

这些幼儿教师教育课程实验，对后来国民政府的历次幼儿教师教育课程制度建设和修订都起到了关键性的支持作用，并成为其重要依据：1933年由教育部颁布的《师范学校规程》(于1935年7月修正)，对三年制幼稚师范科以及两年制幼稚师范科所做的课程及各学期教学安排；1944年修正公布并通令各省实施的两年制和三年制幼稚师范科教学科目制定；1948年10月民国政府邀请陈鹤琴等专家修订的《三年制幼稚师范科教学科目及各学期每周教学及自习时数表》结束了民国以来关于各地师范课程设置不一

的局面。① 幼儿教师教育课程体系体现了科学性、民主性、系统性及完整性：一是通识性课程设置得以强化；二是专业性更加增强，儿童心理、幼稚园教材教法、幼稚园保育法赫然于榜上；三是科学化、现代化更加突出，心理智能、情绪、行为的发展与指导等课程内容进入课程体系。这一套课程方案的课程设置里专门针对幼儿教师培养的科目较少，也没有对学前教育专业做细致的区分，但对于培养幼儿教师的特殊性已经凸显。

(二)生活化的幼儿教师教育课程观得以体现

陶行知创办的晓庄师范学校幼稚师范院，以中心幼稚园和艺友制为依托培养平民幼儿教师，以"中心幼稚园""生活历"为课程、教材、教法之切要工具，以乡村的实际生活为出发点，培养幼师生的"生活力"②。以燕子矶为代表的省钱的、平民的幼稚园培养幼儿教师，引领幼儿教师教育下乡进厂，向工农需求延伸，为平民幼儿教育这一"新大陆"③服务，训练本乡"天资聪敏、同情富厚之妇女"④担任乡村幼稚园教师。这些实验充分体现与落实了其"生活教育"和"教学做合一"的理念。集美幼稚师范学校实验建立了区别于外国、区别于上海和北平的研究，创造了具有独特地域文化的幼师培养体系。张雪门主持的"行为课程"实验、"半道尔顿制"实验、实习教学实验以及建立乡村幼儿教育实验区，实验灵活的幼儿教师教育学制，为更多的平民幼稚园提供了很好的幼师资源，摒弃了"幼稚园只是富家子弟专利品的旧制"⑤。陈鹤琴在艰苦的环境里在山坡丛林中带领幼师生建校生存，几度搬迁重建校舍，在奔波中进行教育教学，发挥"骆驼"精神，践行活教育理念，再苦再累，无怨无悔。这些实验，无不体现了生活化课程

①　刘于艮. 对修正后幼稚师范课程的检讨(附表)[J]. 教育杂志，1948，3(9)：35.

②　方明. 陶行知全集(第2卷)[M]. 成都：四川教育出版社，2005：473.

③　方明. 陶行知全集(第1卷)[M]. 成都：四川教育出版社，2005：93.

④　方明. 陶行知全集(第1卷)[M]. 成都：四川教育出版社，2005：71.

⑤　《北京香山慈幼院院史》1993年12月内部发行北京市立新学校，北京香山慈幼院校友会编印，第189页。

的理念以及"教学做合一"的理念。幼儿教师教育课程的生活化转向，标志着中国化、平民化幼儿教师教育转向，标志着现代幼儿教师教育课程的转型。这些实验学校的毕业生不再是学点家政育儿知识和普通文化就等着嫁人的女子师范或者女子中学学生，而是具有坚定信念，具有实际生活能力和教育实践能力的一批现代幼儿教育的开拓者。

生活化幼儿教师教育课程观，有效支持了中国化、平民化、经济化幼儿教育的实施，为彻底摆脱外国化，举办适合中国国情的幼稚园提供了坚实的课程实践基础。陶行知的承载生活教育与教学做合一理念的"艺友制"以及同源的"小先生制"实验还影响到了日本和美国等国，被国外学者称为"勇敢实践者"①。

（三）实习教学地位开始确立

实习教学方法实验奠定了实习教学在幼师生成长中的地位与作用。中国近代幼儿教师教育的课程教学的重点之一就是实习教学。张雪门将实习看作师范生加入儿童队伍"唯一的机会"，是培养幼师生"忠实负责""谨慎有恒"②等习性的开端。实习教学方法实验为有效克服以往幼儿教师教育理论与实践相脱节的弊端提供了思路和样板，促进了幼儿教师教育课程结构化、科学化的建构，探索了全员参与支持实习的路径与方法，提出了全面、全程、全域实习的实践方案，探索了实习教学与幼稚园以及"幼稚教育实验区"建设的互动关系，探索了以幼稚园为中心而兼延婴儿园和小学初年级两端的纵向实习教学规律，以及幼稚园实习、家政实习、游戏实习、社会服务等横向内容体系，探索了实习活动与印证了学理、发展新学理的关系。这一教学实验促使毕业生一出校门就能开办幼稚园，深受用人单位的欢迎，③ 提高了幼师生改进中国幼教事业的技能，更加树立了服务

---

①　周洪宇. 陶行知研究在海外[M]. 北京：人民教育出版社，1991：38-39.

②　戴自俺. 张雪门幼儿教育文集（下卷）[M]. 北京：北京少年儿童出版社，1994：982-983.

③　唐淑. 中国学前教育史[M]. 北京：人民教育出版社，2015：168.

平民幼儿教育的信念。1948 年，民国政府邀请陈鹤琴等专家修订的《三年制幼稚师范科教学科目及各学期每周教学及自习时数表》在实习教学方法方面，不仅将教材教法同实习区分开来，同时也将实习提前到第一学年的第二学期，实习内容更加细化，实习教学方法实验弥补了 1933 年《三年制幼稚师范科教学科目及各学期每周教学及自习时数表》对于实习活动细化不够之不足，师范生的实习在形式和时间设置上更加合理。①

（四）促进教学组织形式与幼儿教师教育需要的匹配

无论是"艺友制"还是"半道尔顿制"教学组织形式实验，其核心理念都是以学生为中心的"教学做合一"，"弥补师范教育之不足"②。同时，"艺友制"有效地串联了"教"与"学"，有效解决了幼师生培养中普遍存在的"学理"与"实习"的二元分立问题，遏制了幼稚园里"老书呆子"教"小书呆子"现象的蔓延。今天双导师制就是借鉴"艺友制"培养模式来提升幼儿教师培养质量的例证。

"半道尔顿制"的教学组织形式实验，将一部分知识性的课程以班级教学为主，另一部分则让学生自由行动，充分调动学生的学习积极性，很好地适应了中国近代幼儿教师教育课程实际，适应了幼儿教师教育的现代发展趋势。有效弥补了幼儿教师教育师资和校舍等资源条件的缺乏，幼师生书本知识、技能、经验全面习得。"半道尔顿制"教学组织形式实验所采用的工作量表，是幼儿教师教育实验证据的重要表征，为幼儿教师教育实验乃至其他领域教育实验提供了实验方法参考和借鉴模型。"半道尔顿制"教学组织形式实验对于案例教学、情境教学、项目教学、任务驱动、微格教学、现场教学、翻转课堂等教学方法改革，都具有重要的参考价值。

---

①　刘于艮. 对修正后幼稚师范课程的检讨(附表)[J]. 教育杂志，1948，3(9)：35.

②　方明. 陶行知全集(第 9 卷)[M]. 成都：四川教育出版社，2005：14.

第二节　中国近代幼儿教师教育实验的现实启示

人生百年，立于幼学。无论是从人的发展意义上，还是从国家现代化建设的意义上，幼儿教育都是基础。这一点在当前已经成为政府、社会和儿童家长的共识。但是，现状却并不能令人完全满意。幼儿教育发展不平衡、不充分问题依然明显，表现在发展规模不足与质量提升不够，落后于经济社会发展和家长需求上，也表现在落后于其他学段发展水平的比较上，成为教育发展乃至社会事业发展的短板。幼儿教育和幼儿教师教育领域中的各种问题和挑战不容懈怠：井喷式的幼儿教育发展，造成合格教师匮乏，造成资金投入不足；评价体系不完善，致使按照幼儿教育规律施教产生困难，小学化严重，直指幼儿教师教育操守；办园体制双轨，造成民办园监管困难，保教过程规范化、科学化进程梗阻；偏远乡村和山区幼儿教育发展要素配置不足，贫困代际流转危险依然存在；乡村留守儿童现象严重，隔代家长幼儿教育理念落后，幼儿教育发展环境差；幼儿教师核定岗身份不明，公共财政内编制不够；公共财政向幼儿园经费拨款机制不健全，加剧办园经费紧张，家长交费负担加重；幼儿教师教育学历层次上移，中职层次幼儿教师培养即将成为化石，新旧学制之间转换与幼儿教育发展需求之间产生了适应性矛盾；幼儿教师教育课程教学存在理论与实习实践比例结构不合理问题，其培养特性凸显不够；洋机构、洋名称、洋读物依然充斥市场，幼儿教师和家长的辨识力不足，中国特色中国精神坚守与开放吸收人类幼儿教育文明之间，存在能力恐慌和方向迷失问题；幼儿教育法千呼万唤，成为各级各类教育法治建设的短板……

幼儿教育和幼儿教师教育领域存在的问题很多，几乎涉及幼儿教育理念、体制学制、法治建设、社会支持、家校互动、课程教学、保教方法等方方面面。但是重点也很容易找到：一是乡村幼儿园办园体制和管理机制存在缺陷，需要改革；二是幼儿教育城乡发展的二元结构明显，乡村和偏远山区入园难入园贵依然存在；三是乡村幼儿园园长、教师的专业发展水平和能力欠缺，保教过程小学化严重，保教过程科学化水平亟待提高。而将这些问题叠加整合，提升乡村幼儿园教师配置规模和专业化水平，就成了幼儿教育事业改革与发展，实现幼有所育、少有所教的重中之重。尤其是在教育现代化目标既定的今天，更是如此。时不我待，要直面问题，不等现成的答案，不靠万能的上帝。注重调查、尊重科学、潜心实验、向历史找资源、向科学要答案。

陶行知、陈鹤琴、张雪门及张宗麟等专家学者进行的幼儿教师教育实验为我们提供了宝贵的历史经验，他们所探索解决幼儿教师教育中国化、平民化、科学化等问题的方案和规律，值得我们借鉴与反思。

一、重视对中国近代幼儿教师实验经验的借鉴

中国近代幼儿教师教育实验在教育实验百花园中鲜亮的一簇，具有其独特的质地、颜色与形状。她们就像是幼儿教师教育事业发展的一盏盏璀璨的航标灯，照亮了前进的方向，蕴含着希望，温暖着每个航行人的心。在当今幼儿教育和幼儿教师教育发展成为教育现代化短板的情况下，我们同样需要航标，需要方向和内容的引领，需要先行先试的勇气，需要找到现实的、可行的科学理性之路。

（一）树立敢为人先的科学实验精神

发展幼儿教师教育事业，不可以有拍脑袋决策的荒唐，也不可以有拍屁股走人的潇洒。应当守初心，担使命，负责任。越是在改革与发展的关键节点上，越要向科学要答案，越要有据说话，守住真理。主持幼儿教师教育实验的专家学者在这方面给我们做出了榜样。他们向封建传统说不，解放妇女儿童，关心民族未来，遵从幼儿教师教育独特规律；他们向外国教会说不，把幼儿教师教育为了谁放在首位，探索适合中国国情的平民化的幼儿教师教育；他们向愚昧无知说不，坚持专业操守，蔑视人云亦云，引进先进思想，扎实设计实验，建构专业理论体系和实践模型。他们秉持"为天地立心，为生民立命，为往圣继绝学，为天下开太平"横渠四句所蕴

含的精髓，为中国的平民的科学的幼儿教师教育而立志，为探索生活化的符合实际的现代性的幼儿教师教育规律而发愿，为争取平等民主的幼儿教育和实现民族再造而奋斗牺牲。陶行知、陈鹤琴、张雪门主动放弃大学教职，放弃丰厚的待遇，而去搞乡村幼儿教师教育实验，而去做一介农夫、一个骆驼、一个探索者。他们把自己放到幼师生当中，放到平民里，甘做人梯，捐款捐物，放飞理想，无私奉献。他们是幼儿教师教育实验的实施者，也是幼师生乃至全社会实验精神和科学追求的榜样。他们在幼儿教师教育领域的发明创造，经得住世事变迁的考验，至今闪烁着智慧理性的光芒。他们的思想传人、学术传人、精神传人一代一代经久不断。

中国近代幼儿教师教育实验为幼儿教师培养提供了优秀的可借鉴经验。归纳起来，一是实验的理论依据充分，用先进的理论指导实验；二是实验内容的全面性，从体制学制到课程教学再到幼儿教育课程教学组织，覆盖了每一个环节和过程；三是实验方法技术的运用，保证了实验的科学性和实效性。前两点上一章已经做过评述，这里重点总结一下第三方面的经验。

（二）讲求科学有效的实验方法与技术

中国近代幼儿教师教育属于真实验，一方面，当时的幼儿教师教育存在真问题，需要真实验；另一方面，从事实验的专家学者认同和熟悉实验方法与技术，深谙其中的科学规律，保证了实验过程的科学性和有效性。

1. 重视实验队伍培养，保证实验假设的控制与实施

总结中国近代幼儿教师教育实验，不能仅仅看到实验效果和影响，不能仅仅被物化的程序内容所掣肘，更重要的是要看到人，看到先贤先哲们的为人为学为师为事。他们的自觉，换来了觉人的效果，而觉人带来了更多的人更大的影响。陶行知创办中国化、平民化、生活化的晓庄师范学校幼稚师范院，进行中心幼稚园、蟠桃学园培养平民幼儿教师实验，陈鹤琴、张宗麟、徐世璧、王荆璞等都是他邀请的指导员，而孙铭勋、戴自俺等都是晓庄师范的学生，这一群体不仅仅是在晓庄举办期间，勠力同心，

同舟共济，志同道合，团结协作，完成了时空双维度上生活教育、教学做合一、艺友制等幼儿教师教育理论和实践创举，而且，这个群体的力量在不断生发、延续，传承着晓庄精神，传承着陶行知生活教育、教学做合一理念，陈鹤琴后来创造了"活教育"理论，张宗麟在集美幼师继续从事生活教育和乡村幼儿教师教育实验，孙铭勋和戴自俺克服种种困难创办幼稚园。戴自俺又受张雪门之约，赴京郊协助张雪门创办北平幼师和广西乡村幼儿教育实验区。张雪门同样对实验人员的培养格外重视，无论是在实施行为课程组织、半道尔顿制教学过程中，还是在实习教学过程中，发动幼师全员参与、全员管理是其一贯做法，幼师生的发展行为、生活表现、活动表现都要记录在案，日活动、周活动、月活动都有幼师老师以及中心幼稚园的指导老师参加。正是这样一支队伍，才保证了实验内容的进行，也才保证了实验效度和信度。陈鹤琴在江西幼师实施"活教育"实验，同样培养培训了一批志同道合者，他在国民教育实验区内联合多所小学和幼稚园，多个层面主体参与，师生共同探索，就连附近的乡亲都发动起来支持实验。"活教育"的精神处处都可以在江西实验幼稚师范得以体现，陈鹤琴将幼师的校徽做成"幼狮"形状，其寓意在于唤醒每个人心中的"狮子"，进而唤醒全国大众的"狮子"。

2. 重视实证积累，保证实验信度和效度

根据杨汉麟对于教育实验的分期，19世纪下半期—20世纪上半期的教育实验，具有实证—经验探索型特征，比其之前的（17世纪中叶—19世纪下半期）经验探索型教育实验的科学性有所提高，实证性增强，虽然较之"20世纪50年代至今的实证——科学型教育实验"[1]的科学性逊色，但是实证——经验探索型教育实验已经从自然状态走向了实验室状态，中国近代幼儿教师教育实验恰恰属于这样一个教育实验发展阶段。实验主体综合运用了观察法、实验法、个案法、比较法、调查法、测验法和教育行动研究法等多种方法，并且将这些方法结合到一起，形成方法论，支持自己

---

[1]　杨汉麟. 外国教育实验史[M]. 北京：人民教育出版社，2005：8-18.

的实验。他们将幼稚园、幼儿教师教育机构和幼稚教育实验区作为实验室，将此设定为研究对象，整体实施实验内容。陶行知在其"中心幼稚园"体制实验、"生活教育"课程实验和"艺友制"教学实验中，要求每一个环节，在中心幼稚园都要有记录，在幼稚师范院要有计划，中心幼稚园教学做中的问题要带回幼稚师范院讨论并寻求解决方案；幼稚师范院要求师生按照教学要求制定年度、月度、每周和每日的教学计划，并根据实施情况讨论调整。这些计划、讨论记录、实施过程等，就形成了幼师生的发展证据，形成了幼稚师范院和中心幼稚园培养体制实验的实验证据。张雪门在组织幼师生实习教学实验的试教环节，对参与实习实验的幼稚园进行了前期适合度调查考察，对幼师生在这些指定幼稚园中的"支配"事项做了详实规定，包括"招生、开学、编制课程、课程实施、月终报告、学期终了"六部分。其中"月终报告"部分包括"编制本月经费预算、报告本月课程实施、决算本月教育成绩"；"学期终了"部分包括"智慧测验、习惯统计、体格检查、报告学生成绩、举行休学式兼游艺会、报告本学期重要工作、编拟下学期计划"①。再如，张雪门在"行为课程"实验中，运用对比的方法让幼师生体会"行为课程"与其他课程之不同。他列举了1932年上海工部局北区小学幼稚园大班教学实施报告，让幼师生用对比的方法，同北平幼师实验的行为课程组织报告对比，引导幼师生找出两份课程实施报告中的相同之处，如"他们的活动等于我们的工作，研究等于常识，工作等于美术……读法等于文字，日记图比我们多了一项"。最后，张雪门和幼师生一起得出结论："他们全部的课程，都没有动作如何进行。"②张雪门在这里用比较法说明了"行为课程"实验与一般课程实施的区别。另外，陶行知、张雪门、陈鹤琴在幼儿教师教育实验过程中都大量运用了调查观察法，包括社会调查、幼稚园调查、优秀幼儿教师和优秀师范学校调查。科

---

① 戴自俺. 张雪门幼儿教育文集(下卷)［M］. 北京：北京少年儿童出版社，1994：1028.

② 戴自俺. 张雪门幼儿教育文集(下卷)［M］. 北京：北京少年儿童出版社，1994：928.

学方法的应用和实证数据的积累，增强了幼儿教师教育实验的科学性，保证了实验的信度和效度。

3. 科学选择幼稚教育实验区

实验幼稚园和幼稚教育试验区的设定，保证了实验研究对象选取的科学性。中国近代幼儿教师教育实验主体都将自己的实验对象设定在幼儿教师教育机构或者幼稚园或者幼儿教师教育机构与幼稚园联合范围内，而不是限于幼儿教师教育机构的一个系科、一个年级、一个学科范围内。在设定范围内进行实验，然后再推广到实验区的其他幼稚园，扩大影响。实验的科学性保证了推广内容指向和价值。中国近代幼儿教师教育实验主体用实证说明了实验研究和成果推广的关系。陶行知的"中心幼稚园制""艺友制"等都是这样，将一个实验单位——幼稚园做成一个教学样板，总结经验，再推广到其他幼稚园，或者幼师生再去办其他的中心幼稚园。

另外，幼儿教师教育实验主体还以幼儿教师教育机构为依托，建立了乡村幼稚教育实验区，以打造区域性幼儿教育发展示范区域，并负责幼儿教师教育机构的实习教学。1934 年，张雪门聘请了一直追随陶行知从事乡村平民教育实验的戴自俺，他带领北平幼稚师范三年级的学生与北京大学农学院合作，在北京罗道庄、核桃园等地开辟了"乡村教育实验区"①，区内设有乡村幼稚园、儿童工学团等学前儿童教育设施。凡实验区内儿童、居民、公共场所以及幼稚园招生、组织课程、指导活动等都由幼师生调查统计研究与实验，一方面增进幼师生"对社会的认识，可以从各种不同的社会活动中获得各种不同的社会经验"②；另一方面有利于幼师生继续研究乡村幼儿教育普及方案，实验幼儿教师教育科学规范发展的路径与方法。③陈鹤琴 1944 年 2 月开始在江西实验幼师国民教育实验区内的幼稚园进行了

---

① 《北京香山慈幼院院史》1933 年 12 月内部发行北京市立新学校，北京香山慈幼院校友会编印，第 192 页。

② 戴自俺. 张雪门幼儿教育文集（上卷）［M］. 北京：北京少年儿童出版社，1994：980.

③ 徐莹晖. 中国生活教育运动史（1927—1946）［M］. 南京：河海大学出版社，2017：94.

活教育"五指活动"课程实验,并特约幼师附小、正大附小、南昌实小三校联合共同进行了实验研究。①　以儿童健康活动实施大纲为例,江西实验幼稚师范与实验区的协作事项包括健康视导、设置儿童心理卫生指导机构、制定幼儿园幼稚园及小学各阶段体育卫生最低设备标准、制定体育卫生营养标准以及举行儿童卫生测验。

二、幼儿教师队伍专业化建设需要实验研究

幼儿教育要走向普及普惠,加强园舍环境、设备设施等配置只是一个方面,最为关键的是促进园长教师专业化和提升保教质量。有了专业化园长、教师队伍,其他方面都可以凭着"生活教育"和"教学做合一"理念,凭着对幼儿教育规律的理解,凭着对幼儿教育的热爱,去向大自然、大社会要课程资源,要保教方法。这是中国近代幼儿教师教育实验所得出的最关键结论。但是,我们今天的幼儿园园长和教师的专业素养却依然不容乐观。

对中部某省十余个县区的乡村幼儿园调查发现,乡村幼儿园园长和教师专业发展上存在着专业素养低下、发展动力不足、支持体系不健全等问题。要改善这种状况,落实以人民为中心的发展理念,让乡村每一个孩子都能接受良好教育,实现幼有所育,促进教育公平,着力提升乡村幼儿园发展水平,阻断贫困代际传递,就要抓住乡村幼儿教师队伍专业化建设这一关键因素,突破其困境,提高其水平。而在提升乡村幼儿教师专业化建设的路径上,既需要促进幼儿教师自身自觉提高学习,又需要政府、社会、家长给予支持和理解,更需要实验,用实证来说明可行性和可推广性,以保证经验复制和规律遵循效率。

(一)乡村幼儿园园长教师队伍专业化建设缺陷

乡村幼儿园园长教师队伍的专业化发展,关乎幼有所育的全面实现,

---

①　陈秀云、陈一飞.陈鹤琴文集[M].南京:江苏教育出版社,2008:423.

关乎教育现代化最短板的补齐，关乎长效精准扶贫战略的顺利完成，关乎城乡公共服务体系的高水平建设，关乎处境不利家庭和儿童享受公平而有质量的幼儿教育的愿景达成，关乎乡村儿童的健康成长和未来幸福，是一件有着重大意义的民生工程和紧迫任务。

1. 乡村幼儿园园长专业能力欠缺

园长是一所幼儿园的灵魂，是决定幼儿园教育质量乃至幼儿园发展的关键性和直接性因素。乡村幼儿园园长专业能力欠缺不仅表现在专业背景方面、专业素质不高，还有幼儿园发展谋划能力欠缺，具体表现如下。

首先，专业背景缺失。根据调查，农村幼儿园园长在学历和专业背景以及幼儿园工作经验等方面存在严重不适应的问题：第一，学历背景。大多数乡村幼儿园园长起始学历属于中专，通过各种途径获得大专学历的园长也仅占 1/3 不到。第二，专业背景。乡村幼儿园园长具有幼儿专业背景的少，具有园长资格证的更少，大多数园长为非幼儿教育专业。小学附属园的园长基本上是由校长兼任，而小学附属园是乡村幼儿园的主体力量；独立园也大部分由乡镇委派的非幼儿教育专业老师担任，中小学转岗教师是其重要组成部分。第三，工作经验。在调查中发现，在担任园长前，大多数园长并没有取得园长岗位培训资格证，没有幼儿园工作经验的园长占到了一半以上。根据 2016 新修订的《幼儿园工作规程》规定，园长应当具有《教师资格条例》规定的教师资格、具备大专以上学历、有三年以上幼儿园工作经历和一定的组织管理能力，并取得幼儿园园长岗位培训合格证书。调查结果说明乡村幼儿园园长中有相当比例的园长未达到国家要求。

其次，专业素质不高。由于入职学历起点和准入资格较低，缺乏系统的岗前培训，落后、陈旧的专业知识和专业理念，后续继续教育渠道单一，以及大部分乡村幼儿园面临招生的压力，加上有的园长家庭负担重、信息闭塞等不利因素的影响，造成了乡村幼儿园园长专业素质和专业理解能力低下。主要体现在以下几个方面：第一，专业知识面窄，知识陈旧。其管理、领导、保教方面的知识储备不足，不能适应现代化规范化幼儿教育要求。第二，管理能力欠缺。园长们领会幼儿教育政策、规划园所发展、引领教师成长、协调各方面人际关系方面能力偏低。第三，教育科研能力低下。园长们利用工余时间从事教育科研工作的意识淡薄，更谈不上领导教师专业发展。教研和园际交流学习组织不够。往往各自为政，很少能像发达地区一样进行经常性的教研活动，直接造成了园长队伍专业化建设的低层次徘徊现象。第四，专业发展的主动性差。孤立封闭的办园环境，低门槛的园长职业资格，低下的专业素质，繁重的家庭生活负担，转岗或者非幼师专业的学习和工作背景，培训不够或者针对性不强等原因，导致了乡村幼儿园园长在科学的教育观、教师观和育儿观的确立上往往偏差良多。园长们学习动力不足，自我发展意识淡薄，职业认同差，找不到发展方向，或者不去思考专业发展的路径和方法。第五，教育理念陈旧。对幼儿教育的重要性认识模糊，低视幼儿教育的独立性和科学性，将其看成小学教育的准备和向前延伸。沿袭了20世纪八九十年代学前班或者育红班的做法，很少注意幼儿行为习惯的培养，违背幼儿身心发展的特点，对于"小学化"问题包庇纵容，甚至成为招生竞争的宣传噱头。

再次，对幼儿园发展谋划能力欠缺。调查发现，大部分农村地区幼儿园并没有制定出具体的发展规划，多数由小学校长兼任的附属幼儿园园长往往把工作重点放在小学，无暇考虑和不屑琢磨专门针对幼儿园的发展规划，形成文字材料进行申报和审批的就更少了。除了幼儿园建设和环境创设规划之外，园长们对教师成长规划没有足够的认识，而且碍于自身专业定向，难以对教师专业发展起到良好的引领作用，有的园长甚至认为教师不需要进一步的专业发展。

因此，应当抓住乡村幼儿园园长这个关键少数，突破其专业发展困境，提高其专业发展水平，从而内涵化完成农村地区幼儿园质量提升，实现幼儿教育城乡均衡发展。

2. 乡村幼儿园教师专业化建设欠缺

首先，乡村幼儿园教师队伍存在规模不足和结构不合理现象。一方面专业背景偏低。首先学历偏低，大多数乡村幼师起始学历起点为中专，通过各种途径获得大专学历的教师也占不到1/3。其次，学前专业背景老师少，大多数教师为非学前专业，中小学转岗教师和自聘人员是乡村幼儿教师主体，部分转岗教师的年龄偏大，隔代带孩子现象普遍存在。另一方面总量不足，师幼比失调。据调查发现，乡村幼儿园师幼比平均在1∶20左右，远高于《幼儿园教职工配备标准（暂行）》中"全日制幼儿园教职工与幼儿比应达到1∶5—1∶7，保教人员与幼儿比应达1∶7—1∶9"①的要求。

其次，乡村幼儿园教师专业素质不高。受职前培养和职后培训等因素影响，乡村幼儿园教师存在专业知识结构不完善、专业理念落后问题，有的教师家庭负担重，甚至还要干一些农活来维持生计，再加上教育资源短缺、信息闭塞的因素，造成了乡村教师专业素质和专业理解能力低下。一方面，专业知识面窄，知识陈旧。对"三学六法"（学前心理学、学前教育学、学前卫生学、六科教学法）有25.2%的乡村幼儿教师表示没有学习过；他们同样缺乏自然、人文、社科知识和反思教育实践、进行教育研究的知识。另一方面，专业技能差。部分转岗教师没有受过幼教训练，年龄偏大、业务能力欠缺，不会弹风琴、不会唱歌、不会跳舞，很难真正发挥幼儿教育主力军的作用。另外，保教能力和科研能力低下。乡村幼儿教师进行教育科研工作的意识淡薄，家长对他们的要求也不高，只要看着孩子不出事，能教孩子简单的读写算就满足了，以游戏作为幼儿教学基本活动的理念没有真正落实。

再次，乡村幼儿教师专业培训力度不够。一方面，培训机会少，培训效果差。乡村经济和交通条件落后，培训经费少而又少，现有的培训不够系统，没有层次性，针对性不强，效果差，再加上教师对培训重视程度不足，平时还要忙农活，难以腾出时间外出学习，所以培训机会对于乡村教师来说是一件奢侈品。另一方面，培训内容针对性差，缺乏实际操作指导。多数乡村幼儿园采取讲授、讲座、专家报告的形式进行培训，我讲你听，方式方法单一，实际解剖少，互动交流少，这与在职幼师培训与教师

---

① 教育部法制办公室. 学前教育政策法规规章汇编［G］. 北京：首都师范大学出版社，2014：323.

专业成长不相适应。还有，缺乏名师指导和互动交流。交流往往是走马观花，流于形式，培训效果不甚明显。

乡村幼儿园园长教师专业化水平低下直接影响了乡村幼儿园保教质量的提高，要改变这种状况，就应该借鉴中国近代幼儿教师教育实验的种种经验和做法，并结合今天乡村幼儿园发展实际，从政府和幼儿园两个方面进行改进和推动。政府要采取的措施包括：一是增加乡村幼儿园投资，扩大公办教师比重，合理核定乡村公办幼儿园教职工编制，提升幼师培养规模和学历层次，落实乡村幼儿园教师相关待遇和各项权利。二是建立健全乡村幼师专业发展的支持体系和服务机制，培养一批引领教师专业发展的骨干教师，发挥骨干教师带头作用，实施园内和园际帮扶。建立幼儿教师专业管理和服务机构，配齐县乡两级幼儿教育的专兼职教研人员，尤其是要建设好乡镇片区研修中心和园本研修机构，形成良好的幼儿教育教师发展控制和服务机制，引导幼师树立终身学习理念。三是加强对乡村幼师教育行为考核和监督，及时纠正不规范的教学行为，让幼师树立合理的幼儿教育理念，从幼儿师范教育开始，设计好培养规格与课程结构，在幼儿教育普及和提升质量过程中坚持合理的舆论、宣传和管理示范导向。四是加强乡村幼儿园在职幼儿教育师资队伍的培训，建立幼师专业化的维护和保障体系，充分利用幼师培养院校、县级教师发展中心、乡镇片区研修中心、园本研修四位一体培训体系，构建乡村幼师专业发展支持系统；国培、省培计划要向乡村幼儿园倾斜，鼓励乡村幼儿园教师参加学历进修，逐步达到专科以上层次；尝试开展由点及面、由强带弱、循序渐进的职后培训方式，首先对骨干教师进行理论培训，再由骨干教师负责对所在园所的其他教师进行培训。四是创设良好的幼儿教育环境，形成乡村幼师专业化成长的正向舆论激励。一方面，政府要通过宣传、表彰、资助等形式，引导当地村民委员会提高对幼儿教育的认识，引导幼儿园发挥专业引导作用，主动帮助家长转变观念，增进家长对幼儿教育规律的认识，树立正确的幼儿教育理念，为幼儿教育发展助力；另一方面，要加强和改善乡村幼儿园环境创设水平，为教师专业发展提供良好的物质和精神环境；促进外出打工孩子的父母和幼儿园的联系，有条件的地区可以实行网络信息管理；以幼儿园园长和教师为代表协调村委会，设置村幼儿教育主任，强化村民教育责任感，纠正村民传统落后的教育观念，让幼儿园与整个村落形成一种和谐共振关系。

除了上述政府措施以外，乡村幼儿园自身也不可以袖手旁观，应当更多地采取管理和研究等手段促进自身教师队伍专业化建设，同时促进保教过程质量提升，推进乡村幼儿园保教过程科学化进程。在这些方面中国近代幼儿教师教育实验为我们提供了良好的经验，"生活教育"课程实验、"行为课程"组织实验、"活教育"课程实验、"艺友制"实验、"中心幼稚园"体制实验、"半道尔顿制"实验等都可以进行挖掘和借鉴，以结合实际提升园长教师专业化水平和保教质量。

（二）发挥实验在提升乡村幼儿园保教过程科学化水平中的作用

根据调查，乡村幼儿园保教过程科学化缺失包括以下几个方面：一是游戏化教学组织不够且质量不高。表现为班级幼儿人数超额，幼儿活动空间少，很多教学活动无法用游戏化形式开展；幼儿教师数量不足，游戏组织质量不高；教师武断和霸道地牵着孩子们的"鼻子"来完成游戏化教学，在所谓的游戏化教学中儿童的自主性被忽略，儿童把教师认为的所谓的游戏化教学活动说成是"上课"；有些游戏化教学项目陈旧，一成不变，孩子们对游戏丧失兴趣。二是区角活动缺乏或者形同摆设。有的乡村幼儿园甚至就没有活动区；有的乡村幼儿园活动区的材料单一，数量有限，摆放没有主题性和顺序性，活动设计杂乱无章；有的乡村幼儿园活动区没有制定相应的活动规则和区角游戏玩法；有的乡村幼儿园活动区摆放整齐，成品居多，只供应付上级检查或欣赏，儿童自制的材料少，完全看不出孩子参与其中；有的乡村幼儿园教师缺乏相应的指导，导致活动材料损坏、不爱惜玩具现象严重。三是保教内容预设性过强，忽视保教内容的生成性。在活动中，儿童在回答问题时出现的一些意外或偏离预设活动时，教师对幼儿兴趣的转移没有能很好地把握和抓住儿童的兴趣点，一味地沉浸在预设课程的完成中。尽管教师也看到了孩子们的兴趣，由于担心原有预设计划不能完成，一方面采取了置之不理压制幼儿已经表现出来的对事物的探究欲，设法调动预设课程的积极性，以实现预设目标；另一方面教师虽然也给了幼儿一些探索的时间，但由于缺乏对保教过程的把握能力或怕不能完成预期目标，给予幼儿的时间很短，生成活动往往只是蜻蜓点水，点到为止。四是地方、社区和园本课程开发不够。乡村幼儿园的课程设计，往往封闭和照搬他人，忽略社区环境和区域性实践活动，各个领域的保教过程相对独立，远离幼儿生活经验和当地实际特色，没有形成相互联系和渗透的有效整体。五是乡村幼儿园小学化倾向严重，家园合作不够充分。很多乡村幼儿园的一日活动组织安排和小学基本一样，无论是从桌椅的摆放、作息制度、班级氛围、课程资源与教材、师幼关系等都基本采取了小学化模式，忽视幼儿的学习特点和发展规律，对幼儿身心发展十分不利。另外，幼儿园对家长教育资源的开发利用不够，没有家长学校，没有良好的家园协作育人机制，不能充分调动家长作为幼儿第一任老师的育人功能，甚至纵容或者妥协于家长传统的不合理不科学的育儿理念。六是班级环境创设不符合幼儿身心发展特点。乡村幼儿园的环境创设普遍存在着缺乏布局、简单零散、内容片面等问题。一方面，没有很好地开发利用环境的育人功能，忽视幼儿在环境创设中的主体地位；另一方面，在环境创设过程中，存在着教师包办代替过多，师幼共创少；环境创设所用的材料成品多，对废旧材料的开发利用和立足当地少；主题墙设计的思路抄袭别人的多，突出自身和社区环境的少等现象。①

　　要一体化解决乡村幼儿园保教过程中存在的问题，就要转变教育理念和教育方式，改革保教过程，进行保教过程科学化实验，解决幼儿园设备设施少，室内外游戏材料缺乏，以及与幼儿园保教过程科学化的相关要素

---

　　①　寇文亮.贫困地区幼儿园保教过程科学化的实现路径研究［J］.教育实践与研究，2019（09）：47-52.

合理配置与使用问题；让大自然大社会都成为课程资源，解决课程资源开发、园本活动开展问题；解决保教科学化的指导体系不健全，公立幼儿园的导向作用发挥、园际帮扶不够问题；解决教育环境欠缺阻碍保教科学化程度提高问题；解决师资短缺，园长和幼儿教师专业化程度偏低问题；解决促进乡村幼儿园保教过程科学化的课程和教学指导与管理问题。

要创设一种行动性、渐进性的工作方式和研究方式。一方面，加强保教过程设计，从保教目标、内容、实施、评价等方面强化研究，为保教过程科学化打下坚实的基础。发挥集体研究的优势，对每个领域的每个活动进行讨论设计，确定保教过程方案，必要时可以邀请幼儿教育专家和教研人员参加。另一方面，以"设计—实验"的方法来改革保教实践，让保教实践成为保教过程科学化的途径，也同时反哺保教过程科学化，使之不断的螺旋式上升，提升其水平和层次，以利于乡村幼儿园现代化水平的提高和实现。实验是设计内容的实施和延伸，重点在于防止对儿童发展的泛化理解，提高儿童健康成长的有效度，通过对实验效果进行检测与反思，不断改进保教内容和保教过程设计。这样的"设计——实验"保教过程模型就成为了乡村幼儿园保教过程科学化有效的、可行的工作和实施方式。①

（三）强化"以乡为主"乡村幼儿园教科研体制实验

提升乡村幼儿园园长教师专业化发展水平，促进保教过程科学化研究成果推广，提升乡村幼儿园办园质量，需要实验与改革乡村幼儿园独特的教科研体制。保教过程科学化是乡村幼儿园质量提升的关键与核心，这一过程不仅仅是一个研究问题，更是一个有效推广和实践指导问题，况且，研究工作的真实有效也离不开实践和推广的支撑与反馈。于是，乡村幼儿园教科研机制体制实验对于保教过程科学化的保障意义也便凸显了。在这样的假设下，考量乡村幼儿园教科研体制机制现状，就会发现其对于乡村

---

① 寇文亮. 贫困地区幼儿园保教过程科学化的重点指向[J]. 河北教育(综合版)，2019(11)：56-57.

幼儿园保教过程科学化的保障与促进作用的种种欠缺。

首先，乡村幼儿教育"以乡为主"教科研体制机制与义务教育管理体制产生了错位。新时期农村幼儿教育教科研体制机制建设是"以乡为主"设计的，这一设计一直延续到了新时代，具有一贯性，甚至在一些县市，乡镇中心校成为配置幼儿教育资源的主体力量。① 这种一贯性也具有其合理性，由于农村人口居住分散、交通不便等原因，所以农村幼儿园规模小、空间布局分散成为必然，这一点不仅仅是城乡幼儿教育差别的突出表现，而且也是农村幼儿园与当地中小学在规模、布局上的突出差别，"就近入园"与"就近入学"中的"近"字内涵相差很多。另外，教科研工作在幼儿教育领域表现的频度和具体度也与中小学不可同日而语，幼儿教育实务性实施过程的研究需求远远大于中小学，原因在于幼儿教育受儿童家庭成长环境、社区村落环境、自然环境等方面的影响较之中小学为大，是儿童从家庭教育为主走向学校教育为主的过渡时期，大自然、大社会是儿童成长的重要底色，儿童要认识、适应并在其中健康成长并与其和谐互动，也就是说：一县一案、一乡一案、一园一案、甚至一班一案是推进农村幼儿园保教过程科学化的突出特点。况且，农村幼儿园由于教师配置不足以及园长教师专业水平低下，所以更需要教科研支撑。

其次，乡村幼儿教育教科研体制落实过程中的"两张皮"现象严重。"以乡为主"乡村幼儿教育教科研体制机制虽然合法性与合理性兼具，但是政策执行中却与"以县为主"的乡村义务教育管理体制产生了冲突，在机构、人员、经费、工作组织等方面没有支撑，造成了实际上的"两张皮"现象。有些县市在强化县级政府基础教育责任的同时，幼儿教育教科研管理层级被简单套用，弱化了乡镇对于辖区幼儿园的教科研业务管理，很多原有负责管理和指导全乡镇幼儿园保教业务的幼教专干被撤掉，造成一些乡村公办幼儿园的业务管理归属不明，民办幼儿园和无办学资格的黑园更存

---

① 寇文亮，宗树兴. 影响农村幼儿园保教过程科学化的制度性诱因及其提升策略[J]. 教育理论与实践，2020，40(23)：14-18.

在业务管理真空。园本教研和区域教研也就缺少了组织、监督、管理和评估，难以充分发挥作用[1]。

　　再次，乡镇中心园的辐射带动作用不够。乡镇中心园是新时期乡村重点建设和扶持的幼儿教育机构，绝大部分乡镇中心园具有示范性幼儿园资质，这是乡村幼儿园保教过程科学化的重要推动力量，是政府授权的乡村幼儿教育专业引领和业务指导机构，具有乡镇区域内教科研组织培训职责。但是乡镇中心园的教科研实践表现并不完全令人满意，这是乡村幼儿园保教过程科学化水平低下的另一个重要的制度原因。一方面，在保教过程科学化实施上，乡镇中心园有失预期，瑕疵很多，没能完全遏制"小学化"倾向。另一方面，这些所谓的示范园对小学附属园、村级独办或者联办的独立园以及民办园的保教过程科学化示范和拉动作用体现不够，主动性不足。另外，还有部分乡镇甚至至今都没有建设或者设置中心园。

　　要实验和建立健全适应普及三年学制乡村幼儿教育的教科研体制机制，应当借鉴陶行知"中心幼稚园"幼儿教师教育体制实验和"艺友制"教学实验所总结的幼儿教师教育规律，将其嫁接到乡村幼儿园教师培训和教科研体制机制实验中。实验内容包括：一是建设保教过程科学化的指导和示范体系。加强对乡村幼儿园帮扶实验机制研究，建立完善帮扶制度，组织开展全领域活动等，是重要的可行的实现保教过程科学化目标的路径和方法。帮扶需要增加"两个支点"和"一个机制"的政策供给。"两个支点"中第一支点是重视三年学制的乡村幼儿园教育研究。研究是科学理性的丰富，乡村幼儿教育的学制调整、发展现状与特点、资源配置、儿童及其家长水平、社区村落环境等方面都需要深入调查研究，幼儿教育三年学制调整给保教过程带来了根本转向，从保教理念到游戏活动方式都要进行重塑，要以《3—6岁幼儿学习与发展指南》为指导，结合儿童成长环境和早期家庭教育，增强和丰富乡村幼儿教育理性认识，这是帮扶的质量前提；第二个支点是加强机构建设和人员补充。要明确教科研的组织主体，否则制度设计就会落空。所以，在依附县级教科研机构并强化其幼儿教育研究部门、扩充专职教科研人员、提高对幼儿教育教科研关注度以外，要根据实际，充实和加强乡镇幼儿教育教研机构建设和人员配置。不具备条件的乡镇，可以考虑由乡镇中心园代行其职或者区域中的其他示范园轮值，人员采取专兼职结合。实现乡村幼儿教育教科研重心下移，形成新时代新样态的全覆盖的乡村幼儿教育教科研指导网络。① 一个机制是指乡村幼儿园保教过程科学化的运行和互动模式。一方面要充分发挥乡镇中心园在保教过程科学化过程中的示范引领作用。要注重对乡镇中心幼儿园建设、打造、提升、监督、检查，强化其示范性和带动性，构建科学导向的涵盖师资配备、教育过程和管理水平的幼儿园保教质量评估体系。② 另一方面，要推动乡村幼儿园开放办园，冲破封闭办园桎梏和藩篱，促进幼儿园之间帮扶活动制度化和经常化，探索乡镇范围内幼儿园保教过程一体化管理；制定"幼儿教育教研指导责任区"制度。落后地区的乡镇还要设法与县域之外的优质幼儿教育资源相联系，拓展帮扶视域。二是要加强园本教研制度建设，形成"抓园长，园长抓"③保教过程科学化园内运行机制，乡村幼儿园空间布局结构分散同样强化了这一点。园本教研制度建设是解决保教过程科学化进程中的日常问题和促进幼师专业素养提高之教研培训的"最后一公里"。三是优化教科研活动设计，创新教科研机制。乡村幼儿园教研活动包括经验交流、帮扶共建、专项治理、培训提高、家长学校、家校共育等。通过各类教研活动的开展，能够统一思想，形成保教过程科学化的共识，阻断升学率标准向幼儿园传递，改善办园环境，为实现公益普惠、优质均衡的乡村幼儿教育发展打下基础。

三、幼儿教师升格教育中的内核独特性坚守

随着经济社会发展以及一系列教育政策的落地，幼儿教育普及程度已

---

① 教育部等四部门关于实施第三期学前教育行动计划的意见[EB/OL]. http://www.moe.gov.cn/srcsite/A06/s3327/201705/t20170502_303514.html.

② 教育部办公厅关于报送第二期学前教育三年行动计划的通知[EB/OL]. http://www.moe.gov.cn/srcsite/A06/s3327/201411/t20141119_178773.html.

③ "贫困农村幼儿园保教过程科学化实现路径与研究"项目实验设计的基本运行机制获 2019 年河北省基础教育教学成果奖一等奖。

经大幅提高，这一教育短板正在逐步补齐，"有园上"的社会需求渐次得到满足，"上好园"的社会呼声日益升高。扩大规模与提高质量并重，成为新时代幼儿教育发展的突出特点。

（一）幼儿教育质量提升与幼儿教师学制年限的正变关系

提高幼儿教育质量，幼儿师资队伍质量是关键，而师资队伍质量首先要诉诸幼儿教师教育。幼儿教师教育包括两个大的方面，一是幼儿教师教育机构的培养，二是有效的在职管理培训和教研机制建设。对于第一个方面，影响最大的是培养层次和专业内涵质量等学制体系的优化。就培养层次来讲，一般地，招生起点和学制年限又是最大的影响变量，招生层次越高、学制年限越长培养质量就越高。但是，并不是起点越高、修业越长越好，还要注意三种原因影响学制起点与年限，一是幼儿教师教育专业内涵质量反作用于学制层次和年限；二是要避免教育浪费，要根据经济社会发展水平以及幼儿教育发展需要来确定，还要依据幼儿教师教育职业特点；三是受教育发展水平的影响，受人们对幼儿教师教育重视程度和对幼儿教师教育专业化理解的影响。所以，合适的招生层次和培养年限选择是影响幼儿教师教育质量的第一步。到底招生起点和培养年限如何确定，需要实验证据支持。

清廷 1907 年《奏定女子师范学堂章程》规定：女子师范附设"保育科"以培养保姆，招生起点是"毕业于女子高等小学堂第四年级、十五岁以上者"[1]，这一时期所培养的"保姆"层次为初等教育水平，其宗旨是良母教育。张宗麟就曾质疑这样的保姆培养"很难胜任幼稚教师的工作"[2]，"最低限度应收初中毕业生，倘若再提高，招收高中毕业生，那是更好了"[3]。中国近代幼儿教师教育学制实验，探得中国近代合理的幼儿教师教育学

---

① 中国学前教育史编写组. 中国学前教育史资料选（全一册）[M]. 北京：人民教育出版社，1989：100.

② 张沪. 张宗麟幼儿教育论集[M]. 长沙：湖南教育出版社，1985：755.

③ 张沪. 张宗麟幼儿教育论集[M]. 长沙：湖南教育出版社，1985：763.

制，支持了 1933 年民国教育部公布的《师范学校规程》中关于幼儿教师修业年限为三年和两年，入学资格为初中毕业之规定。同时，张宗麟、陈鹤琴、张雪门等专家还呼吁并积极探索招收高中毕业生，进行幼儿教师教育。① 显然，招生起点的提高，学制年限的增加，带来了中国化、科学化、现代的、合格的适应了中国幼儿教育发展实际的幼儿教师教育，证明了幼儿教育质量提升与幼师学制年限成正变关系。所以，新时期幼儿教师教育学制基本上延续修业三年，招初中毕业生。

2010 年之前，中职幼师培养机构曾经是我国幼师的主体来源，中职幼师培养机构因为其培养周期短、招生起点低、办学总体规模大等原因，在幼儿教育快速发展的近十年的时间里，其毕业生对幼儿教育事业发展起到了重要的推动作用，很好地弥补了幼师规模建设缺口，尤其是在贫困乡村和偏远地区更是这样。自 2010 年《国家中长期教育改革与发展规划纲要（2010—2020 年）》的制定以及 2012 年教育部颁布《幼儿园教师专业标准》以来，幼儿教育受重视程度提高，幼儿教师专业化要求提高，所以，高职（或者由中师升格的）幼师培养机构大规模成立。为提高幼儿教育质量，补齐这一教育短板发挥了重要作用。同时，也适应了我国师范教育以及高等教育的发展层次需要，为幼儿教育师资队伍建设以及落实幼师的教师身份和待遇提供了可行性支持，适应了新时代教师身份的学历起点要求。

近年来，推进幼儿教育深化改革规范发展，优化和扩大制约幼儿教育发展的要素配置，提升幼儿教育立法层次和政策效力，满足社会对幼儿教育发展不断增强的需求和预期，成为幼儿教育政策制定的主要内容，而提升幼儿教师培养层次和规模是其中重要的组成部分。2018 年 11 月《中共中央 国务院关于学前教育深化改革规范发展的若干意见》明确提出：到 2020 年，基本形成以本专科为主体的幼儿园教师培养体系。② 根据这一意见，

①　中国学前教育史编写组. 中国学前教育史资料选（全一册）[M]. 北京：人民教育出版社，1989：245.

②　中共中央国务院关于学前教育深化改革规范发展的若干意见 [EB/OL]. http://www.gov.cn/xinwen/2018-11/15/content_5340778.htm.

中职幼儿教师教育将被逐渐取消，高职教育成为幼师培养的主体学历层次之一。可见，中国近代幼儿教师教育学制实验结论与今天幼儿教育师资队伍建设政策制定原则，具有一致性。提升幼儿教师培养层次、规模和水平成为大势所趋，这同时也是幼儿教师队伍身份认同的基础。所以把幼师的学历层次提升到专科以上成为幼儿教师政策制定的焦点和幼儿教育高质量发展的现实诉求。因此，高职院校越来越成为幼师培养的主体母机之一，成为幼儿教师学历水平提升的基本载体。十年左右的高职幼师培养经验和实际效果也有力地支撑了这一点，这也是国家相关政策中对幼师学历提升所暗含的意义和内在底气之所在。

(二)面向儿童发展需要的理论与实践教育统一

幼儿教师学历水平提升、修业时限延长，并不代表全面的培养质量，还要看其培养的专业水平和内涵质量，要符合幼儿教师教育的独特性，最终要培养适合时代幼儿教育发展要求、适应新时代儿童身心发展需要的师资队伍。幼儿教师教育与其他级别类别的普通师范教育最突出的不同在于对实践能力的强调与培养。这是民国幼儿教师教育课程教学实验所得出的宝贵经验与规律。生活教育、教学做合一、艺友制、行为课程、半道尔顿制、实习教学、活教育等幼儿教师教育课程教学实验都是基于这一点，并证明了这一点的。正像陈鹤琴所说："要了解教学的基本原则在做。所谓做，并不限于双手做才叫做，凡是耳闻、目睹(观察)，调查研究都包括在内，也就是我们通常所说的实践。"①把理论知识技能化，使得学生对专业术语的理解建立在可操作的技能基础上，所形成的知识结构有一个牢固的稳定的实践支撑，才能提升幼儿教师教育教学质量。因此，工学结合、理论和技能并重是幼儿教师教育科学化专业化现代化发展特点的基本内涵，是幼儿教师的基本职业需求，在幼儿教师教育学历层次提升背景下，不可以忘记对于这一规律的坚守。②

---

① 陈鹤琴. 陈鹤琴论幼儿教育[M]. 北京：教育科学出版社，1984：141.
② 寇文亮，宗树兴. 高职学前教育专业学生实习教学的拓展[J]. 学前教育研究，2020(8)：81-84.

　　十余年中高职幼师教育机构的发展与定位选择，有合作，也有博弈，但是最终形成了各自的培养方向和社会角色认同，基本实现了培养目标上的保教分野。两个层次和类型的幼师培养机构承担着不同的育人角色，回应着不同的培养方案和目标。而其培养方案中除了培养层次所带来的不同要求之外，其类型上的差异主要表现在实习实践环节的设置和实施上。

　　高职教育旨在培养高素质应用型人才，其最大特点就是更加强调专业知识学习和专业技能培养要同实践相结合，其办学宗旨不同于本科院校，实习实践教学是其核心培养渠道和培养模式，脱离实习实践教学就难以完成高职教育的培养目标。重视学生幼师理论素养积累，强调幼儿教育实践能力培养，突出幼师职业需求，是其独特培养模式的缘起和主要支撑，也是高职幼师生良好就业趋势之原因所在。这一点与中职幼师在幼儿教师教育上的独特性具有相通性。

　　随着幼儿教师教育学历层次的提升，高职阶段幼儿教师培养的功能也会随之调整与拓展，即原来由中职幼儿教师教育机构承担的部分培养任务也落在了高职幼儿教师教育机构身上。这当然对高职幼师培养机构是一个良好的发展机遇，体制调整把人才培养市场的蛋糕更多地切给了这些机构。但是，同时也应该看到机遇背后暗含了挑战，其中最为突出的是高职幼师生培养模式的适应与改进问题，重点是对实习实践教学的改进，实习实践教学目的内涵产生了拓展，包含了保育实习、教养实习和顶岗实习，也包括了技能类、艺术类等实践能力的强化。幼师生的实习场域在校内和实习园所中有了更大更广的疆界，实习时间也由割裂和间断变为了全程性的、整合性的、连续性的过程。与中职幼师教育相比，高职幼师生由于招生年龄以高中毕业为起点，加之培养目标的设置局限，在保育技能类和艺术类等类型的能力培养上难度增大，要克服这一点，加强实习实践教学至关重要。这是高职幼儿教师教育机构坚守幼儿教师教育内核，适应幼儿教师培养学历层次提升新形势的应然策略。

　　优质的中职幼师培养机构在实习实践教学方面的实际操作经验值得高职幼师培养机构吸纳和借鉴：在内容上重视生活辅导、健康、卫生等技能培养以及艺术类技能的校内实践；时机上重视早介入、早熟悉、早定位；在规划上注意详实细致；在管理上高度重视，注意严格把关，监督考核得力。在指导上注意压茬推进，环环相扣，指导教师和实习园所负责担当，互动良好。① 而调查发现的中职幼儿教师培养机构的培养方案所具有的重生活辅导、重技能、重实践等特色，与中国近代幼儿教师教育实验在课程教学方面所得出来的结论，具有强一致性。高职幼儿教师教育机构坚守或者吸纳中职幼儿教师教育机构的实习实践内容与组织方式方法，是对于幼儿教师教育领域的先贤先哲所探索幼儿教师教育规律的尊重。

（三）提升高职幼师生实习教学方法设计的科学化

实习教学方法实验是中国近代幼儿教师教育实验的重要组成部分。张雪门在《实习三年》中指出："会骑马的人是从马背上学会的……专从书本讨经验的人，无论对教材或教法的研究下过多深的功夫，一旦实际与儿童对面，那几十双小眼睛，就可以使你'丧魂落魄''手足无措'了。"② 这就是张雪门著名的"骑马者应从马背上学"实习教学理论，是张雪门对幼儿教师教育的本质性概括。他在主持北平幼稚师范学校时，将实习贯穿于幼师生培养的整个三年，分为参观、见习、试教和辅导四个环节，涉及家政实习、幼稚园实习、游戏实习等幼儿教师职业的方方面面，以教务为主体扩展到家务、校务乃至社会。全程全域全面全体的实习设计与实验实施，在不断改进中总结出从规划计划到实习园考察、分步实施再到细致讨论反思严密科学的实习流程，达到了印证学理——找到新学理的实习目的。张宗麟1932年在集美幼师所设计的实习课程也将内容涵盖到家事、校务、幼稚园和小学工作方面，并将其结构化到四年的课程设置中。③ 他将晓庄师范

---

①　寇文亮，宗树兴. 高职学前教育专业学生实习教学的拓展[J]. 学前教育研究，2020(8)：81-84.

②　戴自俺. 张雪门幼儿教育文集（下卷）[M]. 北京：北京少年儿童出版社，1994：981.

③　喻本伐，郑刚. 张宗麟与幼稚教育[M]. 长春：东北师范大学出版社，2020：173.

学校培养教师的最为重要的实习经验带到集美幼师，不仅重视幼稚园的实习，同时重视小学一年级的实习，从而解决了幼小衔接问题。

高职幼师生实习教学方法如何借鉴中国近代专家学者们实验总结出来的这些实习教学规律，正是今天幼儿教师教育学历层次升格后，所要格外重视思考的问题。审视一些高职幼师生的培养方案，不难发现在实习实践教学中存在以下偏差。一是课程理念僵化，课程结构不尽合理，教材陈旧，内容更新相对滞后，表现为基础理论课与学科知识学习时数偏多，而实践类、技能类、艺术类、游戏体验类等课时数偏少，即校内课程结构不尽合理，实习实践教学设置不足。二是实习实践规划质量欠缺。由于幼儿教育专业大规模扩招、学生保育实习的安排困难，造成高职幼师培养机构重视教育实习，轻视保育实习，保育实习缺乏组织和管理，不进行考核，不加控制，存在一盘散沙现象；实习规划性说理性强，而指导性不足，把实习教学简单化；实习教学起步晚，错失了其对职业认知和技能掌握的最佳时机；实习前期培训和实习后的总结升华不足，针对性不强，实习效果降低。三是指导教师队伍建设质量堪忧。一方面由于实习实践教学不仅需要指导教师具有深厚的理论功底，还需要有一定的实践技能，而实际情况并不乐观，近几年幼儿教育专业扩招造成师资紧缺，以至于实习指导教师队伍捉襟见肘，有经验的实习指导教师缺乏，很多指导教师刚刚毕业参加工作，经验不足，实习教学质量难以保障。有的教师仅仅给学生布置一些重复性且缺乏技术含量的实习任务。另一方面，实习园所在很大程度上没有跟学校形成统一共同体，校园互动少，没有形成有效的沟通氛围。四是引导和激励机制欠缺，专门的实习培训与考核体系不健全。重视实习结果评价，而对过程性评价监督不够；忽视实习指导教师的培训和考核，造成实习指导教师和幼师生实习态度消极、被动，缺乏责任心，流于应付。①

对照陶行知、陈鹤琴、张雪门及张宗麟所实验发现的实习教学规律，

---

① 寇文亮，宗树兴. 高职学前教育专业学生实习教学的拓展[J]. 学前教育研究，2020(8)：81-84.

重新考量高职幼师生的实习实践教学，不难发现高职幼师培养机构要重新审视升格前的中职幼师培养模式，尤其是在加强实习实践教学、重视保育教学等方面，这实际上带有一定程度的回归。这其中的重点是要解决高招起点上的实习实践教学如何对中职幼师生实习教学内容的覆盖与改进问题，制定面向新角色需要的高程度整合的高职幼师生实习实践教学规划，使之科学化、规范化，保证高职幼师生的专业适应性不致减损。

1. 发挥好中职幼师生实习实践优势

按照五年一贯制一体化设计中高职幼师生实习教学方法，发挥好中职幼师生实习实践教学优势。在"3+2"五年制一体化培养高职幼师生模式落实过程中，应该对以下问题进行深入研判与把控。一是对于前三年中职幼师生培养方向的调整。在发挥原有的技能类、艺术类以及实习实践类课程优势的同时，适当加大其高中阶段基础课设置与教学，实习内容进一步明确与清晰，减少或取消顶岗实习。二是加强和改进幼师生转段考核。目前中职幼儿教育专业对口升学的笔试科目考核内容距离幼儿教育专业理论相去较远，缺乏专业基础性知识，因而导致升学的中职幼师生的专业基础薄弱。认真研究中职幼师生考试标准，既要坚持高职培养门槛，又要符合前三年中职幼师生学习实际和专业发展需要，适当增加技能类、艺术类考试内容。三是研究规划进入高职幼师培养机构的中职幼师生培养模式。高职幼师培养机构要加强转段过来的幼师生的专业理论基础课教学和五大领域活动课程指导教学，并与这些中职转段过来的幼师生实际相结合，进行规划设计和教学调整。在实习实践环节，则应该追加教育实习和幼儿园游戏活动的实习，突出培养设计和组织游戏活动的能力以及全面胜任幼儿园教师的各项保教能力和教育反思能力。并且在高职阶段的最后一个学期，安排顶岗就业实习，突出培养幼师生独立工作的能力。这样，五年一贯制模式培养的幼师生在专科就读过程中的规模性实习就变成了两个环节，有效弥补了其中职幼师生在专业核心能力、综合能力和拓展能力等教育教养方面存在的不足。另外，五年一贯性的统筹实习设计，还要通过有效管理，严格落实实习教学的各个环节进入课程结构，防止假实习、假实践的现象出现。

2. 高招幼师生实习课程结构调整和模式改进

高招幼师生即高考统招专科幼师生，在幼师培养层次提升、中职层次幼师培养取消的背景下，应该就以下几个方面加强实习实践教学设计。一是适当增加技能类、艺术类实习实践课程内容，改进和加强保育类实习课程。二是实习指导监督走向制度化。要提升实习教学工作的管理层级，成立实习教学领导小组，明确职责，制定课程规划。三是实习实践教学形式上多样化。实习环节包括校内保教技能训练与实践，以及观摩实训、保育实习、教育实习、顶岗实习以及幼儿教育研究、社会环境调查等各个环节。每个环节的管理都要借鉴陶行知、张雪门等设计的计划、实施、反馈、讨论等控制表格的填写，把实习教学管理落到实处。

3. "园—校一体化"实习实践课程教学模式的进一步完善

要建立"园—校一体化"实习教学方法模式，幼儿教师培养机构就要主动和幼儿园联姻，共同制定详实、科学、合理、系统的"园—校一体化"实习实施计划，形成完备的组织管理和考评奖励机制，达成资源共享、优势互补、协同提高，实现学校、幼儿园、幼师生三赢。一体化实习实施计划包括以下几个方面的内容。一是调整现有课程模式，围绕就业需求设计人才培养方案——培养目标、课程设置、分类型质量控制体系等。二是共同制定实习教学方案——实习目标、实习内容、实习要求以及实习效果评价等。三是以幼师生在园实习为契机，搭建师生共同学习的校外平台。借鉴"艺友制""半道尔顿制"等教学组织实验的做法，让幼师生切身感受到未来工作岗位对知识结构、实践技能的要求，提高对知识的理解和灵活运用程度，主动反思学习目的，增强实习返校后学习的针对性、效率和兴趣，全面审视与反馈自己的学习目标与方式方法，从而提升学习品质和学习质量。四是"双导师"队伍建设。在"园—校一体化"实习实践概念下，幼师培养机构的实习指导教师和实习幼儿园指导教师是一个共同体，园—校双方要共同打造这支"双导师"队伍。建立园—校双向实习带头人，良性互动，双向挂职，并全程参与学生实习过程，实现教学、实习同步，双方共赢。

"双导师"要具备组织协调、指导实习过程、实习生心理辅导、学习研究共同体建设等多重能力，并不断将其内化为自己的教学能力，助力实习质量提升。

中国近代幼儿教师教育实验在实验技术与方法上，也给我们留下了丰富的历史资源。实验要注意培训人才，让教育实验的每个参与者明了实验的假设和方案，实现对实验的控制，保证实验成为探索规律的过程。实验还要采取科学的方法与手段，注意实证性数据的收集与积累，保证实验的证据链完整，保证实验的信度与效度，实现其科学性，达到所探索出的规律能够复制推广的目的。

参 考 文 献

（一）史料汇编类

［1］陈元晖，璩鑫圭，童富勇，等. 中国近代教育史资料汇编［Z］. 上海：上海教育出版社，2007.

［2］国史馆中华民国史教育编纂委员会. 中华民国教育志（初稿）［Z］. 国史馆编印，1990.

［3］［日］多贺秋五郎，等. 近代中国教育史资料（民国编）［Z］. 台北：文海出版社，1976.

［4］黄人颂. 学前教育学参考资料（上、下册）［Z］. 北京：人民教育出版社，1991.

［5］蒋致远. 中华民国教育年鉴·第3、5、9、10册［Z］. 台北：宗青图书公司印行，1991.

［6］教育部法制办公室编. 学前教育政策法规规章汇编［Z］. 北京：首都师范大学出版社，2014.

［7］教育部基础教育司. 幼儿园教育指导纲要（试行）解读［Z］. 南京：江苏教育出版社，2002.

［8］教育部教育年鉴编纂委员会. 第二次中国教育年鉴［Z］. 上海：商务印书馆，1948.

［9］教育部教育年鉴编纂委员会. 第四次中华民国教育年鉴［Z］. 台北：正中书局，1974.

［10］教育部教育研究委员会. 中国学制改革之研究［Z］. 台北：正中

书局，1984.

[11] 教育部统计室. 全国教育统计(第三集)(初等教育部分)[Z]. 教育部统计室，1940.

[12] 教育部中国教育年鉴编审委员会. 第一次中国教育年鉴[Z]. 上海：开明书店，1934.

[13] 李楚材. 帝国主义侵华教育史资料——教会教育[Z]. 北京：教育科学出版社，1987.

[14] 李国钧. 中国教育大系——历代教育制度考(民国编)[Z]. 武汉：湖北教育出版社，1994.

[15] 李文海. 民国时期社会调查丛编(文教事业卷)[Z]. 福州：福建教育出版社，2004.

[16] 毛礼锐，沈灌群. 中国教育通史(第5卷)[Z]. 济南：山东教育出版社，1988.

[17] 秦孝仪. 中华民国史料丛编[Z]. 北京：中央文物供应社，1976.

[18] 舒新城. 近代中国教育史料(第四册)[Z]. 上海：中华书局，1933.

[19] 舒新城. 中国近代教育史资料(上、中、下册)[Z]. 北京：人民教育出版社，1981.

[20] 陶英惠. 蔡元培年谱(上册)[Z]. 台北：台湾中央研究院近代史研究所，1976.

[21] 吴家莹. 中华民国教育政策发展史(国民政府时期：1925—1940年)[Z]. 台北：五南图书出版公司，1996.

[22] 殷梦霞，李强. 民国育公报汇编[Z]. 北京：国家图书馆出版社，2009.

[23] 中国第二历史档案馆. 中华民国史档案资料汇编(第三辑)教育[Z]. 南京：江苏古籍出版社，1991.

[24] 中国史学会. 中国近代史资料丛刊·洋务运动(一)—(八)[Z]. 上海：上海人民出版社，1961.

［25］中国学前教育史编写组. 中国学前教育史资料选(全一册)［Z］.
北京：人民教育出版社，1989.

［26］中国学前教育研究会. 百年中国幼教(1903—2003)［Z］. 北京：
教育科学出版社，2003.

［27］中华书局编辑部. 中华书局图书总目：1912—1949［Z］. 上海：
中华书局，1987.

［28］钟离蒙，杨凤麟. 中国现代哲学史资料汇编(第二集)(第六
册)·中国文化问题论战［Z］. 沈阳：辽宁大学哲学系，1982.

［29］钟离蒙，杨凤麟. 中国现代哲学史资料汇编(第一集)(第五
册)·东西文化论战［Z］. 沈阳：辽宁大学哲学系，1981.

［30］钟离蒙，杨凤麟. 中国现代哲学史资料汇编续集(第九册)·东西
文化论战［Z］. 沈阳：辽宁大学哲学系，1984.

［31］周邦道. 第一次中国教育年鉴［Z］. 上海：开明书店，1934.

［32］朱有瓛，等. 中国近代教育史资料汇编·教育行政机构及教育团
体［Z］. 上海：上海教育出版社，1993.

［33］朱有瓛，高时良. 中国近代学制史料(第四辑)［Z］. 上海：华东
师范大学出版社，1993.

(二)工具书类

［1］辞海编辑委员会. 辞海［Z］. 上海：上海辞书出版社，1995.

［2］顾明远. 教育大辞典(合编本)［Z］. 上海：上海教育出版社，
1998.

［3］教育大辞典编纂委员会. 教育大辞典(第二卷)［Z］. 上海：上海
教育出版社，1990.

［4］教育大辞典编纂委员会. 教育大辞典(第一卷)［Z］. 上海：上海
教育出版社，1990.

［5］卢乐山，林崇德，王德胜. 中国学前教育百科全书(教育理论卷)
［Z］. 北京：教育科学出版社，1995.

［6］王倘等. 中国教育辞典［Z］. 上海：中华书局，1933.

［7］中国社会科学院语言研究所词典研究室. 现代汉语词典［Z］. 北京：商务印书馆，1999.

［8］祝士媛，唐淑. 幼儿教育百科辞典［Z］. 上海：上海教育出版社，1988.

（三）民国报纸杂志类

《安徽教育》

《晨报副镌》

《大上海教育》

《东方杂志》

《儿童福利通讯》

《福建教育》

《活教育》

《活教育的创造》

《教育研究》

《教育杂志》

《民国日报》

《青年杂志》

《人言周刊》

《师大教育丛刊》

《师大月刊》

《时代教育》

《万国公报》

《新教育》

《新教育评论》

《新世界学报》

《职业与教育》

《中华教育界》

（四）著作类

[1] [德]拉伊. 实验教育学[M]. 北京：人民教育出版社，2007.

[2] [美]费正清，费维恺. 剑桥中华民国史（1912—1949）（下卷）[M]. 刘敬坤，等译. 北京：中国社会科学出版社，1994.

[3] [美]费正清，刘广京. 剑桥中国晚清史（1800—1911）（下卷）[M]. 中国社会科学院历史研究所编译室，译. 北京：中国社会科学出版社，1985.

[4] [美]格莱夫斯. 近代教育史[M]. 吴康，译. 上海：商务印书馆，1922.

[5] [日]关宽之. 儿童学[M]. 上海：商务印书馆，1922.

[6] 白吉庵，刘燕云. 胡适教育论著选[M]. 北京：人民教育出版社，1994.

[7] 北京市教育科学研究所. 怀念老教育家陈鹤琴[M]. 成都：四川教育出版社，1986.

[8] 北京市陶行知研究会. 陶行知研究[M]. 长沙：湖南教育出版社，1987.

[9] 蔡元培. 蔡元培全集[M]. 杭州：浙江教育出版社，1989.

[10] 常道直编译，杜威博士讲述. 平民主义与教育[M]. 福州：福建教育出版社，2016.

[11] 陈鹤琴，陈秀云，陈一飞. 陈鹤琴全集[M]. 南京：江苏教育出版社，2008.

[12] 陈鹤琴. 活教育理论与实施[M]. 上海：立达图书服务社，1946.

[13] 陈虹，崔利玲. 陈鹤琴与活教育[M]. 长春：东北师范大学出版社，2020.

[14] 陈侠. 课程论[M]. 北京：人民教育出版社，1989.

[15] 陈秀云. 我所知道的陈鹤琴[M]. 北京：金城出版社，2012.

［16］陈学恂. 中国近代教育文选［M］. 北京：人民教育出版社，1983.

［17］陈翊林. 最近三十年中国教育史［M］. 上海：太平洋书店，1930.

［18］戴自俺，龚思雪. 陶行知幼儿教育的理论与实践［M］. 成都：四川教育出版社，1987.

［19］戴自俺. 张雪门幼儿教育文集（上、下卷）［M］. 北京：北京少年儿童出版社，1994.

［20］董宝良. 陶行知教育学说［M］. 武汉：湖北教育出版社，1993.

［21］董远骞，施毓英. 俞子夷教育论著选［M］. 北京：人民教育出版社，1991.

［22］杜成宪，王伦信. 中国幼儿教育史［M］. 上海：教育出版社，1995.

［23］杜成宪，等. 中国教育史学九十年［M］. 上海：华东师范大学出版社，1998.

［24］［美］杜威. 学校与社会·明日之学校［M］. 北京：人民教育出版社，2005.

［25］冯品兰. 西洋教育史［M］. 上海：大华书局，1933.

［26］葛承训. 幼稚园的管理［M］. 北京：海豚出版社，2012.

［27］郭亮. 从拓荒奠基到幼教之父［M］. 南京：南京师范大学出版社，2012.

［28］何晓夏. 简明中国学前教育史［M］. 北京：北京师范大学出版社，1990.

［29］何晓夏. 简明中国幼儿教育史［M］. 北京：北京师范大学出版社，1994.

［30］胡适. 胡适全集［M］. 合肥：安徽教育出版社，2003.

［31］简明忠. 学前教育制度比较研究［M］. 高雄：台湾复文图书出版社，1987.

［32］蒋梦麟，曲士培. 蒋梦麟教育论著选［M］. 北京：人民教育出版社，1995.

［33］邝忠龄. 孙铭勋教育文选［M］. 重庆：重庆出版社，1984.

［34］雷实，翟天山. 教育实验与教育思潮［M］. 成都：四川教育出版社，1998.

［35］李楚材. 帝国主义侵华教育史资料——教会教育［M］. 北京：教育科学出版社，1987.

［36］李定开. 学前教育学［M］. 重庆：西南师范大学出版社，1990.

［37］李定开. 中国学前教育［M］. 重庆：西南师范大学出版社，1990.

［38］李华兴. 民国教育史［M］. 上海：上海教育出版社，1997.

［39］梁启超. 中国历史研究法［M］. 上海：上海古籍出版社，2011.

［40］梁士杰. 幼稚园教材研究［M］. 上海：商务印书馆，1935.

［41］梁漱溟. 梁漱溟全集［M］. 济南：山东人民出版社，2005.

［42］廖其发. 中国幼儿教育史［M］. 太原：山西教育出版社，2011.

［43］林乐知. 五大洲女俗通考［M］. 上海：广学会，1903.

［44］吕达，刘立德，邹海燕. 杜威教育文集(第二卷)［M］. 北京：人民教育出版社，2008.

［45］吕达，刘立德. 舒新城教育论著选［M］. 北京：人民教育出版社，2004.

［46］吕达. 陆费逵教育论著选［M］. 北京：人民教育出版社，2000.

［47］马秋帆. 梁漱溟教育论著选［M］. 北京：人民教育出版社，1994.

［48］庞丽娟. 文化传承与幼儿教育［M］. 杭州：浙江教育出版社，2005.

［49］钱穆. 中国历史研究法［M］. 北京：三联书店，2001.

［50］沈百英. 幼稚园的故事［M］. 北京：海豚出版社，2012.

［51］舒新城. 近代中国教育史稿选存［M］. 上海：中华书局，1936.

［52］舒新城. 近代中国留学史——近代中国教育思想史［M］. 北京：商务印书馆，2014.

［53］舒新城. 中国近代教育史稿选存［M］. 上海：中华书局，1936.

［54］四川省陶行知教育研究会. 陶行知生平及其生活教育［M］. 成

都：四川教育出版社，2008.

［55］孙丹年. 陶门弟子教育家孙铭勋［M］. 贵阳：贵州教育出版社，2007.

［56］孙铭勋. 劳工幼儿团［M］. 上海：儿童书局，1935.

［57］孙培青，李国均. 中国教育思想史［M］. 上海：华东师范大学出版社，1995.

［58］孙培青. 中国教育管理史［M］. 北京：人民教育出版社，1996.

［59］孙培青. 中国教育史［M］. 上海：华东师范大学出版社，2000.

［60］汤才伯. 廖世承教育论著选［M］. 北京：人民教育出版社，1992.

［61］唐淑，冯晓霞. 百年中国幼教［M］. 北京：教育科学出版社，2003.

［62］唐淑，钟昭华. 中国学前教育史［M］. 北京：人民教育出版社，2000.

［63］陶行知. 陶行知全集［M］. 成都：四川教育出版社，1991.

［64］滕大春. 外国教育通史（第三卷）［M］. 济南：山东教育出版社，1990.

［65］滕大春. 外国教育通史（第五卷）［M］. 济南：山东教育出版社，1990.

［66］田正平，李笑贤. 黄炎培教育论著选［M］. 北京：人民教育出版社，2018.

［67］田正平. 中国教育近代化研究丛书［M］. 广州：广东教育出版社，1996.

［68］田正平. 中外教育交流史［M］. 广州：广东教育出版社，2004.

［69］王炳照，阎国华. 中国教育通史（1—8卷）［M］. 长沙：湖南教育出版社，1994.

［70］王策三. 教学实验论［M］. 北京：人民教育出版社，1998.

［71］王春燕，于冬青. 张雪门与幼稚园行为课程［M］. 长春：东北师范大学出版社，2020.

［72］王春燕.中国学前课程百年发展与变革的历史研究［M］.北京：教育科学出版社，2004.

［73］王汉澜.教育实验学［M］.郑州：河南大学出版社，1992.

［74］王伦信.陈鹤琴教育思想研究［M］.沈阳：辽宁教育出版社，1995.

［75］王伦信.教育家陈鹤琴研究［M］.济南：山东人民出版社，2015.

［76］王任梅.一代幼教宗师张雪门［M］.太原：山西人民出版社，2018.

［77］王天一，夏芝莲，朱美玉.外国教育史［M］.北京：北京师范大学出版社，1981.

［78］吴洪成.中国近代教育思潮新论［M］.北京：知识产权出版社，2016.

［79］吴洪成.中国社会教育史［M］.重庆：西南师范大学出版社，1998.

［80］谢一鸣.儿童公育研究［M］.上海：世界书局，1933.

［81］熊明安，周洪宇.中国近现代实验教育史［M］.济南：山东教育出版社，2001.

［82］熊明安.中华民国教育史［M］.重庆：重庆出版社，1990.

［83］熊贤君.湖北教育史（上卷）［M］.武汉：湖北教育出版社，1999.

［84］徐枫吟.幼稚园课程（上、下册）［M］.北京：中国国际广播出版社，2013.

［85］杨冰.陶行知与儿童教育［M］.长春：东北师范大学出版社，2020.

［86］杨汉麟.外国教育实验史［M］.北京：人民教育出版社，2005.

［87］杨章宏.教育实验研究［M］.杭州：浙江教育出版社，1998.

［88］易慧清.中国近现代学前教育史［M］.长春：东北师范大学出版社，1994.

［89］余子侠. 山乡走出的人民教育家陶行知［M］. 武汉：湖北教育出版社，1999.

［90］俞子夷. 一个小学十年努力记［M］. 上海：中华书局，1928.

［91］喻本伐，熊贤君. 中国教育发展史［M］. 武汉：华中师范大学出版社，1991.

［92］喻本伐，郑刚. 张宗麟与幼稚教育［M］. 长春：东北师范大学出版社，2020.

［93］袁昂，郭祖超. 幼稚教育［M］. 上海：世界书局，1933.

［94］袁刚，等. 民治主义与现代社会——杜威在华讲演集［M］. 北京：北京大学出版社，2004.

［95］张沪. 张宗麟幼儿教育论集［M］. 长沙：湖南教育出版社，1985.

［96］张武升，柳夕浪. 教育实验的本质与规范［M］. 成都：四川教育出版社，1997.

［97］中国陶行知研究会. 陶行知教育思想、理论与实践［M］. 合肥：安徽教育出版社，1986.

［98］中国学前教育研究会. 为了每一个幼儿的健康成长——纪念中国幼儿教育百年学术论文集［C］. 南京：江苏教育出版社，2003.

［99］周采，杨汉麟. 外国学前教育史［M］. 北京：北京师范大学出版社，2012.

［100］周洪宇. 陶行知研究在海外（新编本）［M］. 北京：人民教育出版社，2017.

［101］周洪宇. 中国教育活动通史［M］. 济南：山东教育出版社，2017.

［102］周文山. 幼稚园秋冬两季的中心活动［M］. 上海：上海儿童书局印行，1934.

［103］朱家雄. 中国视野下的学前教育［M］. 上海：华东师范大学出版社，2007.

（五）期刊论文类

[1] 代晓. 二十世纪二三十年代幼稚教育改革[D]. 上海：华东师范大学，2007.

[2] 方玉芬. 民国乡村幼稚教育试验的历史发展及启示[J]. 江汉论坛，2015(5).

[3] 金林祥. 陶行知的教育实验思想及其现实启示[J]. 徐州工程学院学报(社会科学版)，2012(3).

[4] 寇文亮，许艳玲. 贫困农村地区幼儿园园长专业发展的策略研究[J]. 河北教育，2019(7).

[5] 寇文亮，宗树兴. 高职学前教育专业学生实习教学内涵拓展[J]. 学前教育研究，2020(8).

[6] 寇文亮，宗树兴. 影响农村幼儿园保教过程科学化的制度性诱因及提升策略[J]. 教育理论与实践，2020(26).

[7] 寇文亮. 河北省贫困农村地区幼儿园园长专业发展困境分析[J]. 河北教育，2019(5).

[8] 寇文亮. 贫困地区幼儿园保教过程科学化的实现路径研究[J]. 教育实践与研究，2019(27)/C(9).

[9] 寇文亮. 贫困地区幼儿园保教过程科学化的重点指向[J]. 河北教育，2019(11).

[10] 寇文亮. 贫困地区幼儿园教师专业化建设刍议[J]. 河北广播电视大学学报，2019(5).

[11] 寇文亮. 贫困地区幼儿园园长专业化发展低下的原因分析[J]. 教育实践与研究，2019(33)/C(11).

[12] 寇文亮. 幼师生实践教学基地的教育科研建设[J]. 河北教育，2019(12).

[13] 刘莹. 民国时期我国学前教育平民化试验探索研究[D]. 长沙：湖南师范大学，2012.

［14］潘洪建. 教育实验研究述评［J］. 克山师专学报，2001（4）.

［15］唐淑，寇崇玲. 1889—1949 中国学前儿童教育大事记（续）［J］. 学前教育研究，2003（4）.

［16］王春燕. 中国学前课程百年发展、变革的历史与思考［D］. 南京：南京师范大学，2003.

［17］吴洪成. 设计教学法在近代中国的实验［J］. 高等师范教育研究，1998（6）.

［18］易固基. 活教育实验在江西［J］. 江西教育科研，1997（1）.

［19］余文森. 教育实验与试验辨析［J］. 教育研究与实验，1989（4）.

［20］余子峡. 北平幼稚师范教育实验的历史回顾与评价［J］. 河北师范大学学报（教育科学版），2000（4）.

［21］钟昭华. 陈鹤琴教育思想与江西实验幼师——中国学前教育史研究之二［J］. 南京师大学报（社会科学版），1981（2）.